滄海叢刊

三生有幸

吳相湘 著

1985

東大圖書公司印行

行政院新聞局登記證局版臺業字第〇一九七號

中華民國六十年十二月初版
中華民國七十四年八月增訂初版

© 三生有幸

基本定價陸元貳角貳分

著作者 吳相湘
發行人 莊剛彰
出版者 東大圖書股份有限公司
總經銷 三民書局股份有限公司
印刷所 東大圖書股份有限公司
臺北市重慶南路一段六十一號二樓
郵撥：〇一〇七一七五－〇號

自序

不論是英雄造時勢，或者是時勢造英雄；人的活動是歷史紀錄的中心卻是無可爭論的。太史公司馬遷創紀傳體，將天子以至庶人的重要言行，分門別類加以記錄，眞是把握歷史學的要點。同時更難得的是：在史記一百三十篇中特別有「太史公自序」一卷，將他個人家世背景和治學著書的源流也據實寫出，使讀史記的人可以詳知史記作者的生平，不僅不會有太史公「率爾操觚」的邪念，更會確信史記的崇高價值。司馬遷之被後人尊爲中國史學鼻祖，實非偶然。

自史記以下，紀傳體成爲中國正史的標準典範；從表面看這是太史公的幸運：「吾道不孤」了。但比較深刻的觀察卻將發現：司馬遷於此是會極不滿意的。因唐代以後正史是官方修纂史書，內容形態既流於公式化的官樣文章，更沒有一股「發憤之所爲作」的熱情洋溢簡端，名同而實不符了。尤其是咫尺天威之下，或者是勝利者爲亡國之君修前朝之史，爲五斗米折腰的史臣那個敢「自序」身世呢？因之，在中國史學領域中，紀傳體雖有二千年的歷史，「自序」或是自傳卻是非常貧乏。

就近代來說：「自傳」更稀少得可憐。卽以自梁啟超「三十自述」、胡適之「四十自述」，以至黎東方「平凡的我」而言，更反映出一可悲的景象：由「三十」增至「四十」，以至年逾花甲的黎東方尙以「平凡」自居，這不是半世紀以來中國人才鼎盛學術發達的現象，而是中國青年舍我其誰頂天立地豪邁不羈雄偉抱負日漸喪失的警報！也是中國讀書人「意有所鬱結不得通其道」（太史公自序語），連「發憤」寫書的興趣都沒有了的明證。

相湘出生於中華民國三年（一九一四）一月二十日（夏曆癸丑十二月二十五日），時值二次革命失敗，北洋軍閥氣燄益張，中華民國新生幼苗遭遇強風暴雨，從此內憂外患與時俱增。如果引用現成的俗語，眞可說是「生於憂患」了。有時候齒齡相當的友人聚會一起，大家閒話天寶故事，都歎息我們這一代人眞是「生不逢辰」，但我總獨排眾議，駁辯這一「謬說」，而力言我們實在是「三生有幸」！

幼年抗日遊行　喜收蓟北遼東

當我七八歲時候在故鄉——湖南常德縣城，就曾參加抗日遊行：身穿青布學生裝——那時人稱之爲「八塊衣」，因爲兩袖及前襟後背是用八片布縫製，與我國傳統衣服縫製法不同——手持小紙旗的情景猶恍惚如昨。後來父親又爲我買撲滿叫我爲山東膠濟鐵道贖路儲金。這些事給予我永不磨滅的印象。民國十一年隨父母遷居長沙省垣，翌年六月一日，日本砲艦伏見號水兵在長沙江岸屠殺我國同胞的慘案發生，又給予我更深印象；因爲這一江岸正是我五兄相澐每逢星期日必携帶我和胞弟相淦前往遊玩「看洋船」的地方。慘案發生以後，長沙街市的羣眾運動，以及湖南交涉員楊宣誠向羣眾說話，我都曾隨五兄相澐躬逢其盛。

「九一八」以後的湖南學生抗日會，「塘沽協定」以後的北平學生聯合會（有右派左派兩個組織，我是屬於前者），我都曾參加其中擔任宣傳工作。「一二九」運動時，在北平長安街遊行的情景猶歷歷在目。後來著名的美國左傾記者史諾（E. Snow），當時還是初出茅廬，在這一遊行中和以後時日都緊跟着我問長和問短，因爲我是北大學聯會宣傳委員，北大同學動態由我隨時撰寫發佈。

「七七」抗戰發生後，北大母校遷設長沙，姚從吾師等發起組織「中日戰爭史料徵輯會」。我當時已自北大畢業，在中央研究院歷史語言研究所長沙工作站校勘明實錄工作。由於這一工作站和長沙臨時大學都設立於聖經學院，因之，我有興趣和時間去與聞中日戰爭史料徵輯工作。後來，中央研究院和北大母校都遷移昆明，我因父親逝世，大兄身體肥胖，老母多病，沒有隨同前往。民國三十年冬，遂執筆從戎，入薛岳上將主持的第九戰區司令長官司令部參謀處編譯股擔任編纂戰史工作，身歷幾次重要會戰，親至戰區最前線大雲山區。商務印書館出版印行的「抗戰紀實」四册，即相湘和十餘同仁在戰時工作的成績，這是當時人根據「陣中日記」「戰鬪詳報」及日本廣播等有關抗戰史實記錄的稀見珍籍。

民國二十七年，長沙大火時，全城十分八九都成灰燼，但座落在東門捷徑（街名）的我家却沒被焚及，一切無恙。民國三十二年常德會戰，我守軍尺土必爭（東門激戰最烈），日軍用火攻，城廂內外房屋，燬損程度更甚於長沙，當時統計完好房屋不過一百所，而我家在東門外百勝巷房屋巍然存在。這豈非積善之家必有餘慶，我們眞是三生有幸。

民國三十三年夏秋，日軍打通粵漢鐵路的行動，第九戰區戰局逆轉，我隨軍轉移至湘南郴縣宜章，旋奉命隨鄧寧午學長繞道粵北、贛南、贛東（經過中共盤踞多年的蘇維埃區，目睹十室十空慘狀），至湖南瀏陽縣官渡鎭。在敵人後方重建行政機構組織民眾以牽制敵軍。我在當時利用挺進軍設法自敵人佔領地取得的一部四開鉛印機和不完全的鉛字，再加美國空軍配置的一部報話兩用機由我自己收聽重慶新聞廣播，創辦一四開「民治報」，在當時湘北鄂南贛東是惟一的鉛印報紙。美軍在太平洋的勝利、羅斯福總統逝世、德國投降等新消息都是這一「民治報」傳播給敵後民眾。

民國三十四年八月十四日，日本無條件投降。九月初旬（卽九月九日我國在南京受降後數日，確實日期已不記憶），我急於趕回長沙，就携帶眷屬自瀏陽東鄉起程，妻兒子女分乘肩輿，我穿著國軍制服掛着上校領章浩浩蕩蕩經過長沙永安市、郎梨市一帶，只見沿途日軍垂頭喪氣，看見我家一羣人來，特別是我身穿軍裝，都起立向我敬禮。這時，我們一家人都興奮異常：何幸而爲這一時代的中華民國的大國民！這實在不是我們深受國恥的祖父輩所能想像的。

同年（三十四年）十一月，我隨同教育部武漢區特派員辛樹幟先生在湘鄂贛辦理教育復員工作。在九江日本軍醫院——這是日軍在長江中流最大的軍醫院——視察，準備將這一醫院設備接收撥作國立中正大學應用。當我們到達該院時，醫院院長日本陸軍少將已率屬排立門前恭迎，我們入門後，一聲立正敬禮號音，全院近萬的傷兵除病重者外都跪在榻榻米或病牀上。我們巡視時，憐憫之心外，自然也有這一情景人生難得幾回逢的感覺。

但最難得的是：民國四十九年八月，我有機會進入日本防衞廳編修所戰史室去閱讀日本軍方檔案。這一機構所在卽日本士官學校原址，也是戰後遠東戰犯法庭的所在。我被安排閱讀的房間窗口，正可一眼望到對面的「一號樓」卽是戰犯東條、土肥原等被審訊及被判死刑的所在。在我閱讀檔卷疲倦，尤其是每天中午在那裏午餐休息的時候，舉目四顧，我眞是心花怒放，那時的心情比較漢高祖唱「大風歌」的高興程度還有過之。因爲我是全中國億萬人中進入日本軍部閱讀他們侵略紀錄的第一人！這難道不是三生有幸嗎？

這種幸運，實在是全國軍民苦難不撓長期奮鬪的結果，我只不過是在餘蔭之下分享一點而已。我現在寫下這些，絲毫沒有自我誇張的用心，只不過是因爲我自己是專習中國近代現代史的一人，我深刻體認：我們實在沒有辜負這多災多難的三四十年的光陰。殷憂啟聖，多難興邦，這七十年來，青年體力智力的進步——尤其婦女同胞們體力智力的進步，實是強種強國的新基礎。因之，我滿懷對國家民族前途的信心和熱情，來寫這一「三生有幸」，記錄我親身經歷和見聞。

我想拋磚引玉，使我們這一代的人都將自己的經歷從「三生有幸」的觀點去回憶，而不在「生不逢辰」心理下而頹喪，國家社會都會呈現活力和新氣象。

家庭教育重要影響

家庭教育、學校教育、社會教育三者之間的輕重，今日論者見仁見智各有不同。但就我親身的體驗：家庭教育比較其他兩者都顯得重要，就比例來說不應該是按三分法，而應該是家庭教育佔百分之五十，其餘兩者同佔其餘的百分之五十。甚至可以說：必須有良好的家庭教育才可以有機會接受良好的學校教育。

我深受家庭教育的重要影響，是和我的家世有密切關係的。

我的祖父名諱金棠，別號愛亭（一八四七——一九三七），常德城鄉人士稱他老人家「愛亭先生」而不名。抗戰後我看到偽滿洲國影印的清德宗實錄（光緒朝卷三九五）有一件寄常德府知府的上諭中提到我的祖父也是用「愛亭」兩字，可見鄉里對他老人家的稱號竟「上達天聽」了。（湖南巡撫吳大澂曾篆書「自求多福」四字匾贈我祖父。）

我祖父是經營桐油出口商業，這是中國國際貿易重要出口品之一。他老人家主持的「立成和油行」設在常德大河街仁智橋。這一牌號在商務印書館刊行的第一回中國年鑑中有記錄。當生意鼎盛時，適值相湘出生，特命乳名「成和」，仰見父母之喜悅。我母徐太夫人（一八七七——一九四五）更是疼愛異常，因我出生上距大兄相洋（一九〇〇——一九四六）已有十二年。

常德是條約開放的商埠，英商太古輪船和日商日清輪船在漲水時期都有輪船來載運桐油出口，時有外國商人來往，我的祖父和大伯二伯三伯五伯們和他們交際。我的祖父更經常東下漢口上海去探討行情並購置檢驗油質的儀器等等。因之，他老人家養成了外遊旅行的習慣。直到民國二十五年（一九三六）他老人家壽登九十，還自常德故鄉乘坐公路局破舊的大汽車在碎石路上顛簸一百八十餘公里，再渡過湘江到長沙省垣，稍一休息，即可大嚼著名的馬明德堂的醬肘及徐長興烤鴨。

我的父親名諱其林，別號原是翰聲（一八七八——一九三七），一九〇六年携大堂兄相治遊學日本加入中國同盟會後即將「翰」字改作「漢」字，就是表示他老人家放棄了「翰苑蜚聲」的懷抱而以「揚大漢天聲」自任了。他老人家沒有和我的幾位伯父一樣繼承祖父經商的衣缽，但卻深受祖父遠遊旅行習慣的影響而於一九〇六年負笈東遊日本。常德府人士在那裏的有宋教仁、梅馨、余欽翼諸先生等是經常和我父來往，我父的日記和宋先生日記「我之歷史」都有記載。

我父在東京入弘文師範，和胡子靖（元倓）、陳夙荒（潤霖）諸先生是先後同學。因之，我父歸國經過長沙看見胡先生創辦的明德經正學堂和陳先生創立的楚怡小學以後，返回常德故鄉即在東門外東林寺內創辦一小學，後來發展很快。當明德學堂遭遇困難，胡子靖先生欲以身殉的時候，譚組菴（延闓）先生曾幾次手函我父邀請到長沙去主持明德小學，其中一函有云：「望公之來如望歲」！

民國初年，各縣成立勸學所（相當今日之教育局），我父經地方士紳推舉出任常德縣勸學所所長。馮玉祥駐軍常德，薛篤弼任常德縣知事，和我父及士紳們合作推行擴展教育改良習俗運動，其中倡導過陽曆新年，是其中大端，直至我父逝世那一年，在我們家裏過陽曆年的禮節比陰曆年要隆重。

歐戰發生以後，國內工商界提倡設紡織廠，我父一方面投資於聶其杰（雲臺）先生的上海大中華紡織廠。同時更體認常德和洞庭湖濱各縣是國內重要產棉地區，必須推廣優良品種加強種植。因之，他老人家和士紳們倡議在德山農業試驗場特別增設植棉場，經馮玉祥邀請沈宗瀚先生（曾任農復會主任委員，見「克難苦學記」），南來主持。

我父富於向外發展的胸襟，更不願子女們耽於安土重遷的積習，他老人家特將我大姊出嫁長沙俞家，二姊出嫁湘潭錢家（錢歌川兄稱我姊「二嫂」），三姊出嫁沅陵馮家，祇有第四姊丈是常德人卻是在長沙結婚的。大嫂是湘潭何特循翁的次女（何浩若兄之胞妹）。對於我和胞弟相淦的教育更是特別注意，民國十一年冬卽舉家遷居長沙，直到我們讀完了大學一年級才讓回常德故鄉去看望一次。

當我幼年時我父鼓勵並指導我向醫學這一方向去。這由於我自幼多病，是教會設立常德廣德醫院美籍羅醫生的經常病人。他老人家很希望我受之於人能施之於人，同時最重要的是他老人家體認惟有醫生這一行業是被人找上門求診，而其本身是不求人的。不幸我在長沙楚怡小學玩滑梯失愼折骨又脫臼，以致身體康健欠佳，不可能習醫學，致他老人家不得不改弦更張，又誘導我走另一方向。

我在楚怡小學四年級時，級任老師王廷匱先生看到我的作文好，要我投稿郵寄上海中華書局呂伯攸主編的「小朋友」週刊，被採取登載了。我父從此鼓勵我讀書作文。後來並且經常要我練習寫信，閱讀他老人家和朋友們的通信並加以解說，有一次我發現他老人家寄信中將一「警」字誤寫作「驚」字，使他老人家歡喜，曾向戚友們提及，稱贊楚怡教師優秀。高小時，國文教師李應白先生於教科書外，再發講義，選印唐宋及明清名家佳作，詳細講解，對若干典故還寫在黑板，使學生抄錄。於各文結構章法也多講說，奠立我的國文基礎。我父更認爲我可向文史方面發展。每日課餘，在規定的作業完畢以後，他老就親自點讀講解左傳給我聽。我清楚的記得這一部的書根次序不是用一二三數目字，而是他老人家用兩句格言按字寫上的：「求名求利還須求己莫求人，惜衣惜食非爲惜財原惜福」。這與故鄉祖宅堂前懸掛吳大瀓篆書「自求多福」四字，以及我父庭訓常提到「立志有恒」「不求人，要求己」可說是晨鐘暮鼓，對於我做人處世具有很大影響。

在明德中學時，我更喜歡舞文弄墨，擔任「明德旬刊」總編輯，兩次全省運動會時我擔任明德選手隊總幹事，並隨教導主任傅任敢先生等創辦如上海時報一樣以報導體育新聞爲主的「導報」，當時我很有意進入燕京大學或復旦大學新聞系。

但在高中二年級時，我父親帶我去拜訪他的老友李鐵星（劍農）先生。李先生在民國建元之初即主編「民國報」，後來又與聞「太平洋雜誌」編務，而爲太平洋書局撰寫的「最近三十年中國政治史」更著名於世（後且有英文譯本），當時正執教武漢大學歷史系。李先生將他親身經驗告語我：一個成功的新聞記者，尤其是報館主筆是需要良好的歷史知識作基礎的；並且一個大學歷史系畢業生要從事新聞工作比較一個新聞系畢業生去致力史學研究要容易得多。這一番提示就決定了我終身的志向。

當我家遷居長沙後，我父既使我進入湖南著名的楚怡小學，並且遷家於學校右側，出家門走十步即到校門。後來要升中學了，鼓勵我考入明德中學，又遷家至學校右側，家門與學校門之間距離不過兩百步，「縮短距離以策安全」。小學、中學都是全省甚至全國著名的學校。因之，當民國二十二年夏「華北日報」刋載北京大學榜示上有我的名字的時候，同時胞弟相淦經金陵大學農學院錄取的通知也來到家，我祖父和父母都高興極了，因爲我和弟弟都實現了小學中學大學都進入國內第一流學校的願望。

獨立自尊學風薰陶

蔣孟鄰先生手著「過渡時代之思想與教育」一書，是一位教育行政工作者記述他在這一時期「施教」的構想和用心以及若干可見的成績。但「受敎」者的感受如何呢？多少年來很少有記錄。尤其在臺灣省看到兒女們被功課重壓的困苦，我眞感覺自己的學校生活實在是「三生有幸」。

楚怡小學創辦人陳夙荒先生原是留日學生，創立之初一切以日本學校爲規範。但民國十二年以後轉採美國教育作風。民國十三年當我在這一學校高小肄業時，正是實行美國道爾頓制設計教學法的時候。這是一種力求適應學生個性興趣的教學法，和現在大學生自由選課情形有些相似。當時學校內有完美的理化實驗儀器，也有充足的各種圖書。那時，我們可以圍在一大圓桌旁看見黎老師做水分解爲氫氧以後，再兩人分別成組自己去實驗。這在今天卽臺北著名的公立中學也不容易辦到了，何論小學？菜圃花園的種子多來自日本，尤其每年一度的菊花會，展覽學生作品數千盆，更是全省聞名。

在這一學校肄業學生大多是中產之家子弟，革命元勳黃克強先生兒子一寰，蔡松坡先生獨子端生等也都在其中，和我同班。當時，學校所需繳納的費用較多，家長多樂於交納。我父爲密切配合學校政策，且在家中設立一家庭圖書館，讓我和弟弟隨五兄持商務中華等書局取書摺自由記帳購書。我至今對圖書館特有興趣可說是在那時養成。

學校裏實行學生自治，有小市長、警察局長、警官、警察，和今日若干小學一樣，但當時是配合個性發展，和現在惡補重壓下的「學校自治」對於學生心理和行爲的培養效果實在不可相提並論。

胡子靖先生創辦明德中學是以日本福澤諭吉設立慶應義塾（大學）培養學生「獨立自尊」人

格和風度爲理想目標，完全是人才教育。學校收費比其他學校多，在當時長沙市民對明德學生都稱之爲「少爺」，因爲無論衣著用品都較講究，尤其是華盛頓大學教育碩士鄔朝憲（幹于）先生擔任教導主任時對於學生用品更是注意力求精美。

胡子靖先生爲這一學校經費四處奔走，幾次瀕於困境而憤欲以身殉校。後來難關度過了，他特請王壬秋（闓運）先生爲書「致命遂志」、「雖九死吾猶未悔」、「忍耐力、希望心」等字句，裝裱成匾額懸掛學校會議室，訓導主任更時常將這些語句涵義講給我們聽。

在「獨立自尊」教訓下，校方對全（湖南）省無論任何競賽項目：課業競賽、田徑球類競賽、軍訓競賽、美術音樂競賽都要求學生力爭上游，不僅要獲得第一，更要將全部錦標囊括淨盡。因之，培養了每一同學的好勝心進取心，大家都有舍我其誰氣槪。尤其每逢全省運動大會，更是全校總動員，卽工友們也勤苦練習參加萬米賽跑。這時，我總被推爲選手團的總幹事，等於「後勤司令」。爲着勝利第一，鼓勵士氣，我自然更是氣槪不可一世。

經過楚怡小學「個性發展」的教育，再加明德中學六年「獨立自尊」的薰陶，又趕上北京大學四年的「不要被人牽着鼻子走」師訓。於是我就被塑造成一剛直不畏強禦獨來獨往的個性。

明德六年的學校生活是嚴格的，全體同學都是一律住宿學校，接受軍事教官管理。每逢冬季，也站立冰天雪地中二三小時操練而習以爲常。嚴格訓練的結果使我養成嚴格要求自己和嚴格要求他人的習慣，加以史學研究着重求眞認眞工作，這與舉世滔滔敷衍成風的現實社會自然不同。

在北京大學四年中，胡適之先生「文治勢力大都已走狗化」警語對我影響很大，加以傅斯年先生嫉惡如仇與反鄉愿作風的薰陶，和我中小學教育的基礎接合起來，就成爲我處世對人的標準形態。同樣地：傅斯年先生「上窮碧落下黃泉，動手動腳找材料」的詔示，和祖父父親「旅行」嗜好的遺傳，以及我自中小學以來喜歡圖書館的習慣融會，也就使我更追求「讀萬卷書，行萬里路」的目標。

讀萬卷書　行萬里路

在北大肄業時，我曾三遊長城。綏遠戰役後參加旅行團至百靈廟，沿途經過很多名勝地，其中如王昭君墓以及明代李鳳姐執壺舊地大同「德勝居」，印象深刻。攝製相片今仍保存。綏遠毛織廠織絨呢毛毯也幾經播遷後携來美國。民國二十五年，我爲撰述畢業論文，蒙孟心史（森）師指示，決定研究「咸豐辛酉（一八六一年）政變」（創用「辛酉政變」，與「戊戌政變」相提並論。糾正王闓運薛福成諸人錯誤），得有機會常入故宮文獻館閱讀檔案。民國三十七年秋，姚從吾師出任故宮博物院文獻館館長，我得馬院長叔平（衡）師聘爲文獻館編纂。更有機會每日上下午「二進宮」，遍歷一般遊客不能到的地方。經過宮中長街永巷時常懷「驚艶」遐想。尤其在一次整理清帝遺念衣時，我因喜閱雍正乾隆朝事，曾試穿雍正帝的白鼠毛袍，測量其身高，發現長短合身。能嘗到「黃袍加身」滋味，不僅說明「三生有幸」，還是「九五之尊」的「八字」哩。

對日抗戰時，我因父喪未能隨中央研究院歷史語言研究所西遷。胡子靖師命回明德母校執教並擔任總務主任。民國二十七年十二月長沙大火前夕，我自交通銀行領取學校存款五萬元放在大簶包內，乘竹轎經寧鄉再轉往湘鄉霞嶺校舍。不意在往寧鄉途中，難民擁擠，沿途居民均避走，一日夜無法得食物，腹中饑餓難忍，乃轉小路見一茅舍，向其購食，始拿出半碗冷飯。我平日最講究飲食又注意衞生，這時也祇好勉強咽下。卻體會到俗語所謂「捧着金飯碗討飯」的滋味。在那兵荒馬亂之際，我携巨款，安全到校。這和我於民國三十七年夏，在蘇州辦理收容國立河南大學師生，每日上午自南京領取法幣二十億元往蘇州，爲時約四旬。當時及事後許多友人都說是冒險，因爲京滬道上行路難，尤其黃浦灘險惡，但我相信「人性善」，從未遇意外。社會上一些搶刼案應該是偶然不幸。

民國三十六年，我在國立蘭州大學任教。在黃河乘羊皮筏子，與戰前在包頭河套登方頭木船，景象不同。包頭的鯉魚與開封鯉魚滋味不一樣。據說後者是跳躍「龍門」激流沖刷過的。至於西安蘭州途中「左公柳」、青海「河西走廊」，行經其間，都令人發思古幽思。

民國三十七年十二月十一日，卽北平圍城前夕，我很容易地自北平經青島飛回南京。向傅斯年、杭立武先生建議：故宮收藏軍機處檔案應運臺灣。民國三十八年一月二十四日，我帶全家乘中興輪離上海來臺灣。

在臺灣二十餘年中，我曾遊歷各地，綠島、蘭嶼、金門、馬祖、澎湖都曾遊覽。民國四十八年六月廿一日，我離臺北經日本飛往美國參加「蘇維埃與亞洲關係討論會」。再至西雅圖，訪問華盛頓大學，因爲我和是校遠東與蘇俄研究所訂有合作研究計畫，我以宋教仁生平爲研究主題。旋飛往紐約接受哥倫比亞大學邀請，參加其「民國人物傳記」研究工作。十月十一日，乘泛美公司波音七〇七式機飛倫敦。時噴射機甫開始飛渡大西洋，乘客需增加票價美金十五元。在倫敦，我參觀倫敦塔寶藏以後，即集中時力於其公共檔案局，閱讀孫逸仙先生倫敦蒙難時檔卷，以及郭嵩燾、曾紀澤史料。這是國人第一次得見有關孫逸仙先生言行的英國官方紀錄。其後我又遊歷西班牙馬德里附近抗共堡。尤其是法國康邊森林，眼見德法在兩次大戰中的升沈。在日內瓦「國際聯合會」舊址，比較紐約「聯合國」大不相同。德國科隆附近「長城」遺址。以及克虜伯炮廠主人故居中中國大瓷瓶，顯示其與我國關係。

民國四十九年六月，我在日本及韓國訪問研究。我很榮幸地是日本外務省霞關大厦落成後，在其中閱讀檔案的第一位中國學人，特別欣幸的是發現盟軍占領下攝製顯微影片時尚未插架的若干檔案，其中一八九七年至一九〇〇年有關中國革命黨活動的部份即非常珍貴，由此認識孫先生在庚子拳亂的種種活動，以及孫先生與容閎巧遇事實。這些資料均爲國人前所未知，今成爲拙撰「孫逸仙先生傳」內容。在韓國漢城大學見奎章閣藏書，看到朝鮮實錄雕板，比較永樂大典還稍寬大，眞令人有青出藍勝於藍之感（我國歷代實錄只有寫本，從無刻本）。許多外交文件，尤其袁世凱在韓記錄，都是國內前所未見。我都自己動手抄錄。板門店停火線之旅，目睹雙方會議情景，會議桌恰不偏不倚放置三十八度中間處。日俄戰前史事和第二次大戰後的演變都由此可以想像得之。

民國五十一年一月，我往越南、馬來西亞、新加坡等地訪問。雷震遠神父帶領參觀邊和等地戰略村。眼見其附近防禦戰壕很淺狹，比較抗日時長沙會戰的深溝高壘、西班牙馬德里抗共堡、韓國板門店，以及金門馬祖前線，相形之下，中國戰士們血汗築長城的成就實在太偉大。

有所不為　吾唯知足

民國五十四年五月，我奉行「有所不爲」古訓，自動辭卸國立臺灣大學歷史系教授。翌年七月，我應聘往新加坡南洋大學擔任歷史學系主任。民國五十七年八月，我與內子同往美國參加第二十七屆東方學人會議，並看望留學彼邦的三兒女。歸途同遊京都奈良各地。在京都龍安寺，看到碎小花岡石的「石庭」，另一金錢圓形中空方孔，四邊中央各有「五、止、矢、隹」四字，配合中方孔，卽成「吾唯知足」四字（我購有複製品，懸掛寓所。）我和內子更由此獲得非常重要啟示：國家社會以及國際人士給予我們的恩惠太多了，我們對社會人羣貢獻了什麼呢？後來看到英國著名史學家湯恩培遊日本記，對京都龍安寺「石庭」印象深刻，認爲是日本精神文明的表現，而沒有提到「吾唯知足」。這可能是他不認識中國字，更不能體會需要拼合這四個字。我因此想到十九世紀「英國國旗無落日」，如今英國人卻要找尋太陽了；如果他們了解「吾唯知足」

道理，應該不會有如此下場吧！尤其這四個字早在日本古都名刹中，如果大和民族子孫眞能認識了解，又何致無條件投降呢？

由於「吾唯知足」的重要啟示，加以若干份子行爲囂張，尤其看到大陸刊行「文史季刊」第二期章士釗撰「熱河密扎疏補」，不僅提及我，還指明是「湘人」。曹聚仁撰「中國現代通鑑」中對我有關民國史著述也大事捧場，「大華」雜誌又假藉舊金山讀者投書指陳我的「名著」。我不能不警覺。我了解新加坡規定年滿五十五歲卽可請退休。但我之出任南洋大學歷史學系主任，是新加坡政府教育部王邦文部長當面邀請的，其文化部又聘請我擔任新加坡街道華文譯名審定會委員（星洲街名有按潮州音、厦門音、海南音與自英文或馬來語譯爲華文的，非常雜亂，星政府決心用華語卽我國北平語統一譯名），使我難於啟齒。民國五十八年一月，我見到「燎原報」的攻擊文字，我卽決心急流勇退，再三婉謝校方的挽留，是年三月，回到臺北。

多次的遠行，使我體認「行萬里路」給人的啟示，有時超過「讀萬卷書」。太史公固早有經驗，何況今日世界更不需要關門閉戶面壁的書呆子。

認識問題　解決問題

爲報答國家社會的恩惠於萬一，我決心以今後餘年努力研究民國史。我曾於報端公開說明，今後不再爲五斗米折腰，並且已退出公眾生活，以便專心讀書。同時更鼓勵四兒女努力求學。

相湘謹記先父遺訓：研讀近代史，以求認識中國近代的演變與所面臨的問題，而下一代子孫即應擔負解決這些問題的一份責任。因此，我鼓勵長子邦璠習農學，他在國立臺灣大學畢業後，經中國農村復興聯合委員會選送赴馬尼拉「國際稻米研究所」研究，又經該所選送及美國洛克非勒基金會給予一切費用，赴美國康奈爾大學深造，主修植物生理學，已得哲學博士，後在國立臺灣大學任教。旋任「亞洲蔬菜中心」植物生理系主任。民國六十三年七月突患腦溢血，不治逝世。

長女邦琳次女邦瓊先後在國立臺灣大學藥學系及化學系畢業後，獲美國伊利諾大學獎學金，赴該校芝加哥醫學中心研究藥用植物及藥用化學，早已獲得哲學博士學位，在美國繼續從事研究工作。這些科目，都是相湘恪遵先父「力行孫逸仙先生重農重醫」訓示，希望下一代子孫在解決「食」「病」問題盡一份力量。至於次子邦琿在國立交通大學電子工程學系畢業，赴美國伊利諾州立大學習生物工程學，則是力求迎頭趕上時代。得博士學位後，又在芝加哥大學獲企業管理碩士。三兒女都已結婚成家生子女。

相湘能專心讀書放心旅行、四兒女能專心安心求學，完全是我家有賢妻。內子毛淑清女士（湖南長沙人，一九一二年十一月十四日卽壬子歲十月初六日生）。肄業湖南私立福湘女子中學，卽喜練鋼琴。國立武漢大學歷史系求學時，也抽暇往華中大學繼續練鋼琴。我們自民國二十二年夏相識，分在北平武昌求學，每年暑假卽歡聚於東湖之濱。由於她喜愛音樂，我為投其所好，在北大史學系三年級選修陳受頤教授主講之「中歐文化接觸史」課程，特注意西洋音樂，竟發現一康熙朝寫本「律呂纂要」，在陳老師與余季豫世伯指導下，居然尋出「四庫全書總目」有關是書記載的錯誤，因撰一「跋」作讀書報告，未料陳老師即爲送刊廣州大光報「文史周刊」。陳老師旋出國未再回校。民國五十八年三月，陳師在其美國寓邸發現刊載此文剪報寄贈（見拙撰「近代史事論叢」第三集），眞使我有「返老還童」之感。祇是五十年來，我不僅未能購一鋼琴以供夫人練習，事實上，我的夫人忙於教課及家務，也無暇及此。使我慚愧之至。幸六孫陸續在美國學校練習鋼琴或小提琴，都已得門徑。

剛直個性　電腦證明

中學時代，看到左宗棠書聯，有「不遭人忌是庸才」句，給予我很深印象：常想天生我材必有用，既來人間走一趟，實在不應該庸碌以終。其後，傅斯年師「反鄉愿」的作風，更加強我這湖南人的特性。我的「剛直」個性是許多人知道的。最有趣的是：電腦也分析指出我這特性了。一九六七年九月，我與夫人并率長女次女及長婿等同遊芝加哥舊城（Old Town），看到電腦分析個性，即在一卡片上簽名後放入電腦中，然後跳出十餘張有英文字卡片。我們曾在二個不同電腦「測字」。非常有趣的是分析結果竟只是文字不同而內容一樣：「你握有一些很好的原則」（You have a good group of principles）。「你有你自己思想的路線」（You have a way of thinking for youself）。「你應用自己意志力量以達成目的」（You gain your object by force of your own will)。「善於挑戰長於應戰」(Very competitive you arise to challenge ready to combat)。這與我剛直的個性若合符節。

最有趣味的是電腦「測字」有一句說：「你有吸引異性的磁力和優雅趣味」(Your appeal to the opsite sex is magnetic polished interest)。我女兒看了大叫「糟糕」！但夫人卻很自然而幽默地說：「這也是寫實！如果你們的父親大人沒有這樣吸引力，我們怎麼會結婚呢！」現在兒女都在美國，我和太太也已於民國六十四年卽一九七五年八月離臺來美定居，三兒女家都在一地，現有三孫與三外孫，我們常常和小孫相聚，享老人樂趣。事實上：我妻深知我的個性，當此舉世滔滔，我從沒有學過「公共關係」一類課程，惟有讀寫度日，孤芳自賞，力求長壽之道。

這一回憶錄，自民國六十年一月，在「自由談」雜誌按月發表，該刊主編黃肇珩女士曾於是年二月一日刊出「慈禧老佛爺的秘密」一文時，目錄頁「讀者、編者」中介紹：「這是一篇圖文並茂的好文章。吳敎授透過他的史筆，刻畫了慈禧，也提供了許多正確的史料，更難得的是幾張非常清晰的照片」。同年四月號刊出「馬皇后豐儀絕俗」一稿時，「讀者、編者」介紹：「歷史學家吳相湘敎授的『三生有幸』在『自由談』連載後，博得海內外讀者的采聲，許多人都很贊賞他把自己經歷與歷史串在一塊兒，予人親切感，又具可讀性。這一期『馬皇后豐儀絕俗』，是一段生動的中國婦女史，更可貴的是摘載了胡適之先生刊在『少年中國』月刊上的一篇論文。吳先生花了一年時間，拜託朋友找遍美國、加拿大、倫敦和澳洲各圖書館，最後在日本京都大學找到」。

民國六十年十二月，經彙集十篇成「三生有幸」上册，出版後承讀者購閱。今將上册內容重加增訂，並憶述至一九八四年即民國七十三年事實，由三民書局彙成一册刊行。

「往事如煙」是若干年來，一般人常用感嘆語。如今技術設備，早已能將燃料爐噴煙，經過一定程序、特設管道轉還，不使煙消雲散；加以現代許多工具，幫助保存資料文獻。我身受時代進步的賜予。是册出版有日，每念爲社會人羣服務太少，實在不勝愧疚。

吳相湘　中華民國六十年即一九七一年一月一日於臺北市

一九八四年六月增訂

三生有幸　目次

五代同堂趣味多

家庭，是人類社會的基礎。中國傳統習於聚族而居的大家庭生活。民國十年以後，小家庭制逐漸發展，這或多或少是歐風美雨的影響，也可以說是我國古代聖賢「夫婦爲人倫之始」垂訓的實踐。自然，女子教育的進步、社會經濟的變化，尤其內亂外患戰火交乘，都是破壞大家庭、推進小家庭制的重要因素。

任何一種制度，優點缺點大多相對，大家庭與小家庭制度自然不能例外。近十餘年來，美國若干論者也有提到大家庭制某些優點的。祇可惜時光不倒流，歷史難重演。

相湘出生於民國三年，正值中國新舊過渡之際。少年時既領略大家庭「五代同堂」的趣味，成年後又享受小家庭的快樂。這實在是一難得的人生經驗。

我家世居湖南省常德縣，自曾祖父慶玉公經營桐油業，祖父愛亭公更擴充營運，加以常德自開闢商埠，英商太古輪船公司、日商日清輪船公司每逢沅水上漲時經常有輪船前來運輸桐油至漢口上海，再轉運外洋，作油漆的原料。我家經營的「立成和油行」營業鼎盛，大伯父家花廳後且建有三層洋樓，作招待洋商之用。

祖父愛亭公誕育七男，我的生父行六。七房人家都聚集於常德東門外百勝巷、賀八巷。屋宇相連、門戶相通。大伯父房屋在正中，左右各有寬廣的花廳二所。這是爲祖父慶壽特建的——每逢華誕，在大伯家正廳演堂戲，正堂爲壽堂，兩邊花廳及伯叔家都是擺設宴席的地方。

我祖父愛亭公自四十歲起祝壽，卽在家中演堂戲。常德縣城「天元」「文華」兩大戲班，就是由我祖父一手扶植長成。十餘年前，旅臺常德縣立法委員楊幼炯偶一晤聚，仍津津樂道。每次堂戲至少三日，多至九日。民國十五年（一九二六年），我祖父八十壽誕，欣逢相治大堂兄抱孫之喜，五代同堂。祝壽堂戲，連續一月。加以我母親與祖父壽誕同在夏曆四月二十五日，胞兄相洋生辰是端午節後一日，卽夏曆五月初六日。連臺好戲，繼續上演。我生父最欣賞「水滿金山寺」這齣戲，這幾天一定搬演。有時，甚至是「天元」「文華」兩班同時「打對臺」。每堂戲上演時，正廳花廳擺滿「滿漢全席」招待賓客。我總隨父兄坐在正廳「全席」桌邊看戲。

當時祝壽習慣，壽辰先夕「暖壽」。酒席菜肴外，用圓米粉（如今日臺北雲南餐館的過橋米粉一樣）。壽誕日早晨，賓客來祝壽，「過早」酒席也是米粉。當日晚宴用「滿漢全席」，每年都是由常德城內兩家大酒樓——庚樓、東園承辦這些酒席。六十餘年前往事，至今記憶清晰：實在是這些盛事給我非常深刻印象。加以平日我常隨父兄至這兩酒樓，樓臺亭閣之勝，遠較今日各大都市酒樓因「空氣調節」門窗密封的情形要顯得自然。尤其是我最喜「全席」四熱碟中的「瑤珠球」(干貝絲做成)、「炸蝦球」。但自民國十六年以後,我就很少機會嚐食。幾次遊美國,常吃新鮮干貝,卻從未再見到瑤珠球。今日臺北採購日本產干貝極容易,但餐廳沒有供應那樣的「瑤珠球」。回憶往事,情景歷歷在目。而這些開元天寶盛事已永遠不會再重演。

民國二十五年,我祖父九十壽辰。時大伯二伯三伯父均已早逝。我父因祖父自四十大慶卽祝壽,今期頤上壽,自不宜簡單。相洋大兄仰體父意乃獨力負擔一切費用,迎接祖父自常德至長沙,假曲園酒樓慶壽。按長沙習俗:先夕暖壽用魚肚席、吃壽麵(長沙米粉與常德米粉不同)。誕辰早晨,賓客來祝壽,用壽桃一枚壽麵一碗招待(稱作「靠背點心」。)晚間再請賓客光臨享用魚翅席。原計在戲院演戲一日招待賓客,嗣因兩廣問題發生,湖南局勢緊張而作罷。

我和胞弟相淦在伯叔各房嫡堂兄姊四十餘人中是最小的,祖父伯叔都叫胞弟為「弟弟」,侄輩也習稱他是「弟弟叔」。我則被呼為「二弟」(我生平以沒有妹妹及稱人作妹為憾)。因此在聚集七大房而居的大家庭中,我們最享受快樂。尤其是每逢年節及兄姊婚娶時更感覺有趣。

我家伯叔七房,每年夏曆十二月二十四日,卽小年夜,就開始輪流吃團年飯,最初按順序,自民國三年相湘出生(夏曆十二月二十五日),我父家的團年飯就改在這一天。祖父母諸伯叔父母、姑父母、舅父母、兄嫂諸姊及姊丈、侄甥以及親戚咸集,宴席二十餘桌。我記得很清晰:我和相淦弟都穿藍華絲葛棉袍、模本緞馬褂——馬褂五粒鍍金圓扣子,頭戴紅纓頂瓜皮帽,腳著阿絨棉鞋。我倆在兄姊輩中最小，那天可收很多賀禮和壓歲錢。我們在諸侄甥中是長輩，又有許多年長於我的侄甥向我作揖。尤其幾位大嫂，在向我父母跪拜後，也稱我「二叔」襝衽一拜。當時我祇感覺神氣有趣。並不了解這些繁文縟節的意義。

除夕，我家正堂神龕下一長桌，前繫紅緞綉花桌圍，桌面前邊置錫製五件頭，插香燭及金紙花，桌中陳設祭神供祖果品。正堂中置一高架炭盆，稱作「旺盆」，炭火熊熊，象徵家業旺盛。正堂和正廳的茶几椅子都放上紅緞綉花椅披椅墊。除夕午夜，我隨父親祭神祀祖後，母親就命男僕元生帶着我去拜「井神」——在井旁點香燭，以雄鷄血淋井緣。當時沒有自來水，日常用水都是取汲井水，「井神」終年辛勞，除夕一往拜謝，自是理所當然。

故鄉習俗，除夕午夜「封財門」，初一拂曉，「開門大吉」。但當我懂事年歲——七八歲，我們吳家都免除了這一舊習，以後一直如此。父親說：這是民國七、八、九年，馮玉祥率部隊駐常德，提倡用陽曆；在民國七年八年夏曆除夕，特囑紙紮店製備許多牛鬼蛇神，派兵於午夜以後放置富商大戶門前，使他們在新正初一開財門時，不是「對我生財」，而是「擡頭遇鬼」！使用這樣惡作劇手段，以企轉移風俗，自不免矯枉過正之譏。但許多人家避免「見鬼」，祇有從此免俗了。

其時，我父任常德勸學所所長，有以身作則除舊佈新的義務，每逢陽曆新年，家門交叉懸掛兩面五色國旗。夏曆新年習俗也酌量減免。

新正初一，隨父親祀神祭祖後，父親就領着我們往祖父母和伯父母住宅拜年。在伯父母家，嫂嫂們穿着紅緞繡花長裙先向我父母叩頭賀年後，再向我這「二叔」一拜。然後，嫂嫂先捧上蓋碗清茶，再送上紅棗蓮子湯，又上一對鹽茶蛋（稱作元寶）。其他賓客來也是如此招待。我曾見嫂嫂們在小年夜以後剝紅棗蓮子皮的忙碌情形。

常德習俗：重視新正初九是「上九」不下於初一。後來我父母舉家遷居長沙，當地卻以新正初五是「五鍾大於年」。同在湖南省境，相距不過五百里，習俗不同竟如此。大胞姊于歸長沙俞家，自我家遷居長沙，每年新正初一早，她拜過公婆後，就乘轎回家拜父母。這卻是常德所沒有的。

清康乾朝至民國初，最大的商業機構通稱作「行」。廣州中西通商鼎盛時，都是「行商」擔負國際貿易的責任。我祖經營「立成和油行」以桐油輸出外洋爲主。油行正門在常德大河街仁智橋，內進甚深，可堆放桐油簍數千，後門直達沅江河岸。湘黔各地桐油用帆船運來，卽起岸至油行後進堆存，候輪船班期再駁運漢口上海。我和胞弟常由男僕帶往油行玩耍。店員工人稱我伯叔爲老闆，兄長們爲小老闆，我自然也被同樣稱呼。當時並不知這樣稱呼的意義，祇歡喜跑到油行後樓眺望沅江上下的船隻。尤其端午節，我們坐在油行後樓看龍舟競賽的樂趣，現猶如在目前。比較今日擁擠在臺北淡水河畔人羣中的滋味完全不同。

七月中元節，我家七大房也按日輪流祭祖先，家人姻親齊集，是每年團年飯以外又一次家人團聚。我和胞弟最小，例被排在陪侍祖父的宴席。祖父最喜紅燒肘子、扣肉梅乾菜等。我們侍宴時，祖父自然是喜愛幼孫，常自盤中夾菜給我們。但大塊扣肉帶梅乾菜卻給我苦惱：因爲我自幼卽不幸有「揀食」「挑嘴」的習性，不喜嗜食甚至不喜罈子裏的醃菜泡菜等。祖父親賜菜肴，我也祇好將扣肉上梅乾菜去掉，再將扣肉放在湯匙內洗一洗再吃。父母曾使用各種方法要我改變這習性，始終沒有成功，我迄今仍舊如此——我也因此曾吃苦頭，卽在長沙明德中學寄宿時，每日早飯菜照例是四碗：炒酸菜、豆腐湯加酸菜、榨菜炒肉、荷包蛋，四樣菜中有三樣是我不喜愛的，祇好吃白飯，如此三年。

年節壽宴的熱烈情形以外，最使我懷念的就是家中兄姊婚娶的盛況。

兄長們婚禮的吉日良辰前二日，「過禮」，家中用三十餘擡盒盛放新娘用的禮服——當時仍沿用鳳冠霞帔，大小喜餅及許多禮品，其中四對洒上紅色的白鵝叫聲，最引起我的樂趣。翌日，新娘家送妝奩來，正廳正堂都懸燈結彩，喜氣洋洋。民國十年，二伯父的相濟九兄結婚時，九嫂是桃源（卽著名桃花源）大財主馮家獨女，妝奩特多，二伯家正廳正堂以及花廳都是馮家特製紅緞繡花帳幔，金質帳鈎。新娘房陳設更豪華。當時人論妝奩以幾舖幾蓋爲言。馮家這次是四十八套舖蓋——民國二十六年，抗戰發生，日本飛機轟炸常德，九兄嫂的妝奩還有大半未動用，遷運鄉間。可見農業社會的豐阜安定。新娘家送妝奩來的當日下午，家中設宴，稱「賀郎」：賀新郎。宴後有「照轎」「鬧轎」節目，卽翌日迎親花轎陳設正廳，鼓樂吹奏，明鏡高照，以驅邪魔。同時在新娘家則舉行「坐謊」，也是慶賀女兒成年卽將于歸之喜。迎娶九嫂吉日，花轎後有幾頂伴送新娘的「上親」轎子，下轎後由我家嫂嫂們迎接先飲酒。大二嫂酒量好，就是幾次送姊姊出閣練出的工夫。新郎新娘在洞房合巹飲交杯酒茶後，在正堂「見禮」分尊長。親長及來賓按序行禮並以賀禮放在紅桌上。

大伯父家銀貞六姊出閣的情景給予我一非常深刻印象。迎親花轎經過三次「催請」後進入正堂，銀貞六姊由大嫂及伴娘扶出閨房，叩辭祖先父母後卽由伴娘背上花轎，其時，大伯父將一把筷子向前一撒，同時就大哭起來。我當時甚至很久不能明瞭這一舉動意義，後來成年後才知道「撒筷子」是預祝快生兒女的意義。至於大伯父的「哭」，直到一九六七年八月，我的長女邦琳在美國芝加哥結婚，一切按西洋禮節：我牽着邦琳隨琴聲走進敎堂，到達神壇前，我親吻她的左頰，就將她交予新郎。那一刹那，的確難過。禮成後，邦琳的美籍敎授 Dr. Voigt 對我說：他當時也不免動感情。我才恍然幾十年前大伯父哭的道理原來是捨不得親生女兒離開身旁。

婚禮吉日後三日，稱「三朝」是歸寧日子（在長沙，「三朝」後一日，女兒女婿又回娘家稱「轉腳」）。再後就是「會親」，乾坤兩家親長聚會。在我兄姊婚娶中給我印象最深的是清貞胞姊與錢仲超兄婚禮後的「會親」。這一婚禮是在益陽舉行。我父母帶我和兩位兄嫂自常德乘輪前往，借居益陽一大鹽商住宅。這一房屋自大門至正堂有五道門。我至今記憶清晰：錢姻伯母乘轎，每經一道門卽停下來，我家兩位嫂嫂就上前敬禮敬酒。到達正堂才由我姊及嫂嫂攙扶下轎。

錢歌川兄是仲超兄的第五弟，我們就是那時結識的。

就我親歷的中國傳統婚娶禮儀以及西洋禮節，不論其繁文縟節是否恰當，但都顯現對「終身大事」的鄭重態度，相形之下目前臺灣通行的婚禮儀式，實在是不中不西，毫無準則；尤其在收禮處男女家分別設帳簿，對於國人自誇的「人情味」更是一極大諷刺。制訂「國民生活須知」時如能注意及此，眞是移風易俗了。

大家庭生活的趣味就在人口眾多、熱烈富人情味。自然人多口雜，婆媳妯娌姑嫂之間不免有些是非，但這對我這幼弟沒有影響，故我迄今懷念大家庭生活好的一面。七大房屋宇相通，有時我和侄甥們捉迷藏最有趣。大伯家有三層洋樓，二伯家後面有倉房，常堆存許多大包棉花（人工包裝，不如今日美棉包裝緊縮），都是最好躲藏地方，要發現，眞是很難。我記得年齡相若的甥女比較侄兒姪女更頑皮：她們來我家時，姊丈們要她們行禮，她們在很不自然表情下敬禮後一定做醜臉，並且唱一民謠：「舅舅！舅舅！請到厨房後頭：一碗蘇酒，一碗芋頭」（當時房屋格式：厨房後，卽厠所）。當然，我不會擺出長輩架子，大家很快樂地一起玩，不是捉迷藏，就是跑上大伯家洋樓去看各種植物標本和理化儀器。這是相治大兄赴日本及上海時購置的，相浚四兄在日本慶應大學留學也寄一些回來。當時沒有幼稚園，私塾也不再存在。我就是這樣在大家庭中愉快度過幼年。

由於行輩關係，我自出生卽被稱作少爺。民國十五年相治大兄抱孫後，我也高升一級，被稱作老爺。事實上當時我不過十二歲。後來每當家寶（大兄之孫）稱我「爺爺」時，幾位頑皮的甥女就跟着說：「唉呀」（讀作葉）！民國二十六年，祖父逝世，家人遵禮成服，家寶穿紅衣。意卽已除服。這也是一可貴禮儀經驗。

其時，內戰頻仍，常德爲商埠，軍人更乘年節向商會勒索。我記得幾次「躲反」經驗。我父是紅十字會員，每逢事變，可先知性質的輕重。大事故發生，我們就利用二伯家的棉花包及木架作掩護；小事故，就在自己家中，利用棉被放在桌子上作掩體，以防流彈。因爲當時軍隊除開步槍以外，機關槍就是「利器」，極少砲的裝備。聚族而居，守望相助，互相照顧，非常方便，比較今日小家庭夫婦同時外出，託人看護小孩，頗費周章，大不相同。

六十餘年的親身體驗：家庭教育比較學校教育、社會教育都顯得重要，必須有良好的家庭環境和教育才可以有機會接受優良的學校教育。大家庭生活中的人情味以及許多禮儀對於兒童習性的培養，尤其有重要的關係與影響。但在今日中國，歷史已不能重演了。

賢父名師教誨恩

父母兄姊的養育愛護、師長的教誨啟廸、同學友朋的切磋討論，是今生最大的幸福和樂趣。

相湘出生之初，本生父卽遵祖父愛亭公命：繼承先四伯父，時四伯父未成婚已逝世。事實上：相湘仍由生父母撫養，但自呀呀學語以至生父辭世，相湘都尊稱生父爲「叔」，從未叫過爸爸。對生母則一直稱姆媽。由於這種關係，加以相湘生年上距大兄出世十有二年，故父母對相湘寵愛異常。先母常言：自出生以至斷乳，先後換過二十餘奶媽。每一奶媽來時，父必先使家人引往教會設立的廣德醫院檢查其身體。每晚仍由清貞二姊帶我睡，以免奶媽無知貪睡而發生意外。

我四五歲時，見「家家」（ㄍㄚㄍㄚ常德人對外祖母暱稱）徐老太夫人吸「強盜牌」香煙，很覺奇異。有時貪玩，不肯按時上床，外祖母總講一段故事哄我入睡。給我印象最深的是紅毛野人吃人故事。幼小的心靈，聽到這樣的故事，惟有乖乖地隨二姊上床去睡覺。

紅毛野人吃人故事

外祖母當時說紅毛野人故事，自然是沒有宣傳作用。自我在大學讀書，我才領悟這正是中國民間對歐洲人侵略的一種反應。「紅毛野人」就是「紅毛夷」，是中國近代史上習稱荷蘭、英吉利諸國的。這和歐洲人稱匈奴人首領阿提拉（Attila）爲「上帝之鞭」，將他橫掃歐陸故事說給兒童們聽，同樣是實行民族精神教育。

當我達到學齡，進入小學，父親、二姊常於課餘教我寫字繪畫。父親鼓勵我多接觸新事物：兩位堂兄在日本留學，常寄回一些畫報圖片。民國九年，淸貞二姊出閣，父母特攜我同自常德乘輪船往益陽。這除開二姊撫育我最久因素以外，就是使我開擴眼界。我迄今記得很淸楚：當久大號輪船於黃昏啟碇時，父親抱我往船頭看「起錨」情形，使我體認輪舟之奇，但幼稚的我祇認知「毛」不懂得「錨」的意義。

民國十年，湖南實行省憲，選舉省議會議員。父親參加競選，並帶我往投票所參觀。我記得很淸楚：當時情形和現今在印就的選票上圈選一候選人不同，而是自己書寫競選人於選票。其時沒有身分證。許多人用木炭刻就姓名印在許多選票上投入票匭。這是我生平第一次接觸「民主」。

常德爲通商口岸，各方酒食徵逐頻繁，我家幾位堂兄也不免感染。父親爲使我和胞弟有良好求學環境，特於民國十年初冬，舉家遷居長沙。冬乾水涸，小火輪不能行駛。自常德乘帆船過洞庭湖至長沙，八日始到達，有些淺水地方，還是人力拉縴。這是我生平第一次乘帆船，情景猶歷歷在目。

我家遷移至長沙之初，相洋長兄（一九〇〇——一九四七）與湘潭何襄成女士結婚。從此兄嫂照料我和胞弟，無微不至，尤其當我在中學時，襄成嫂每週必用悶爐用炭丸慢火煨牛肉給我進補。入大學時，襄成嫂為我購布料請縫工製冬衣，她知北平寒冷，必需較厚禦寒衣物。大學四年學雜膳宿費每學年四百銀圓，都由大兄供給，大兄親自同胞弟至西服店訂製各季衣服，以金陵大學美國教授多，學生也穿西服。手足情深，永不能忘。

長沙私立楚怡小學，是陳夙荒(潤霖)先生創辦，試行道爾頓制設計教學法，注重個性發展，有完備理化實驗室(可供二人一組用、二十五組份)。又有廣大的勞作工場：金工、木工等工具齊全。我最喜歡用洋菜作石膏像模型，也常習水彩畫或油畫。又有花圃供學生種植。但史地教師喻秉誠先生卻吸引我很多注意力。明德中學歷史地理教師魯立剛、吳誨華、劉炳榮諸先生的講授更增加我對歷史的興趣。

相湘自幼多病，是常德廣德醫院的「常客」。到長沙入楚怡小學不久，因玩滑梯失愼，左腳脫臼。最初用酒揉，痛苦更甚。幸二姊丈錢仲超的長兄錢伯起君在湘雅醫院任主治醫師，翌日，仲超兄護抱我至醫院。當時湘雅醫院無電梯，又由伯起兄抱護至四樓，經X光檢視診斷為脫臼，乃轉往手術室，美籍白醫生以雙手輕輕撫揉我左腳，同時用中國話和我娓娓而談，使我注意力集中於他的談話，即乘隙以雙手上下加壓力，卡察一聲，疼痛異常。白醫生笑說：「好了！好了！以後不疼了」。幾位助手就用酒精和石膏，一層層用繃帶綑在左腿腳，幾乎成為「三隻腿」。一月餘以後才解除，再慢慢練習行走。兩年以後，又患凍瘡住醫院診治。因此種種，父親很希望且鼓勵我長大後習醫學，從事「救人」工作以報答被人救護的恩惠。但一旦發現我的身體健康情形不佳，我對歷史學的濃厚興趣以後，轉而加以贊揚，且帶我去拜謁李鐵星（劍農）先生請教。終於決定我終生學習歷史的方向。

流血 磨血 吐血

楚怡小學設備完美，校長陳夙荒先生注意日常服飾，辦公室陳設尤新式，但其在學校附近的家庭卻很簡樸。這是給學生一深刻顯明的實際教訓：公私分明。每年舉行菊花會，陳列日本諸國名種二三千盆，內有淺綠色花朵，尤引人注目。其中有些是學生自己種植的。學生家長及各界人士多來參觀。這對培養學生高雅心情上很有裨益。

明德中學校長胡子靖先生（一八七二—一九四○）家在校園內，小屋三間。辦公室陳設簡單。胡先生眞是獻身教育，自清光緒二十九年（一九○三年）創立明德，以至逝世三十餘年中，多在國內外奔走募集經費延聘教師，未曾稍息。學校創立之初，沒有固定經費，胡先生曾爲捐款向上海道臺袁海觀跪求。又當時風氣未開，講授理化，多爲日本教師，另聘中國助教隨堂口譯。胡先生爲聘請陳介（抗戰初期任我駐德大使）擔任助教，又曾屈膝。至北京請見國務總理熊希齡，三次往，未得見，乃携被褥臥其司閽室以待。胡先生這樣熱心教育，矢死靡他，不惜犯霜雪、受冷眼、屈長膝，歷千險排萬難的情形，師長們在朝會講話時，常引述這些往事勉勵學生。胡校長偶一訓話時，光亮的頭頂與面部因熱血沸騰而呈現紅色，右手不停的用白竹布方巾拭汗。磨血樹人。此情此景，如在目前。

胡校長掩護黃克強先生在明德密謀華興會起義，是國民革命史上一重要關節。胡校長嘗告語黃先生：「養成中等社會，實爲立國之本圖，惟其事穩而難爲；公倡革命，乃流血之舉，我爲此事，則磨血之人也」。胡校長因此鐫刻「磨血人」印章，又鐫「從苦打出」印章。這和明德學校會議室懸掛王湘綺老人手書：「忍耐力、希望心」、「雖九死吾猶未悔」。譚組菴（延闓）先生手書：「死不難，不死難」，胡元常先生書：「誠心實力」，「有錯無私」。胡漢民先生書：「事本無私，欲公諸世；求同乎理，不異於人」（上聯爲日本福澤諭吉語，下聯則王陽明語）。同樣給予全校師生非常重要啟示，相湘於此印象既深刻，個人人生觀也可說由此確立。

訓育員張鶴仙先生，對於學生日常生活很注意，更是苦口婆心，隨時隨地說教，自稱「吐血人」。就是說每句話都是吐其血氣凝結的菁華，希望學生做到。

教務主任鄖朝憲先生，是美國華盛頓大學教育學碩士，但卻認定德國法國中學教育採取嚴格主義的正確可行性，因秉承子靖先生希望「一望而知其爲明德弟子」目標，實行嚴格教育。在整齊劃一學生服裝用品之外，尤注意培養「榮譽感」「責任心」，與訓導主任俞愼初先生體育主任何公望先生密切配合。提高教學水準，競逐各種體育活動錦標，且規定排球爲「校球」，每一學生均需精練，因爲這是培養團體合作的最好運動，沒有足球籃球那樣激烈，任何人都可以參加。

在明德中學六年，最使我懷戀的，就是師生之間情感的融洽。嚴格的管教，同學們沒有拘束過甚的感覺，卻體認師嚴道尊的眞理，虛心受教，用心聽講。每逢課餘，師生打成一片，運動場上常見師生混合分組比賽，尤其排球場上更是如此。加以學校規定：全體學生一律住校，星期六下午四時始准回家，教職員也多住校。相互接觸的時間和機會很多。球賽以外，排演話劇，也常是師生混合。溫暖親切，父子家人不過如是。

學校內有一大水塘，中築一楚辭亭，夏日荷花滿池。著名詩人吳芳吉曾有詩詠其盛景。每日晚餐後，師生環繞池塘散步，擴音機放送音樂唱片、中央廣播電臺新聞報告和評論。師生們散坐塘畔靜聽，或講笑話故事，更增加愉快氣氛。我的「北京話」就在這樣環境中學習，後來負笈北上，卽能運用自如。今所謂「以校作家」，當時眞有事實勝宣傳。近年在臺北每逢看到兒女們的學校生活，我惟有懷想開元盛世。（胡校長暨吳芳吉生平，見「民國百人傳」、「民國人物列傳」）

北大除舊佈新阻力重重

當我進入北京大學，正是蔣夢麟先生在嚴重的內憂外患中努力振興北大的時候。

北京大學是中國近代歷史上最早成立的第一所大學，迄今約九十年，比較歐美著名大學有幾百年歷史，顯得很幼小——一九三六年（民國二十五年）九月，美國哈佛大學舉行成立三百周年紀念大會，各國大學代表按成立時間先後入場，胡適之先生以北京大學代表被排列在倒數第五名。

北京大學是清季維新運動的產物，按理說應該有新精神新風氣；而事實表現卻是古老中國的縮影，當時北京官場和社會上的腐敗習氣充滿校園。民國初年，北大的學生和國會參議員衆議員都是著名的八大胡同（妓女區）座上客，所謂「兩院一堂」（參議院、衆議院、北京大學堂），聲名狼藉。軍事操課時，教官叫口令前先加一句：「諸位老爺注意」！

民國六年一月九日，蔡元培先生（一八六八——一九四〇）就任北京大學校長，力求除舊佈新，發表就職演說，坦白斥責北大過去腐敗情形：學生「畢業預科者，多入法科，入文科者甚少，入理科者尤少。因做官熱心，對於教員，則不問其學問之淺深，惟問其官階之大小；官階大者，特別歡迎，蓋爲將來畢業有人提携」。「徒旨在做官發財，宗旨既乖，趨向自異；平時則放蕩冶遊，考試則熟讀講義；不問學問之有無，惟事分數之多寡。試驗既終，書籍束之高閣，毫不顧問。敷衍三四年，潦草塞責。文憑到手，卽可藉此活動於社會」。蔡先生因此進一步指出這種腐敗現象足以誤己誤人誤國，今後必須革除；要求學生抱定爲求學而來的正大宗旨，努力勤學，並砥礪德行，更需敬愛師友。

蔡先生爲除舊佈新，努力建立新風氣，充實圖書儀器設備，更注意調整科系、延聘教授、改革課程，提倡「兼容並包」「學術自由」：老年碩學與留學歸國青年教師同受尊重。民國六年秋季始業，教師名錄中顯示：徐寶璜二十五歲、梁漱溟二十六歲、朱家驊二十六歲、劉文典二十八歲、胡適二十八歲、辜鴻銘六十二歲。正如詞曲家吳梅教授撰北京大學校歌：「景山門啟鱣帷，成均又新。絃誦一堂，春破朝昏，鷄鳴風雨相親。數分科有東西秘文，論同堂盡南北儒珍。珍重讀書身，莫白了青青雙鬢。男兒自有眞：誰不是良時豪傑，待培養出文章氣節少年人」。

民國六年十二月十七日，北京大學舉行成立二十周年紀念。吳梅教授又撰「二十周年紀念歌」：「棫樸樂美材，試語同儕：追想遜清時創立此堂齋，景山麗日開，舊家主第門程改，春明起講臺，春風盡異材。滄海動風雷，絃誦無妨礙。到如今費多少，桃李培栽。喜此時幸遇先生蔡！從頭細揣算，匆匆歲月，已是廿年來」！更顯示蔡先生主持北大除舊佈新工作不過一年，已獲得全校師生的衷心擁戴。

隨着時間的演進，北大校園更充滿新氣象，而北洋軍閥控制政局，情勢日益腐敗。一九一八年（民國七年）十一月，第一次世界大戰停止，蔡和北大教授都不滿意於國內的政治和國際的現狀，都渴望起一種變化、都渴望有一個推動現況的機會，特於北京舉行演說大會，將北京大學的使命擴大到研究學術的範圍以外，很明顯的向當日的黑暗政治勢力公開宣戰。

這可以說是五四運動的前奏，腐化的官僚政客文人假藉軍閥力量也開始對北京大學強施恐嚇。「五四」以後，蔡先生被迫辭職南下，這是一主要原因。北大師生和南方報紙輿論對蔡先生的挽留支持，蔡不得不仍回北京大學。但一項新的憂慮從此產生：今後將不易維持紀律，因爲學生們很可能爲勝利而陶醉。他們既然嚐到權力的滋味，以後他們的慾望恐怕難以滿足了。

其時，蔣夢麟先生擔任北大總務長，成爲蔡先生處理日常事務的主要助手，胡適之先生更與蔣先生密切合作，手撰口講勸勉學生：「五四」以後的中心問題，就是新學術問題，卽新文化運動問題。但「現在的青年連一本好好的書都沒有讀，就飛叫亂跳自以爲做新文化運動。其實連文化都沒有，更何從談新」！因此希望青年用寶貴的光陰，在課堂、圖書館、試驗室、體育場、社會、家庭中，從事研究哲學、教育、文學、美術、科學種種的學術工作；並參加團體的活動，培養互助精神。杜威博士「教育卽生活」名言，也就在這時被提出來。

蔡先生抱定「不合作主義」以與北洋軍閥政客周旋，腐惡的勢力有加無已，民國十二年一月，蔡先生惟有宣佈辭職遠走異國，蔣夢麟先生代理校務，而外間竟有乘夜火焚北京大學校舍計劃。軍閥官僚政客對知識份子的嫉恨如斯已極。學生運動又日益擴大。蔣先生爲維持北大生命不使中斷，內外應付，煞費苦心。民國十五年「三一八」慘案發生後，北洋政府竟擬逮捕蔣。蔣幸先夕得訊走避東交民巷，然後化裝南下。

民國十六年至十八年間，國內局勢重大變化，北京大學久爲眾矢之的，更遭遇空前不幸。三年之內。五次改制易名：(一)、京師大學校文科、理科。(二)、中華大學。(三)、國立北平大學文理法三學院。(四)、國立北平大學「北大學院」。(五)、恢復國立北京大學原名。百年大計如此舉棋不定，對國家民族的影響，不待煩言。

新北大旌旗變色

民國十九年十二月四日，國民政府任命蔣夢麟(一八八六——一九六四)爲國立北京大學校長。傅斯年先生等卽熱心奔走，得中華教育文化基金會董事顧臨 (Roger S. Greene) 博士、胡適博士贊助提經基金會通過：中基會與北大每年各提出二十萬元，以五年爲期，雙方共提出二百萬元，作爲設立研究講座與專任教授及購置圖書儀器之用。其主旨在設立「研究教授」若干名，其人選「以對於所治學術有所貢獻，見於著述爲標準」。經過八個月的準備，民國二十年九月十七日，北京大學秋季始業，全國教育界都注意北大的中興，都預料北大的新陣容確可以「旌旗變色」，建立一個「新北大」的基礎。事實上：當時發表聘請的「研究教授」確是一時之選：（一）、理學院：丁文江、李四光、王守競、汪敬熙、曾昭掄、劉樹杞、馮祖荀、許驤。（二）、文學院：周作人、湯用彤、陳受頤、劉復、徐志摩。（三）、法學院：劉志敭、趙迺摶。並設立研究院，分三部：改研究所國學門爲文史部，以劉復爲主任，增設自然科學與社會科學部，以丁文江、陶履恭（孟和）爲主任。

新北大開學之日，全校師生都感非常興奮。不幸，翌日「九一八」事變發生。如胡適之先生所陳述：『我們北大同仁只享受了兩天的高興。九月十九日早晨，我們知道了瀋陽的大禍，我們都知道空前國難已到了我們的頭上，我們的敵人決不容許我們從容努力建設一個新的國家。我們那八個月辛苦籌備的新北大，不久也就要被摧毀了！但我們在那個時候，都感覺一種新的興奮，都打定主意，不顧一切，要努力把這個學校辦好，努力給北大打好一個堅實可靠的基礎。所以北大那最初六年的國難之中，工作最勤，從沒有間斷』。『我覺得這個「國難中繼續苦幹」的故事，在今日（民國三十七年十二月北大五十周年紀念）是值得我們全體師生記憶回念——也許比「五四」「六三」等等故事還更有意味』。

民國二十二年九月我進入北京大學，時値塘沽協定後四月，中日兩國關係，尤其華北局勢，比較兩年前「九一八」事變發生之初更見惡劣。但蔣夢麟先生與師長們埋頭工作：民國二十三年四月，與建新圖書館，六月，建地質學館。二十四年五月，與建學生宿舍。是年十一月二十九日，日本憲兵至北大校長室「邀請」蔣校長往「滿洲國」訪問，蔣校長不爲威武所屈，日人惟有前倨後恭。十二月九日，北平學生羣起作反對冀察特殊化的示威運動。充分表現中國知識份子危城講學大義凜然的精神與氣概。從此以至民國二十六年七月盧溝橋事變，北大師長學生時時在「最後一課」的恐懼下，更把握時機努力教學。我就在這一情況下完成大學四年學業。

如上錄胡適之先生所陳述：新北大在國難中的奮鬪，比較「五四」更有意義。而我正是這一時際得入門墻，此情此景，人生難得逢見，何況是身歷其境，蒙受恩惠；我實在是三生有幸。

史學系名師薈聚

北京大學以「國學」研究，也就是中國文學歷史學研究爲世所重。蔣夢麟先生振興北大，胡適之先生擔任文學院院長，禮聘各方名師，傅斯年先生以中央研究院歷史語言研究所所長，兼任北大史學系教授，更懷抱發揚光大國學研究，將世界「漢學」研究重心置於北平或南京的雄心。聘請陳受頤先生爲研究教授兼史學系主任，更是一重要革新：在此以前主持史學系的都是舊學湛深而不甚留心西方學術的人。陳受頤先生，番禺人，是廣東大儒陳蘭甫（澧）先生後人，美國芝加哥大學哲學博士，在廣州嶺南大學執教，撰刊「十八世紀歐洲之中國園林」、「十八世紀歐洲文學裏的趙氏孤兒」、「好逑傳之最早的歐譯」、「魯濱遜的中國文化觀」諸論文，為國人研究中歐文化接觸史實開一新方向。（後均由相湘請陳師將各文寄臺，彙印成「中歐文化接觸史實論叢」一冊，商務印書館出版）。今主持北大史學系，顯示「博古通今閎中肆外」新目標，不要局限於線裝書。

陳受頤先生（一八九九——一九七七）講授「歐洲中古史」、「文藝復興與宗教改革」，上課前，同學們已自講義組領取鉛印的講授綱要與參考書目，有關參考書也早已自圖書館書庫取來陳列於系閱覽室。同學們於上課聽講前後可以隨時借閱，手續非常簡便。加以陳先生講授提要鈎玄，並多引證在北平可以見到的實例：天主教基督教各種不同會派與教堂在北平都可看到，這是世界其他各地所不能遇到的奇景。

陳先生另一課程「中歐文化接觸史研究」，是我最有興趣用功最勤的。我曾在北平圖書館發現清康熙時葡萄牙傳教士徐日昇（Thomas Pereira）撰「律呂纂要」，內府藏本，「四庫總目提要」記其內容頗多錯誤。我特作考證撰成「律呂纂要跋」，很受陳先生賞識，曾計畫將其原書影印附刊此一跋文。嗣因陳先生休假赴美而擱置——民國五十八年即一九六九年三月，忽接陳先生自美寄信來臺北，附有廣州大光報「文史周刊」一份，其中有拙撰「律呂纂要跋」。原來是陳師將拙文寄交廣州發表，當時我未注意。民國四十八年（一九五九年）夏、五十六年（一九六七年）夏，相湘赴美侍陳師遊均未談及此。後來，陳先生遷移藏書，徹底整理書刋，竟發現大光報剪報，乃即寄來，使這一有關西洋音樂最早傳入中國的記錄得以流傳（見拙撰「近代史事論叢」第三集，傳記文學社刋）。

陳先生與師母每來臺北，我必竭誠陪侍，陳先生喜食燒餅油條豆漿，每早我即到溫州街口一燒餅店，買剛出爐的燒餅，甫出鍋的油條，用熱水瓶盛豆漿，乘計程車赴旅社，供陳先生享用。一九七三年我第三次赴美，曾往謁陳先生與師母。一九七五年八月來美時，以急於赴芝加哥兒女處，故到西岸後祇用電話向陳先生請安，從此在美常蒙賜示，祇是陳先生病逝時，未得通知，一年後才自友人處證實，已不能往奠，實是憾事。

陳受頤先生休假出國，姚從吾先生（一八九四——一九七〇）繼主史學系。姚先生是北大畢業生，民國十二年又經北大選送赴德國習史學。留居彼邦約十二年，民國二十三年夏束裝回國。秋季開始在北大史學系講授「史學方法」、「宋遼金元史」。翌年春，元宵節夜，相湘在北平地安門觀燈市，忽遇姚先生也在街道看熱閙，相湘即隨侍慢步漫談。姚先生知悉相湘集郵興趣後，翌日到校即以德國收回薩爾紀念郵票二枚相贈：郵票圖案是一母親擁抱一小孩，上有德文：薩爾回來了。寓意深遠。時值東北淪陷，身處危城，手持這二張郵票，眞是萬感交集。從此，相湘向姚先生請敎機會日多。「七七」事變後，姚先生隨北大等三校在長沙臨時大學任課，參加相湘婚禮。其後姚先生轉往昆明，音信不斷。民國三十六年冬，相湘應姚先生邀赴河南大學。翌年夏，開封易手。相湘擔任安頓河大師生工作。民國三十八年一月，相湘與姚先生來臺灣，旋在臺灣大學任教，日夕相處，情同父子。民國五十九年四月十五日，姚師因心臟病發辭世，相湘撰文追憶往事：姚先生桃李滿天下，「相湘自信是與從吾師關係最密切、最受寵愛的一人；但卻是最不肖，愧對師門的一人」。言念及此，我感覺師道尊嚴與師道溫暖親切應該是一體兩面，才形成師恩深似海。

北大史學系一年級有「中國史料目錄學」課程，趙萬里先生講授。趙先生是國立北平圖書館善本書組主任，過眼文物極繁多。這一課程名稱「史料」，而不採鄭鶴聲撰「中國史部目錄學」的習用名稱，顯然是將範圍擴大，不局限於傳統的經史子集四「部」，而放眼於紙上史料與地下材料。卽對於紙上材料如史籍等也詳其版本源流與異同，更注意宮庭檔案、私人文獻等等。趙先生常帶同學去北平圖書館參觀各種善本書、梁啟超個人文獻、故宮博物院檔案、鐘鼎彝器、甲骨漢簡等。這對初入史學系的學生是最富吸引力與啟發性的。許多同學都深感興趣，我個人受益尤多。後來見教育部制訂大學課程標準，「中國史料目錄學」列入史學系四年級，與相湘當時在北大一年級受課年限相差三年。十餘年前，我見臺大史學系沒有開設這一課程，深感學生對中國史料知識的缺乏，屢經建議，才開設一「中國史學要籍解題」，仍舊局限於「史部」舊籍。

北大訂制：專任教師稱教授，兼課教師不論學歷聲望一律稱講師。因此，史學系有幾位著名講師：陳援菴（垣）先生、柯昌泗先生（柯紹忞先生之公子）、張星烺先生、顧頡剛先生等。陳援菴先生講授「史源學實習」一課，以趙翼「二十二史劄記」作藍本，究明其史源。這對我有極大啟示。陳先生且囑我向長沙舊書肆購致這一「劄記」的湖南刻本，因其與其他刋本頗有異同。

顧頡剛先生講授「尙書」。但極不善於言詞，口吃似吶吶不能出聲，上課時總是寫黑板。但課餘與一二同學討論，則多受其益。

動手動脚找材料

「九一八」以後，北大師長集會商討「書生如何報國」？都以爲撰述一部中國通史，以提倡民族精神爲當務之急。時文學院一年級中國通史課程，由著名專家分題講授：如胡適之先生講文學史、湯用彤先生講佛敎傳佈史、顧頡剛先生講上古史、丁文江先生講中國人種與部族。是這樣名師薈聚一堂，學生自然可以開擴心胸。但試行一年後終發現缺乏聯貫與系統。因此，民國二十二年秋季始業，中國通史課程改請錢賓四（穆）先生一人專講。錢先生曾集中心力，編撰講授大綱及參考資料，每年修改增訂。抗戰之初，根據這些綱要與參考資料寫成「國史大綱」。此書今仍通行，讀者很容易發現是書自開始至終篇都充滿熱和力。事實上：錢先生在北大講授時，眞是用全身熱和力來口講手寫。這一課程在第二院大講堂上課，二三百人擁擠一堂，用心聽講作筆記，錢先生無論冬夏，講課時總不時用手帕拭汗。

傅斯年先生熱愛北大母校，對史學系發展更極關懷。中央研究院歷史語言研究所本體在南京，傅先生仍抽暇北上在史學系講授「中國古代史擇題研究」、「中國古代文學史擇題研究」兩課程。傅先生講課時如萬馬奔騰，上下古今，縱橫千萬里。自言：早在廣州國立中山大學授課，即有「野馬」之稱，今尤加甚。故同學們上課時都極用心聽講，且上課前必須有充分準備。因傅先生常於提及書經、詩經諸古籍某一段，突然指定某一同學：「下一句呢」？故當時我們對這幾種經書頗下了一番工夫。同時，傅先生提示：「上窮碧落下黃泉，動手動腳找材料」，為史學研究的基本精神；對我影響尤大。

胡適之先生講課，深入淺出，井然有序，有時說一兩句幽默語，使同學們輕鬆。下午上課時，教室有太陽

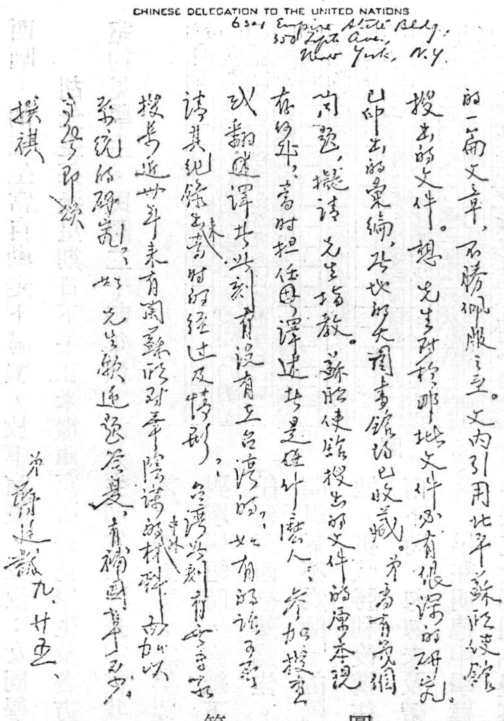
CHINESE DELEGATION TO THE UNITED NATIONS
6504 Empire State Bldg.
350 Fifth Ave.,
New York, N.Y.

桐湘先生：[illegible]自由中國評論[illegible]先生討論斯[illegible]林[illegible]的一篇文章，不勝佩服之至。文內引用北平蘇聯使館搜出的文件。想先生對於那些文件必有很深的研究。已印出的彙編，恐也[illegible]大圖書館均已收藏。弟尚有幾個問題，擬請先生指教。蘇聯使館搜出的文件的原本現在何處？當時担任翻譯述者是些什麼人？參加搜查或翻譯者現在有沒有在台灣的？如有的話，可否請其紀錄出來當時的經過及情形？台灣[illegible]有[illegible]搜集近廿年來有關蘇聯對華陰謀的材料，而加以系統的研究？如先生願意題答復，有[illegible]

弟即頌
撰祺
弟 蔣廷黻 九、廿五

第一圖

西晒，胡先生常自動走下講壇，放下窗簾，並說：女同學們是不應該多晒太陽的。

胡先生每逢星期日下午在米糧庫寓所接見學生及各方未經特約的來賓，有時也在文學院院長室約見學生。民國二十四年秋，胡先生卽曾在院長室爲我書寫「持其志毋暴其氣，敏於事而愼於言」的對聯。當面揮毫時，胡先生並說一項有趣經驗：寫對聯條幅時，宣紙下面最好用已經麻將牌磨光的草席，比較任何東西襯墊爲佳。胡先生於這一對聯下聯鈐用名章及「但開風氣不爲師」的陽文章。這一對聯，曾隨我在戰時轉徙各地。抗戰勝利後携往北平，不幸，民國三十七年十二月避亂南下時，匆匆未及帶去。

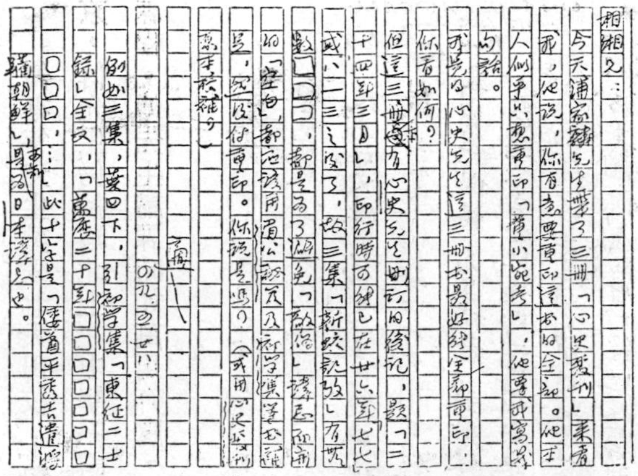

第二圖

早在明德中學肄業時，每值寒暑假卽翻閱家中藏書。其中朱克敬編刊「邊事彙鈔」中的「金軺籌筆」，是一八八〇年（淸光緒六年）曾紀澤在俄國辦理伊犂交涉時與俄國代表的問答記錄。很引起我的興趣。負笈北上，安頓就緒，我卽往淸華園往謁蔣廷黻先生請教。蔣先生在國內上學只有湖南明德學堂，故對明德校友很親切，對我娓娓而談伊犂交涉二三小時。民國二十三年夏，我乘暑假回長沙，特往謁曾約農先生請求可否運用曾紀澤先生的文件？時因存放湘鄉富厚堂而未能如願。直至民國五十五年，我主編「中國史學叢書」時終於如願將「曾惠敏（紀澤）公日記」及「湘鄉曾氏文獻」影印行世。「金軺籌筆」引起我對中俄交涉的注意研究。播遷來臺以後於此更多用力。民國四十年九月，蔣廷黻先生在聯合國，見及拙文，特手書垂詢若干問題（第一圖）。我在北大，時間上不容

北大學生畢業論文稿紙，雙合毛邊紙、朱絲欄格、毛筆楷書、每欄直行三十字、橫行每欄二十四字。

國立北京大學學生畢業論文稿紙

第三圖

許我去清華聽蔣先生授課，故我對蔣先生可說是私淑弟子，但蔣先生對我愛護逾恒。一九五九年七月，我在聯合國大會旁聽席上，蔣先生坐在代表席，看見我，即招手要我前往，坐在他的後座，我不免有「竊位」之感，惴惴不安，但蔣先生卻利用那休息時間和我討論近代史上一二個問題。

民國四十年，蔣先生任我國出席聯合國常任代表。每逢回臺述職，我必往蔣氏所居博愛賓館請教長談，他曾約晚餐。

孟心史（森）先生（一八六八——一九三八）對我教誨更是恩深如海。孟先生講授明史、清

史，是我習近代史的基礎，上課之外，我更常往孟先生寓所請教。我親見孟先生戴近視眼鏡，小字抄錄各種史料，當我提出某一問題時，孟先生不惜在滿屋書籍中爲我找尋。我的畢業論文「咸豐辛酉政變紀要」，郎蒙孟先生特別指導，若干結論和孟先生見解不同，先生不以爲忤。給予我的論文高達九十分的評贊。

民國二十六年五月，在我完成大學四年課程前一月，姚從吾先生特邀約六七位同學在其寓所便餐，傅斯年先生突然的出現，同學們都感驚喜。後來才知道這次餐聚，是爲傅先生「拔尖兒」（選優）而安排，被邀集的同學均有論文在各大報或雜誌上發表。姚傅二先生均已看過，這次是「面試」。

大學最後一學期考試將結束前，孟心史先生告我：已決定留我在北京大學研究院明清史研究室任助理。西洋史教授皮名舉先生被聘爲天津南開大學史學系主任，約我去任助教。但姚從吾先生告我：傅先生要我去中央研究院。由於尊重孟先生意旨：我的職務仍是在中央研究院歷史語言研究所，但派我在北平工作，以便隨時秉承孟先生指導。

是年六月底，我滿懷欣幸束裝南下。不幸「七七」事變發生。孟心史先生旋於翌年一月病故。抗戰勝利後，我才有機會重回北平至孟先生靈前三鞠躬。近年以來，盡力整理流傳孟先生著作，以報師恩於萬一（第二圖）。

看到萌芽出版刊行「胡適給趙元任的信」，其中有民國四十六年（一九五七）七月二十日胡先生給趙先生信有云：「中國史學者有個吳相湘，是北大高材生，是孟心史（森）的得意學生，現在臺大敎歷史」。捧讀之餘，汗流浹背，我怎能擔當得起這些誇揚啊。「胡適之先生年譜長編初稿」（胡頌平編、臺北刊）、「胡適之先生晚年談話錄」中有若干提及相湘處。閱後益增愧疚，有負師恩。（北大諸師長生平，詳見「民國百人傳」及「民國人物列傳」）

文化城讀書樂

北平是中華文化的中心，也是世界著名的文化城。當我肄業北京大學時，政府當局自民國二十三年起，努力整理歷史文物，許多將近朽壞的牌樓亭閣木柱，都按原來形式改用鋼骨水泥重建，畫棟雕欄，朱彩耀目，更顯現炎黃華冑在國防最前線臨危不懼沈毅堅強的民族精神。

永定右北平

北平建爲國都，始於遼朝，約在一千餘年以前。遼太宗會同元年，以幽州爲南京，又曰燕京。金朝代興，仍稱燕京，以爲中都。元世祖忽必烈至元四年（一二六七年），始於金舊中都之北三里築城，定爲京邑；至元九年（一二七二年），改號大都。馬哥孛羅遊記於此曾有記載。明洪武初（約一三七三年頃），改大都路爲北平府。永樂元年（一四〇三），升爲北京，改名順天府，並建築紫禁城及宮殿。正統六年（一四四一年），改稱京師。淸世祖入關（一六四四年），定都燕京，因明之舊，仍稱京師，名順天府。民國肇建，沿稱北京。民國十七年，北伐成功，南北統一，以南京爲首都，北京改稱北平特別市。可以說是恢復明洪武初舊名。這與中華民國元年二月十五日，孫大總統以「國民公僕臨時大總統」致祭明太祖陵，同樣是表示民族革命的成功。故北平地名不僅比較北京古老，更具有歷史意義。

對日抗戰勝利後，有人撰一聯語徵對：「四川成都，重慶新中國」。經過一番選擇後，「蒙古歸化，永定右北平」下聯對仗最工整——這一對聯，都應用地名，但上下聯第三、第六字又作動詞，最後三字是名詞兼形容詞。新中國對右北平尤見匠心：新對古。因右北平爲郡名、秦置，漢因之，有今河北省之豐潤、遵化、薊及熱河省之承德、凌源、平泉諸縣地；治平剛，即今平泉縣；東漢時移治土根，在今豐潤縣東，晉改北平郡，移治徐無，在今遵化縣西。自石敬瑭割讓燕雲十六州，「右北平」版圖變色，黯然無光。由此更可見：明洪武初設北平府，實含有光復失地的重大意義。

哈德門　大前門

今日習見的北平城垣是明代建築：明永樂十四年（一四一六年）始築京城，周圍四十里，城南一面長一千二百九十五丈九尺三寸，北一面長一千二百三十二丈四尺五寸，東面長一千七百八十六丈九尺三寸，西一千五百六十四丈五尺二寸；高三丈五尺五寸，堞口五尺八寸；基厚六丈二尺，頂收五丈。這就是今日北平內城。

北平內城有九門，其中之一曰崇文門，俗稱哈達門，或稱哈德門。對日抗戰前，上海英美烟公司出品平民化十支裝香烟卽取哈德門作商標。另一較高級香烟名「大前門」，則取正陽門景。明嘉靖二十三年（一五四四年）始築重城，包京城南面，轉抱東西角樓止，周圍二十八里，爲七門。高二丈，垜口四尺，基厚二丈，頂收一丈四尺。嘉靖四十二年（一五六三年）又增修各門甕城而爲包京城之外城，這就是今北平的外城。一般地圖標示北平用凸字形，可謂適合。

永樂帝畫像，一九四〇年美國
Frank Dorn 據故宮藏本繪

國劇「梅龍鎭」，正德帝告李鳳姐：居住在大圈圈裏的一個小圈圈。就是說居住在北平京城裏的皇城。皇城在內城中，周十八里，廣袤三千六百五十六丈五尺，高一丈八尺，下廣六尺五寸，上廣五尺二寸。

北平外城、內城、皇城經清代及民國初年稍有增修而無大改變。元大都遺址也依稀可見。皇城附近，北海左側的團城，爲遼金元遺蹟。

不論文化城內遍地是歷史文物，

卽就北平城廓大概，對一習歷史的學生來說：「發思古幽情」已綽有餘裕了。

北京大學校本部和理學院卽第二院，在景山東街，原爲清乾隆朝四公主——和嘉公主舊邸，清季創設京師大學堂時奉撥作校舍，歷經增修，仍保存中國傳統府第格調，其中有繡樓。課餘登臨，倚欄低思，更容易引發懷古詩與；但抬頭望見一二百步外的生物館西式建築，清末民初「中學爲體西學爲用」的時代觀念又呈現眼前。

北大文學院

北京大學文學院，卽第一院，是紅磚砌成五層洋樓，民國初年借款建築。座落於「沙灘」（地名），一作漢花園。「五四」前後許多介紹新思潮的小册，都是以這第一院號房爲發行處。「五四」以後，學生運動都以爲策源地。但「紅樓」有名於世，是因房屋建築材料

北大西齋內之走道

顏色而得名，絲毫沒有其他意味。抗戰時北平淪陷，周作人任偽北大校長，新築一鋼骨水泥樓房，被稱爲「灰樓」。意義相同。第三院即法學院，在北河沿，爲清末譯學館舊址，也是西式建築。

北京大學學生宿舍，稱作「齋」，饒有古趣。「西齋」在景山東街是我居住最久所在。「東齋」在紅樓側，都是平房，兩人合住一室。可能是爲着讀書安寧，每一室都用紙壁隔開作前後間，同室兩人不論熟識與否，很少交談。最令人感覺趣味的是兩「齋」傳達室工友，都在五十歲以上，歷經北大滄桑，一年四季都是長衫，尤其冬季穿着長袍馬褂，走路穩重步伐，大有前清候補道老爺大人的氣派。兩齋門前停放一些洋車，冬季用棉遮篷，洋車夫在等候乘客時穿羊皮袍，有客來時，講

民國二十三年冬筆者肄業北大時留影

好車價，即敞開皮袍捲在上身，拔腿拉車前跑——蔣夢麟先生撰刋「西潮」中，對湖南長沙人力車夫拉車「走」而不是跑，以及傲慢態度，頗有微詞。顯示久住北平的人們，對於當地人情味，尤其販夫走卒的彬彬有禮，沒有不懷念的。

禁書與秘藏

北京大學圖書館在紅樓後，原爲松公府，是中式平房，閱覽室與書庫相連。一位管理書庫的王先生，在校服務年久，經手書籍插架流通二十餘年，對目錄學版本學也頗熟習，同學們都尊稱他作「活動目錄卡」，需要某種參考書時，都先請教王先生，得其指點後覆查目錄卡，再借閱各種不同版本來研讀。這一樂趣，在今日臺灣各圖書館中是無法想像的。有人說：算盤計數有時比較電子計算機還要快，人腦有時遠勝電腦，就是具有靈性，而不是唯物機械論的呆板，我於此頗有同感。

我在北京大學肄業時，圖書館努力搜求清代禁燬的若干書籍。「皇明經世文編」是禁燬珍本之一，卻是我經常借閱的善本書——我眞是三生有幸，至少曾在五個不同地方閱讀這一「皇明經世文編」：北大圖書館、國立北平圖書館、南京國學圖書館、國立蘭州大學圖書館（蘭大創立時，我隨同辛樹幟校長在江南一帶搜購圖書，上海來薰閣書店主人陳濟川君，適有這一書，其中有一二卷是鈔配本，我因建議辛樹幟先生特爲購藏）、國立中央圖書館。影印本也看過兩種：一卽臺北文海出版社本，據臺北藏本，用日本東洋文庫藏本配補。一卽哥倫比亞大學房兆楹博士收藏上海近年影印本，後者流傳極少。

「皇明經世文編」刋印於明崇禎朝，不過十年，朱明卽覆亡，這一大部頭書當時刷印也不會多至二百套，故流傳不廣。加以清代列爲必需禁燬書，就最高估計，流存人間最多十部左右，而我竟能先後獲見原書與影本七部之多，眼福不淺。

人情小說　見慣不怪

民國二十四年秋，北大圖書館新厦落成，有中西文大閱覽室四，研究室三十二，可供五百人閱讀。收藏也與日俱增，其中馬廉（隅卿）先生生前珍藏人情小說（其中若干種，今習稱黃色小

北大圖書館新厦

說）是一特色。馬先生原在北大中國文學系講授中國小說史，珍藏的中國人情小說，在當時國內公私藏書處所中首屈一指，據說這與上海周越然氏（民國初年至民國二十年間，商務印書館刊行其編輯的「模範英語讀本」，是各省市中等學校最喜採用的課本）收藏西文人情小說最多，南北齊名。馬廉先生不幸在講課時突患腦溢血不治逝世。北大圖書館爲恐其珍藏散失或爲外國所得，乃亟爲收購，庋藏於新厦書庫四樓，限制借閱：四年級學生始可申請入此特藏室閱覽。

民國二十六年五月，我完成了畢業論文，工作也有着落，心情輕鬆，有暇及此」。加以當時抵制日貨，上海紙商將已進口的日製報紙，印刷各種古書，一角銀洋一冊，甚至論斤出售，如此一轉移間，存紙既已脫手，又無販售日貨之嫌，若干人情小說如「金瓶梅」等也都印行，為顧及「風化」，特將其「深黃色」部份刪去，另刊一小册。這在北平東安市場書攤，容易購致。同時，國立北平圖書館又將收藏的金瓶梅影印發行，北大圖書館原有是書清刻本，學生可以隨時借閱，這一影印本和清刻本都有插圖。同學們借閱，大多見慣不怪，我自然也不例外。

孫楷第編「中國小說書目」所收，馬廉氏幾均有藏本，我可儘情翻閱——明代刻書應用木版，不如清代精美，即經史也多粗製濫造，被稱作邋遢本。這些所謂不登大雅之堂的小說，邋遢本更所在皆是，比較金瓶梅清刊本大不相同。中國雕刻書籍的演進，我由此多一層認識和了解。

筆者在北大圖書館新厦中文閱覽室

其時，英文本「查泰萊夫人的情人」諸書也有翻印本，我曾經閱讀，並和幾位主修英國文學的同學討論，我們幾乎一致認識：清末及民國時撰刊的人情小說，既比不上金瓶梅的細膩，也不能和西洋同類小說相提並論。

國立北平圖書館

民國二十四年九月筆者在北平圖書館大廈前留影

我在北大肄業時，充分應用本校圖書館藏書以外，更經常往國立北平圖書館閱讀。

國立北平圖書館，在北海左側，昔爲小馬圈，爲明玉熙宮故址，民國十六年新改街名爲文津街。藏書總數達四十萬冊以上，居全國第一位，館舍美奐美侖，不特在全國首屈一指，即就美觀和實用論，它在世界主要國家國立圖書館中也占後來居上優勢（筆者曾參觀美國國會圖書館、日本國會圖書館、日本皇城宮內省圖書寮、東洋文庫、倫敦大英博物院圖書館、巴黎國立圖書館等）。

國立北平圖書館之有這樣地位，是由於其基礎深厚和寬廣。它的最早淵源是京師圖書館：清宣統元年（一九〇九年）七月，學部（卽今教育部）奏設京師圖書館，派繆荃孫爲監督。翌年八月正式成立。民國四年（一九一五年）六月，教育部議就方家胡同前國子監南學房舍爲京都圖書館址，籌備改組，並擬調取文淵閣四庫全書庋藏。至民國六年（一九一七年）一月二十六日開館。民國十四年九月二十八日，中華教育文化基金董事會（美國退還庚子賠款）在北京歐美同學會舉行執行委員會，通過該會與教育部合辦國立京師圖書館契約。從此，這一圖書館獲得美國退還庚款的協助。民國十七年七月，北伐成功，國民政府大學院（後改爲教育部）改京師圖書館爲國立北平圖書館，聘陳垣、馬裕藻等爲籌備委員，隨經成立，又將館址遷入中海居仁堂，自民國十八年一月十日，繼續開館，公開閱覽。同年六月三十日，中華教育文化基金會在天津舉行年會，議決接受教育部提議將原有國立北平圖書館與北海圖書館合組國立北平圖書館，增加北海圖書館建築費二十五萬元、購書費三十萬元。八月二十七日，教育部命令：北平圖書館完全移交國立北平圖書館委員會，隨於是月三十一日移交清楚，兩館實行合組成立，教育部聘蔡元培、袁同禮爲正副館長。民國二十年六月二十五日，國立北平圖書館新館建築告竣，舉行落成典禮，旋正式開放供公眾閱覽。

文津閣四庫全書

國立北平圖書館面臨文津街的三座朱門，雄偉氣派不下於大高殿，大門內有一寬廣約三個足球場的花圃，主要館舍是綠瓦琉璃花磚宮殿式，前豎二石刻華表，是取自圓明園刼餘遺物。其後緊接紅磚砌成的新式書庫，中西融會，華美與實用兼而有之，的確是各國國立圖書館所稀見。宮殿式館舍地下室是報刊閱覽室，地面第一層大廳爲善本珍籍陳列室，左側爲梁啓超先生生平文獻特藏。另有一海約翰紀念室，是陳列一八九九年美國倡導中國門戶開放政策的國務卿海約翰（John Hay）關係資料。右側是輿圖室與特藏室。地面第二層是大閱覽室，六人一桌，座椅是頗寬大的圓圍椅，比較國立臺灣大學圖書總館閱覽室座椅要大一倍。正廳後面兩側爲研究室，是供專家借閱善本珍籍作專題研究之用。

任何人均可進入北平圖書館，不需要預先申請閱覽證，祇是入門時取得一座位木牌，據以向出納櫃填寫需要書籍，即可靜坐於座位，等候工友自書庫取書送來。閱畢歸還，索回座位木牌，出門時交回。如一時閱覽未完，可將書寄存，在正廳外餐廳午晚餐後繼續閱覽。我記得當時每餐不過銀洋二角。

北平圖書館藏書不是開架式，讀者不能自由取書，故用上述辦法，還沒有聽說有「雅賊」出現。而美國國會圖書館藏書有若干部份是開架式，讀者入門不需入門證，但出門時，駐衛警察例須查看手提包，以防「夾帶」。相形之下，我懷念北平的人情味。

北平圖書館善本組主任趙萬里先生在北大史學系講授中國史料目錄學，經常帶我們參觀各種善本珍籍：永樂大典蝴蝶裝原本、宋版包背裝的經史子集、各種精鈔或手寫本，其中有些且是內

北平圖書館正面

府藏本，由京師圖書館改組移交而來。

文津閣四庫全書，原是熱河避暑山莊珍藏，民國初年運來北京。趙萬里師曾帶我們詳細觀覽。四庫全書寫本以宮內文淵閣藏的最精美，文津閣在熱河山莊，不是皇帝時常居住的地方，四庫全書寫本也就不如文淵閣的工整精緻。

民國以來，影印四庫全書，採用文淵閣本或文津閣本，甚至用瀋陽藏文溯閣本，屢有擬議。民國二十二年以後，國立中央圖書館終於決定採用文淵閣藏本，選擇書目時，曾經南北專家多次辯論而後定案，即今各圖書館習見的四庫全書珍本——即文淵閣本，而我又曾見過文津閣本。

按四庫全書共有七份寫本，分貯於宮庭四閣：文淵、文源、文溯、文津；江浙三閣、文瀾、文匯、文宗。歷經英法聯軍戰役及太平軍，七閣之中四燬於戰火，文瀾閣也多散失，儼然存在者僅有其三，而我得見其二，自然是三生有幸。

寶月樓　瀛臺

我每次自北大西齋往返北平圖書館，必須經過橫跨太掖池的「玉蝀」「金鰲」白石拱形長橋。漫步經過這長橋，眼見瀛臺在其南，五龍亭在其北；萬善殿、紫光閣東西對峙，夾岸槐榆樹多數百年物——翁同龢日記：慈禧太后偶散步賞花於此，一只小毛蟲自樹枝掉落在她衣肩上。慈禧對這意外的冒犯，不能容忍，下令砍伐一些樹以示薄懲。宮禁中人舊呼瀛臺爲南海，萬善殿爲中海，五龍亭爲北海。清代合稱三海，明朝稱作金海，金代則名曰西華潭。

民國初年以中南海作總統府，就舊日苑南寶月樓改爲總統府門，名新華門。自袁世凱以次總統皆居之，至曹錕被逐出走後，遂廢。其中有洋式建築一所，爲袁世凱當政時新建名曰政事堂，形式仿美國白宮，具體而微，一圓形屋頂用洋鐵皮，留給我很深印象。(今人習稱美總統府 White House 作白宮，但清末民初譯名卻作白房。相形之下，今所習用譯名反而有封建帝制意味了）。寶月樓卽昔人傳說：乾隆帝寵愛的香妃居所（今已考證其不確），自改名新華門後，有一傳說：袁世凱稱帝前，王闓運見袁時曾故意諷譏謂在故都發現古董「新莽門」！意卽譏其背棄民國如王莽篡漢！

瀛臺，明朝時名南臺，一曰趯臺，清順治間增建宮室，爲消夏之所，康熙中復加修葺。中爲涵元宮，宮前爲涵元殿，再前爲香扆殿，前臨水爲迎薰亭；涵元宮後爲翔鸞閣。迎薰閣中有清乾隆帝御製詩碑。光緒戊戌政變後，慈禧太后將光緒帝幽居於此。因有名於世。我在北平求學時，曾數往憑弔。其中有一木質螺旋形樓梯，比較西洋人鋼製同形樓梯，更顯得美觀實用。我國古代建築工程師的頭腦，令人欽佩。

居仁堂是慈禧太后所建的海晏樓，民國後改是名，爲總統辦公處。第一次世界大戰時，嚴復每日譯述英文重要報刋消息供袁世凱參考。其後石印成册名曰「居仁便覽」。民國二十二年，軍事委員會北平分會也設立於此。懷仁堂爲清季儀鑾殿，民國後改名，爲接見外賓及庶僚與慶典宴會之地。宋哲元擔任冀察政務委員會委員長時，常邀集各大名伶在此作堂會演出。

五龍亭　九龍壁

金鰲玉蝀橋東爲團城，其中承光殿，供玉佛。其北爲北海。民國時開放爲公園。當我在北平圖書館閱覽疲倦，漫步回宿舍時，常進入北海公園休憩——入門不遠有積翠堆雲橋，過橋爲瓊華島，爲遼金元時代舊築，相傳爲遼后梳妝臺所在，明文徵明、清李慈銘等均有詩詠紀之。瓊華島踞太掖池中，奇石纍纍，相傳是宋朝艮嶽遺物，女眞蒙古人自開封移來燕京。其左麓有清乾隆帝御書「瓊島春陰」四字，爲燕京八景之一。

太掖池北岸與瓊島遙相對的是五龍亭。遊客沿池旁道路漫步前往，隨時坐憩道旁小椅是一途

筆者（立）與雷宏濟君在五龍亭留影，遠方即瓊華島

徑，自瓊島乘船橫渡，更是便捷。龍亭後爲闡福寺，內有大雄寶殿，寺西爲大西天，前面「極樂世界」，後面「萬佛閣」。東爲快雪堂，爲松坡圖書館所在，是紀念雲南起義推翻袁世凱帝制的蔡松坡（鍔）將軍。快雪堂北迤東爲九龍壁，是五彩琉璃磚拚湊，生氣活現，極盡匠心，相傳爲遼代遺物——除開這一九龍壁以外，我曾在紫禁城內看到另一九龍壁，民國二十六年春假遊山西大同，也見到一九龍壁。三處規模相似。民國五十五年，我重遊新加坡，看見當地中華總商會新厦正門前的九龍壁，祇可說具體而微。

快雪堂、五龍亭等處均有茶社，供應飲料食品，「仿膳茶社」最有名，顧名思義可知其模仿御膳，其中肉末燒餅，相傳是慈禧太后最喜愛的食品之一。我由於研究慈禧生平，閱覽過御膳房

北平中山公園內之公理戰勝坊

檔册，知道一八六〇年八月，英法聯軍進迫北京，咸豐帝倉皇北狩，兵荒馬亂，沿途十室九空，不得飲食，侍衞多處搜求，始得少許燒餅進奉皇帝。皇后妃嬪等都無法獲得飲食，到達熱河行宮之初，一時供應不繼，后妃們日常的饅頭食品，也要勞皇帝動「硃筆」配給。慈禧因此銜恨於總管內府大臣肅順等。翌年，帝崩，慈禧與恭王聯合發動政變，將肅順等置之於死，上諭中提及飲食細節。可見其氣量狹窄。而有關肉末燒餅傳說，大概是御膳房有意迎合懿旨的。我常在仿膳茶社嚐食，就是北方館的芝蔴燒餅，內夾醬炒肉末，並沒有特殊風味。因此，我對於五龍亭茶社的「小窩窩頭」反而比較欣賞。

北海公園以外，中山公園也是我假日常去的，入門卽見「公理戰勝強權」牌樓。是第一次歐戰後，將庚子拳亂被殺的德國公使紀念碑石料改建。

頗富歷史意義。

東安市場　琉璃廠

文化城中最使人嚮往的就是舊書攤多，東安市場更是這些書攤集中所在，每逢假日，和二三友好自北大西齋乘洋車前往，在這些書攤旁慢慢搜求，二三個小時光陰，很快就溜過了，每次總可滿載而歸。

其時，一般生活費用不高，每年家中給我銀洋四百圓，除開兩學期學費共計四十元，每月膳費十二元（在當時可說是中上，有些北方同學每月膳費不過五六元）以外，其餘都是購書費。日常衣物，是暑假回家時，由襄成大嫂製備。北大同學極少西裝，因此，我在這四百圓中不需支付衣物費，可以盡情購買喜愛的書籍。在北平四年，我曾先後寄運五大箱書籍回長沙。不幸，抗日戰起，這些書籍和家中舊有藏書，在運往常德鄉間存放時，被日軍燒燬淨盡。

東安市場書攤供應的大多是清末民初以來報紙鉛印書刋，南城琉璃廠書肆則以線裝書爲主。這一帶書肆自明朝以來卽爲文人學士最喜流連所在。清李文藻於乾隆朝開「四庫全書館」時曾撰「琉璃廠書肆記」。其後宣統年間，繆荃孫又撰「琉璃廠書肆後記」，滄海桑田，令人感嘆。我在北平求學時，繆氏所記著名書肆又多已不存。我所常去的來薰閣主人陳濟川君及其主要店員馬君，對目錄版本學都很熟悉，我常常自他們談話中獲致一些心得，來薰閣後在上海設立分店，抗日勝利後，陳濟川君且曾來臺北，有意在此設立分店，不幸局勢變化太快，未克實現。至於臺北市牯嶺街、厦門街以及新生南路光華商場舊書攤店，祇可說近似北平東安市場書攤，沒有琉璃廠書肆的規模。近十餘年來，我幾次遊日本東京及京都舊書店，曾遇見在上海經營書業的內田完造，交談之餘，更令人懷念琉璃廠書肆。但這已是歷史陳跡，永遠不能再享受其樂趣了。

每逢春節，琉璃廠及廠甸一帶例有市集，滿街都是書籍文物攤。這不僅是寒假中最佳消遣所在，也是購書的好時機。我在北平四年，有四次寒假，都沒有放過這逛廠甸的樂趣。每次也有一些收穫。

陳受頤師講授「中歐文化接觸史之研究」課程，是我最感興趣，也是用力較多的。如上章所陳述：我曾在北平圖書館，發現「律呂纂要」內府精寫本——是最早的一部中文西洋樂理書。在廠甸書攤，我廉價購得光緒十五年（一八八九年）八旗名士盛昱手寫石印的「康熙幾暇格物篇」。這是聖祖仁皇帝（康熙）御製文集以外，此書最早也是唯一的單行本。而「格物篇」早在一七七九年，即經天主教耶穌會士選譯爲法文刋載「中國叢刋」第四期。這是康熙帝巡遊各地隨時隨地留心自然與人文現象的心得記錄。故宮博物院「文獻叢刋」曾刋印康熙帝在宮禁用中文演算草開平方的原稿照片，使我對這位開明專制君主能用心讀書備加欽佩，而「聖祖仁皇帝御製文集」殿刻本購致不易，我能得其中之一「幾暇格物篇」，也慰情於無。民國五十五年，我主編中國史學叢書時特將聖祖仁皇帝文集列入，可說滿足多年心願。

張之洞與吳大澂手翰

民國二十六年春節，我在廠甸古玩店見張之洞與吳大澂兩人手翰。張之洞是「中學爲體西學爲用」主張的倡導人，吳大澂是金石學名家，任湖南巡撫時曾篆書「自求多福」贈予先祖愛亭公，抗日戰前，這一匾額懸掛祖宅廳堂。因此，我對這兩人的手翰自然特具興趣。幾經討價還價以後，我終於將這兩人手翰購得。重加裝裱後，即往謁先師孟心史（森）教授，請求題跋。

張之洞手翰原文是這樣的：「劉永福已到南寧，西省無可安置。瓊如不能行，或屯廉，或屯省城外；再徐籌任使（藉可察看其性情紀律）。兩處孰勝？請酌示。芸閣年兄、燕齋仁兄閣下。洞頓首。方部二十人可歸營務處，餘只可另設法（現詳籌處劉辦法，所省已甚多，此小費不必惜也）。徐陳親兵與張都司已招，須該員自選者方聽說也。此時臨行，自宜發兩月糧（往返兩月有餘），俟一切派定，開單告局，並公牘行知也。洞又及」。

心史先生題跋云：「吳生得近賢手扎，索題跋。此張文襄手扎，所致芸閣燕齋兩人：據文襄集，書問較多，知爲姓沈，餘未了了。許君溯伊乃獨力爲文襄輯遺集者，問之但言此扎未入集，當是因處置劉永福事已詳他牘故。餘亦未能言。再函老友趙竹君，乃復言：許君說非是，文襄親筆信隨寫隨發者多不存卷，其存卷者雖親筆亦過錄始發也。芸閣名鎔，廣東藩司，歿於任，文襄爲請入循吏傳；燕齋姓蔣，粵西道員，留東省供營務處差；方部則謂道員方長華也。記此可以參證於清史及文襄集矣。丁丑春初，孟森記」。

吳大澂手翰原文云：「節子仁兄大人閣下：念劬交到手書，猥以六十初度，蒙賜聯軸，古雅可喜。謹謝，謹謝。湘中吏治未易振作，弟不以責人，而先以自責。疆吏所司何事？轉移風氣，豈得委之氣數耶！與念劬晤談數日，皆迂濶語，別無政績可言，但得一書生可爲名將，此求賢館之小效也。手復鳴謝，敢請臺安，藉璧謙版。弟大澂頓首。五月十七日。益吾祭酒近著漢書補注，已刻天文志，眞大勇也」。

心史先生題跋云：「此亦吳生所得近賢手扎之一。吳清卿中丞與張文襄爲兒女姻家，適同留此手蹟，想其原藏弆之家與兩公俱相近也。節子爲傅以禮字，念劬爲錢恂字，俱有述作存世，節子題跋書籍尤有名。中丞雖功名蹉跌，然金石篆刻亦足顯於世。所涉益吾祭酒，今尤爲著述問世之最富者，片楮中想見方以類聚也。孟森記」。

這兩件近賢手翰，歷經抗戰諸戰役，幸均携來美國，心史先生手蹟也因此保存。（今已贈送哈佛大學內哈佛燕京社東亞圖書館收藏，以資永存）。近年在南港中央研究院傅斯年圖書館見抗戰時重慶刋行「史學雜誌」，其中「明清史專號」有鄭天挺（毅生）先生撰悼念心史先生一文，內有云：『余在長沙，有許溯伊先生同莘自汴致書先生，同人囑余存之。此書先生既不得見，因錄於此，以見先生好學不倦老而彌篤。書曰：「承詢燕齋之名，弟一再考據大約爲廣東鹽運使瑞璋，後署廣東臬司，總辦洋務局，本總署章京，俸滿外用，故有熟悉洋務之稱，與沈芸閣同爲文襄倚任。至劉永福部將祇有黃守忠，並無方姓其人，彼時粵中將弁有水師提督方耀、潮州營遊擊方恭，又有率勇援閩之副將方友升，皆與永福不相聯屬，此見於文襄電牘者也」。

鄭天挺先生不知許溯伊先生此函的由來，實因相湘得張文襄公手翰請求心史先生題跋，故祇泛泛讚揚心史先生「好學不倦老而彌篤」。事實上：除開這八個字以外，心史先生更具有「誨人不倦」的偉大精神，而對於片楮隻字毫不放鬆的認眞求詳的治史態度，尤具「身教」作用，相湘多年以來力求認眞，而不能達到先師之所期許的萬一，眞是慚疚之至。

明思宗殉國處　文丞相祠

文化城裏除開圖書館藏書豐富以外，更有很多活生生的第一手史料，午門樓上歷史博物館、故宮博物院、古物陳列所等處陳列收藏的明淸兩朝各種檔册、文獻、古物珍玩，很多都是書本上沒有或誤記的，例如乾隆帝與香妃、慈禧老佛爺許多事實，就是一例（見本書下二章）。

紫禁城後是景山，原名煤山，相傳是明代以來，宮庭堆置煤屑之所，經過幾百年已成小山，有五峯，峯上各有小亭，可以鳥瞰宮禁。左麓小亭側有古槐一株，是明思宗（崇禎帝）在流寇李自成張獻忠入京後自縊死處，淸代曾用鐵鍊緊鎖，民國後解除，豎立一「明思宗殉國處」石碑。民國二十五年「十二、十二」學生運動時，九城騷動，北平市長秦德純最後要各校學生齊集景山聽候講話。等到學生進入景山正門，各門緊鎖，軍警林立。四周圍牆上有荷槍軍警。學生憤怒、疲倦交集，晚間只好分散回校。

文丞相祠，在府學胡同，是明嘉靖二十八年（一五四九年）建，清代民國歷次重修，是紀念「天地有正氣」文天祥的。我曾前往瞻仰。對日抗戰勝利後，北大代理校長傅斯年先生曾隨蔣主席往致敬，有照片刊傅先生紀念集。

世界各種宗教寺院，北平城郊所在皆是，這是其他任何城市所難得見：大高玄殿，是明代崇奉道教遺蹟，建築精巧，三座門前東西南三面各一坊，南坊前左右各一亭，鈎簷鬪桷，人稱為九樑十八柱。西郊外有「白雲觀」，是春遊好地方。至於佛教廟宇更多，雍和宮、黃寺、黑寺則是喇嘛所居，新正「打鬼」很有趣。天主教在西安門內西什庫的「北堂」、宣武門的「南堂」，是近代中西文化接觸的紀念。北小街有俄國東正教總會的「北館」也是清初建築。

文化城眞是名副其實，遍地充滿歷史氣氛，對於一學習歷史的青年來說，眞是美不勝收目不暇接，祇恨四年時光太短，無法充分享受許多樂趣。

馬皇后豐儀絶俗

近代國家文明的高下，其婦女知識程度的高低，是一重要決定因素。六十餘年來，我國女子教育的發達，智慧體能的增高，是中國進步的具體象徵，也是強種強國的堅實基礎。

這一象徵的形成，「五四」以後，國立北京大學首先招收女生，實開其端。從此男女教育機會均等、自由戀愛結婚、法律地位及參政權利明確保障，「人才由鼓勵而得」，中國女子在國際學術界及世界運動場也不讓鬚眉嶄露頭角。如胡適之先生所指陳：這是國史上空前成功的不流血大革命。

愛美是人類天性，蔡元培先生自民國建元以來卽強調美感教育的重要性。自北京大學和其他公私立大學男女同校，美麗端淑的女同學，常被男同學非正式選舉「校花」「皇后」。民國二十年代，北京大學馬皇后（政治系女生馬珏女士）名重九城。國際聯合會調查團東來，故都學術界茶會歡迎，馬珏女士擔任總招待，站立李頓爵士與胡適博士之中的照片刋載於報紙雜誌，北大同學引爲光榮——五十年前，朱文長學長（現任美國匹茨堡大學教授）撰「北大與北大人」刋載東方雜誌，沒有提及馬皇后。因朱入學北大時，馬已離校。其後，朱與同學相聚，每言及此輒有「

余生也晚，不及見三代盛世」遺憾。而我和若干現仍健在的北大同學會親見馬皇后豐采——嚴格地說：我們目睹耳聞中國婦女解放進步的過程，實在是三生有幸。

「校花」「皇后」榮銜，近年在臺灣省境各大學沒有出現——一九七一年二月二十六日，中國時報刋載：日本慶應大學校花曹美內女士回國訪問。可見日本大學生仍有這雅興。而我們女子教育發達，幾所大學文學院幾均成爲女兒國，男孩兒人少勢孤，自然不敢有此一舉。而若干大學女生膺選「中國小姐」「國貨皇后」「毛衣公主」出國訪問，秀外慧中的大方風度，更顯現這一代中國女子的進步。

一百年前留美女學生

我國傳統以「無才便是德」「賢妻良母」教育婦女，女子極少識字讀書機會，自然更談不上參加科舉應試了。幾千年如此的壓制，占全國一半人口的婦女自不能發揮其力量，但卻沒有因此使其智力萎縮退化。一項明顯的事實：一八八一年及一八九二年，美國教會先後遣送四位中國青年女子赴美國求學。結果她們的成績表現絲毫不弱於同時留學美國的中國男青年。這四位女青年都獲得美國醫學院學位，成爲中國近代史上西醫生的先驅。一九〇五年，有十九名中國女子在美國中學註册。一九〇八年，有十名中國女生參加是年夏季在麻省(Ashburnham, Mass)舉行的中國學生會。一九一〇年，美國東岸有三十六名中國女生。這說明中國女子在良好環境教育中具有培養成專才的潛力。

一九〇〇年頃，有三五女子在日本求學，這是富家女兒，隨其家庭或丈夫東渡的。一九〇五年，湖南選派二十名未婚女子赴日本習師範教育。同年，奉天（遼寧）也開始每年選派十五名女生東渡。日本兩所女子學校因此設立特別班以教育中國女生——留日女學生中有參加革命活動的，如秋瑾女士等。更說明素不出閨門的中國女子熱心國事不讓鬚眉。

一九〇二年十月二十四日，蔡元培先生與友人在上海創辦愛國女學，分小學、中學、師範三部，是我國內最早的唯一女學。一九〇三年冬，張之洞等奏訂學堂章程，規定三段七級制，對於女子教育完全忽視。一九〇六年一月二十八日，慈禧太后面諭學部大臣實與女學。六月十五日，學部議訂女學教育章程，限於小學及女子師範兩種，中學與大學均未列入。中華民國成立，蔡元培出任教育總長，始將女子中學正式列入教育系統。

一九〇八年，美國退還庚子賠款，設立清華學校，遣送留美學生，原祇限於男生。民國三年（一九一四）開始，每年度特撥出十名額給經考試合格的女生赴美留學。自民國三年至民國十八年，十五年間，僅有五十三名女生被選派西行。且均祇完成大學學業，沒有進入研究院。

其時，女生在國內仍無受大學教育機會。民國六年，北京女子師範學校，開辦國文教育專修科一班，民國七年，開辦手工圖畫專修科一班。可說是爲改建女子高等師範的準備。但一般社會對女子教育仍存歧視。民國七年，有女生四人上函北大蔡元培校長要求入學讀書。蔡校長答覆：

現在社會不許，無可奈何——上海商務印書館刊行的「婦女雜誌」即曾刊出反對大學男女同校論文。北大學生康白情（後來「五四運動」主要領導人之一）即撰「讀王卓民君論吾國大學尚不宜男女同校商兌」刊載於婦女雜誌第四卷第十一號。仍未能說服反對意見。康白情因又撰「答難質論吾國大學尚不宜男女同校商兌之駁議」刊載於婦女雜誌第五卷第四號。民國八年三月十五日，蔡元培氏在北京中華基督教男青年會演講，公開倡導平民學校實行男女同校。「新潮」雜誌主幹亦撰文於報紙鼓吹男女同校。

大學開放女禁的問題

民國八年五月六日，即「五四運動」後第二日，北京大學與北京高等師範發起召集北京大專中學代表組織一「北京中等以上學校學生聯合會」。這是中國近代第一個有長期性的學生聯合組織的開始。尤其當時各級學校都不是男女同校，在這一「學生聯合會」中卻是男女學生代表在一堂工作，在中國歷史上更屬創舉。上海天津及湖南等地女生也有積極行動。男女同校及婦女參政運動因此開端，可說是具有重要歷史意義。

其時，一向主張男女同校的康白情又撰一「大學宜首開女禁論」刊載於北京晨報。引起各方注意。是年七月甫成立「少年中國學會」主幹王光祈因特約請胡適之先生及康白情、周炳琳與吳弱男女士（中國同盟會會員、即章士釗妻）等撰文討論這一問題。十月，「少年中國」月刊第一卷第四期是婦女問題專號，以胡適之先生撰「大學開放女禁的問題」冠首——胡先生這一論文不見於各種版本的「胡適文存」，一年來，筆者爲搜求這一論文，函請夏威夷大學圖書館及美國大陸與加拿大各圖書館協助，不幸美加國境各圖書館均沒有收藏這一期「少年中國」。轉向倫敦及澳洲各圖書館查尋，也無所獲。最後發現日本京都大學人文科學研究所庋藏有「少年中國」第一卷全帙。經彭澤周博士影印寄來。得來如此不易，且關係近六十年女子教育非常重要，今特摘錄其重點。胡適之先生撰「大學開放女禁的問題」有云：

「我是主張大學開女禁的。我理想中的進行次序大略如下：

「第一步：大學當延聘有學問的女教授，不論是中國女子是外國女子。這是養成男女同校的大學生活最容易的第一步。

「第二步：大學當先收女子旁聽生。大學現行修正的旁聽生規則，雖不曾明說可適用於女子，但將來如有程度相當的女子，應該可以請求適用這種規則。

「爲什麼要先收女子旁聽生呢？因爲旁聽生不限定預科畢業，只須有確能在本科聽講的程度，就可以請求旁聽。現在女子學制沒有大學預科一級，女子中學同女子師範的課程又不與大學預科相銜，故最方便的法子是先預備能在大學本科旁聽。有志求大學教育的人本不必一定要得學位。況且修正的旁聽規則說：旁聽生若能將正科生的學科習完，並能隨同考試及格，修業期滿時，得請求補行預科必修科目的考試。此項考試如及格，得請求與改爲正科生，並授與學位。將來女子若能做得這一步，已比英國幾個舊式大學只許女子聽講不給學位的辦法更公平了」。

胡適之先生在提出「大學先招收女子旁聽生」這一具體辦法以後，更進一步提出修改當時學制與課程，才是根本之圖：「第三步：女學界的人應該研究現行的女子學制，把課程大加改革，總得使女子中學的課程與大學預科的入學程度相銜接，使高等女子師範預科的課程與大學預科相等。若能添辦女子的大學預科，便更好了。這幾層是今日必不可緩的預備」。

女子中學程度太淺

胡先生於這一論文又進一步指出：「現在的女子中學程度太淺了。外國語一層，更不注意。各省的女子師範多把部章的每年每週三小時的外國語廢了。即使不廢，那每週三小時的隨意科，能教得一點什麼外國語？北京的女子高等師範預科，去年只有每週二小時的外國語，今年本科始加至每週五小時。高等師範本科的學生竟有不曾學過外國語的，這是女子學校自己斷絕進大學的路。至於那些教會的女學校，外國語固然很注意，但是國文與科學又多不注重，這也是斷絕入大學的路。依現在的情形看來，即使大學開女禁，收女學生，簡直沒有合格的女學生能享受這種權利！這不是很可怪的現狀嗎？前兩個月，有一位鄭女士在報上發表他給大學蔡校長請求大學開女禁的信。我初見了這信，以為這是可喜的消息。不料我讀下去，原來鄭女士是要求大學准女子進補習班的！補習班是爲那些不能進預科的人設的。一個破天荒請求大學開女禁的女子，連大學預科都不敢希望，豈不令人大失望嗎？這個雖不能怪鄭女士，但是我們主張大學開女禁的人，應該注意這一點：趕緊先把現在的女子學校澈底研究一番；應改革的，趕緊改革，方才可以使中國女子有進入大學的資格。有進大學資格的女子多了，大學還能閉門不納女子嗎？」

〔二〕胡先生於這一文章結論指出：「我雖是主張大學開女禁的，但我現在不能熱心提倡這事。我的希望是要先有許多能直接入大學的女子。現在空談大學開女禁，是沒有用的（八年九月二十五夜）」。

教育是婦女解放關鍵

按「胡適留學日記」記載：自幼受賢母教育影響，負笈上海以至留學美國，十年之中，未嘗與賢婦人交際，於青年女子之社會，幾裹足不敢前。民國三年夏，結識韋女士（Edith Clifford Williams）後，「生平對於女子之見解爲之大變，對於男女交際之關係亦爲大變。女子教育，吾向所深信者。唯昔所注意，乃在爲國人造賢妻良母以爲家庭教育之預備；如今始知女子教育之最上目的乃在造成一種能自由獨立之女子。國有能獨立自由之女子，然後可以增進其國人之道德、高尚其人格。」民國四年十月，胡在紐約市親見「女子參政大遊行」，以爲「千古未有之大盛舉」。杜威博士（John Dewey）參加其間，更給予胡一非常深刻印象——如今胡對大學開女禁問題卻「不能熱心提倡」。顯然是如上文所引述：「現在的女子中學程度太淺了」。

「少年中國」主幹王光祈於胡先生文後特加按語指出：「我們這回討論婦女問題的結果，幾乎每篇文章都歸根結底於教育，都主張應該從教育下手。譬如我們要解決男女平等問題，必先使婦女的生活能够獨立。要使婦女生活獨立，必使婦女先有職業先有技能。要有職業技能，便非受過教育不可。又如家庭改組問題，亦爲女子解放社會改良最切要的事。但是新家庭的女子若未受過相當教育，家庭幸福仍是不能圓滿，不過是由大舊家庭改組爲小舊家庭罷了。又如女子貞操問題，在國故黨以爲是天經地義，應該表揚；在「新青年」以爲是毫不合理，應該攻擊；這兩種極端相反的論調，若是女子未受過相當教育，毫無辨別能力，則所說的貞操問題，直是國故黨員的貞操問題、「新青年」記者的貞操問題女子的貞操問題。又如解決婚姻問題，必先使男女有社交的機會。若要有貞正純潔的社交，又非男女均受相當教育不可。其他如女子參政問題等等，都應該從教育下手。」

王光祈因此主張由有覺悟的女子，組織一女子教育協進會，努力(一)普及女子國民教育。(二)籌備大學預備學校，以便升入大學。(三)要求大學開女禁。(四)改革家庭教育。

北京大學招收女生

先是，「五四」以後不久，即有一女生上函蔡元培校長要求入學北大。適蔡先生辭職南下，遂被擱置。是年九月，蔡回任北大校長後面對許多女生申請函件，決定收錄爲旁聽生。如蔡自述：「我是素來主張男女平等。民國九年，有女學生要求進校，以考期已過，姑錄爲旁聽生。及暑假招考，就正式招收女生。有人問我：兼收女生是新法，爲什麼不先請教育部核准？我說：教育部的大學令，並沒有專收男生的規定，從前女生不來要求，所以沒有女生，現在女生來要求，而程度又够得上，大學就沒有拒絕的理由」。

「中國近七十年來教育記事」引「教育雜誌」第十二卷第三期記事：民國九年二月：北京大學招收女生二名上課：一爲江蘇王蘭，一爲湖南易某，爲我國男女同學之開始。周策縱撰「五四運動史」則指陳：當時招收旁聽女生九名，其後申請函件均被拒絕。當這少數女學生進入老氣橫秋的北大校園中，男生都以少見多怪眼光注視，社會上更傳爲「趣聞」。守舊人士議論紛紛，教育部乃令蔡校長：應予審愼考慮：須知公立學校自應維持最高道德水準。北洋政府大總統也有同樣文告。幸蔡校長堅持「大學令並沒有專收男生的規定」。是年夏季且正式招考女生。

江蘇籍的奚貞女士，貴州籍楊壽璧女士等是民國九年八月，考入北京大學註册爲正式學生。可說是中國歷史上女大學生的先驅。臺北市的北大老同學對奚貞女士高大體型英語好仍津津樂道。五四運動時打擊曹汝霖寓所的四川籍男生熊訓啟適與奚貞同班，熊曾代表北大壓倒清華同學而獲英語比賽冠軍。熊奚兩人日久生情，但熊爲有婦之夫，故並未能諧好事。蔡元培先生所謂：男女之間，一毫不苟，始可談自由戀愛。當時北大同學確實身體力行了。（民國三十七年十二月，北大五十週年紀念展覽時，曾陳列第一屆女生相片，相湘曾參觀）。

民國十一年夏，北京大學招考新生，上海區報名應試的約一千餘人，結果取錄廿六人，其中女生七人：蔣圭貞、韓權華等考入理學院或文學院。三年之間，女子中學程度突飛猛進由此可見。但北大校園中女生所占百分率很低，男同學仍有好奇之感。韓權華女士的美麗與其服飾，尤引起男同學注視。每逢韓自北大一院紅樓下課時，許多男同學都「擺隊侍候」向其行「注目禮」。在臺北的北大老同學憶述及此，輒口角春風，返老還童。

時代進步　身受其惠

當五四運動時，先父漢聲公正在故鄉——湖南常德縣城擔任勸學所所長。常德在清代爲府治，是桐油棉花集散中心，開闢商埠後，英日等國商輪商人更多前來，商業可謂發達。但較高學府只有「西路師範」，中學很少，小學也不多。美國教會設立的懿德女校，在東門外護城隄附近，離我家不遠。我家諸姊都曾肄業其中，也是我幼時常往遊玩散步所在。大姊二姊在城內職業學校，當時城區沒有人力車，仍通行乘轎。但我記得兩姊上學是由一家人護送往來學校。青衣布裙情景迄仍依稀在目。

民國十年，我們舉家自常德遷居長沙。時大二姊已出閣。大兄在大學肄業，新婚大嫂何襄成女士是師範畢業。三姊四姊在長沙入衡粹女校。三姊習圖畫科，四姊習刺繡科。「顧繡」原是我國著名手工藝品，但近四五十年來「湘繡」盛名卻遠過之。就我所知：長沙幾所女子職業學校如衡粹等校師生是有貢獻的。俞姻伯母——大姊丈的母親主持衡粹刺繡科，後來又用彩線在十字格布上挑花（與汕頭抽紗不同）。我時常看見她老人家參考日本美國新書繪製新花樣。何浩若姻兄常自美國以彩線寄大嫂。

我的四位姊姊都是在完成相當中學程度教育以後卽結婚，長兄幼弟和我則都是大學畢業或留學美國，相形之下顯有高低。但這並不是父母有重男輕女觀念，實在是民國十五年以前，湖南省女子教育尚不發達，社會環境仍着重「女子二十而嫁」的傳統。

我在長沙，入楚怡小學，當時是男女同校，並且實行美國道爾頓制設計教學法，注重啟發學生個性興趣。教室中不用單人或雙人桌椅，而採用長方形六人桌，男女雜坐。長方形桌兩端各坐一男女生，兩邊也各坐一男女生。男女生約三比一，每月更換座位。黃芝仙女士是教務主任黃德安先生介妹，與我同座最久。她的抽屜中放置書籍文具非常整齊清潔，給予男同學很深影響。因爲老師常要各行列男女同學相互比賽，自然要特別注意了。

儘管當時男女同班，甚至時常比賽踢毽拍球。但課餘交往卻可以說沒有。我家卽居於學校左側，我有家庭圖書館，男同學常於課餘來我家看書，女同學卻從沒有來過。

我在明德中學肄業時，是清一色男生。學校規定一律寄宿校內，每逢星期六下午四時始准許回家，其餘時間不得出校門一步。而周南女校卽近在咫尺，絃歌之聲可以相聞。因此每逢星期五就寢前，三五「情竇已開」的同學就忙着將學生褲摺好放在枕頭下壓平，以便翌日下午穿着出校時比較「挺」。因爲周南女校學生也是同時出校。而當時長沙爲湖南省會，電力不足，電燈發黃光，更不必說用電熨斗。校中自不准使用木炭熨斗，惟有借重枕頭壓力了。

明德中學注重課業之餘，尤提倡體育與音樂。我曾多次擔任運動會總幹事及「明德旬刊」總編輯，又是「導報」的體育記者，因此常有機會和各校男女同學接觸。「九一八」以後，我又曾參加學生抗日會工作，常和各校男女同學集會。因此對男女交往有見慣不怪之感。

早在七八歲時，即隨先父與世伯親長來往。某年夏天，蔣世伯來家，父命我捧茶敬客，我當時上身赤膊端茶至客室，父命侍立其旁，當時不解其故。父送客後，即對先母和我說：蔣先生是來「相親」的！你怎麼不穿好衣服呢？後來，我在明德中學肄業時，陳姓世伯又託我大舅向我父母「提親」。我母與大姊且同往明憲女校去看陳小姐。後來明德中學訓育員張鶴仙先生、北平法院推事吳盛涵先生(勝利後審判大漢奸及川島芳子有名於時)都先後告訴我：陳家請他們特別照顧我。我聆聽之餘自不免有些反感：難道還是父母之命媒妁之言的時代？但父母從沒有向我提及這婚事。

明德中學校長胡子靖先生也喜歡爲人作伐，當我入學北大之初，他老囑管竹君表兄寫信給我：介紹其內姪女王小姐。而我當時已與現在一品夫人毛淑清女士相識，面對這番好意，惟有以事實勝雄辯。卽於民國二十三年七月暑假時與毛女士同往拜訪管竹君兄，一切都在不言中了。後來先母與襄成大嫂又與毛女士晤見。我母且以紅豆鑲金戒指一枚，又自她老人家頸上取下金項鍊贈予毛女士。在我完成大學學業後，父母親自主持文定典禮。這一盛典穿着的禮服，與我父母結婚時紅呢綉花被面，歷經戰亂，幸均保存完好。這眞是兩個時代婚姻的最好紀念品。

我的長兄和四位姊姊的婚姻都是依「父母之命媒妁之言」的傳統，我在經過將近二十年的「相親」「執柯」過程，父母和我多次討論之後，終於完全同意我自由戀愛結婚。這是賢明的父母面對時代環境進步所作的決定，兩老因此得罪許多戚友也無所顧及。在這新舊過渡時代，我實在是三生有幸（三弟在美國結婚時，我父母已先後辭世，一切均自己決定。全家兄弟姊妹七人中，惟有我一人是父母雙方同意的自由戀愛結婚）。

擁周倒馬　假幾亂眞

民國二十二年秋，我進入北京大學。當時院系之間可自由選課。時值國難當前，故我特選修張忠紱教授在政治系開設的中國近代外交史課程。就在這一課堂上，看見馬皇后——政治系同學馬玨女士，豐儀絕俗，眞是名不虛傳。同學告訴我：馬皇后已經與稅務學校一楊姓學生訂婚（對日抗戰前，稅務學校畢業生是待遇最好的，其「熱門」程度遠超過臺灣省青年之投考醫科）。心理系一蕭姓同學追求馬，遭馬冷遇，甚至在教室中，蕭坐於馬旁時，馬即起立另換座位。引起同學不平，馬曾當眾說明。後來蕭姓同學追求不遂跳樓自殺未死，同學又責馬「不殺伯仁，伯仁實因我死」。馬又公開說明：我不能禁止人喜愛我，但我有喜愛某人的自由。可見馬皇后在盛名之下的苦惱。半年之後，馬女士退學結婚了。

在這以前，北大校園中忽然出現「擁周倒馬」的口號，甚至出現在教室黑板上。時值蔣夢麟先生銳意整頓北京大學，設立研究教授，周作人教授卽其中之一。這對比較保守的中國文學系主任馬裕藻教授，自不免有些影響。馬先生眼見黑板上這四個字，更加不快。仍心平氣和地表示：如果同學們歡迎周作人教授主持系務，卽可讓避賢路！同學們發現這是極大的誤會：原來是輕鬆的舉動：馬皇后名花有主，自然不能再高據寶座，要另選他人了。當時多數屬意推選周素貞女士。這眞是一偶然巧合的誤會，更巧的是馬珏卽馬裕藻先生的掌珠。

這是北大男女同學的趣聞，不僅許多同學津津樂道，卽教授間也引為佳話。余季豫先生（「四庫提要辨證」著者，中國目錄學權威）就曾對我說過。

我在北大四年間，男女同學比率相差很大（全國公私大學男女生總比率約十比一）。除馬皇后名重一時以外，史學系同學黃淑懿女士且曾以我國網球選手參加遠東運動會。可見北大女同學重質不重量。

北大不老　女舞於庭

「北大老、師大窮，祇有清華可通融」。據傳是北平女青年選婿的標準。所謂「北大老」並不完全是年齡老大，而是「老氣橫秋」。同學們都是藍布大褂，極少西裝革履。加以國學研究空氣特別濃厚，很多同學日與線裝書為伍，不知不覺形成老學究風味了。

我在北大四年，正值「塘沽協定」與「七七事變」間，學校當局與全校師友時時懍於「最後一課」教訓，力求奮發振作。努力提高學術水準外，師生之間感情融洽，郊遊與晚會經常舉行，這是北大歷史上前所未有。經濟系同學熊遐齡女士在校慶晚會表演西洋舞蹈。學生會的刋物上特闢「北大春秋」欄，大書特書：「有女舞於庭」。且有「傳曰」詳記其事，說明北大不老。

我們史學系有史學會組織，出版刋物。我們同班約四十餘人，僅有女同學石之琮女士一人。男同學發起組織班會，石被推舉爲幹事會主席，我竟蒙她「青睞」指定爲秘書。當時我不知原因何在。後來才知道有幾位她在北平中學同學想追求她。她知我是來自南方，人地生疏，就利用我作擋箭牌。而我當時與在武漢大學的毛淑清女士已通信頻繁了。

石女士裝飾原很純樸，自二年級開始突形轉變，不久就參加「委屈求全」等話劇的公演，以致很少上課。常常打電話來向我借聽講筆記——我居住北大第一宿舍（西齋），與女生宿舍（五齋）只有一牆之隔。宿舍中只有一具公用電話，由一工友接聽，每逢外來電話，工友即往所居房間外廊喊叫：「吳先生！五齋來電話」！電話說過以後不久，石女士即走來西齋找我拿筆記，並詢問細節。同學們常引爲驚奇說：「老吳眞幸福！女同學追到宿舍來了」。大家都不知道實際情形，我自然也不作說明，以免有損他人自尊。二年下學期，石結婚了。一年以後生育一孩，與其香河縣同鄉邢姓丈夫在北大西齋附近學生公寓租屋居住，我們偶與相見，她不免有學業未成即結婚的後悔。顯見女人在學業與婚姻歧途實在應把握時間和方向。

我和毛淑清女士都是在完成大學課業以後結婚的。我能在華北多事之秋完成學業，實在不容易，而結婚以後外寇內患相繼而來，多次在亂離中生命幾瀕於危，竟能平安渡海越洋來美國。眞是感謝天主的恩寵。尤其是天主賜予我們兩男兩女。不偏不倚，可以平衡發展。

我生長於這一新舊過渡的大時代，賢明的父母面對現實，給予我最好教育，更給予我婚姻自由。因此，我對兒女們更鼓勵其平等發展。

我常將兒姊學業與婚姻和自己比較，深深感覺三生有幸。再由兒女們的學業與婚姻，更發現他（她）們後生可畏——我本身和家庭的經歷，祇不過是萬千人中一小事例。「以小見大」，六七十年來，中國的大進步卻顯現出來了。

長城—邊墻—河套

萬里長城是中國歷史中華民族精神一個最偉大最有力的象徵，顯示着中華民族愛護國土、愛護自己傳統文化，累積幾千年，不斷地聳立在中國國防最前線上，是用中華民族自古相傳的千萬億兆的血肉來堆琛凝固的一條國防界線；是中華民族精神上的至上產業，是中國歷史傳統裏最具體的一個結晶品。

我在北平求學四年中曾二次往遊「長城」，一次「出塞」，至綏遠大青山展拜王昭君墓，憑弔趙武靈王時代的長城終點，體認黃河河套的戰略價值。這些具體實物，對於學習中國歷史的青年來說，精神上的感召力量遠勝過讀萬卷書。

早在民國八年秋，蔣夢麟先生初蒞北京大學，擔任總務長，看到一些集會，甚至是有聯歡性的茶會，教師與學生們都是保持距離，座位隔得遠遠的，相互之間很少融洽氣氛，就曾再三提示要求消除這一現象。不幸，北洋軍閥當政，政治腐敗，教育破產，北京大學日在風雨飄搖中。這一目標沒有能够實現。民國二十年，蔣夢麟先生正式出任北京大學校長，標榜建設「新北大」。

瀋陽九一八事變，空前國難來臨，蔣校長決心更堅定：建築圖書館地質館，充實設備，延聘名師講學以外，更注意增強師生情感。多數同學也體認和師長們多接近，可以獲致許多在課堂上不易得到的知識和經驗。師長們對學生更愛護如子弟。例如先師孟心史教授囑託相湘在長沙購同治朝東華錄寄到後，自己步行來西齋宿舍付還書款，並看視我的住處。陳受頤師、姚從吾師、皮名舉師等常常分批邀約同學到寓所茶話。每年春假郊遊，陳姚皮諸位老師總是與同學們一同遊樂。

秦時長城　明代邊墻

民國二十三年四月，春假，北京大學文學院師生乘平綏鐵路專車往青龍橋。這是我第一次遊覽「長城」（第一圖）。欣幸可以想見。當地山嶺起伏，長城順依山勢步步高陞。就是有階級地方，兩階之間距離多在一尺左右，走上去也很吃力。我記得同學在出發時，都換下皮鞋或布鞋，穿上橡膠球鞋，以為這樣比較輕便。在火車行駛途中，陳受頤師就指出：爬山或登長城最好穿較硬底的鞋，兩腳才不致費力；並且告語我們：外國有爬山專用鞋。同學們步登蜿蜒山嶺的長城以後，都發現橡膠鞋的缺點，更體認師長的經驗與學識啟廸的重要。

五十餘年以前，國內旅遊觀光事業還沒有發展，除開上海趙君豪主編「旅行雜誌」以外，各書局很少發行旅遊指南或觀光手册一類書刊。但我在北大史學系肄業，隨時可請教師友，查閱參考資料。我喜歡翻閱有關歷史地理書籍，明瞭其沿革。長城初旅前後，自不例外。我自張相文氏

第一圖

撰「長城考」（南園叢稿卷四），知張氏曾於民國三年前往綏遠勘查長城，登陰山而望谿谷要衝之地，「時有古城錯列，泥石雖已剝落，而遺跡則隱然可辨，土人告語此二道邊也」。張氏因考證羣書始知：「二道邊確爲秦之長城。若環燕、晉、秦、隴之邊，崇墉屹屹，士大夫往往以爲秦之長城者，則皆明代所築之邊墻耳」。

張相文氏的「長城考」，使我明白認識今所登臨的是明代邊墻，並不是秦時長城。我又自清代萬斯同「明史樂府」看到有關篇什，其中有云：「秦人備胡築長城，長城一築天下傾，至今笑齒猶未冷。豈知明人防北狄，專藉築城爲長策；不曰長城曰邊墻，版築紛紛無時息：東方初報墻功完，西方又傳虜寇邊。虜入潰墻如平地，縱橫飽掠無所忌；虜退復興版築功，朝築暮築竟何利？帥臣徒受內府金，川原空耗司農費！我聞漢人卻虜得陰山，匈奴不敢窺幽燕，又聞唐人踰河城受降，突厥不敢掠朔方。自古禦胡在扼險，豈在萬里築垣墻？歷朝廟算皆如此，奈何獨笑秦始皇！」

事實上：明太祖洪武二年（一三六九年）卽命徐達在居庸關南口叠石爲城。旋又於隋唐以來楡關故址築城設關，控制險要，更名山海關。並自山海關至居庸關隘三十二處，城墻所經均隨燕山而築，粉堞隱現於叠嶂間。天下偉觀，令人動魄。明太祖並沒有就以山海關爲「華夷之界」，仍繼續向東北發展，建大寧、開平、遼東諸衞，以爲外邊；山海關、居庸關一帶則爲內邊。不幸，明太祖逝，其第四子（卽明永樂帝）起兵「靖難」，開國規模全被破壞：廢大寧衞，棄開平衞，原居「內邊」作用的長城從此暴露於敵前「關門淺露」。其後諸帝更沒有能力作有計劃有步驟的整飭國防，「張皇於平日，捍禦於臨時」，每遇警報，惟有緊閉關門，堆石堵塞以防敵。「閉關自守」就成爲明代國防政策。長城被改稱爲邊墻！名辭、觀念、涵義均大不相同。華夏立國與國防方針從此改變。有人說：中華民族心理上的長城已經被孟姜女哭倒了。

杞梁之妻　姜大小姐

民國二十四年七月，天津益世報「讀書周刋」（北大師生主編）連續登載「孟姜女故事材料目錄」，數逾千種，引起我的興趣。這是北大歌謠硏究會出版「歌謠周刋」，登載「孟姜女故事的演變」、「敦煌寫本中之孟姜女小唱」、「杞梁妻哭崩的城」各篇論文以後，進一步發表孟姜女資料，是二十餘年中在國內普遍搜集的成績。這些論文說明這一故事已經流傳二千五百餘年，幾乎傳遍了中國本部，其影響非常深遠重大。而世俗傳播她與長城的關係實在是荒謬無稽，是經過二千餘年附會塗飾的一個絕大訛傳，甚至許多讀書人於此都深信不疑。其實所謂孟姜女卽左傳襄公二十三年（西曆紀元前五四九年）記載的杞梁之妻：齊莊公出兵攻莒，杞梁等作先鋒，戰死。齊莊公回國時遇杞梁妻，特予唁慰——故事本身不過如此，但至戰國時孟子引述淳于髡的話就增加一些事實：杞梁之妻善哭其夫而變國俗。西漢時劉向撰「說苑」和「列女傳」更再三述說：杞梁戰死，其妻向城而哭，「隅爲之崩」。唐朝末詩僧貫休「杞梁妻」詩，竟說杞梁是秦朝人，因築長城而死，其妻號哭而城崩。

這是「杞梁之妻」故事的大關鍵，是樂府中「飲馬長城窟行」和「杞梁妻歌」的合流，是唐代時勢的反映——長城，自民族國家觀點看來，固然是國防重鎭，但在老母少婦怨毒所歸卻把它看作妖孽，她們都有一口哭倒長城的怨憤。不僅唐代文人詩家筆下反映出這種民間心理，當時民間小唱中更將杞梁之妻稱作孟姜女，並演造出她爲丈夫千里送寒衣至長城的話。

詩經中曾數見「彼美孟姜」字句，可見這確是當時齊國一美婦人的名字，按當時習慣：婦人名字大都把姓放在底下，把排行或謚號放在上面。用現在白話：孟姜卽姜大小姐。但在明代竟有不通腐儒妄造「孟姜女」是許姓！

孟姜女與長城毫無關係，史實昭然。但二千餘年來以訛傳訛，各種詩詞小唱的流行，反映國人自私反戰不願爲保衞民族國家而犧牲的心理，絕不是中華民族愛好和平的文證。「九一八」以後，「長城謠」現代歌曲流行，又是別具野心人的宣傳。

明十三陵　楊六郎點將臺

自民國二十二年五月塘沽協定，山海關門戶洞開，日軍隨時進出，尤其日軍飛機經常飛臨北平上空，我們身處危城中，痛心國家殘破，更容易引發思古幽情，懷念漢唐盛世，想望長城——當時，顧頡剛師主編「禹貢」雜誌，先後刊載有關長城論文甚多。英人史坦因(M. Aurel Stein)撰沙漠考古記（Ruins of Desert Cathay）指出漢武帝時代的長城是空前偉大的，是作爲大規模的前進政策的工具，與秦始皇帝時的長城純粹是一種防禦性質不同，而與古代羅馬「邊陲長城制度」（Lines Systems）相似(一九五九年卽民國四十八年十月，筆者曾在德國科隆附近看見羅馬時代長城遺蹟一段)。另一外國史家（E. H. Parkey）更指出：「長城實在是中國人血汗滴成的一條血線」！因此，更增懷古心情。民國二十四年十月二十七日，我又參加旅行團再度登「長城」。

我們先到平綏鐵路昌平站下車，騎小驢往遊明十三陵。這是明太祖第四子永樂帝以次陵墓所在。永樂帝建都北京，又營建陵墓於其西北，自然是表現其注重西北外寇，昭示子孫謹守都城與祖陵。但既廢大寧棄開平於先，一着棋失手，連環禍不窮。十三陵固然雄偉，朱明子孫不肖，竟未能克繩祖武。我們騎小驢來往，比較古人寫「飲馬長城窟」詩句的悲愴心懷實更有過之。再騎驢憑弔南口今戰場（民國十五年馮玉祥西北軍與直魯軍激戰於此），更惟有痛心軍閥禍國，「萬惡的內戰」，致召外侮。

自南口站再登車，從此就進入全國鐵路最大坡度（三十升一），高低相距五七六公尺），最長隧道（八達嶺洞長三千五百八十呎，居庸關洞長一千二百○四呎）的地區，列車前後各用一機車推挽，慢慢爬行前進。我們可以盡情觀賞沿線景色，一石壁雕刻，有謂即「楊六郎點將臺」。我們憑倚車窗眺望，更加感慨；宋代楊六郎（延昭）足跡是否曾履斯土，不無疑問。但其祖孫三代念念不忘長城，且血洒關城以身殉城的精神確實可供後人景仰——宋太宗雍熙三年（西曆九八六年）爲收復失土，大舉北伐契丹，以潘美、楊業爲正副指揮。楊業作戰奮勇，收復燕雲十六州中的四州。其時楊業與契丹軍作戰近二十年，屢立戰功，爲契丹人所敬畏，稱之「楊無敵」。嗣因潘美嫉忌，致楊業孤軍作戰，被流矢所中墮馬爲契丹所擒，在解送大營途中，楊業不食三日而死。「遼史」曾有記載。契丹人特於其死節地古北口建一「楊無敵廟」。宋人（如蘇轍等）詩集中頗多行經此地緬懷忠烈觸景生情的篇什。南宋人記載中又有：雍丘縣范郎廟（杞梁），中塑孟姜女、蒙恬隅坐配享。更反映國家殘破時一般鄉民心理中也追念蒙恬築長城抵禦外寇的功勞。我們在車窗眺望「楊六郎點將臺」壁刻時的心情又何嘗不是如此？

到青龍橋去　詹天佑銅像

中學時代，讀過冰心女士寫的「到青龍橋去」遊記，其中提到我國著名的平綏鐵路工程險要及詹天佑先生的銅像。我又曾多次乘粵漢鐵路武（昌）長（沙）段，知道是詹先生的最後傑作。對其言行私心嚮往已久。在北大四年中，我曾三次遊長城，也曾三次瞻仰詹公銅像。目睹長城線門戶洞開，傷心之餘，眼望詹公銅像矗立羣山環抱火車來往中，眞是看到中國另一面，又使人燃起無限希望。

詹天佑先生（一八六一——一九一九），廣東南海人，是一八七二年由容閎率領第一批赴美留學公費生。一八八一年，在耶魯大學畢業，得土木工程學士學位，是同批留學生三十人中完成大學教育僅有的二人之一。一八八八年起至天津任開平鐵路（後擴展爲關東鐵路卽北寧鐵路）工程師。一八九二年，主持建築灤河鐵橋，在國內首先使用壓氣沉箱法建築橋墩。

一九〇四年，清廷決定自力籌款興築京張鐵路（北京至張家口），不借外債，不雇用外國工程師，由中國人擔負工程責任，以示與任何外國不相關涉。外人曾於報紙著論譏評是路工程困難，中國能建築是路之工程師尚未出生！但詹天佑毫不遲疑毅然受命前往踏勘路線，製成詳細報告。翌年四月，清廷批准撥款興工，詹氏擔任總工程師。經過不滿四年的時間，一九〇九年五月十七日，這一長達三百六十餘里的京張鐵路完工。爲中國鐵路史創造幾項新紀錄：㈠中國工程師擔負一切工程責任。㈡工程名詞一切以中文爲準，消除過去沿用英文譯音或譯意的紛雜現象，整齊劃一。㈢首先應用炸藥開鑿石工。㈣自南口至岔道城段，太行山脈橫亘其間，開鑿直通至居庸關八達嶺隧道，兩端開鑿與鑿直井法同時並用，開通後，測見南北直線及水平高低，不差秒黍。

第二圖

尤其東斜迂行青龍橋東溝，作「之」形而上，中外讚歎爲絕技。（詹氏生平見「民國人物列傳」）

我們看過一些有關資料，今自南口至青龍橋，經過這「之」形段道，更惟有敬仰詹公的智慧與毅力。瞻仰銅像（第二圖）攝影以留紀念之餘，大家都鈔錄民國八年七月大總統徐世昌所作碑文。其中有云：「南口以北，岡巒重叠，溪澗紛歧，地險而工艱。出居庸關，八達嶺橫於前，其上則爲古長城，峭壁百尋，驚心怵目。君（詹）初履新勘，擬由石佛寺向西北行，須鑿洞六千餘尺。其後乃改由東面斜行，就青龍橋施工闢峽，僅鑿洞三千五百餘尺耳。當是時，君所携習工程者僅數人，晝則躡足登山，夜則繪圖計工，無一息之安。既而其二人者或以事他調。議者竊以爲我國人未有能當此任者。君益冥心孤往，不以無功而少弛其志，凡十八月而山洞蕆事，四年而全路告成……實君生平莫大之榮譽也」。

清河鐵橋　大好河山

京張鐵路完成通車，不僅增長中國工程師莫大的榮譽，並且從此堅定中國工程師的信心與決心，益勇於圖成。清廷為使這批飽經歷練的工程人員更有發揮才能的機會，決定展築張家口至綏遠鐵路，詹天佑氏奉派兼任總工程師。其後因川漢、粵漢鐵路亟待興工，詹氏又被南調主持策劃。奔走於北京、宜昌、廣州各地，工作繁忙，不以為苦。一九一一年三月，張綏鐵路開工。十月，武昌起義。民國成立以後，北洋軍閥亂政，各地鐵路工程均受影響，張綏路幾經波折，民國十年四月完成。十一年年底，綏遠至包頭段也築成通車。這是自北平通

第三圖

西北的大幹線，北平包頭間全程八百一十三公里。

民國二十二年夏，塘沽協定後，「建設西北」爲舉國大目標，平綏鐵路積極整理，民國二十三年貨運延噸公里約達四億。民國二十五年十一月二十四日，我國軍收復百靈廟捷報傳播，國人視線更注意綏遠。民國二十六年四月，平綏鐵路管理局特舉辦旅行團：自北平至包頭乘用三等臥車往還七日夜，每人交費三十圓。這是平綏鐵路築成以來的創舉。我與鄭逢源兄及林君報名參加。我們認識這是大學畢業前夕一次修學旅行，故特效法顧炎武氏騎驢馱書沿途比對山川形勢的前規，攜帶一些參考資料在行囊中。四月十日早啟行，先遊南口、青龍橋。這是我第三次來瞻仰詹天佑先生銅像。

第四圖

自青龍橋前行，至康莊，

第五圖

即進入察哈爾省境。再前行至宣化，是邊關一重鎮，其東南鷄鳴山，即古涿鹿山，相傳爲黃帝戰敗蚩尤的地方。當晚抵達張家口。翌早下車遊覽。

張家口的清河橋橫跨洋河，是上下兩堡交通孔道，其下水流湍急，原爲木橋，民國十四年，張之江任察哈爾都統時努力建設，特重新改建爲鋼架水泥橋，長二十餘丈——張之江爲馮玉祥主要幹部，民國七、八年，馮玉祥任第八旅旅長駐紮我的故鄉（湖南常德），張之江爲其屬下第二團團長，宋哲元爲第二團第二營營長；故對我頗有親切感，我特站立清河橋畔攝一影（第三圖）。走過清河橋，有寬廣的公路，也是張之江建設成績。（張之江生平見「民國百人傳」）

張家口大境門，是通往蒙古的必經關卡，每年秋天蒙古人多來門外廣場交易。我們這次來遊

第六圖

正是春季，沒有躬逢其盛，但國軍適於其時整隊入城，「大好河山」與「衞國勇士」相映成輝，這是很難得的鏡頭，我亟攝影留念（第四圖）。

賜兒山在張家口市西，風景冠絕塞外，有雲泉寺，氣勢甚雄偉，水洞亭倚山而築，下有庭園，景色尤佳。亭側山壁刋名人字蹟甚多，其中有光緒十年六月吾湘東安王定安（「湘軍記」撰著人）書「達觀」二字（第五圖），很吸引我的注意和興趣。這不是他鄉遇鄉親的狹隘同鄉心理，而是「達觀」二字頗與我的處世之道相符——我在中學時代，閱讀李青崖譯法國莫泊桑撰「一生」小說兩巨册，主題是以一名門閨秀一生遭遇提示世人：「世界上的事，沒有你想像的那樣好，也沒有你想像的那樣壞」。這兩語相當於我國「中庸之道」，因此給我非常深刻印象。

德勝居

李鳳姐

四月十二日早，我們旅行團專車已到達山西大同。這是位於內外長城之間，跨冀晉察綏邊緣，形勝要地。當地名勝古蹟特多，旅行團按原計畫在此停留二日夜。我們首先參觀城內「九龍壁」，琉璃磚砌製九龍，騰挪飛舞，姿態如生。比較我曾看過的北平紫禁城內及北海公園內的二片九龍壁，實過之無不及，加以這一「九龍壁」前有一玉帶橋及歷代帝王御製碑，都是故都兩處所沒有的，更顯現其歷史價值。當時積雪未消融，同學林君還着羊

第七圖

皮外衣（第六圖），我們遊與正濃，由是可見。

大同城東白登山麓，即古代平城，爲漢高祖被匈奴圍困之處。我們爲行程所限，祇有眺望而已。城西武州山的雲崗石窟，石佛盈千，爲北魏時遺物。我們騎驢來往，在七、八小時中盡情欣賞。我們曾拍攝許多影片，例如本書內刊載的一幀（第七圖），筆者立於一石佛前，身長不及佛像之耳，其偉大氣度嘆爲觀止。當時人禮佛的虔誠，可以想見。

第八圖

遊覽這許多名勝古蹟以後，我們被導往一「德勝居」飯館。導遊人說明：這就是國劇「梅龍鎭」李鳳姐執壺、明正德帝微服臨幸的所在。

這一「德勝居」位於頗偏僻的一小巷內，房屋並不寬廣，導遊人在引我們進入小巷以前，就提醒我們注意用鼻子，將嗅到「肉香」！這就是說「一夜皇后」風流艷香傳後世。我們爲好奇心驅使，果然嗅到一股白煮猪肉香味。但仔細觀察四周環境，我們恍然大悟：由於這一飯館祇有面臨小巷是通風的，店中經常煮肉，一陣風吹來，自然肉香外溢，與李鳳姐的風流艷香並沒有關係。

正德皇帝出遊大同，明朝宮庭官修的「實錄」曾有記載，淸毛奇齡鈔輯「實錄」文字成「武宗外紀」一册流傳尤廣。其中正德十三年（西曆一五一八年）有云：「上駐蹕大同，立劵買總兵葉椿第爲總督府居之，奪都指揮楊俊所置店二所，改爲酒坊，且爲之榜曰：官食，亦立劵買而皆不予値，曰：『官家房』。」「凡車駕所至，近侍先掠良家女以充幸御，至數十車，在道，日有死者，左右不敢聞，且令有司餼廩之，別具女衣首飾爲賞賚費，遠近騷動，所經多逃亡，上不知也」。官書記載情況是這樣惡劣，而民間傳說，戲劇搬演反渲染成「佳話」，風流餘韻，迄今尤甚。「戲劇是社會教育最好工具」眞不知從何說起。

蒙古歸化　阿彌陀佛

平綏鐵路自大同轉向北，經過集寧卽平地泉，火車穿城而過。十四日早，到達歸綏市，是歸化、綏遠二城合併而設，爲綏遠省會。西北諸省輸出的皮毛牲畜，輸入布匹雜貨，多集中於此轉達，市況之盛，僅次於張家口。

其時，傅作義任綏遠省政府主席，曾用西餐招待旅行團。可能因人數約七八十人，餐具不够用，咖啡杯都是七拼八湊，我一直記得很清楚：我面前的咖啡杯就是中國舊式茶杯，且有一小缺口。這大概是西北政風淳樸篤實，不注重表面工夫的表現，平日很少遊客前來。

我們參觀綏遠毛織廠時，主持人表示特別優待價格。旅行團團員大多購毛毯作紀念，我也沒有例外。選購一蘋果綠色的。歷經五十餘年內亂外患的轉徙，這條毛毯現仍保存，成爲回憶舊遊懷念錦繡河山的紀念品。

綏遠省有蒙古旗盟：烏蘭察布盟、伊克昭盟、四子部落旗。故居民漢、蒙人雜處，喇嘛廟中也有少數西藏人。我們曾遊覽當地較大的「舍利圖召」，其建築的混合形態，顯示各種不同文化的交流與融合，其正殿屋頂上有一「法輪」，喇嘛稱之「阿彌陀佛」，誦經時即轉動，我曾坐在它前面攝影（第八圖），我由此眞正了解內地若干廟宇照壁上「法輪常轉」的意義。

自歸綏市再西行，達到平綏鐵路終點——包頭市，也是「黃河百害唯富一套」的「河套」要地，甘肅寧夏土產循河而下，平津運來的土布磚茶，都以此爲交易中心，貿易極盛。

包頭市已經是塞外，但市郊也有頗似江南景色的地方，我們遊覽的「轉龍藏」（第九圖），就頗使人留戀。

綏遠境內的「河套」稱「後套」，以別於鄂爾多斯的「前套」。包頭南海子有黃河碼頭，我們特往遊覽——我是生長於長江流域的人，看慣了洞庭帆影，揚子巨輪，如今能夠站立黃河帆船上攝影（第十圖），內心實在非常喜悅。同遊的北大同學林君生長山西內地，常以沒有看到船爲憾，當時更感到滿足（民國三十六年夏，我在蘭州，乘羊皮筏子橫渡黃河上流，又是別有一番滋味在心頭）。

我們在包頭市飯館嚐食黃河鯉魚。當地人說：河套鯉魚肉嫩，因爲水流不湍急。至於經洛陽跳過龍門的鯉魚，激流冲盪，自然產生抵抗作用而肉質增硬（民國三十七年，筆者曾在開封嚐鯉魚，但未能辨別其肉質）。

憑弔王昭君青塚　看河套戰略價值

除開孟姜女哭崩長城以外，另一個與長城有關而流傳久遠的故事就是昭君出塞。前漢書匈奴傳是昭君故事的祖本，後漢書南匈奴傳和西京雜記、琴操諸記載是它的子孫；其後，詩、詞、元曲以及今日戲劇電影所歌詠搬演都是一脈相傳。一般說來：這一故事確有相當根據並且是與長城有直接關係。它反映長城及中國歷史的盛衰，比較孟姜女故事祇是文人牽扯附會以訛傳訛，不可同日而語。因此，我們前往包頭市西南憑弔王昭君墓（又稱青塚）時，懷古幽情的心理顯得沈重。有人誦讀唐朝東方虬「王昭君」詩：「漢代初全盛，朝廷足武臣，何須薄妾命，辛苦遠和親？」！也有人朗誦元代馬致遠「漢宮秋雜劇」：「看今日昭君出塞，幾時似蘇武還鄉」！又有人誦清代趙翼「王昭君」七律詩：「六奇已出陳平計，五餌曾聞賈誼言，敢惜妾身歸異國，漢家長策在和番」。時值我軍收復百靈廟以後，面對美人青塚，更企望有不世出的英雄重振邦國。旅

第九圖

行團團員大家都感慨萬端。

我們腳踏「河套」北岸，遠眺陰山，想望秦漢全盛景況。百感交集。倦遊回專車，檢閱司馬遷「太史公記」，其中一再指陳：秦朝蒙恬建長城是「據河爲塞，因山爲固」；且北渡黃河，攻取高闕（今綏遠河套外阿爾布坦山東）、陰山、北假一帶地區，建築亭障，以爲「河南地」長城的外護。利用這些亭障作斥堠，通熢燧，爲防禦匈奴的第一線。楚漢之爭時，匈奴占領河套肥沃地區，勢力日以坐大。漢高祖遭平城之辱。漢武帝收復河南地復繕故秦時蒙恬所爲塞，因河爲固。匈奴從此一蹶不振。蒙恬在這河套地區「因地形用制險塞」築長城的重大戰略價值，可以概見。自秦至唐禦戎上策恒在黃河以北，漢唐所築受降城也在河北，據三面之險，當千里之蔽。故進可以攻，退可以

第十圖

守。

明太祖號稱英明，但洪武初收復河套，卽就唐勝州築東勝城（今綏遠省東勝縣），以統攝河套內地區。可以說是將國防線南縮至黃河以南，喪失一面之險。永樂初見蒙古人遠走，又移治延綏，棄河不守，致以一面之地，遮千餘里之衝，遂使河套沃壤爲寇甌脫，巢穴其中，而盡失外險；乘大同之背，內三關旦夕告警，北京卽震動。明朝中葉——嘉靖二十五年（西曆一五四六年）總督三鎭軍務曾銑巡邊，發現問題嚴重，極力鼓吹恢復河套的主張：「河套爲我必守之地。爲今之計，宜益練士卒，乘其無備，直搗巢穴。歲歲爲之，每出益厲，寇勢必折，將遁而出套恐後矣。俟其遠出，然後因祖宗之故疆，並河爲塞，修築墩臺，建置衞所，處分戍卒，講求屯政，以省全陝之轉輸，壯中國之形勢，此中與大烈也」。

曾銑並且強調：「夫臣方議築邊，又議復套者，蓋築邊不過數十年計耳，復套則驅斥凶殘，臨河作障，乃國家萬年之計也」。

曾銑所謂「並河爲塞」，可以說是河套的重大戰略價値經過千百年被忽視以後，再度有人指陳出來。但不幸明代宦豎奸佞交相亂政，曾銑旋因奸臣搆陷被戮喪命。其後朝臣沒有人再提及收復河套的意見。西北邊墻雖屢有增修，終不能禦虜患。明代昏庸之君與嬴秦雄鷙之主比較，難怪明代士人要歌頌「秦始皇爲千古一帝」、「築長城有大功於萬世」！

明代自山西保德州黃河岸歷偏頭關抵老營，大同西路、宣府中西路，共一千九百二十餘里，皆逼近巨寇，險在外，謂之極邊。寧武關、雁門關、平型關、紫禁關、居庸關沿線共二千餘里，皆峻山層岡，險在內，謂之次邊。每逢外寇入侵，明兵竟多棄極衝而守次邊。完全不認識「山川之險我與敵共，垣塹之險則爲我專有」的道理，旣沒有如秦漢長城注意依天險作外護外圍，以長城作「進可攻、退可守」的基地，更忽視河套的重大戰略價値，守備「邊墻」，又祇知保守「次邊」，不能進退自如，惟有擾攘無寧歲，終致亡國。

西北旅行團按預訂行程，於四月十六日晚回抵北平。我們都有不虛此行的滿足感：在大學歷史學系畢業前夕，能够親歷這一關繫民族國家盛衰的地帶，實在勝讀萬卷書。何況回到北平以後八十天，「七七事變」發生，對日抗戰展開。勝利以後，我兩次到北平，都有工作，無暇再遊西北。每思舊遊，我能不說「三生有幸」嗎？

古稀天子與香妃

長命百歲，是每一個人的願望。清心寡欲、寧靜淡泊，更是福壽康樂的仙丹妙藥。民間鄉村很多百歲翁嫗，大多因此而享高齡。一項奇怪的事實是：窮奢侈極淫慾的專制君主，卻不瞭解這道理，不以「無爲」「節慾」求長生，反祈禱神仙賞賜長生不老的靈丹。秦始皇帝派遣徐福去東海的故事，就是一顯明事例。結果並沒有能如願以償。難怪一般人要說「人生七十古來稀」了。

漢武帝繼秦始皇帝之後，好大喜功：築長城、逐匈奴，尊儒術、罷百家。在位五十年，成效斐然可觀。他也曾祈求長生不老，居然天予人願，壽逾七十。可以說是中華大一統帝國專制君主中首創「古稀」紀錄的。其後一千四百餘年中祇有五位皇帝達到這一標準：梁武帝、唐明皇、宋高宗、元世祖、明太祖——這五位中有三人年登八十高齡：梁武帝、宋高宗、元世祖。但這三位君主之中：梁武帝自貽傾覆，宋高宗忘恥偷安，都不足取；惟有元世祖忽必烈乃創業大有爲之君，以蒙古人而嚮慕中原漢文化。祇是踐祚不早，建號僅三十五年，其後不過四傳卽亡。

基於上述史實，滿清乾隆皇帝在中國歷史上眞正顯得非常突出。

乾隆皇帝登極時（一七三六年）年二十五歲，在位六十年，爲太上皇訓政四年，壽躋九十，成十全武功，享五代同堂幸福，自號「五福五代堂古稀天子」，實在不是虛誇。其所謂「古稀」內涵更遠超過狹義的「七十歲」，應含有「空前」的意義。事實上：並且是「後無來者」，國史上沒有一位皇帝可以和他比擬。

我在中學時代，就曾閱讀劉復譯述的「乾隆英使覲見記」（中華書局刊）。想望這位君主的豐功偉業。負笈北平，得時入紫禁城，目睹宮廷之內，有關這位「古稀天子」的文物眾多。養心殿內一尊高達六尺兩人合抱的白玉雕禹貢九州圖，是平定天山南北路、立碑帕米爾高原後的紀念品，尤給我非常深刻印象。抗戰勝利以後，我應聘爲國立北平故宮博物院文獻館編纂，每日「二進宮」，更獲得運用閱讀各種文獻資料的便利。看到一部巾箱本（約當今四十開本）手寫彩色老宋字「資治通鑑」。用不同顏色寫同時列國史實，分裂對立戰亂情形一目瞭然。是乾隆朝五位翰林費四十年時間寫成。大一統安定局面的成效由此可見一斑。尤其發現內務府四執事庫檔册，乾隆帝日常衣食住行記載詳明，其中對容妃（香妃）特殊習俗的照顧，使我認識了解許多眞相，糾正世俗訛傳。

乾隆帝既是國史上「空前絕後」惟一的「五福五代堂古稀天子」。如今我是根據宮廷檔册撰述其日常生活的第一人，自然是三生有幸了。

乾隆帝日常膳食

四執事庫檔册中有御膳房太監每日記錄的「節次進膳底檔」、「照常進膳底檔」等。我由這些檔册知悉乾隆帝日常生活情形：每日寅正三刻起床（檔册記作「請駕」）御膳房卽伺候冰糖炖燕窩一品。有時不用早點，卽於卯時用早膳。就乾隆十九年五月十日早膳記錄：卯正三刻進早膳，菜色是肥鷄鍋燒鴨子雲片豆腐一品、燕窩火熏鴨絲一品、清湯西爾占一品，攢絲鍋燒鷄一品、肥鷄火熏炖白菜一品、三鮮丸子一品，鹿觔炖肉一品、清蒸鴨子糊猪肉喀爾沁鹹攢肉一品。上傳炒鷄一品，竹節饑小饅頭一品、孫泥額芬白糕一品。琺瑯葵花盒小菜一品、蜂糕一品、老醃菜一品、醬王瓜一品、蘇油茄子一品。隨送粳米膳，進一品；野鷄湯，進一品——由此可見葷菜八樣，小菜醃菜點心等，和民間富室相似。膳檔中常有「豆豉炒豆腐」更是家常便飯菜。中午點心多用「八珍糕」。這是用人蔘二錢、茯苓二兩、山藥二兩、扁豆二兩、薏米二兩、炒芡實二兩、建蓮二兩、肉粳米麵四兩、糯米麵四兩，共研爲極細麵，加白糖八兩，和匀蒸糕，晾凉，每日隨着熬茶時送進。乾隆帝很喜愛這點心，每次食用後有剩餘，不予分賞，仍飭太監收回。晚膳均在未正二三刻，菜蔬多與早膳大同小異。「晚嚮」（似宵夜）有時用酒膳，有時用果餅，有時用爐食。所謂「爐食」，卽猪油到口酥、猪油酥燒餅、猪油酥火燒、猪油澄沙餡酥餃子、奶酥油光頭、香油提漿薄脆、香油缸爐、香油鷄蛋麻花、香油發麵麻花。

乾隆帝中年時畫像

乾隆帝對於這些「爐食」非常喜愛，至老不衰。乾隆六十一年（一七九六）三月初六日膳檔記載：帝仍食爐餑餑、猪油到口酥、猪油酥火燒、猪油澄沙餡酥餃子、奶酥油光頭、香油鷄蛋麻花等。其時帝已登八十有六高齡，仍舊喜歡吃這些油脂味重又頗費齒力的點心，證明這位「古稀天子」胃口好齒力強，眞是養生有道。

蘇州菜點與素食

乾隆帝喜歡這些點心，是他對蘇州菜色嗜好的一種表現。膳檔中專有「蘇造」檔。御膳房中有專製蘇州菜廚師。長蘆、兩淮鹽署等衙門更隨時注意訪求蘇州名廚，隨時供御。

現有文獻明確指明：滿清皇帝嗜愛蘇州菜品糕餅糖果，應始自康熙朝。「紅樓夢」作者曹雪芹的祖父曹寅於康熙二十九年擔任蘇州織造時就注意研究菜色，其後撰成「居常飲饌錄」，乾隆時收入「四庫全書」。「紅樓夢」中再三提到榮國府講究膳食，「糟東西」「糟小菜」，可說確有所本。不僅是曹家自圖享受，並且是爲承歡邀寵。故宮藏有曹雪芹姑祖父李煦（蘇州織造）奏摺中恭進南小菜之例不一而足：康熙四十五年十一月進冬筍糟茭白，十二月進冬筍燕小菜。四十六年六月進小菜糖果，八月進法製乾膏餅小菜。

乾隆帝時時且處處敬天法祖，尤以效法其祖父康熙帝言行爲務。日常飲食嗜愛蘇州菜色，即其一端，自然也是蘇州菜食有其特色。

我在北平時常聽故老傳說：順治皇帝（康熙帝之父）喜愛菠菜，稱之爲「紅嘴綠鸚哥」。北京一年四季有菠菜，傳說卽爲迎合帝旨。深恐帝一旦傳菠菜，而無菜品供御，可能要受處罰。但我在故宮文獻中沒有看到有關記載，康熙雍正二朝膳檔也沒有能看到，祇有乾隆朝膳檔比較完整。

我由乾隆朝膳檔知悉其日常膳食以外，更發現許多特殊事例。每逢祭天地宗廟，皇帝雖齋戒，飲食仍照常用葷，惟不飲酒，不食葱蒜。至於祖先冥誕、忌辰則素食。膳檔記錄有云：「八月二十三日，世宗憲皇帝（雍正帝，乾隆帝生父）忌辰，有一日遵例伺候上進素，內廷主位進素。卯初一刻，外請祭福陵畢。卯正二刻早膳：山藥豆腐羹熱鍋一品、竹節饊小饅頭一品、蘋果軟膾觔一品、口蘑蘿卜白菜一品、羅漢麵觔一品、油煠糕、奶子糕。後送菜花頭炒豆腐一品。福隆安進雜燴熱鍋一品、鹽水豆腐一品、素包子一品。隨送攢絲下麵，進一品，粳米乾膳進些」。

三陽開泰喜朝五位

「膳檔」祇是「四執事庫」檔册中的一種，還有「穿戴」檔是記錄皇帝日常及年節大典穿衣戴帽的。乾隆朝檔也相當完整。我綜合這些「穿戴」和「進膳檔」等，可詳細看出乾隆帝年節衣食情形。

乾隆帝在元旦是够忙碌的，子正一刻十分就已起床，接着就戴黑狐皮朝冠，穿黃刻絲萬字錦地黑狐膁龍袍，外套黃緞繡五彩貂皮邊袷朝服，黑狐皮朝端罩（卽今之披風），松石圓朝帶，東珠數珠，白布綿襪，厚棉套褲，藍緞羊皮裏皂靴。太監卽呈進「三陽開泰」果茶一盅。旋卽至各處拜佛，拜皇太后，至太和殿受朝賀。回宮後將袷朝服卸下，更換大毛熏貂緞龍正珠頂冠、貂皮端罩、松石大鞓帶、青緞羊皮裏皂靴。接受后妃們叩賀後，卽共進餑餑，這和民間吃餃子或元寶意義相同。

乾隆帝身繫松石大鞓帶，用以拴大小荷包。依照習慣自小除夕起至二月初二日，皇帝的鞓帶上左邊就拴上四個小荷包，其中黃刻絲珊瑚豆荷包內裝「年年如意」一件，紅緞搨金線松石豆荷包內裝「雙喜」一件。押祟小荷包一個內裝金八寶八個，銀八寶八個、寶石八寶八個、金顆二個、銀錁二個、金錢二個、銀錢二個。鞓帶右邊拴小荷包六個，其中青緞搨金絲珊瑚豆三個，內中一裝「事事如意」、一裝「筆定如意」，一裝「歲歲平安」。其餘三個黃緞五彩線珊瑚豆荷包不裝物品。這樣豐富的壓祟錢，民間何能比擬。

元旦，乾隆帝照例用硃筆黃箋書寫「風調雨順，五穀豐登，國泰民安，天下太平」。這是新春發筆大吉一盛典。故宮收藏乾隆元年至六十四年「元旦發筆」黃箋完全無缺，彌可珍貴。我曾親自整理。回憶我兒時至高中，每年元旦在漢聲府君指示下，也曾舉行「發筆大吉」盛典：用紅紙包新筆墨硯，書寫於紅箋上。

乾隆帝於元旦日例於乾清宮賜王公大臣「大宴」。膳檔記載：大宴用「三陽開泰」桌椅碗皿，一桌需用猪肉六十五斤、野猪肉二十五斤、鹿肉十五斤、羊肉二十斤、魚二十斤、肥鴨一隻、菜鴨三隻、菜鷄七隻、肘子三個、關東鵝五隻、野鷄六隻、鹿尾四條……。材料是够多了，但乾隆帝卻很少嚐食，祇不過略飲酒和奶茶。欣賞承應戲三刻完場，大宴儀式完畢，皇帝回宮，陪宴的王公大臣（另有陪宴席）散去，這大宴的菜品，就賞給南府的眾演員。

「南府」就是後來「昇平署」，乾隆時承應戲詞曲道白典雅遠勝於咸豐同治光緒時，可說是乾隆帝的欣賞能力與趣味是與慈禧不同的。元旦承應戲照例上演「歲發四時」、「喜朝五位」等。比較民間戲院新年或除夕上演的「八百八年」「六國封相」等吉祥戲用意相同，但內容高雅多多。

元旦中正三刻，乾隆帝與妃嬪們共進「酒膳」，例用紫檀木摺叠矮桌擺設，用青玉盤盛菜七品。這祇用猪肉三斤、肥鴨子一隻、肥鷄半隻、野鷄二隻、肘子一個、腸子四根、蝦米海蜇皮各二兩。比較大宴簡單多多。乾隆帝有時興趣濃厚，即於晚膳特命加蘇州菜，如乾隆四十八年元旦晚膳照常膳品外又加：燕窩燴五香鴨子熱鍋一品、燕窩肥鷄雛野鷄熱鍋。其後乾隆五十年元旦起，又加「蘇宴」，全用蘇州菜，其中猪肉縮砂餡煎餛飩、猪肉餡煎粘團、糖醋鍋渣，尤爲帝所嗜愛。乾隆帝在位六十年中六次巡遊江南，蘇杭景物動人以外，「食」髓知味可能是一主因。

五毒荷包鵲橋仙渡

農曆端午節，民間多以菖蒲艾葉交叉懸掛門首。據檔册知清宮各處門戶也和民間一樣。「穿戴」檔更記載：乾隆帝是日所戴得勒蘇草胚纓冠上且特別揷一艾尖，腰繫鞓帶自五月初一日起卽懸掛五毒荷包，項際掛雕伽楠香數珠。

國內各城市居民每逢端午佳節，多有龍舟競賽。居住香港的歐美人且在是日組織「番鬼隊」比賽龍舟。檔册記載：乾隆帝每逢此佳節，多在圓明園。如二十一年五月初五日，早起請駕，穿醬色袷色袍，紅青袷紗織二色金團金龍褂，乘四人龍轎至閘口門內等着皇太后一同乘船至「萬方安和」，奉早膳畢，乘船至壽山口碼頭，乘四人龍轎至「勤政殿」辦事畢，乘船至「望瀛洲」，率王公大臣等看鬪龍舟。後至「同樂園」進晚膳畢，乘船至金魚池餵金魚。回至「九洲清晏」晏訖。

每逢此一佳節，乾隆帝例有衣料賞賜王公大臣：軍機大臣花機紗三件、塔城葛三件、波羅葛三件、廣葛三件。另有銀兩頒賞。

農曆七月初七日，俗傳爲牛郎織女相會鵲橋，亦稱「乞巧」。各省居民重視這一佳節。香港居民中多粵省籍，仍注意這一節日，花市尤盛。就檔冊記載：乾隆帝如在北京，卽居圓明園，與后妃同拜供神。在熱河避暑山莊亦然。乾隆四十年七月初七日，帝在熱河，卯初，至「水芳岩秀」供前拈香行禮畢，卯正一刻，「一片雲」西暖閣進早膳，上進畢，賞舒妃等位。舒妃等位「一片雲」東暖閣聚座分例膳。早膳後熬茶時，太監來獃傳送符供尖巧果一品，瓜果三品共一盒。上進畢，賞舒妃等位巧果一品瓜果一品。未正二刻，「烟波致爽」晚膳，供上的湯膳碗用「鵲橋仙渡」琺瑯碗、金碗蓋。此一日使用金銀花線帶膳單（桌布）。

如意館西洋人

我由膳檔中更發現一有趣事實，卽自乾隆二十九年七夕起，每年七夕拜供後，帝卽命以巧果一盒瓜果一盒賞如意館西洋人。檔冊又有云：乾隆三十六年七月，行官倉：太監宋喜傳：七月初二初三初五初六初七初八初十，此七日，每日賞艾啟蒙菜一桌，賞安得意菜一桌，四碗內有素菜二碗，攤鷄蛋一碗，蝦米白菜一碗，素粉湯。七日共用飯菜十四桌，每桌四碗，點心一盤。共用白麵十二斤四兩、白糖澄沙各七兩、白鹽五兩六錢，甜醬十一兩二錢、豆腐三斤八兩、麵觔鍋渣各一斤十二兩、細粉七兩、鷄蛋五十六個、水稻米五升二合五勺。

我由這些記載了解乾隆帝對西洋傳教士的態度：將他們看作「如意館」的繪畫人。艾啟蒙 (Ignace Sichelbart 1708-1768) 安得意 (Jean Damascene Salusti) 即曾參加繪製平定回部戰役圖十六巨幅的工作，在宮中凡十年。乾隆帝能注意天主教規定齋期中可吃的食物，這是天主教在中國傳佈歷史中非常稀見的文獻。

卯年吉祥丹桂飄香

乾隆帝是康熙五十年辛卯（西曆一七一一年）八月十三日子時出生。宮中存有其出生後推算「八字」：「辛卯、丁酉、庚午、丙子」、「此命富貴天然，這是不用說的，惟幼歲總見浮災」。

民間迷信「八字」，有說男人「午」時出生大富貴，女人「子」時出生大富貴。如今乾隆帝「子」時出生，而爲中國歷史上空前絕後惟一年壽最高成十全武功享五福五代的古稀天子。傳統迷信由此應該完全被否定了。臺灣民間更有以「卯」屬兔不吉利的傳說。但乾隆帝卻是出生於卯年屬兔！並且是乙卯年（一七三五年）即大位。又一乙卯（一七九五年）舉行「內禪」，以帝位傳於其子嘉慶帝（臺灣民間有嘉慶帝遊臺灣吃痲豆文旦傳說），更是國史上空前絕後紀錄。乾隆帝一生三次大喜事都發生在「卯」年，榮華富貴，古今中外所稀見，由是可知卯年屬兔不祥傳說的無稽不可相信。

乾隆帝誕辰與中秋佳節相距只二日，故賀節祝壽盛典更顯得隆重熱烈。膳檔記載：萬壽日用「萬壽萬福」「八仙」圖樣琺瑯膳單及器皿，中秋節則用「丹桂飄香」圖樣。

乾隆帝常喜在熱河避暑山莊或圓明園歡渡生辰與中秋。膳檔記錄：內膳房例於八月初五日專差送「萬歲爺供月大月餅一個重十斤，三斤重月餅二個，賞人用二寸月餅一五〇個」至熱河。八月十五日酉初，帝在蓮花套大營西洋房東院內座西北向，東南設擺月光供，酉正二刻十分，萬歲爺拜月，送焚化畢，隨撤供一桌。大月餅一個遵例收着除夕送。隨將三斤重月餅二個呈送一個，托一個，用金龍盒盛送。檔冊又記載：帝食月餅時，多放「花傢伙」（烟火）以助興——大月餅保留至除夕再呈送，這與民間就不相同了。美國習俗：婚禮蛋糕頂層保存冰箱，俟結婚一周年紀念日再分嚐，寓意大概相同。

元光月餅咬歲吉祥

膳檔記載：「除夕，晚晌，上進酒膳畢，隨送八月十五日收的月餅一個，元光一個，切成二件，用紅漆皮盤盛。邊欄一品，用紅漆皮盤，上進畢，賞阿哥公主等」。這所謂「元光一個」，是祭太陽所用。檔冊記載：每年二月初一日，茶膳房在養心殿院內，坐西北向東南擺供大太陽糕一個，重七十四斤八兩，彩畫元光兩邊捶手太陽糕兩套，每套十一個重六十斤。上拈香行禮畢，晚晌遵例將大太陽糕元光取下收着，另各切二件用小金龍盒盛，晚饍伺候，上進畢賞用。

除夕將祭太陽用的「元光」和祭月用的「月餅」一併進奉。這自然是象徵一年到底，日月輝映，國泰民安。這是民間所無的儀節。膳檔記載：除夕早晨，乾隆帝起床後，太監卽進萬年如意果茶，早膳例進高頭燕食。膳桌碗盤均用「海屋添壽」圖樣。這自然是預祝添福添壽之意。是日午正，帝在乾清宮大宴，王公大臣陪宴，同觀南府承應戲一時卽散。申刻，帝在宮內有酒宴，妃嬪侍宴。晚晌酉刻又有酒膳，侍宴者爲最寵愛的妃嬪二三人。酒膳後卽將「元光」「月餅」共嚐分賞。再進飲「咬歲吉祥」果茶後就寢。

衣飾服裝非常講究

最使我興奮的是：膳檔中有乾隆五十八年（一七九三年）八月，在熱河避暑山莊接見藩屬賀萬壽的膳品單：朝鮮、緬甸等和英國使臣都是賞食餑餑。這是「乾隆英使覲見記」中所沒有詳細記載的。可見乾隆帝心目中對英吉利的地位如何。

近代心理學家曾說：由一個人的日常衣飾可以窺見其個性。美國總統常被選爲服裝最講究的男子，也可見注意修邊幅的重要。就我綜合「穿戴」檔的印象：乾隆帝是一位講究小節極注意修邊幅，一分都不肯放鬆的人。例如乾隆二十一年十一月二十三日，如意傳旨：「現穿袍身長多大尺寸？總管馬國用首領陳璉等隨應奏：現穿袍前身長四尺一寸五分，後身長四尺二寸五分。」如意據此奏聞。如意隨傳旨：「現穿袍短些！前後身俱放一寸。欽此」。乾隆二十二年五月初六日，總管馬國用首領張玉傳旨：「現穿單紗袍長些！着去五分。隨改做得：原前身四尺二寸五分，後身長四尺三寸五分。現今去五分：前身長四尺二寸，後身長四尺三寸」。乾隆二十三年三月十五日，胡世傑傳旨：「袍子領子小些！到家裏着皇后放樣。巡幸褂抬裾轉身最小，亦着放樣。」所謂「巡幸褂」似今人旅行裝。乾隆帝最喜旅行，對巡幸衣飾非常講究。乾隆二十五年九月十四日，胡世傑傳旨：「現穿灰色猩猩毡大毛羊皮巡幸袍顏色好！回鑾之日將此樣灰色毡子灣子打點發往廣東做樣，比此顏色再織紅些。欽此」。又乾隆二十二年十一月十三日，上穿油綠寧紬面黑狐膁袍。胡世傑傳旨：「顏色綠些。」總管馬國用首領張玉等隨應：「以後再做，挑顏色黑的做。」隨如意奉旨問：「現穿青緞面烏雲豹褂花不勻。」馬國用隨應：「萬歲爺穿下來，奴才們再收拾」。諸如此等事例極多，乾隆帝之講究衣飾可見一般。

香妃的特殊衣飾

「乾隆下江南」是民間小說戲劇的好題材，其中自然渲染許多風流韻事。甚至訛傳乾隆帝是海寧陳家後裔。尤其乾隆帝與香妃的故事，更爲人所樂道。故宮開放後，武英殿附近「浴德堂」有一土耳其式浴室，且被指爲帝特別爲香妃建築的。寶月樓（即今新華門）外回回營也是特別建築以慰香妃鄉思的。郎世寧繪香妃半身佩劍像更被解釋是香妃持劍自衞不願與帝親近的物證。

先師孟心史（森）教授於民國二十五年秋撰「香妃考實」時，相湘卽曾承命入故宮文獻館檢查乾隆朝實錄及有關文獻。抗戰勝利後，我在故宮文獻館工作，得見四執事庫檔，獲知香妃在宮庭眞相。比較「香妃考實」又多不同。（詳見先師遺著「清代史」附錄）

「香妃」是一般俗稱，宮中稱號爲「容妃」。她是回族最尊貴的掌教女，乾隆二十一年（一七五六年）入宮號貴人。二十七年晉位容嬪。再後晉升容妃。這一「容」字，特具意義。是容臭，卽香囊。禮記：「內則」：『衿纓皆佩容臭』，疏：「臭謂芬芳香物」。孫希旦集解：「容臭、謂爲小囊以容受香物也」。由此可知香妃一名的由來❶。

我綜合乾隆朝「穿戴」與「膳檔」記載，可以很精確地指明：乾隆帝寵愛容妃，注意她的回族特殊習俗。帝巡遊各地，容妃多隨行。世俗傳說是完全不可信的。

乾隆二十七年正月初十日「穿戴」檔有云：「總管王成傳旨與總管馬國用等：前者爾等奏與愼嬪容嬪，按嬪例各做朝冠二頂，無珠石鑲邊，朝衣三分及掐摺朝衣一分，外邊俱不必辦理。現

---

❶ 此像今見於一九七二年巴黎刊行、英國劍橋大學鄭德坤教授參加編輯之「郎世寧宮廷畫集」(Cecsleand l' Michel Beurideley: "Giuseppe Castiglione") 第七三頁。據「郎世寧宮廷畫集」著錄「可能是香妃」畫像四幅。第七十三頁爲穿戴全套西歐漢女戎裝佩劍半身油畫，卽臺北和北京所藏的各一幅。均爲不同臉型的漢族少婦。從一七九頁圖八十五的畫像，註明爲香妃，身穿戴歐洲牧羊少婦冠服。比較四幅中，已知香妃爲東突厥斯坦族。排除兩幅漢族少婦爲香妃畫像的可能性，其餘兩幅穿戴歐洲冠服的維吾爾少婦，値得注意。

郎世寧繪「武列行圍圖」，騎馬者爲清乾隆帝與香妃。

今愼嬪有額勒特朝衣冠穿戴，容嬪現有回子朝衣冠穿戴，因此朝冠朝衣掐摺朝衣，爾等俱不必辦理。再愼嬪容嬪朝冠頂二分，裏邊，照豫嬪之例，每位打造朝冠頂一分。其愼嬪黑狐皮朝冠、天鵝絨朝冠，着總管馬國用傳四執事庫應用五色線帶，着造辦處辦理。其容嬪朝冠仍戴本人朝冠，不必另辦。欽此」。同年五月初十日記載：「圓明園富春樓松綠春紬紅裏袷帳一床，高七尺五寸。面寬六尺三寸，進深四尺九寸，刷高一尺，捧至御前。奉旨：裏邊賞人用」。小註：「容嬪」。同檔九月二十七日記：上諭將養心殿東暖閣現掛舊藕荷色春紬面月白裏帳一架賞豫嬪。新舊質料均不同，邀寵承歡程度顯然有等差。

君主專制時代，「奉正朔，易服色」最關重要。如今乾隆帝特命容嬪仍舊用回人衣冠，眞是異常特例。這是乾隆帝籠絡回人的一種手段。

十全老人熟習回語

康熙雍正兩朝，曾耗費很多人力財力用兵西疆，回人常恃俄羅斯庇護，在清兵凱旋以後又重振旗鼓。乾隆朝大舉用兵，終於平定天山南北路、立碑帕米爾高原。爲漢唐以來未有的盛業。而民間無稽傳說竟以乾隆帝用兵是爲獲得「香妃」——回人女，身有異香，故有此稱——完全抹煞乾隆帝爲中國平定西疆以及安定蒙古之功(慈禧當政時，左宗棠再度平定回亂，新疆正式建省)。不知乾隆帝對回人事物曾經過知彼知己工夫，恩威並濟的手段。

乾隆帝御製十全集中有癸巳「上元燈詞」：「萬里馳來卓爾齊，恰逢嘉夜宴樓西，面詢牧盛人安否？那更傳言藉譯鞮」。自註：「蒙古回語皆習熟，弗藉通事譯言也」。我又曾在宮中收藏「欽定總管內務府現行則例」寫本金帙（外間無刊本流傳，抗戰前故宮博物院祇印行數册），「咸安宮官學」有云：「乾隆二十一年，奏准：內務府鄰近房六間，作爲回學學房，學生錢糧照咸安宮官學學生例，飯食即交咸安宮飯房兼辦，筆墨紙張俱由官給，管理學務派專管事務大臣」。是乾隆帝不僅躬自習熟回回語文事物，且於宮中特設官學教養宗室子弟專習回回事物，其於西北回人居住地不以馬上得之馬上治之的心理，由此更得明證。

故宮收藏康熙、雍正、乾隆三朝俄國來文，其中很多爲我國官私書籍以前未曾刊載，卻顯現乾隆帝曾使用停閉邊境貿易手段，甚至不惜出於一戰，終迫使俄人就範，爲平定天山南北路一主要因素。看到這些文獻，再加有關英國使臣東來「進貢」的文物。二百餘年前，國家強盛聲威，令人嚮往。雍正帝（乾隆帝生父）的「創業難，守成亦不易」遺訓，乾隆帝實已身體力行且更發揚光大。

御膳房回回厨師

膳檔記載：「乾隆四十三年八月二十九日，駕幸盛京（瀋陽），小太監厄祿里傳旨：今日早膳清寗宮，賞郭什哈昂邦、郭什哈額駙等祭神肉吃，回子大人二人亦隨同入排賞羊肉吃」。按「祭神」「吃肉」爲滿人特重的大典，例用豕肉，今特以羊肉賞回人。可見帝之尊重回人習俗。膳檔又記：御膳房有回回厨師。乾隆六十三年正月初四日「總管田喜口奏：賞做膳回子努倪馬特小卷五絲緞一疋。欽此」。乾隆帝對回回飲食興趣至老不衰又得文證。

乾隆帝既特許容妃仍用回人衣冠，自然也尊重其飲食習慣。「山東照常膳底檔」記乾隆三十六年二月初三日至四月初七日，帝奉皇太后幸山東謁孔廟。皇貴妃慶貴妃潁妃容妃等隨行。每日賞賜容妃食品，如二月初四日片野鴨子一品。二月初六日羊西爾占一品。二月十八日羊肉乾一品。二月二十八日回子餑餑一品。乾隆四十年夏秋，乾隆帝至熱河行圍打獵，容妃等隨行。「哨鹿照常底檔」記賞容妃羊肉等。四十三年「盛京照常節次膳底檔」記：八月十五日賞容妃奶子月餅一品。八月二十四日，帝在圍場獵獲野猪一口，狍子一頭。分賞時特別注意以狍肉賞容妃。四十五年五月至十月「哨鹿節次照常膳底檔」記巡幸熱河及口子獵鹿，容妃等隨行。

我綜合這些原始資料，很明確地看到容妃隨侍帝巡遊各地情形。世俗傳說實在不可信。民國三十九年，我根據這些史料撰「香妃考實證補」指出：故宮影印爲世人所熟知的香妃戎裝佩劍像

（相傳爲意大利畫家郎世寧手筆），殆爲隨帝巡幸時之寫眞。意其他妃嬪多生長關內，未及笄卽被選入掖庭，弓箭馳騁非所素習，「容妃（香妃）生長於西北產馬之地當精於騎乘，今以侍帝巡遊，正得其用。然世俗狃於男女之分，少見多怪，睹此戎裝佩劍之『雄姿』，驚詫之餘，以訛傳訛，遂不免有「妃時以劍握手中常欲自刎」的傳說。拙文刊佈後，很引人注意。美國加州大學一位博士候選人且來信企望詳細說明。民國五十年，李鴻球鄉長邀往參觀其珍藏的郎世寧手繪彩色

日文書中香妃像

「武列行圍」圖，證明我「大膽的假設」：乾隆帝與容妃並轡在熱河行圍哨鹿。梁詩正恭撰詩文紀其盛況。又另見日文書中刊一幅香妃右手提花籃左手傍置一長杖像，註作郎世寧手筆，實一僞品❷。

我由「乾隆英使覲見記」觸發我尋求「古稀天子」生活的趣味。居然天予人願，我竟能看到前人所不得見今人又難得見的宮中文獻檔册，對於一研究史學的人說來，我眞是「三生有幸」。

---

❷日文書中所刊此像是竄改眞蹟的僞品。原圖見"Hristophea Hirent: The Emperor of China" p. 153。原圖作容嬪坐宮椅上，左手向天作菩薩手拈花（無花）獻佛像。而僞品竄改似天女散花。今特刊出，以示中外於香妃圖像眞僞難分。謹按此兩註釋，承現居加州舊金山的譚彼岸教授見示（一九八四年七月六日），特此致謝。

慈禧老佛爺的秘密

近一百五十年中國歷史上，慈禧太后是執政最長久的一位最高統治者（一八六一——一九〇八）。在她掌握政權的四十七年間，一開口，一皺眉，一些人的吉兇禍福都被決定了。但一項有趣的事實是：我們泰伯後人——延陵吳氏卻和她有不尋常的關係。當她初被選入宮庭（一八五一年）前不久，她的父親病歿，幸賴吾家仲宣先生（名棠）意外的接濟，才扶柩歸葬。當她執政後十餘年開始發揮自私心之初，吾家柳堂先生（名可讀）不惜「屍諫」。她終不警醒。吾家清卿先生（名大澂）又不懼「天威咫尺」上疏請尊禮醇親王，不要讓他干政。一九〇〇年庚子義和團運動，她逃亡途中饑寒交迫，又賴吾家漁川先生（名永）救了她。她仍不覺悟。吾家趼人先生（沃堯、我佛山人。）就忍無可忍惟有用「戰鬪文藝」暴露她的腐化政治，爲辛亥大革命作鋪平道路的通俗宣傳。而吾家子修先生（慶坻）輯刊她逃亡熱河陰謀奪權的密扎，啟發相湘進一步的研究，終於揭穿了她發動「咸豐辛酉政變」的絕大秘密。

我對歷史的興趣，是小學中學時代培養的。

湖南長沙楚怡小學，是陳夙荒（潤霖）先生創辦的一所私立學校，一切設備講究華美新式，教學水準也很高。每一學生每年繳納的費用在當時湖南私立學校中是居最高位，比較另一私立修業小學相距很遠。「修業」因此有「叫化」（乞丐）之稱，「楚怡」自然就被稱做「公子」了。民國十一年，我入楚怡小學。不久即實行道爾頓制設計教學法。讓學生充分發展個性。教史地的喻秉誠老師啟發了我對歷史的興趣，加以我家有商務印書館和中華書局的取書「摺」——即憑摺取書，不必付現，三節結帳。因此，我隨時可以去選擇自己喜愛的書，慢慢設立一家庭圖書館，許多同學都來我家借書。

德菱、卡爾、董小宛

民國十六年，我入學湖南長沙明德中學以後，吳誨華、劉炳榮、魯立剛三位老師，分別教歷史地理，又進一步增加我對歷史的興趣。尤其在學六年中正是內亂外患交迫之際，上歷史地理課，同學們一定要求老師先講時事，一些報紙上不載的新聞，更受我們歡迎。自然引起我對近代史的興趣。

明德中學是胡子靖先生創辦，與天津南開中學分在南北，爲國內兩所著名私立學校，素有「少爺」學校之稱。學校當局做到了「一望而知爲（胡）安定弟子」。就是說學生服裝整齊清潔，風度儀表，與眾不同。自然學校設備也力求完備，圖書館藏書在二萬册左右。我就在這時開始對

「老佛爺」有了興趣。

中華書局刊行有幾種關係慈禧的書，都是譯述的：㈠、英人濮蘭德著：「慈禧外紀」。㈡、美人卡爾女士著：「慈禧寫照記」。㈢、德菱女士著：「清宮二年記」。這幾種書都是用四十八開小本印行，售價低廉，放在衣袋裏也方便，我當時都買來看過。老師又告訴我看吾家趼人先生（一八六七——一九一〇）寫的「二十年目睹之怪現狀」、「恨海」兩種小說。這是暴露慈禧統治下的種種腐敗現象，尤其「恨海」是描述義和團運動事。比較上述德菱女士諸人的書，完全不同，加以我父帶我同訪李鐵星（劍農）先生，經其指導，並詳細閱其名著「最近三十年中國政治史」（後擴充為「中國近百年政治史」）後，我決定了終生志向：研究中國近代史。

民國二十二年秋，我入學國立北京大學歷史學系。宿舍在景山下側。距離紫禁城神武門很近。每天晚飯後，時常與二三同學在神武門前柏油路上散步。瞻望宮墻，很容易引起思古幽情。一九〇〇年被拳團殺害的德國公使克林德 Baron Von Ketteler 的遺孀，也在斜陽下乘着馬車在這條道路上慢慢行進，兩名馬車伕穿戴清季衣帽。觸景生情，更容易想起慈禧老佛爺「幹的好事」！

先師孟心史（森）教授，早在民國初年卽曾撰「董小宛考」，闢斥世俗傳說的錯誤。在北大講授明清史時，又撰刊「清初三大疑案考實」，根據故宮檔案考證順治帝出家傳說，雍正帝卽位的秘密。因此，引起我研究宮闈祕辛的興趣。尤其是知曉我們延陵世家泰伯後人——吳氏先賢和

「老佛爺」的一些不尋常關係以後，我更有利用故宮密檔以研究慈禧秘密的「雄心」。

吳棠雪中送炭

我在心史先生指導鼓勵下，努力探尋「老佛爺」的秘密。幾年之間，大有所獲。我現在按她生平時代先後來敍述。

慈禧是一八五一年按清廷選「秀女」定制被選入宮。時年十七歲（慈禧是一八三五年十一月二十九日生。一九〇八年十一月十五日歿）。她的父親惠徵屬鑲藍旗，原在北京戶部作一小吏（約在一八三六年卽道光十五年）。後調往綏遠道署工作。民國二十六年四月，我參加平綏鐵路旅行團，往遊綏遠省城時，傅作義歡宴席上，有位官員說明當地古蹟名勝：王昭君墓以外，特別提及慈禧幼時曾隨父在綏遠省城居住過。四月十三日，我們特往民政廳後花園遊覽。這原是綏遠道尹衙署。後花園有一塊大白石，旁邊豎立一白石碑，鐫刻當今慈禧太后幼時遊玩地方等字樣。當時，我曾拍攝一影，今仍保存。

惠徵後來調升徽寧池太道署工作。一八五三年（咸豐三年，慈禧被選入宮前二年）因太平軍至長江流域而去職。不久逝世。

惠徵雖貴爲慈禧生父，清代三十三種傳記中都沒有記錄他生平事蹟的專傳。但筆記中卻有若干事例。其中一則關於他逝世後運柩回旗途中的故事。這一故事主角卽吳棠（仲宣、安徽盱眙人。生年不詳。一八七六年卽光緒二年歿）。近人書刋中多記載這一故事，其中以陳灨一編撰「睇嚮齋祕錄」（民國十一年八月，上海文明書局初版）較詳，其文有云：「吳勤惠公（棠）宰清河縣。有父執劉某爲湖南副將。卒於任。其眷屬扶櫬回籍。舟過清江。繫河畔。使人報勤惠。同時有已故廣東副將惠徵之喪，舟亦泊於此。姊妹二人護之行，一身而外無長物。勤惠致賻銀三百兩。命人送交劉氏眷屬。將命者誤送其舟。姊妹見吳棠名刺。不知何許人。來者以邑宰對。二女哀婉，致感謝之詞。來者登岸，尚微聞姊妹相語曰：世間安有此輕財好義之宰官，眞夢想不及也。迨覆命。勤惠大怒，掌其頰。必欲返璧。幕客程某止之曰：聞舟中二女，係滿洲閨秀；此行雖護喪回旗，亦入都應選秀女，安知其將來不爲貴人；姑將錯就錯以結好，或於公有利，亦未可知也。勤惠以程言殊有理由，遂從之，復封銀三百兩。致送劉舟。且於祭劉副將畢。登舟致祭。姊妹益泣感。藏名刺於綢帕，裹而置奩具中，姊語妹曰：吾姒娣他日若得志，萬無忘此賢令尹也。旣而長女果被選入宮，封蘭貴人。旋爲貴妃。文宗寵愛甚。誕穆宗。晉位爲后，卽慈禧也。妹以姊之撮合，爲醇親王奕譞福晉，生德宗。穆宗嗣位 。慈禧以太后垂簾聽政 。累擢勤惠至四川總督，在任數年。薨於位，謚曰勤惠。蓋猶不忘前事也。近人筆記茲事者甚多。而言人人殊。卽賻銀一端，亦多寡不同，昔嘗以此問楊味春表伯，公曰，是皆隔靴搔癢之談，因爲余述始末。公爲勤惠東牀。而親聞諸勤惠者。其言之徵信詳盡。於此可見矣」。

這一故事，無法獲得也不可能有直接文證，但其不致出之虛構或附會，有幾點旁證：㈠據清國史館修撰的吳棠傳（中華書局刊行：清史列傳卷五十三）：咸豐元年調清河知縣，三年（一八五三）六月，吳棠時丁母憂，仍留署清河知縣（卽今江蘇省淮陰縣）。與慈禧北上應選秀女時間相當。㊁吳棠是舉人出身，沒有進士榮銜。自慈禧執政後，吳卽不次擢升。一八六二年卽同治元年夏，吳棠奉調署漕運總督。同治四年，吳奉調署兩廣總督，未赴任。仍留本任。同治五年八月，奉調署閩浙總督。六年七月，欽差廣東查案。十二月，調任四川總督。十年正月，又奉兼署成都將軍。這一職位，極少漢人擔任，授予實不尋常。吳棠連任這「天府之國」的四川總督八年，至光緒元年十二月十九日始以病免職。不久卽歿。特予謚「勤惠」，生平事蹟宣付國史，並於清淮徐州各建專祠歲時祭祀。而吳任職最久的四川省卻沒有專祠，特別注意「清淮」。尤其謚號之「惠」字實涵不平凡意義。

二十餘年以前，我在北平時根據以上旁證與師友們討論。大家認爲持之有故言之有理：如果是虛構的話，何以不用張三李四或其他的人名，而要用吳棠姓名呢？後與夏德儀及沈雲龍兩教授討論，他們也說不會是虛構。濡筆至此，國史館館長黃季陸先生光臨寒舍，問我近寫什麼書文？我告語他：正在和老佛爺「攀交情」！他老卽衝口而出：「你是說吳棠和吳永」！可見這一故事在巴蜀人印象深刻。

吳可讀屍諫

一八五六年卽咸豐六年，慈禧誕育一男，乃被晉封爲懿妃。至一八六一年卽咸豐十一年，帝崩逝時，慈禧已晉位懿貴妃，她所生男孩繼大位，初由贊襄政務王大臣八人輔政。慈禧乘隙利用其妹（醇王福晉）傳遞消息與恭王醇王勾結發動政變，奪得政權。乃改元同治——不幸，同治帝在位只十三年，身染惡疾而致死。依禮制：同治帝既大婚，應爲立子繼承大統。卽應就同治帝晚一輩中擇立一人。但慈禧充分發揮自私攬權野心，竟將她妹妹誕生的兒子，也就是咸豐帝的七弟醇親王奕譞的兒子載湉繼位（與同治帝是兄弟同輩）。朝臣學士噤不敢言。同治皇后憤以身殉。一八七九年卽光緒五年春，戶部主事吳可讀（柳堂，甘肅皋蘭人。一八一二——一八七九）當同治帝奉安東陵時，在陵墓附近，自縊身死，向慈禧「尸諫」不爲同治帝立後之失當，要求慈禧迅予補救改正。吳可讀這一行動，是中國士大夫對專制君主一種極嚴正抗議。但慈禧並沒有受感動，仍我行我素。

我曾自濮蘭德「慈禧外紀」諸書知曉上述事實。在北平，我又獲得這一「慈禧外紀」的英文原本：China under The Empress Dowager by J.O.P. Bland and E. Backhouse。我將中英本比照對讀。發現兩者之間許多差異。尤其是吳可讀撰「罔極篇」一書，我當時所能借閱到的刻本，與「慈禧外紀」引用者也有歧異。自然更引起我追尋原始史料的興趣。

北京大學圖書館和國立北平圖書館有許多英文藏書，北平圖書館更有北平各圖書館收藏英文書籍聯合目錄。因此，我就充分利用時間借閱有關慈禧的書籍。除上述「慈禧外紀」以外，卡爾女士的「慈禧寫照記」（Katharine A. Carl: With the Empress Dowager）——此一繪像複製品，今聞已送贈我國立歷史博物館。德菱女士的「清宮二年記」（Der Ling: Two Years in the Forbidden City）。「御香縹緲錄」（Impereal Incense）。「老佛爺」（Old Buddha）。以及另外五種：(a)、Jades and dragons 。(b)、Golden Phoenix。(c)、Kowtow（磕頭）(d)、Lotos Petals。(e)、Son of Heaven。

德菱的妹妹在「御香縹緲錄」中文本序文中曾指出：這書只能作「鏡花緣」小說看。事實上：我曾將這些書和有關中文資料比對。我發現：「清宮二年紀」尚有若干事實根據以外，（按宮庭禮制：德菱仍受許多限制，以耳代目的記述很多。事實上：故宮開放後，許多文獻檔册集中一處，透露的眞相比較更多）。其餘幾册書都是就清朝野史筆記一類書籍中取材而加以渲染。因爲德菱女士自「清宮二年記」出名，下嫁美國副領事，爲迎合世人對「老佛爺」的特殊興趣，故爾大寫特寫，祇不過是爲名利雙收，沒有歷史價値了（德菱女士於民國三十三年卽一九四四年逝世）。

吳大澂疏諫

民國二十五年，北平哈佛燕京社出版：顧廷龍著「吳愙齋先生年譜」，使我發生非常興趣。因爲我的常德老家正堂有吳愙齋（名大澂，字清卿。蘇州人。一八三五——一九〇二）先生題贈我祖父的篆書「自求多福」匾額。自幼印象深刻。今讀這一「年譜」，知清卿先生曾於光緒十九年（一八九三年）二月初，湖南巡撫任內至常德等地校閱營伍。而早在光緒十五年（一八八九年）正月二十四日，慈禧將歸政，光緒皇帝將親政之前十日，上疏請尊崇醇親王典禮，援引乾隆帝祖訓，使光緒帝生父有尊號而不干政。可說是試探慈禧與醇王是否眞正讓光緒帝親政？慈禧醇王面對這一意外奏疏，竟將一僞造醇王早有謙退奏疏發下。但顧廷龍在故宮發現軍機處檔卷中原奏有顯明塗改及倒填年月日的痕跡；並特請通曉晚清朝政的吳燕紹（寄荃）先生作一跋文，指出清卿先生之所以上奏此摺，實因「目擊羣小弄權，好家山將被纖兒撞破；而小人之敢於無忌憚者，以醇親王柔闇易欺也。清卿在吉林年久，習聞朝鮮以大院君之故，天有二日，政出多門，內黨紛爭，外患迭起。若不變計，漸致陸沉，故欲滌瑕蕩垢，以清朝班，非從根本解決不可；而又未便諷之去位，不得已，以尊崇典禮奏。蓋醇親王既尊爲皇帝本生父，自不能屈就臣列，貴而無位，則權奸自失其護舟，庶朝政有澄清之望。」吾家清卿先生苦心孤詣由此可見。在當時唯唯諾諾的朝士大夫中實在是鶴立鷄羣。「年譜」中又引據李鴻章致洪鈞（賽金花即其愛妾，小說家稱之「狀元夫人」也）函札有云：「清卿大禮之議，發之太早。都中議論，多諒其無他。郭筠仙（嵩燾）書來，且盛稱之，洵爲清卿第一知己」。「二月初三日，詔書初下，中外聳然。清卿處之泰然，方請出境治河；其志慮純實，非流俗倖倖者可比」。其後五年，即光緒二十年，清卿先生六十大壽。湘潭王闓運（湘綺）特撰一「壽頌」，其中也提及這件事：「議禮之疏，與朝旨異論，見者讙誹。前侍郎湘陰郭君私偉其議，排眾論而宗諸高宗（乾隆帝），是則湘人有深知」。

吾家先賢有這樣膽識，加以湘綺老人又說「湘人有深知」。更使我這湖湘子弟泰伯後人要努力搜尋慈禧的秘密了。

懷來知縣吳永

我在進行這一研究工作時，曾拜訪若干位通曉晚清故事的先進前輩。瞿兌之（宣穎）先生即其中之一。自兌之先生長談中，我知曉「庚子西狩叢談」的口述者吳漁川（永）先生是曾惠敏公（紀澤）女婿，亦即曾文正公（國藩）孫女婿。我當請兌之先生介紹往謁。

民國二十五年三月三十日，我往北平宣武門吳寓拜訪漁川先生（浙江吳興人）。他老侃侃而談約二小時餘，不僅使我了解「庚子西狩叢談」的一些問題，同時也聽見許多有關曾惠敏公的故事。當時我曾撰一文刊載「禹貢」半月刊（見傳記文學社刊行拙撰「近代史事論叢」第一集）。

一九〇〇年卽光緒二十六年庚子義和團亂作，八國聯軍進迫北京時，吾家漁川先生任懷來知縣（今察哈爾省境）。慈禧與光緒帝后倉皇出京西奔。由於義和團及亂兵騷擾，直隸（河北省）一帶十室十空，居民逃亡。慈禧等一行饑寒交迫。至懷來縣境見到吳永，才梳頭，加衣服。其狼狽情態可以想見。（時吳永之妻已歿）。

「庚子西狩叢談」是民國成立後，漁川先生口述，原刊某報，劉昆加以編輯而成單行本。在我拜訪漁川先生不久，美國耶魯大學刊行其英譯本 The Flight of an Empress, 是由 Ida Pruitt

翻譯並加編輯。前面且有 Kenneth Scotte Latourette 撰寫一導論，附有圖片和地圖，比較中文本說明較詳。

漁川先生曾向我指出：對於劉昆輯錄的「庚子西狩叢談」並不滿意。因爲有若干處是劉昆就其他資料補充的。因此，我時時希望能發現比較早出的原刊報紙。很幸運的：二十年以後，總算如願以償。民國四十七年卽一九五八年夏，我在臺中草屯黨史會史料庫，發現「庚子冬刊行」卽一九〇〇年卽光緒二十六年冬刊行「中國旬報」（香港刊行）第三十二期「北省大事記」欄中有「追紀兩宮臨幸懷來事」有云：

「直隸懷來縣吳令，係浙江人，於日前到鄂催餉，述及乘輿蒙塵經過該邑情況，慘不忍聞。據云：七月二十三日晚飯時，兩宮駕幸懷來署中，人皆不知。吳倉卒戴大帽出迎，駕已入署矣。共坐廠頭車十八乘：皇太后共某貝勒一車，皇上共某貝子一車，皇后共大阿哥一車。皇太后駕住太太房，皇上駕住簽押房，皇后駕住小奶奶房。皇太后至房中拍太太梳頭桌曰：我餓甚！快弄東西來吃！無論何物皆可充飢。蓋皇太后皇上出京二日，僅食鷄蛋三枚也。急開太太梳頭盒，取梳梳頭。聞皇太后在宮中將打水洗面，忽傳聯軍入城，遂不及梳洗，穿藍夏布衫出行。皇太后旋命皇上用硃筆寫條，卽派吳永速往東南各省催餉。吳永奏曰：縣印無人可交。太后曰命典史作縣令可也。吳恐硃筆硃旨未能見信於各督撫，特先赴晉省，請撫臺行文蓋印，然後齎以南下」。

這可以說是當時關係人直接口述，比較「庚子西狩叢談」是事後追憶的史料價值大不相同。何況我又曾與吳漁川先生長談哩。

咸豐辛酉政變

當我拜訪吾家漁川先生時，我已商承先師心史先生決定以「咸豐辛酉政變」爲畢業論文題目。這是慈禧奪取政權的開始，濮蘭德「慈禧外紀」中英文本有專章記述。但晚清人士筆記中有兩種不同記載：一是薛福成撰「咸豐季年三奸之伏誅」（庸盦筆記），是有利於慈禧，不利於贊襄政務王大臣肅順等人。一是王闓運撰「錄祺祥故事」，有利於肅順，不利於慈禧。在這兩種不同記載以外，東方雜誌刋載有咸豐十一年辛酉（一八六一）隨扈的軍機處章京套格隱語密扎。李慈銘的「越縵堂日記補」也於是時（民國二十五年）出版，其中尤多關係資料。

薛福成記載中提及疏請太后垂簾聽政的御史是董元醇，與東華錄合。王闓運記載中疏請垂簾的御史卻是高延祜。我比證許多資料，認定是董元醇。心史先生卻認定是高延祜。但心史先生很開明，要我再多找尋資料。我進一步發現東方雜誌刋載的熱河密扎月日不符。余季豫世丈提示：吳慶坻先生（一八四八——一九二四）「蕉廊脞錄」木刻本所錄存的同一密扎時日，證明我的考證不誤。因此，更鼓勵我的研究。

其時，南京中央時事周報每期刋載：黃濬（秋岳）撰「花隨人聖盦摭憶」侈談晚清故事，涉及這一咸豐辛酉政變，竟未提到王闓運「錄祺祥故事」。民國二十五年十二月七日，我寄信黃秋岳提出討論。半月之後，黃卽於中央時事周報特撰專篇，開宗明義自承祺祥故事「爲前記所漏略，誠可謂失之眉睫。微吳君言，遂終忘之」。篇末又將我寄手函全文刋出，並加案語：「吳先生此書，極見好學深思，考證入微，至可佩服」等語。（見香港龍門書店影印「花隨人聖盦摭憶」第四九一——八頁）。後來我的研究興趣更加甚，就綜合一些史料撰成「讀王湘綺錄祺祥故事後記」送呈孟心史先生審閱。心史先生頗以爲然，但另撰一「高延祜首請垂簾考」。

北京大學歷史系師生當時主編有二份周刋：一卽天津益世報「讀書周刋」，一卽南京中央日報「文史副刋」。鄭天挺師與鄧廣銘學長負責主持。民國二十五年十二月十日，先將「高延祜首請垂簾考」刋載於「讀書周刋」。翌年五月十六日，「文史副刋」登載我的「讀王湘綺錄祺祥故事後記」。是時，我的畢業論文「咸豐辛酉政變」已經完成，心史先生和傅孟眞先生姚從吾先生都給予最高評分。北京大學研究院和中央研究院歷史語言研究所都給我工作職位。揭穿了慈禧的秘密，老佛爺居然「皇恩浩蕩」賞飯吃。多有趣味。但我自引爲喜慰的是：我創用「咸豐辛酉政變」這一名詞，不僅與梁啟超撰述「戊戌政變」相提並論，歷史意義尤遠超過之。因爲如果沒有辛酉政變，根本就不會有戊戌政變了。更重要的是我運用了宮中密檔文件，梁啟超「戊戌政變記」卻祇是他個人的見聞。我曾撰「梁著戊戌政變記考異」。美國亞洲研究季刋曾加評論指出：這是近五十年來對梁啟超書首先加以考證的。

民國三十一年夏，我在長沙將這篇論文印行。李劍農先生時在湖南安化藍田鎮國立師範學院任教，採用我這一論文於其手撰「中國近百年政治史」第二章第六節中。翌年，我見報載教育部設立學術獎助金，即按規定將這論文寄陳。民國三十三年七月，我收到教育部學術審議委員會是年六月二十日第二九八〇七號箋函稱：是書具有學術上參考價值，給予獎助金法幣三千元。（當時馮友蘭教授獲得獎金一萬元）。我當上函請教育部將是項金額滙給沅陵我母親處，聊表孝敬。不久，日軍第四次攻擊長沙。我携眷南下經廣東曲江（韶關）、贛南至江西省泰和。偶過街頭書店，發見有國立中央圖書館主編的「圖書月刋」（第三卷第一期，民國三十二年十一月重慶出版）新書介紹欄中提及我的書，其中評語有云：「綜觀全文，作者採取重要史料達三十餘種，參考稽證，編繹成篇。可見其謹於求眞成書，非期速成問世者可比」。我受寵若驚，希望作深入研究的心理也更迫切。

晚清宮庭實紀

對日抗戰勝利以後，我曾兩次去北平。民國三十七年十月，我應邀爲國立北平故宮博物院聘任編纂。每天至故宮文獻館工作，發現老佛爺的秘密更多了。

慈禧自誕育一男，晉位懿貴妃。但咸豐帝晚年最寵愛麗妃。「膳檔」記每年除夕元旦賜宴，懿貴妃與麗妃分居東西兩邊。咸豐十一年，帝崩逝後，慈禧晉位皇太后，是年除夕年例乾果盤，即傳旨「麗皇貴妃撤下不給」。利用權位，發洩嫉妒心理可見一般。

慈禧之陰謀發動政變，固爲其政治野心使然，而內務府大臣肅順於日常飲食不能滿足慈禧亦爲一導火線，且見之於上諭。今就「膳檔」知咸豐十年（一八六〇）八月，英法聯軍進逼北京，帝攜后妃出亡熱河途中，倉卒間御膳不備，帝以燒餅、老米膳、粳米粥充饑。后妃都沒有食物供應（抗戰前，北平北海公園五龍亭附近有一仿膳茶社，售賣「肉末燒餅」。據說是慈禧喜愛的。是不是她紀念這次逃難苦痛呢？）咸豐帝后一行到達熱河後半月，妃嬪始得賞肉食。硃諭規定：「賞內廷主位飯菜一桌：大盌菜二品，小盌菜二品，碟菜二品，大饅頭一碟十個，小菜四碟，老米飯，粉湯臥果，白煮羊肉。欽此」。當時供應困難，竟勞帝手諭規定菜色。慈禧不能了解其艱苦，內心怨內務府。咸豐帝崩逝後，更恐受制於人，遂發動政變。成功以後，咸豐十一年十月初九日，幼主（同治帝）即位於北京太和殿，又適值慈禧萬壽前夕。「膳檔」記載：是日申初二刻在養心殿，伺候進二位皇太后前晚膳一桌，上同桌。用「海屋添壽」大膳桌擺黃膳單。火鍋二品：（豬肉絲炒菠菜、野意酸菜）。大盌菜四品：燕窩（萬）字紅白鴨絲，燕窩（年）字三鮮肥鷄，燕窩（如）字八仙鴨子，燕窩（意）字十錦鴨絲。中盌菜四品：燕窩鴨條、鮮蝦丸子、膾鴨腰、溜海參。碟菜六品：燕窩炒爐鴨絲、鷄泥羅卜醬、肉絲炒翅子、醬鴨子、鹹菜炒茭白、肉絲炒鷄蛋。翌日，爲慈禧萬壽正辰，是日晚膳比較豐盛：火鍋二品：爐鴨炖白菜、羊肉炖豆腐。大盌菜四品：燕窩（福）字鍋燒鴨子、燕窩（壽）字白鴨絲、燕窩（萬）字紅白鴨子、燕窩（年）

字十錦攢絲。中盌菜四品：燕窩肥鷄絲、溜鮮蝦、膾鴨腰、三鮮鴿蛋。碟菜六品：燕窩炒燻鷄絲、肉絲炒翅子、口蘑炒鷄片、溜野鴨丸子、果子醬、碎溜鷄。片盤二品：掛爐鴨子、掛爐猪。餑餑四品：白糖油糕壽意、苜蓿糕壽意、五福捧壽桃、百壽桃。銀碟小菜四品：燕窩鴨條湯、鷄絲麪、老米膳、果子粥。

我發現這些「膳檔」，對德菱女士筆下渲染的所謂「御膳」就不屑一顧了。我又看到「昇平署」檔册，知道咸豐帝喜愛的戲目角色。慈禧後來喜愛聽戲的情形也由此明瞭。

慈禧當權執政四十七年，作威作福，不畏清議，卻重視歷史。每逢措施不得其當，卽傳旨不要記載於「起居注」中，甚致自「起居注」中撤下。但這並不是完全銷燬，而是另行存檔。這些密檔和當時密奏原件，我都發現了。一件有趣事實是每年中元節，慈禧爲其生母焚冥錢包，上書「當今大清慈禧端佑皇太后母親惠老太太」。因旣不能稱「太皇太后」。又不便稱「一品夫人」，惟有用「老太太」一詞。這是很費心思哩。

咸豐辛酉政變之能成功，是慈禧與恭親王合作的結果。但同治四年春，慈禧不願恭王再有較大權力，於是親自手寫一別字連篇的詔旨免除恭王職務。這是一硃筆諭旨。老佛爺的文筆與其才學完全暴露。這是我搜尋慈禧秘密的大收穫。

民國三十七年十二月十二日，我自北平飛南京。民國三十八年一月二十一日，自上海來臺灣，隨身携帶在故宮文獻館抄錄的史料。喘息甫定，卽運用這些史料，將「咸豐辛酉政變」擴充

慈禧太后（中坐），左側緊靠太后者爲德菱女士，再左爲德菱之母裕庚夫人。再左爲光緒皇后(隆裕后)。外側爲瑾妃。

爲「晚清宮庭實紀」。民國四十一年十二月由正中書局刊行。翌年五月，遠東圖書公司又刊行拙撰「清宮秘譚」，也是以故宮檔案爲根據而寫成。

由於這兩本書，引起中外學術界注意。臺灣特種教育基金會曾給予我獎金。美國西雅圖華盛頓大學更因「晚清宮庭實紀」而與我建立合作研究關係。在臺北一次宴會中，溥心畬（儒）先生特別向我敬酒，說：「吳先生，你知道老佛爺和恭親王的事，比我們多！」蕭一山先生撰「清代通史」也採用拙著甚多。卽劍橋大學近刋中國史第十一卷第二部份書目中也列有此書，這些都是很有趣的回憶。

近三十年來，我的研究興趣着重於民國史實，但我仍隨時搜集有關慈禧的書刊。民國四十八年（一九五九）十月，我遊倫敦舊書店又購得濮蘭德「慈禧外紀」英文本 China Under The Empress Dowager 是我最喜愛的，因爲其中有很多珍貴照片，而前在北大時購買的一册，在抗戰時遺失。（北京飯菜「臥果」卽南方人所謂荷包蛋。北方人稱鷄蛋菜有「攤黃菜」「炒木樨肉」「炒鷄子兒」等。華北多旱田種麥，沒有長江流域的養鴨人家。但吊爐烤鴨著名於世）。

聖戰行列執筆從戎

中國抵抗日本侵略的戰爭（一九三七——一九四五），是二十世紀世界治亂安危所繫的一非常重要劃時期的大事。就五千餘年來中國歷史說，更是一空前盛業。正如「國立西南聯合大學紀念碑」文所指陳：「全勝之局，秦漢以來所未有也」。「稽之往史；我民族若不能立足於中原，偏安江表，稱曰南渡。南渡之人，未有能北返者。吾人爲第四次之南渡，乃能於不十年間，收恢復之全功。庾信不哀江南，杜甫喜收薊北」。歷史意義是如此的重要。我和億萬生長於這一時代的炎黃華胄，眞是三生有幸。

我父和兩位堂兄及錢仲超姊丈都是留日學生，携回若干日本事物。故我幼時對日本就有依稀印象。尤其相浚四兄每年暑假自日本回家，常將日本婦女和服及髮髻首飾，在大伯家洋樓上爲幾位姊姊化裝。幼小的心靈中對於日本祇有新奇有趣的感覺，沒有任何好惡。七八歲時，常德縣城各校舉行抗日遊行，倡導儲金贖回膠濟鐵路，父親携我及淦弟參加，並購「撲滿」回家要我天天儲錢。從此產生討厭日本鬼子心理。民國十年初冬，遷家長沙。翌年六月一日，日本伏見兵艦水兵在長沙江岸槍殺我同胞慘案發生，湘垣羣眾憤怒的遊行，是我目睹的直接印象。民國十五年秋，我入中學，每年五月國恥紀念日特別多：「五四」「五七」「五九」「五卅」都是與日本有直接關係的。民國十七年「五三」濟南慘案又是日本軍人的暴行。

抗日活動　愛國青年

民國二十年九一八事變，空前國難來臨。全國排日運動如火如荼，長沙各大中學校代表組成湖南學生抗日會，我參加工作。宣傳、遊行以外，就是檢查銷毀各商店的日本貨。我曾帶領糾查隊在長沙市繁華中心——南藥王街八角亭幾家大公司檢查。祇要一見「日本製」字樣的商品就無一倖免——我記得幾十箱鋁鍋和玻璃品就被我們搜去當場搗毀。店主沒有敢反抗。否則「冷血動物」「賣國賊」「漢奸」等惡名就加在頭上了。當時少年氣盛，又激於民族義憤，只知羣眾力量的偉大。現在想來：這固然是對販賣日貨的商人一種儆戒，但卻不符合法治國家精神：商人的貨品財物是否「違禁品」，如何沒收應該由法院裁決，學生們是沒有這一權力的。

民國二十二年九月我負笈北上，國立北京大學一時未配給宿舍，暫寄居北平前門鮮魚口內「常桃漢沅會館」。這原是清代常德桃源漢壽沅江四府縣京官邑紳爲參加會試士子購置的宿舍，四合院式。科舉停止後，就成爲同鄉公務員學生宿舍。我們幾位同學行裝甫卸，就忙着遊覽故都，自前門乘電車至王府井大街蹓躂。剛走進中原公司——當地最大的百貨公司，忽聞一大響聲。我們幾位「初出洞庭湖的麻雀」（土包子）為好奇心驅使，擠向人羣。眾說紛紛：這一百貨公司經常販賣日本貨，愛國青年特投炸彈示儆。警察和許多穿灰布長褂的便衣偵緝隊員「包打聽」很快趕到，稍一查看，並非炸彈，卻是一血淋淋狗頭和一封警告信。我們衹知向前擠看熱鬧，不知利害。許多人漸漸散走，我們還站着想看究竟如何。幾位穿灰布長褂的偵緝隊員就包圍我們，說我們同行的繆君是投擲狗頭的。我和幾位同學為他辯護，無效。繆君被請往警署，我們自動同往，詳細說明身份及住址後，偵緝隊員隨同至常桃漢沅會館查對，並檢查行李。當時我的行李中有治胃病的長沙陳力生堂神麯（黑色）。偵緝隊員乍看之下，懷疑是鴉片一類東西，但我告他用手輕輕一撚，就被粉碎。他們也就一笑離開。但繆君和我們的姓名卻成為翌日平津滬報紙新聞，且被加上「愛國青年」佳名。實在受之有愧。

由於這一經驗，加以「新北大」旌旗招展，名師雲集危城講學。我認定專心研習中國近代歷史，了解近百餘年內政外交的演變，比較遊行吶喊及虛憍高調要切實際且更重要。因之，在北大求學四年中只參加一次抗日運動，卽民國二十四年十二月九日，北平學生舉行反對「冀察自治」示威運動。當日早，北大西齋大門卽被警察封鎖，不准學生外出。警察將刺刀架上步槍以刀尖對學生，逼迫學生退入宿舍內進。學生用木棒還擊，幾回合後，學生終衝出宿舍。但在結隊走往天安門時，重要街道均佈滿軍警及消防水車。北大同學隊伍進入南池子大街，數輛消防車卽以水龍頭對準學生隊伍企圖驅散。時值冬令，冷水淋身，自然難受，且不久卽結冰。但學生散而復聚，軍隊初用刺刀，不能阻止學生隊伍，竟又使用大刀對準學生臂部砍。若干同學負傷，多數學生仍衝出南池子大街繼續往天安門。這就是著名的「一二九運動」。

早在這一運動發生以前，北平教育界卽多有集議。每日上課時，教授們也講述一些時事。史學系主任陳受頤教授曾說：南京軍政要員北來，與教育界人士接談，如熊式輝等表示：時局如此危急，士氣何以這樣消沉——不久以後，「一二九」學生示威運動就發生了。

民國二十六年六月，我結束北大課業，到中央研究院去工作也已經確定。因父親生病乃卽南下省視侍疾。不意到家甫十日，「七七」事變發生。八月二日，父親逝世。奠祭前後，漢口至親突來臨旋又回鄂。來去匆匆。事後才知道：日艦初有意在漢口尋釁。我方亦正於江陰佈防封鎖線，使長江日艦無法下駛出海。不幸行政院秘書黃濬（秋岳）洩漏機密，日艦連夜急駛上海，致我方計劃未克實現。黃濬旋伏法——黃爲福建人，頗擅詩文，常在中央時事周報撰「花隨人聖盦摭憶」，侈談掌故。民國二十五年秋，我見其談慈禧事，竟不知王闓運有「錄祺祥故事」一文，卽曾去函指正。

全面抗戰展開，年老婦孺疏散鄉間。青年男女仍居城市加緊工作。長沙爲粵漢鐵路京滇公路中樞，各方車輛雲集，我曾幾次赴火車站迎送戚友，發現國內各鐵路標誌的車輛，都是自華北華東輾轉南來，有些敞棚車中竟裝運許多半新舊的瓦片木材。使人感慨：如此緊要關頭，數千里轉徙，車輛噸位非常難得，爲什麼不有計劃的輸送後方軍需民用比較稀貴的物資，而載運在任何地

①民國二十六年十月攝於長沙聖經書院

方可購得的建築材料呢？

是年（民國二十六年）十月，北大、清華、南開三大學在長沙組設臨時大學。中央研究院歷史語言研究所也自南京遷長沙，都租借韮菜園聖經學院爲上課及工作所在（第一圖）。我在史語所與王崇武、姚家積兩君分別校勘明代歷朝實錄。同時遇有名師課程，也往旁聽。陳寅恪教授講隋唐史時聽講學生最多。

長沙臨時大學除收容北大等三校學生以外，京滬一帶大學生也來借讀，南北各校學生咸集，尤其女生衣履服飾大不相同，奢華與樸實，分別顯明，一眼就可推測她們是來自華北或江南。

國立北平圖書館也在聖經學院設立工作站，接收外國訂閱書刊。同時，姚從吾、馮友蘭諸教授又發起組織「中日戰事史料徵輯會」，由北平圖書館負責收集國內外出版有關書刊報紙及資料。

是年十二月，南京撤守前後，長沙臨時大學決定西遷昆明。歷史語言研究所所長傅斯年先生曾約集同仁商再遷計劃，以姚家積與我爲湖南人，初議先將同仁疏散湘境，嗣經再三考慮，終決定西遷昆明。我因母老大兄體胖，決定留居故鄉。

軍旅未學　仰天長嘆

自江南戰局轉變，長沙地位重要，前線撤運來湘的傷兵爲數更多。當時醫護管理均不周密，時見傷兵游蕩街頭。各地避難來湘的人口爲數亦不少。幸湖南爲我國著名穀倉、魚米之鄉，物資豐富，故物價平穩。我因內子任敎之省立第二女子中學遷設湘潭蕭家塘鄉間，也遷居其地。自幼生長於城市的我，初嘗鄉居生活，每日黃昏前後散步田間，自有恬適樂趣。但民族對日神聖抗戰中，我豈能自逸？祇憾「軍旅之事未之學也」，如何獻身報國呢？時時仰天長嘆！

海口既被日軍封鎖，公路汽車早已改裝木炭氣發動器，車輛稀少，惟有步行。我常循公路往湘潭縣城。我國新式機械化部隊第二百師卽駐紮這公路附近，購自德國的戰車炮車，滿塗迷彩，或隱蔽於樹林中，或訓練行駛於公路上，雄壯軍容，轆轆車聲，使我精神振奮，更自慚形穢。

明德母校自長沙遷設湘鄉霞嶺，是昌山餘脈，湘潭、湘鄉、衡山三縣接壤於此，犬牙相錯，舉步揷花。距鄉先賢曾國藩故鄉只十五里。母校卽租用其從弟曾善長祠。祠宇高大，凡分三堂，一溪相間。環境至佳。我因母校當局邀約前往任敎並主持總務處。自湘潭乘完工不久的湘黔鐵路火車至湘鄉（其後數月，戰局變化，這一鐵路折毀）再乘轎往。上下霞嶺路途卽有四十餘里，我不願增加轎夫負擔，讓內子乘轎，我則手抱幼兒邦璠步行。

我在母校服務約一年，曾利用假期步行往曾國藩誕生的白玉堂。堂面對兩小山，當地人說這是風水勝景，祇有宋代朱熹出生地有同樣風水。我們又參觀曾國藩底定江南後，其家人在鄉間建築的富厚堂，其藏書樓頗似近代圖書館新式書庫。我們看到許多曾國藩、國荃、紀澤三人手跡的家書，也有曾紀澤用過的英文書及理化儀器。曾氏父子「守舊」「迎新」的精神，尤其以書生從戎領湘軍保鄉保國的前徽，令人嚮往。而霞嶺層巒疊嶂，交通不便，除開每天聽新聞廣播以外，報紙要二三日才到，日本飛機從沒有自上空掠過，自然也聽不見炸彈聲。是避亂勝地，但很少戰時氣氛，對青年人說來實在是辜負這一偉大的時代了。加以山嶺重重，樹林茂密，蚊蟲多，內子不幸患瘧，當地購到奎寧丸，竟是僞藥，連服五日無效，而奶粉缺乏，幼兒惟有餵食米湯。幸童子軍團長鄭君發現自長沙攜來急救箱中尙有數十粒奎寧丸，內子瘧疾才告痊愈。我因此決心前往交通較便利地方去工作。

國立第十一中學，設於武岡洞口附近竹篙塘，位於邵陽至洞口公路旁，交通便利，可看到當日邵陽出版報紙。加以這一學校是收容各地流亡南來青年，完全公費。時值各黨派共赴國難，教職員學生中很多左傾分子，環境複雜，遠過於明德學校，但卻充滿克苦精神和戰時氣氛。明德教職員膳食仍維持平時水準（四葷兩素菜），學生伙食也好，霞嶺無電燈，初用煤汽燈，後改用煤油燈。國立十一中學教職員膳食卻很簡單，學生則每餐只一樣菜，每月定期「打牙祭」。晚間用菜油燈草，燈光顯得微弱。很多學生無力購鋼筆墨水，而用竹片削尖，再用一小粗磁碟以鍋底黑烟和水加在棉花上作墨汁。校舍一部份租用民間祠宇，新建的都用稻草作屋頂。沒有教職員宿舍，當地居民在田間搭蓋簡單房屋出租，我家居住的一房一廳，面積共計不過約六疊榻榻米。很多只有一房的，一家擁擠其中；但居者不減其樂，且自題其蝸居曰「四用軒」：臥室、客廳、書房、廚房。當時人爲抗戰忍苦耐勞毫不煩悶、充滿信心與希望情形可見一般。

執筆從戎　前線工作

民國三十年夏，報載湖南省政府徵聘各項專門人員，其中有史料編集一類，這正是我曾學習並感興趣的。經過查詢又知合格人員將分派在第九戰區司令長官司令部。因薛伯陵（岳）上將時任司令長官兼省主席。我認定幾年以來任教各處，雖然可說是戰時工作一方面，究竟沒有直接關係。且居留後方安全地區，嗅不到炮火硝烟味。今有執筆從戎的機會，必須把握。因按規定手續應徵。三月餘以後，約期面談通知寄來。我於十月中旬到長沙戰區司令部謁見薛伯陵將軍，奉派爲參謀處編譯股編譯。從此穿上軍裝（第二圖），在前線工作——當時中日兩軍對峙於岳陽以南、汨羅江北之新墻河，距長沙不過二百餘里。

當時師以上部隊，在每一戰役結束後均須編製一戰鬪詳報。一切規定雖不如後來國防部以至基層設立「史政」單位之詳明，對於戰史的重視，卻已可概見。薛伯陵將軍駐節長沙，想望「湘軍志」「湘軍記」前規，尤注意搜集保存編纂戰史，戰區司令長官司令部參謀處特設一編譯股，專主其事。另禮聘中央大學教授趙曾儔先生爲上賓，居住司令部附近，以便隨時商討體例內容文字。

戰區司令部參謀處，假長沙瀏陽門外湖南羣治法政專門學校校舍辦公，這是一紅磚建築的四層樓房。第一、第二、第三諸課主管作戰、情報、後勤等業務，與編譯股同在一幢房屋內，各課的參謀與我們朝夕相處，非常融洽：我常常請教他們兵學術語以及研讀軍用地圖。他們也問我一些史學問題。每逢一次會戰結束，司令部的重要文件及各部隊戰鬪詳報先後集中參謀處，編譯股同仁就開始研讀及編纂；參與作戰、策劃的參謀人員隨時答覆我們的問題。加以參謀處處長趙子立少將每逢假日常約我同乘三輪船形摩托車去市區談論國史。最初，他坐在船形艙內，我坐在駕駛員後。當他發現我頗有恐懼表情以後，就常與我互換座位。他對我的禮遇，自然更引起同仁們對我的尊敬。

我們每天既可收閱分送來的有關文件及各種情報，同時，編譯股同仁鍾玉靈主管收聽日本每日廣播，也隨時將紀錄分送。我們更可相互比證。自然，「保守機密」是軍人重要守則，我們是時時注意嚴守的。

自薛伯陵將軍參加淞滬會戰以來的手令、陣中日記、電話傳令紀錄簿、電話報告紀錄簿、戰鬪詳報等都保存於編譯股。這都是最機密的直接紀錄，與報紙發表的戰訊頗多距離，因爲公開發佈的戰訊，不僅要謹防機密洩漏，更需具有鼓勵民心士氣的宣傳作用。事實上，戰訊都是參謀處撰擬的。

原始資料　編纂戰史

民國二十六年八月十三日，對日全面抗戰發生，薛伯陵將軍時任滇黔綏靖副主任、兼貴州省政府主席。九月十七日奉蔣委員長電召離貴陽，二十二日抵南京，拜第三戰區第十九集團軍總司令之命，旋於二十四日赴崑山，謁左翼軍總司令陳誠後至徐公橋鎮指揮劉行羅店一線，確保滬太公路，阻敵西犯。

十月一日，左翼軍轉移陣線令下，第十九集團軍即改變部署：於蘊藻濱南岸劃三作戰區。敵我相扼約半月。十月十九日，左翼軍總司令奉統帥命別組三路攻擊軍，激戰五日，充分顯示我軍以劣勢武器裝備、有進無退的旺盛精神後；二十六日，改變戰略：沿楊涇、縱斷蘊藻濱、跨京滬鐵路、據吳淞江，縱橫聯繫，奮力以攻為守十四晝夜，陣線屹不少動。日軍突繞道東南，自杭州灣金山衞登路，撼我中央軍側背。十一月十日，左翼軍奉令退保吳福國防線，時薛伯陵將軍已晉升左翼軍總司令，部屬各集團軍轉進。十一日，黃昏猶未午餐，胡軍團長宗南來謁，共籌戰略，薄暮槍聲愈近密，仍研讀地圖，從容論形勢。副官處長報告：「敵距我只四五百公尺，已備汽船，請速上路」。乃率胡軍團長及幕僚，以特務連為衞，自顧家宅步行出村。時日軍已至徐公橋鎮，大路遮斷，乃改由小徑，赴七一號橋，與日軍前衞相距只二百公尺，黑夜，稻田中奔逐聲響正厲。十九時四十分始得車西駛，尋復轉向鐵路從容出險地，步行至崑山前敵總司令部。

這一事例說明：對日抗戰時前線高級將領的沈着膽略，加以各級官兵敵愾同仇心理，故能以劣勢武器裝備與優勢的日本海陸空三軍於淞滬地區對峙三個月之久。

日軍利用飛機偵察窺我大軍轉動，其轟炸機及重炮即對目標集中轟炸，海軍又沿長江白茆口徐久涇口等地登陸。我軍於吳福陣地線立足未穩，日軍已逼近，我乃再作撤守錫澄國防陣地線的部署——民國二十六年春，國防陣地工事築成時，皆下鍵，以鑰付當地保甲長保管。自戰事起，保甲長多逃去。我軍將士倉卒進退，每不知國防工事位置——華北滄州、姚官屯一帶所築鋼筋水泥機槍掩體，經日軍飛機重炮轟擊三小時，仍屹不稍動。今吳福、錫澄國防陣地未能盡其效用，實在非常可惜。十一月二十三日，左翼軍分路再由錫澄線轉至溧陽、金壇、丹陽、鎮江。戰局變化更劇烈，十二月十二日，南京不守。

淞滬會戰，我爲爭取國際視聽，出全力與敵爭，在軍事上成「陣地防禦態勢」，彼攻我守，形勢已不克自主，其誤在以政略影響戰略。故自錫澄線不守，我全變戰略：於戰略之守勢中，取戰術之攻勢。以正規軍防禦，以游擊隊攻襲。薛將軍奉命於蘇皖浙邊區指揮游擊戰。

民國二十七年五月十二日，薛伯陵將軍奉調任第一戰區第一兵團總司令，當夜到達商邱指揮蘭封會戰。各部隊多能利用預築國防工事，但徐州旋告不守，日軍以機械化部隊東向。我軍深感重大壓力。五月三十日，薛將軍晉任前敵總司令駐開封指揮。旋奉命以河南平原，易攻難守，即將各部隊轉移豫西。並派隊發掘黃河堤岸構成氾濫，遏阻日軍來犯。薛將軍當令擔任河防之商震總司令派隊施行。六月九日，花園口決口，黃河水氾濫。日軍因此被阻。

這一直接紀錄，與當時報紙戰訊完全不同。我們編纂戰史自然根據這些第一手史料。抗戰勝利。這些戰史稿經彙編成「抗戰紀實」一書，民國三十六年十一月，上海商務印書館刊行（今臺北商務印書館有再版本）。是黃河決堤眞相最早的透露。（參見拙撰「民國百人傳」第三册第二四二頁、第四册第二五〇頁、東方雜誌復刊第五卷第一期：魏汝霖撰「抗戰期間黃河決口經過紀實」）。

長沙會戰　實地經驗

除開直接紀錄以外，我更獲得直接觀察第三次長沙會戰進展的實況。

民國三十年（一九四一）十二月八日，日軍偷襲珍珠港，引發太平洋戰爭。消息傳來，前線士氣民心非常振奮：從此我們與反侵略國家結合一體，不再是孤立奮戰了。而前敵情報：十二月八日以後，戰區當面日軍，均積極補充，且調動頻繁。十五日，武昌岳陽間火車停止客運，滿載日軍人馬南下，嘉魚、城陵磯江面，亦舳艫相接，艦艇雲集。十八日晚，我第二十軍第一三三師夜襲夘家壠鄉公所，奪獲日軍宣撫班急索多數苦力工人文件。戰區司令部根據這些徵候狀況，判

②民國三十年十一月十二日作者在長沙第九戰區司令長官司令部時攝

斷日軍有第三次進犯長沙企圖。十九日，桃林西塘敵，向我炮擊甚烈，且全面進擾，企圖強渡油港河。其將大舉三犯長沙企圖，已極顯明。十九日，薛將軍卽下令準備迎擊：「決誘敵至瀏陽河撈刀河間地區包圍而殲滅之」。是日，戰區司令部組成戰鬥指揮所，其他人員卽於當夜離開長沙遷移耒陽鄉間。電話及情報文件一切照常，我們隨時注意戰況演變。三十一年一月四日，被我軍引誘至長沙近郊之日軍，既因我長沙守軍堅強抵抗，岳麓山我軍使用十五公分重炮猛擊，損傷慘重。復遭受我軍於平江瀏陽地區及瀏陽河南岸早已部署的長達一百公里的側擊，陷入我反包圍圈，被迫狼狽北潰。十五日，日軍退回新墻河北岸，恢復戰前原態勢。我們旋於是月下旬自耒陽重回長沙。原來辦公處——羣治法政專校四層樓房經過炮火已被燬爲平地，今改假小吳門外唐生智公館辦公。編譯股一些同仁就忙於審訊俘虜及整理俘獲文件。

自古代以來，自俘虜口供可以獲得敵軍若干情況。現代戰爭更用盡方法以探對方虛實。就第九戰區來說：就曾自俘獲敵人文件中得到莫大利益。民國二十八年十月六日，第一次長沙會戰時，暫編第二軍鄒洪部於淥口附近，遇日軍偵察機低飛，日機可能是錯誤判斷以爲是日軍，反覆低飛盤旋。我軍沒有高射機關槍炮，乃令官兵掩蔽，並以步槍射擊，敵機竟被命中擊落。我軍急往搜索，在飛行員衣服中獲得日軍最高指揮官空投命令及軍用地圖。時薛伯陵將軍在朱亭戰鬪指揮所得訊，卽命鄒洪用接力賽跑方式將俘虜及文件遞送朱亭。發現這正是日軍指揮官岡村寧次空投「迅速後退」的命令，乃立卽電令我軍迅速轉移攻勢，向日軍進擊追擊。同時，獲得日軍測繪的長沙二萬五千分之一地圖，更可見日人謀我之久且深。因我國有關長沙軍用地圖，原不過五萬分之一，自然不如日人測繪的精細。日人測繪的這一長沙地圖，市區大街小巷都詳細註明。例如我當時居住於協操坪附近的姚家巷，不過是二十餘家一小巷，也列繪於圖中，這應該是抗戰前旅居長沙的日僑逐漸秘密測繪的。

後退決戰　古史新證

第三次長沙會戰的勝利，是基於過去兩次長沙會戰的得失經驗。

自民國三十年九月第二次長沙會戰結束，我軍卽策定誘敵深入的後退決戰戰略，於戰地構築縱深據點工事，屯備充分糧彈。十月二十五日，戰區獲得日軍抽集數萬兵力轉集湘北，判斷其必三犯長沙，遂調集鄂贛及後方部隊集中戰場。敵情判斷正確、兵力轉用適機。尤以平江瀏陽間一百公里之秘密側擊態勢，始終未被敵察覺，瀏陽河兩岸要點及永安市又始終在我掌握。將校決心堅強，徹底奉行命令，守備長沙的第十軍背湘江爲陣，於此表現尤甚。長沙對岸岳麓山我炮兵更發揮威力，居高臨下遠射，消耗十五公分重炮彈五百餘發，山炮彈一萬餘發，命中率在百分之七十五。充分發揮優勢，支援步兵出擊，故決戰時能得勝利。

我國先哲有言：用兵不如用民。西方兵學家克勞塞維茲大將論「後退作戰」，更有「此法所以能使攻者陷入力盡勢窮的狀態，尤非要塞和民眾的協助不爲功」（「大戰學理」黃煥文中譯本下册第十九頁）。這次會戰，民眾協助國軍事實特多：戰前將新墻河長沙間大小道路徹底破壞，只保留一尺寬可供一人行走的田間小徑，使日軍車輛無法行駛。同時民眾又擔任收集情報、搜查敵諜、構築工事、運輸糧彈傷兵等等工作。

由於這次親身經驗：古今中外戰史所謂「料敵如神」固不免誇張，但知彼知己百戰不殆，卻是金科玉律。（參見三民書局刊拙撰「歷史與人物」中的「中國對日的總體戰略」「抗戰八年的重要會戰」）。

會戰結束以後，參謀處處長趙子立少將晉升司令部中將參謀長，暇時仍常約我談論國史。提及國史上是否有「後退作戰」先例一問題時，更引起很多同仁興趣。我曾指陳：眾所熟知的三國大膽將軍姜維是這一後退決戰法的最早創議人，時在西曆二五八年，實行於西曆二六三年。

陳壽撰「三國志」蜀志卷十四記載其創議由來及主旨云：「漢昭烈帝時，留魏延鎮漢中，皆實兵諸圍，以禦外敵，敵若來攻，使不得入。及興勢之役，王平捍拒曹爽，皆承此制。姜維用事，建議以爲錯守諸圍，適可禦敵，不獲大利，不若使聞敵至，諸圍皆斂兵聚穀，退就漢樂二城，使敵不得入平，且重關鎭守以悍之。有事之日，令遊軍並進，以伺其虛；敵攻關不克，野無散穀，千里懸糧，自然疲倦。引退之日，然後諸城並出，與遊軍並力搏之，此殄敵之術也」——比陳壽三國志早出的常璩「華陽國志」卷七劉後主志中將「使敵不得入平」寫作「聽敵入平」。司馬光撰資治通鑑（卷七七魏紀九）採用華陽國志文句，胡三省注：「謂縱敵入平地也」。可以說：常璩、司馬光、胡三省都比陳壽認識姜維創議的主旨所在：誘敵深入平地。陳壽未習軍旅，可能自作聰明，在「使敵入平」句中擅加上一否定詞「不得」，其全段上下文義就不合邏輯，姜維原意也喪失殆盡。

司馬光雖採用華陽國志記載「聽敵入平」句，仍不了解姜維創議的精神。認爲這一戰略是「亡蜀之本」，特著之於「資治通鑑」以彰創議者之過。胡三省注也以爲「姜維自棄險要，以開狡焉啟疆之心，書此以爲亡蜀張本」。其後「通鑑輯覽」於此更強調：「外戶不守而却屯以引敵，且欲俟其退而出搏之；眞開門揖盜之見」。民國二十五年沔陽盧弼編「三國志集解」彙錄這些見解。可見直至對日抗戰前夕中國歷史學人還不認識「後退決戰法」的道理。而中國軍人在陸軍大學研讀「大戰學理」諸書及拿破崙征俄失敗戰史、第一次世界大戰戰史，卻領悟出劣勢武器裝備的國家對抗優勢武器裝備國家的道理。再一覆按國史則姜維實行這一「後退決戰法」比較歐洲人實早一千五百餘年。

這一事例說明：中國悠久優美的歷史文化，需要我們應用現代比較研究方法，才可以使其萬古長青，並隨時代而推陳出新，且更顯現其卓越價值。姜維創議精義因這第三次長沙會戰而證明。「古史新證」，耗費多少生命財產，得來實在不容易。

第三次長沙會戰的勝利，正值英美在太平洋戰爭初期屢戰屢敗的時候，故捷報播傳，各方注目，美英新聞記者紛紛前來採訪。蔣宋美齡女士撰「如是我觀」刊紐約時報（一九四二年四月十九日），對於國軍在新墻河南岸固守陣地的英勇事蹟，曾特加描述。林語堂博士也遠道來臨，我奉派接待，陪同林先生至陣地參觀。後見美國戰史指陳：各地陰暗中只有長沙上空光耀。

大雲山前線　衡陽守禦戰

實地參加戰爭的經驗，引起我進一步的冒險進取心。聽慣了日軍只占領「點」、「線」，並沒有能力控制「面」的話，更企望獲取直接經驗。民國三十二年五月，我奉派赴大雲山視察粵漢鐵路爆破隊。乃如願以償。

大雲山：橫亘湘鄂邊境，峯巒峭拔，森林茂密，縱橫數十里，東北循橫溪達羊樓司，東南出北港至通城，西北經桃林窺岳陽。自武漢撤守，我各軍攻擊隊及各挺進軍卽時出沒其間，破壞粵漢鐵路，攻擊臨湘岳陽外圍。日軍時有芒刺在背之感，多次發動掃蕩戰，均未得逞。

我啟行前往大雲山時，先經無線電聯絡。一人便裝乘轎循小路前行。沿途民家照常在田野工作，保甲長也仍舊執行職務。來往五晝夜，在大雲山區居二日，鷄犬之聲相聞，卻沒有槍炮響。但當地守軍報告：日軍前哨巡邏也偶進至距離數里處，以地形複雜，總望而却步。故我軍根據地屹立不動，利用當地居民作嚮導乘夜爆破粵漢鐵路輕而易舉。在神聖的對日抗戰中，我能前進至距敵不過數里地方，應該說是「前敵」，但對「面」來說已是敵後了。這實在是一難得經驗。

日軍三次進犯，都是自新墻河南向長沙正面。我軍重炮隊利用長沙對岸的岳麓山遠射，充分發揮優勢，支援步兵戰鬪。因此，民國三十三年六月，日軍第四次向長沙進攻，就改變戰略：先繞襲岳麓山。這原在我軍意料中，乃將第三次長沙會戰堅守長沙獲勝的第十軍調往衡陽，擔負固守這一粵漢、湘桂鐵路及湘南湘西公路會合點、中美空軍前進重要基地的任務。故自判斷敵軍企圖後，戰區司令部除戰鬪指揮所人員外，全部遷移至郴縣宜章。戰爭發展至衡陽攻防戰時，我第十軍在溽暑中確實發揮人體最大力量。八月一日，方先覺軍長電呈薛伯陵將軍報告：「本軍固守衡陽，將近月餘，幸我官兵，忠勇用命，前仆後繼，得以保全。但其中可歌可泣之事實，與悲慘壯烈之犧牲，令人不敢回憶。自開始構工，迄今兩月有餘，我官兵披星戴月，寢食俱廢，處於烈日烘炙與雨浸中，與敵奮鬪，均能視死如歸，克盡天職，但其各個本身之痛苦，與目前一般慘狀，我不忍詳述，但又不能不與鈞座略呈之：㈠衡陽房舍，被焚被炸，物資盡毀，幸米鹽均早埋藏，尚無若大損失；但現在官兵飲食，除米及鹽外，別無若何副食。因之，官兵營養不足，晝夜不能睡眠，日處於風吹日曬下，以致腹瀉腹痛，轉爲痢疾者，日見增加，既無醫藥治療，更無部隊接換，只有激其容忍，堅守待援。㈡官兵傷亡慘重，東抗西調，捉襟見肘，彈藥缺乏，飛補空投有限。自午陷（七月三十日）辰起，敵又猛攻不已，其慘烈之戰鬪，又在重演，危機隱伏，可想而知。非我怕敵，非我叫苦；我決不出衡陽，但事實如此，未敢隱瞞，免誤大局」。讀其情詞，艱苦可見。然仍再繼續支持七日之久，忠勇奮戰，充分表現中國軍人魂——戰後日本軍人撰戰史稱讚我衡陽守軍媲美一九〇四年日俄戰爭時旅順守軍，而旅順有堅固要塞，時值秋冬；衡陽天時地利均不如旅順，惟萬眾一心「人和」克服一切困難。

敵後民治報　流傳三省區

日軍攻占衡陽後，轉趨湘桂鐵路線。薛伯陵將軍因決計乘敵深入，在湖南境內僅能控制少數「點」，迅速建立及發展敵後「面」內的力量。選派鄧寯午少將為湖南第一區行政督察專員兼保安司令。鄧兄與我中小學同學，堅邀我同往工作。我當時習聞「到敵人後方去」口號，很想親身體驗其滋味，加以湘桂道上逃難人多轉徙困頓情形，令人却步。鄧兄與我兩家眷屬均無法轉道湘西後方，惟有冒險同行。先乘粵漢火車至韶關，再轉乘汽車經南雄至江西大庾，將家眷安頓寄居其地後。鄧兄與我等十餘人再北行，經南康至贛縣。這是著名的「新贛南」中樞。我們被招待居住於新建成的「豫園」。參觀各項施政建設六日後，繼續北行至吉安，向西轉安福、宜春、萬載，重入湖南境至瀏陽縣東鄉官渡鎮，設立專員公署。

贛境安福萬載一帶山嶺重重歷經戰亂，十室十空。我們行經其地，有兩夜不得一小宿店。若干房屋「四壁」皆空，只賸支柱。有些房屋內還存有新的壽枋（這是民間富戶習俗，老年人健在時，卽預先製備壽枋）。主人或已被殺或已逃亡，空留壽枋於頹垣破屋中。鄧甯午兄爲好奇心驅使，就決定居宿這一破屋中，我們原携有行軍床。鄧兄「一不做二不休」，不用行軍床，用幾人合力將壽枋蓋翻開反面，他就高臥其上。看看有沒有陰魂不散的野鬼前來。但大家經過一天騎馬疲倦，上床就呼呼入睡。第二天，大家起床以後笑說：我們從此不要再看「聊齋誌異」了。

我們一行人中，有美國空軍氣象報告員一人——中國籍左君，携有報話兩用機一部，每天按時向中美空軍基地報告氣象。我們就利用其空暇時收聽重慶廣播及美軍廣播，以了解戰局進展情況。因爲長沙平江瀏陽縣城均爲日軍占領，惟有江西吉安泰和報紙郵寄來，最快也需時三四日才能到達。我們收聽廣播後，卽繕寫壁報，並用油印分送各住戶。我們認爲這是安定民心的最好辦法。當美軍在太平洋反攻勝利，占領塞班島作爲B——二五轟炸機基地，預先宣佈時間要各地聽衆注意收聽起飛時引擎聲，我們特邀請當地紳耆來聽，增強他們抗戰勝利信心。

一位原在瀏陽縣城經營印刷業的商人看到我們的油印小報以後，告訴我們：有一部四開鉛印機及老五號鉛字一付埋藏在縣城附近數十里處，如果能設法取來，將油印報改爲鉛印，效果更大。我們經過熟計後，就和挺進軍司令商：請他派隊去做這件事。不到一個月，機器鉛字都運來官渡，印刷工人也跟着來了。而官渡一帶正是出產瀏陽紙的中心——戰時，白報紙無法進口，重慶昆明各地報紙均用當地生產黃色土紙，瀏陽紙是當時名貴紙張，長沙烟商因捲烟紙無法入口，曾將最薄細瀏陽紙作香烟暢銷各地——紙張廉價供應便利。我原對新聞工作具有興趣，如今萬事皆備，更決心唱獨腳戲：創辦一四開「民治報」每晚利用美軍報話兩用機收聽記錄各地廣播。翌早加以編輯標題，立即付排，中午就出版了。敵後沒有廣告，但這是湘北鄂南贛西邊區惟一鉛印報紙，因此不一月銷行廣泛，除印刷紙張成本外，沒有其他人事開支，自給自足，沒有公家津貼。民國三十四年五月八日，德國無條件投降，「民治報」特印十萬分號外，請挺進軍及情報班分別攜往長沙瀏陽各城市伺隙散放張貼。是年九月，日本無條件投降後，我們經瀏陽回長沙市，還看到一些墻壁上粘貼這一號外。

日軍深入湘桂黔，無法控制「線」「面」，我國軍利用地利人和，很多地方可以通行（民國三十四年春，第九十九軍等兩個軍就曾先後進入湘北敵後，梁軍長等曾駐官渡，與我們歡談。這些事實都是報紙書籍所不載的。）我們在敵後照常與重慶昆明各地通郵信。許多逃難在川黔滇境的戚友來信都訴說：當地物價高漲，衣食住行大不易，若干富戶歷經轉徙，家財蕩盡，且平日養尊處優，今溽暑逃難，更有不耐勞苦以致死亡。而我們在長衡會戰時，決計不「趕熱鬧」向西南大後方逃難，轉向敵後發展。親身經驗事實證明「到敵人後方去」的號召是正確的。我們在湘北敵軍後方，不說公事的成就，即就個人家庭生活來說就是安適的。物資充足，物價平穩以外，並且享受許多美味。例如瀏陽蔴菌，在長沙是珍品，都是風乾了的。如今在其產地嚐食新鮮蔴菌，其味淳美，比較我故鄉常德名產寒菌，實在過之無不及。一九六八年與太座遊日本，嚐食新鮮大冬菇。我們感覺並比不上瀏陽蕪菌。我曾見瀏陽蕪菌是在稻草上繁殖。

中國對日抗戰，是國史上空前盛舉，在這一偉大時代中，我獲得在前線和敵後工作的機會，親身體認許多珍奇經驗：「古史新證」尤其難能可貴。如果說人生如朝露，在這短暫旅程中，我能欣逢這一偉大時代，實在是三生有幸。

* * * * * *

戰區司令部機要室主任謝又生語我：第一次長沙會戰前，重慶統帥部副參謀總長白崇禧原不贊成在長沙近郊作戰，主張撤退。薛岳上將堅持可以克敵，且願立軍令狀：不成功卽成仁。白崇禧與陳誠上將前來粵漢鐵路朱亭車站約薛面商。第九戰區運輸司令恐專車會商，將載薛離湘。會戰自然作罷。因於白陳專車到達朱亭，卽令站長指揮機車前往加水加煤。候薛下車後再令機車駛來連接專車南下，薛仍回長沙坐鎭指揮。

這一事實是各書刊所未載。亟錄於此。

勝利復員聞見

中山先生說：「先有了一種建設的計畫，然後去做破壞的事，這就是革命的意義」。民國三十年代，炎黃子孫努力向「抗戰必勝建國必成」的最高目標邁進，就是力行實踐這一遺教。經過八年的艱苦奮鬪，日本終於無條件投降。勝利以後的復員工作，并不是一切恢復以前狀態，而是由破壞進到建設的必經階段。在這一過渡時期，我曾滿懷熱望，經歷江南、西北、中原各地，參加教育復員及創新建設工作，深切體驗「共患難易、同安樂難」、「破壞容易、建設難」的道理。

勝利代價高昂

民國三十四年（一九四五年）八月十一日，日本無條件投降的消息傳播，我們正在湘北敵後以產製鞭炮著名的瀏陽縣境，商店住戶都情不自禁地燃放萬響長鞭。在當地工作的美軍更拿出所有的彩色信號彈發射，高興地說：以後再不要用這些東西了，快回家了！美軍官兵想到遠在幾萬里外的家，我們自然急迫想回長沙。自瀏陽至長沙乘轎或步行，非常便利，不需要等候汽車。因此，九月中旬（即我軍在南京接受日軍投降後數日），我們全家大小五人就自瀏陽啟行，沿途經永安市、郎梨市等地，看見日軍官兵垂頭喪氣或站或坐於道路旁，等候進止。我穿着國軍制服，日軍沒有敵意，並有敬禮的。我們在茶舖休息偶遇幾名日本中級軍官來，雙方筆談。他們寫出「二十年後再見」一語。顯見憤憤不平之氣，好像我國小說常有囚犯臨刑「二十年後再作好漢」的語調一樣。

我們自民國三十三年六月，離長沙，經湘南、粵北、贛南、贛東以至湘北再回長沙。這一旅程恰似一橢圓形，是平時很少人採取的路線。

回到長沙，目睹街市斷壁頹垣，比較一年前增多，令人感觸萬端。自民國二十七年十一月十二日，長沙大火，繁華市區大部被燬，歷經三次會戰，大刼餘生的居民仍努力建設。民國三十三年春，太平洋戰局好轉，當局且有將粵漢鐵路自湘潭板塘舖延長至長沙計畫，市區房舍建築也大增加，物資儲存尤豐。不意是年五月，發現日軍大舉進犯企圖。居民忍痛疏散。其後戰局逆轉，長沙不守。中美空軍不使日軍利用這一戰略要點，多次施行破壞轟炸。致一年餘以前新建房舍又被燬損。長沙居民為爭取抗戰勝利所付代價實在重大。

民國三十五年一月，中央研究院社會科學研究所刊行「中國對日戰事損失之估計：一九三七——一九四三」一書，根據各方統計資料，估計抗戰六周年期間，我國抗日戰爭所受生命財產等損失總數，約占我國國富總額十分之一；若以民國二十五年上海對美滙價及當時全國人口總數為準，每人平均負擔損失美幣二十八元，比較庚子賠款約當其總數六十四倍以上。但這一估計不包括民國三十三、四年所受損失。事實上：這兩年戰爭激烈戰區擴大，湘豫桂粵黔贛各省以前沒有遭受敵軍侵擾的地方，在這兩年中都被敵騎蹂躪。故損失總數還應該大大增加。

湘鄂贛教育復員

回返長沙不過半月，教育部武漢區特派員辛樹幟先生自重慶到湘。辛先生一向視我為入室弟子。這次是擔負協助湘鄂贛三省教育復員的使命而來，特邀我和劉宗鶴兄為專門委員，隨同往來這三省市處理一切事物。在長沙洽談結束後卽前往武漢。

日軍為達成占領粵漢鐵路全線的企圖，因中美空軍不斷的轟炸，我游擊隊隨時出沒的爆破，使這一鐵路線「肝腸寸斷」，尤其牽引機車損失嚴重。我們自長沙往岳州一段，日軍占領約一年餘，還不能完全控制局勢，沒有鐵路機車可供使用，而以汽車（不用輪胎）作牽引用，自然力量有限，祇能拖牽三四輛輕型車廂。辛先生和我們一行三人，好不容易，購得車票，擁上沒有座位的車廂。開車以後，每站必停，增添燃料。到達岳州以後，換用火車頭牽引。其時缺煤，用木柴作燃料。每站必停。徒手日軍列隊傳遞木柴，耗時甚久。車廂沒有座位，乘客都是利用自己舖蓋行李作坐椅，列車停站時，乘客就分批下車伸伸腿作柔軟體操，或購食物飲料。自然這樣旅行是很辛苦的，但比較戰時乘火車逃難的心情卻大不相同。

教育部武漢區特派員辦公處是借用漢口特三區一小學樓上二間教室，一間辦公，一間就是辛先生和我及劉兄臥室。這比較交通部財政部特派員的辦公處和官邸，完全不同——在教育界服務原就是清高、清白、清苦；勝利復員，回到淪陷區，對於飽受敵僞精神與物資壓力的教育界人士，祇有同情和敬佩。並且勝利之初，收復區物資非常缺乏，公務及教育人員待遇與物價距離很遠，既不能在物資上給予這些原來就很清苦的教育界人士以任何安慰，更惟有以同甘苦的行動在精神上結合一體。

復員之初，各部會人員自重慶到收復區接收敵僞產業，幷沒有整體計畫。尤其接收人員趾高氣揚完全忽略淪陷區居民想望「重見漢官威儀」的心理。不久，上海報紙就對這樣的「接收」稱爲「刼收」；「重慶人」（接收人員等）成爲指斥對象，甚至是「壞人」的代名詞。這並不是淪陷區居民因希望切而失望大，實在是有些接收人員表現太惡劣。

辛樹幟先生在武漢接得報告：某處倉庫存有日本及德國製儀器一批，如接收後撥發大中學校應用是上策。經調查屬實並且切合學校需要。但某一部特派員竟強欲據爲己有。且假藉某種力量卽予封存。辛先生及教育復員委員會的委員們面對這種強悍作風，自無法爭論。這批儀器後來據傳就被化公爲私。這是我身歷「刼收」的難忘經驗。

我們在武漢曾儘可能訪問大中小學，誠懇地表示慰問。珞珈山武漢大學校舍被日軍改作傷兵醫院。這原是我舊遊之地，睽違八年餘，若干房舍因多年未加保養而破舊，但東湖水清澈如昔，並沒有因日軍血腥而改變，心中喜慰。

自漢口乘輪到達九江，首先去看日軍傷兵醫院。戰時日軍以九江為傷患醫療中心，這一傷兵醫院房舍及設備可供一萬人應用，手術室及X光室設備可同時供多人應用。辛樹幟先生當時計畫接收這一傷兵醫院全部設備及儀器供國立中正大學醫學院附屬醫院之用。時南潯區受降主管是第九戰區司令長官薛伯陵（岳）將軍對於這一計畫非常贊成和支持。同時，日軍在南昌空軍基地的許多設備，辛先生也計畫接收供國立中正大學航空工程系用。

教育部特派員的任務是協助溝通中央與地方在教育復員工作上的意見。邀請各省著名學者士紳組織教育復員委員會。例如江西省教育復員委員會即有著名生物學家胡先驌、辛亥革命時曾任江西軍政府都督的彭程萬等。胡先驌先生是喜用文言文、反對白話文的，也就是反對胡適之先生主張的，但他知道我出身北大門墻卻並不驚奇。辛先生在南昌稍往即返漢口，我留居南昌一月餘，常往胡先驌先生寓邸請教並同餐叙。彭程萬先生是革命元老，日常相處，平易近人，顯現辛亥革命時平民政治的精神，沒有絲毫自我炫示或官僚氣勢。是年冬，辛先生結束特派員工作，赴重慶參加全國教育復員會議。我也回長沙。

東北蘇軍為什麼不撤退

由於我對新聞工作素有興趣，加以戰時曾在敵後創辦「民治報」。我回湖南不久，即被邀請擔任長沙中興日報副社長兼總編輯。這是一新創的報紙，為求充實內容，我特於編輯部設置幾架收音機，收聽各方廣播；並請漢口友人每日購航空運到的上海各報託在鐵路工作的友人按日帶來長沙，比郵寄快一天。我自己根據這些資料，按日撰新聞分析或供撰社論參考。民國三十五年二月初，東北蘇俄軍不依約撤去的局勢尚未揭穿，我即於中興日報用特大字「東北局勢微妙」作第一版頭條標題。其後連續撰分析及短評。二月二十六日，我又撰寫署名「時論」：「東北蘇軍為什麼不撤退」刊載中興日報社論地位，指出蘇軍行動幾乎是在重演一九〇〇年的歷史。我在這一時論中特引錄蘇俄歷史學人羅曼諾夫著「帝俄侵略滿洲史」（商務印書館刊行）中幾行文字：

「一九〇〇年十月三十一日，三大臣會議上一致通過了俄國政府監理滿洲原則。其內容約述於下：㈠俄國軍隊之所以臨時占領滿洲者，為的是穩固地方維持治安，並保證中國方面履行其對東清鐵路及旅順口支線所負之義務。㈡在鐵路線以外各地可成立警備隊，但不得用大炮，外國人亦不得參與其中。㈢在軍事占領期內為本監理原則之有效期。（後來第三條修改為「在與中國政府簽訂最後協定之前」。其目的在造成一種以便於必要把滿洲之臨時占領延長到很多年）」。

「當時，俄國駐華公使堅決地主張：現在就應該簽訂一個條約以保證俄國在滿洲的全勢力範圍內礦產之開發權與鐵路修築權，因為現在很容易達到這個目的，而將來就很難得到中國方面的同意了。

「爲着對付列強，唯一的方法祇有速訂協定與暫緩撤兵一個方法。剛剛這時英軍還繼續占領直隸省——「直隸佔領期之延長」給俄國延長滿洲占領期以完全合法的根據」。

我在這一「時論」中指出：『蘇聯今日限制我軍進入東北，不讓美國軍入東北（連外國新聞記者亦在禁止之列），是不是也有一九〇〇年一樣的「監理滿洲原則」呢？報載「蘇方已就東北若干種工業提出商討」。今日的「商討」，與四十五年前的「談判」有沒有分別？「速訂協定」「暫緩撤兵」的方法，四十五年如一日，尚復何言？最巧的：「美軍仍駐平津」與四十五年前「英軍占領直隸」，同樣成爲蘇軍延期撤兵的口實。當時英俄同爲我之敵國，今日美蘇均爲我之盟友，在蘇俄看來：情勢或多相同，但是中華民國已不是四十五年前的中國了』！

其時，中蘇兩國還維持正常外交關係，但各地學生及民間報紙已有示威行動並撰文指責其與帝俄前後一轍。後來不過幾年，官私文件公開證明我的「大膽假設」：赤俄繼承帝俄侵略的傳統且更變本加厲。民國四十三年春，我撰刋「俄帝侵略中國史」（部定大學用書、正中書局出版），於此舉證詳明。

民國三十五年六月，辛樹幟先生受任爲國立蘭州大學校長，自長沙往南京時，邀約我和劉宗鶴兄同往。若干戚友頗不以爲然：「多數人都自西南跑向東南，你爲什麼還走向西北呢」？但辛先生曾詳細告我：教育部計畫對於國內若干城市的國立大學特予擴充，使其成爲學術研究中心，並擔負輔助新設立的若干國立大學發展的責任。國立北京大學自然是北平學術研究中心，並擔負輔助國立蘭州大學的責任。因此，我樂於隨同辛先生工作。中興日報同意我離開，但要求我擔任特約記者，隨時航寄通訊回長沙，使三湘居民認識國內大局演變，尤其國共和談的發展——事實上：我們本身更迫切企望了解眞相。因此，辛先生到達南京，行裝甫卸，即忙於帶我同行走訪各方詢問消息。傅斯年先生、段錫朋先生及何浩若姻兄處都曾作沒有保留的長談。聆聽之後，心情不安：國民政府還都南京，不過兩月（民國三十五年五月五日），「京華煙雲」瀰漫，竟使人對國家前途不敢抱樂觀看法，實在非常驚詫。我當時並將這些見聞用含蓄語句寫成通訊寄回長沙中興日報。今幸有剪報收存行篋中，可說是當時當事人的直接見聞，是第一手史料，重讀再三，「贏得勝利，失掉和平」的原由，可以概見，迻錄於左，以存眞相：

京華煙雲瀰漫

「六月二十一日下午六時，粵漢輪抵達南京招商碼頭，記者甫上岸就聽得賣中央日報號外的聲音。忙着買了一張，刺眼的二行特大字：「政府再度忍讓，停戰延長八天」——使我們一行，都嘻嘻笑了。在船上四天，我們天天算路程，也天天算停戰期間，算起來二十一日到京，正是停戰期限屆滿，說不定我們運氣不好，勝利還都之日，就是大悲劇開幕之時；但是這一號外聲音，已使我們在首都可享受八天寧靜的生活。

「八天以後是和平還是戰爭呢？這是全國人們最關心的問題，記者幾天來，曾爲此分別訪問許多人士，與他們暢所欲言，但爲尊重他們的囑咐，此時不能寫出他們的姓名，他們之中有政協會的代表，有著名老教授，有可與馬歇爾元帥晤談的官吏。因此，這些話語，都可以間接使讀者們了解時局的動向。

「據說某軍事要人視察東北後，他認爲共軍所謂精銳是在東北，而其力量實在是『不堪一擊』；因此主張不再「拖」，而痛快的幹一下。但一部份人以爲政治上不合理的事太多。大戰之後，災荒嚴重，人心惶惶，如果再有內戰，民心恐怕也「不堪一擊」，因此，主張愼重。

「據說：馬歇爾元帥的意見：國軍的力量優厚，是毫無疑義；但權衡內外大局，應該愛惜這一點力量，並且政治上的不合理的事要趕快糾正過來，一切才有辦法。

「所謂政治上不合理的事，其犖犖大端約有二事：一、官僚資本過度的膨脹「與日俱增」；二、公教人員待遇表面數字增加，但物價上漲，實際上是「每下愈況」。自從二中全會以來，一般有心人對這兩事的呼喊已够多了，但少數官僚資本集團，毫不在乎。

「公教人員待遇調整後各地公務員大爲失望，有「請假」行動，京滬區公務員近也醞釀聯名簽字「總請假」運動，要求政府依立法院原案辦理，不達目的，就只有「總請假」了。局勢發展如何，尚不可知。

「據說在某次集會中，宋子文院長說：「薪俸增加三百八十倍，基數七萬元，總應該够了」！青年團代書記長劉建羣卽憤然指着宋先生說：「這幾年來，作大官的，誰是靠薪俸收入來維持生活的？你們根本不知道薪俸與生活費用的關係了！你們應該跪在　國父靈前懺悔」！一時空氣緊張，幸在和事佬的哈哈中，轉變話題，這一會議也就急忙地宣告散了。

「據說：白部長健生（崇禧）對人說：文職人員待遇雖低，但仍遠勝武職人員一籌，我們要求改善待遇，也沒得相當結果。說句笑話：文公務員如果『總請假』就等退職軍官來一次『集體轉業』好了！

「近日京中的各方面人士，除開消極的要求改善公務員待遇外，已積極的有計劃的向「官僚資本集團」開火了，第一回合就是揭發上海十萬萬糧食貸款舞弊案，放第一砲的是監察院。據說牽涉的達官貴人很多：有院長、部長、總司令。蔣主席非常震怒，徐堪部長似乎難逃主角之嫌，上海地方法院要票傳他到院問話。據聞前兩天，他曾面求蔣主席准予辭職，遭到申斥不准。

和氣忍耐節省

「一般人士都以為宋子文院長是美國朋友信任的，一切事總有辦法；並且他一向說話，也總是有辦法有把握。但近來的措施，不僅國人不滿，美國朋友也多不平，在紐約出版銷行達一千萬份的「生活」週刊，今年六月十日發行的一期上有一篇文字對宋子文主持行政院種種施政攻擊甚烈，這週刊現正在京中暢銷中。

「據說美國前總統胡佛氏五月間來華的時候，原來計劃是到內地各省災區視察的，但當他聽到上海美總領事報告：「宋院長和部長們都未曾一去災區視察……他們現在似乎在以盤算如何拍賣接收的日本物資房屋爲主要工作。」(記者按拍賣敵僞物資實爲今日國庫主要收入)」。胡佛先生憤然地變更行程，匆匆地飛往日本東京。

「一般人現在形容宋子文是「官架加洋架」，一味美國派頭，但現在美國朋友也在說公道話，並不以宋子文的言行爲是了。

「元首確實求治心切，久有改組政府之意，但苦無適當人選，深恐一蟹不如一蟹。現在京中又有人在說孔祥熙的作風還高出宋一籌哩！有一位老教授對記者曾憤然說：「貪污逐利享樂之風盛行，誰來也作不好。如果將現在的當政人物比作豺狼，將來換上的中共民盟人物來當政，恐怕要用虎豹來形容！他們餓狠了，一上臺來一定要大嚼一頓，你看葉劍英的交際費，不是一次報銷就是三千多萬元嗎。

「伊寧事件解決，新疆省人事也改組，記者爲此曾與黃文弼教授懇談甚久。黃先生現在五十多歲了，他過去二十餘年的光陰，都是消磨在新疆青海甘肅一帶，曾與瑞典考古學家斯文赫定一同在新疆省考古，對新省情形很熟習，他看到最近新省情形的發展，感慨地說：天山北路丟了大邊天地，新疆實際上是半獨立的局面了。鄰邦爲着打石油主意，幕後活動，又已部份成功了。

「二十三日，國立中山大學舉行同學會，戴季陶院長以老校友身份出席致詞，原稿甚長，戴先生親手擬訂的，將來會影印行世。他的言詞有云：『一般外國友人都看出日本有必敗之理，卻無人敢說中國有必勝的條件。但我們現在終是勝利者，我們應時時回味這兩句話』。同時他提出『和氣、忍耐、節省』六個字為目前解決國是的基本信條，這尤其是每一國民應奉為座右銘的」。

黃河之水天上來

辛樹幟先生在京，向教育部請示國立蘭州大學建校方針及預算，並洽聘教授——戰時西北、西南各大學教授都紛紛回到東南或平津等地，很少人願往蘭州的。辛先生運用各種關係邀約，黃文弼、顧頡剛先生等都應允每一學年中去講授一學期。上海蘭州之間有中央航空公司班機來往，交通是便利的。辛先生又為爭取時間，託請中央大學教授開示一二年級需要的西文書刊及儀器名單。即向上海訂購。同時，每遇夜間有暇卽與我同往南京夫子廟一帶舊書店選購國學書籍。旋又往蘇州上海各書肆選購。時京滬蘇各書肆各種國學書刊、日本刊行中國考古歷史專籍、敵偽時期刊物甚多。各國立大學忙於復員，還沒有注意這些書刊，蘭州大學乃捷足先得，圖書館藏書相當豐富。

蘭州原有甘肅學院，在萃英門內，卽左宗棠建設的貢院區內，國立蘭州大學卽就甘肅學院舊有基礎加以擴建並創新。原有院舍不敷應用，新建磚質樓房數座，教職員學生宿舍也增建並改良。

蘭州在黃河邊，「黃河之水天上來」，是唐人詩句。事實上河水挾泥沙甚多。一玻璃杯河水經用明礬澄清後，幾乎有六分之一是泥沙。左宗棠曾建一鐵橋溝通黃河兩岸，供行人車輛通行，我們常於黃昏前漫步來往其上，也曾乘羊皮筏子橫渡彼岸。

蘭州西瓜有重達二十餘公斤的，與臺灣屏東西瓜重量不相上下，不過蘭州瓜紅瓤、屏東瓜黃瓤。蘭州原有醉瓜。抗戰時美國副總統華萊士訪問我國時携帶種子在蘭州培育的另一種甜瓜，與空運到蘭州的哈密瓜味道不同。至於蘭州出產胡桃、葡萄等都是張騫通西域以後的名產。

我曾兩次來往於上海蘭州間，一次是乘飛機直達，旅程簡便。一次是自上海乘飛機至鄭州，再轉乘隴海鐵路火車西行，目的在遊覽洛陽、潼關等勝地。時洛陽舊城墻已毀，正用板築土垣。澠池、陝縣間黑石渡橋梁是木質便橋，列車緩緩經行其上，可聽到橫直交叉樑架木材吱吱作響。當時上海報紙曾描述這一段旅程是：大膽的工程設計，勇敢的火車司機，不怕死的旅客。我就是由於上述報載，引發好奇冒險心而採取這一旅程。辛苦備嘗，卻別有一番樂趣。

西安歷經滄桑，仍有古都規模。乘飛機自空中鳥瞰，見其街道多成直線。市容近似北平，而與南京不同。這不僅是南北地理關係，可能是南京近海，接受西洋文化影響較多。西安碑林，洋洋大觀。不容你不引發思古幽情。

西蘭公路左公柳

隴海鐵路通車至寶鷄，自西安往蘭州，卻以取道西蘭公路爲便利。戰時這一公路行駛車輛噸位較小，並且以運載羊毛爲主，一般人習稱羊毛車。勝利後改用五噸道奇大卡車，客貨兩用，乘客即坐在貨物包裹上。我幸獲特別優待坐於司機旁前座。自出西安市，經灞橋、咸陽、醴泉、邠縣、平涼、靜寧，越過華家嶺、六盤山等地，都是歷史上名城或要地。沿途兩旁有柳樹。這就是著名的「左公柳」，是光緒初年左宗棠為進軍平定西疆行軍時栽植的，所謂「新栽楊柳三千里，引得春風度玉關」。是近代史上盛事，更是「湖湘子弟」引為自豪的。我能親歷其地，可說完成少年時心願。

蘭州位置於全國之中，左宗棠在當地建有鐵橋、貢院、製泥廠等等，對於西北經營關係重要。勝利復員時，教育部也計劃建設蘭州為西北一文化中心，國立蘭州大學以外，又設立國立蘭州圖書館，任命圖書館學專家劉國鈞為首任館長，並撥發數萬册在京滬各地接收的書籍西運以作基礎，其中甚多珍本，且有朝鮮刋本。

民國三十六年夏，我隨辛樹幟先生在南京公幹，時北大史學系業師姚從吾先生任國立河南大學校長，也在南京洽辦校務。姚先生很希望我到開封去。經與辛校長再三洽商，得蒙同意借調一年。是年秋，我在蘭州大學工作告一段落後即攜眷飛鄭州轉開封。姚生生已為我們預備毗鄰其寓所的一幢房屋居住，馬非百教授（秦史研究專家）宿舍也在一處。因此，姚先生常和我們在晚間談論國史上一些有趣問題，以排遣學校行政書牘勞神的疲倦。假日也同往相國寺走走，這是水滸傳上曾經描述的地方。我們看見一些老嫗村婦坐在長板櫈上聽「說書」似懂非懂的表情，感覺消除「文盲」的迫切需要。

國立河南大學本部在鐵塔附近，校園相當寬廣，房舍經修理也逐漸恢復舊觀。本部外另有分校，尚在建設中，姚先生和我常同乘三輪車前往視察。城垣外壕溝縱橫，這是戡亂軍事的部署。勝利之後，不能保持和平，實在痛心。

自憲法公佈，中央級民意代表進行選舉，蔣夢麟先生有意競選全國大專教授界的立法委員，胡適之先生曾署名向各大專學校推介，也有人推薦陳衡哲女士競選，並且是婦女保障名額。這些信件，我都見到。但另一從未在大專學校執教的女性卻運用「妻以夫貴」力量在河南大學大肆活動。姚先生當時決定依民主政治的精神：對任何競選人不加可否，一切由選舉人作主。結果：「妻以夫貴」的女人囊括河大選票而當選。這是我少年時經歷湖南省憲選舉以後，又一次親嚐民主政治的滋味。對於「選賢與能」的意義卻從此不知如何解釋了。

民國三十七年春，報紙上常常有隴海鐵路東段即將全線通車的消息。我因太座即將分娩，姨妹是南京中央醫院婦產科醫生，決定把握通車機會送眷至南京。我們很幸運搭乘第一次通車自開封抵徐州，當晚即轉津浦鐵路南下。而隴海鐵路通車祇是曇花一現，旋又被共軍乘夜突襲破毀。半年內未再通車。

姚從吾先生參加國民大會第一屆會議來南京，囑我留京協助洽辦河大事務。我因暫居南京。五月初，姚先生飛開封，以河南戰事發生，囑我繼續留京以便聯絡。六月二十四日，開封不守。河南大學學生先後逃難南來。教育部指示：不使流亡學生在南京停留，即設法在蘇州收容。我前往蘇州查看時，發現蘇州中學總務主任陳鴻年是戰時國立第十一中學同事，因得其協助同意於暑假中借用蘇州中學校舍作河大學生宿舍。後來開封一些中學生逃難南來也都往蘇州跑。但教育部只責成我們收容河大學生，撥發經費有限。他校學生卻不由分說，加以共黨職業學生故意搗亂，企圖製造事端。當時我們是寄住旅舍，常被學生包圍。蘇州警察看慣京滬來遊的觀光客，從沒有如北平警察應付學生的經驗，每逢學生們喧鬧，他們不但不加制壓，反而溜之大吉。

姚從吾先生自開封出險到南京，旋來蘇州。體力精神疲勞，血壓尤高。不能擔負繁鉅，向教育部請辭，並接受國立北平故宮博物院文獻館館長之聘。我因結束蘇州工作，先往北平，希望安心研究清代史事。

北雁南飛棲鯤島

抗戰勝利以後，我曾兩次赴北平。民國三十七年十二月十二日，當北平被圍城前一日，我很輕易地離開北平，安全飛回南京。再轉來臺灣，享受自由生活。

民國三十六年十一月，我正在開封國立河南大學工作，時業師姚從吾先生任校長，曾往北平為河大選購各種書籍甚多，以津浦及隴海鐵道中斷，未能南運，囑我前往處理。我自鄭州乘中央航空公司飛機至上海，再轉乘中國航空公司飛機至北平。這是我在抗戰勝利以後第一次到北平。重見故都市容，與戰前有些不同。母校校園也多了幾所新厦，其中以「灰樓」較寬廣，是周作人任「僞北大」校長時興建的，爲文學院新講堂。原文學院的著名「紅樓」已改作宿舍。鄭天挺師時兼任歷史學系主任，曾約我作一次演講。

姜維與中國對日抗戰

其時，共黨及同路人正在大肆宣傳蘇俄參戰是中國勝利的決定因素，而有「蘇武」之說。也有人說美國的原子彈才使日本投降，「屈原」也因時而起。對全國軍民的犧牲奮鬭成就竟加以「慘勝」二字！我因之卽以「姜維與中國對日抗戰」爲題作一演講。指出抗戰勝利不是「蘇武」、「屈原」，是我們戰略最高指導原則正確的成就。卽是運用「後退決戰」戰略。這是姜維於西曆二五八年創議，比較西方兵聖克勞塞維茲樂道的一八一二年莫斯科之役，在時間上要早一千四百餘年。我引據「華陽國志」記載此事最早。後來陳壽「三國志」、司馬光「資治通鑑」都不了解其創議，改動「華陽國志」原文二三字，就意義全非了（近年臺灣刋行「資治通鑑今註」仍不了解這一錯誤）。我指出這是書呆子只知其一不知其二：以爲作戰應祇有進無退，不認識「誘敵深入」的道理所致。我更就自己於抗戰時在第九戰區司令長官司令部擔任搜輯戰史工作，參加長沙會戰、常德會戰的親身經驗加以說明。這一「通古今」的講說，當時很引起北大同學的興趣。演說完畢以後，就有同學問我：爲什麼不回母校工作？後來鄭天挺師約我餐聚時也曾詢及。我的答覆都是：姚從吾師在河大需要我効力。一時恐怕難以離開。

這一次北平之行，我曾往東廠胡同胡適之先生寓邸晉謁。「東廠」是明代特務機關總部。民國以來，爲黎元洪大總統官邸。後來被日本東方文化事業協會收買，除原有房屋外，另就隙地建築一新厦作人文科學研究所圖書館。進行「續修四庫全書」工作。

我晉謁胡先生是十二月四日，正是胡先生於民國二十七年（一九三八年）十二月四日在紐約發表著名「苦撐待變」演講的十周年紀念。胡先生詳細憶述當時情景後，又很高興地將范旭東先生當時鐫刻的「苦撐待變」圖章鈐印一紙給我。爲這一神聖抗戰重要史實留下一珍貴記錄。(見傳記文學社刊行「近代史事論叢」第一集第三十四頁)

北大的師友都曾謁見晤聚。余季豫(嘉錫)姻世丈與余讓之學長更是無話不談。季老父子曾詳細訴說日本占領下的痛苦生活。欣見勝利,歡喜若狂。中央宣慰代表蕭一山氏到北平,對每一年老教授贈予白麵二袋,尤感激涕零。爲表示答謝,老教授們都曾特設宴請蕭一山氏。余季老自不例外,特請陳援菴(垣)先生等作陪。在讓座時,蕭一山氏謙遜請援菴先生上坐,說:「自然是老大哥請上!」誰知「弄巧成拙」,此語一出,援菴先生色變,因爲在輩份上,蕭一山氏相當於陳氏學生!援菴先生因此大爲不快。心中耿耿,不釋於懷。當時,援菴師爲我寫一條幅引用其在戰時北平所撰「通鑑胡(三省)注表微」的「民心篇敍」:「民心者,人民心理之向背,大抵以政治之善惡爲依歸。夷夏之防,有時竟不足恃。是最可惕然者也。故胡注恒注意及此。孟子曰:三代之得天下也,得其民也;得其民者,得其心也;恩澤不下於民,而責人民之不愛國不可得也。夫國必有可愛之道,而後能令人愛之。天下有輕去其國而甘心託庇於他政權之下者矣。碩鼠之詩,人曰逝將去汝,適彼樂國。何爲出此言乎?其故可深長思也。故夷夏篇後繼以民心。」由此可見:援菴先生其時及以後的心情。這和當時北平天津上海等地報紙描繪「重慶人」驕傲凌人不可一世、不了解淪陷區居民「重睹漢官威儀」心理,正復相同。

河南大學在北平購得書籍,寄存中海北平研究院史學研究所。我到北平翌日,中海內儀鸞殿

（一九〇〇年卽庚子八國聯軍統帥瓦德西駐節處。世俗相傳：賽金花與其相會於此）附近失火。史學研究所幾瀕於危。我當迅速請人包裝交郵海運南下。幸全部安全寄達開封。我乃南下上海，候機飛鄭州。耶穌聖誕前夕，獨自一人在上海大光明戲院看「亂世佳人」（卽「飄」Gone With the Wind）影片。目睹逃難婦女在大雨淋漓、篷車顛簸途中分娩鏡頭。因念內子正懷孕，長男前在湖南桃源鄉間生產所遭遇的困難。故返回開封，卽向從吾師提及：決心送眷屬至南京。民國三十七年夏，隴海鐵路開封徐州段修復通車之第一日，我卽携眷乘車至徐州轉南京。而不二日，隴海鐵路卽中斷，山東河南情勢告急。從吾師函電屬留南京洽辦事務。不幸，是年六月二十日，開封不守，我就擔負起在蘇州收容河大師生的艱巨工作。從吾師自汴逃出安抵南京。北平故宮博物院院長馬叔平（衡）師見從吾師患高血壓症，不適宜於大學行政工作，特挽其出任博物院文獻館館長。並要我先去北平。這正是我的心願。因爲早在民國二十五、六年間，我卽常往故宮文獻館看史料，很希望在那裏專心研究。

慈禧手寫別字諭旨

民國三十七年十月初，我自上海乘招商局「秋瑾」號海輪經天津到達北平。時值「金元券」發行，物價波動。我在蘇州南京間多次往還，目睹京滬鐵路頭等車中「單幫客」浮囂之氣，與平津道上頭二等車中安詳寧靜大不相同。而北大「民主墻上」各色標語雜陳，指名罵毛準（子水）

周炳琳諸師長，比較上年所見又是一番景象。

我在北平故宮博物院是「聘任編纂」，職位清高，院長及各處長不是北大名師就是北大老學長，加以我等於是文獻館長姚從吾先生的「先行官」，故到院工作，一切便利，每天早午「二進宮」。我的辦公室即晚清攝政王載灃的治事所，三大間祇有我一人，陳設有各種古玩。在我一生中，這是空前絕後的豪華享受。

我利用人事環境的便利，更充分把握時間，每天早到遲退，儘可能調閱各種史料。我瞭解抗戰八年中，文獻館同仁曾將留在宮內各處檔案文件分別製有目錄卡片。我一方面檢查卡片，一方面請教兩位在文獻館工作多年的主管科長張德澤君與單士魁君。他們兩位都樂予回答我的一切問題，並提示資料的所在，使我收事半功倍之效。我在文獻館不過兩月餘，收穫卻非常可觀。

抗戰以前，我曾在先師孟心史（森）教授指導下，完成「咸豐辛酉（一八六一）政變紀要」一篇作畢業論文。這一八六一年政變是慈禧奪取政權的開端，比較戊戌（一八九八）政變更具重要意義。事實上：如果沒有辛酉政變，根本就不會有戊戌政變了。晚清薛福成、王闓運的記載不詳細且多錯誤。我進行研究這一政變時，黃秋岳（濬）在南京中央時事周報撰刋「花隨人聖盦摭憶」修談晚清故事，竟不知有王闓運「錄祺祥故事」。而李慈銘「越縵堂日記補」適於民國二十五年印行，記錄甚多資料。我又曾至故宮文獻館檢查史料，乃得順利完成這一論文。民國三十二年秋，「咸豐辛酉政變紀要」在湖南長沙印行。翌年六月，蒙教育部學術審議會通過：認爲具有學術上參考價值，特給予獎助金。國立中央圖書館館刊「新書評論」欄且有專文介紹——但這次（民國三十七年秋）在宮中，我又獲得許多前所未見的資料。是抗戰八年中陸續在宮中新發現。其中最重要的，即同治四年三月初七日，慈禧手寫免除恭親王軍機大臣職務的硃諭。別字連篇。當時下頒時卽口諭大學士周祖培等潤色，另清繕後，立卽呈繳原件，收存於寢宮。這比較外間流傳的詞臣或繆素筠奶奶爲慈禧代筆的文字大不相同。因爲這是慈禧獨斷專行罷免恭親王主持軍機處職務一項非常緊急措施。爲恐機密洩漏，不能假手他人，祇好自己動手。如今得見原件，眞是幸運。當按規定呈准院長由照相室攝製影片携去。同時又看到醇王手繕密摺及內奏事處檔。這在當時是極機密。故宮開放後，從沒有人閱看作研究。

欽命統率義和團王大臣咨奏

清代二百餘年累積各種檔卷實在太多。民國十三年，故宮博物院成立以後，首先注意古物，其次圖書，文獻居末。份量既多，人手經費又不够，除原已成書的外，硃批奏摺一部份南運以後，我在宮中還看見至少有三間大廳仍堆積一些尚未分類文獻。加以宮中檔案以外，還有內閣大庫檔卷爲數尤多。已有一部份製成卡片目錄。我得張德澤、單士魁兩君指引，充分利用這些卡片。在宮中檔案中發現「庚子軍務檔」和許多密摺，都是傳世官私書籍所不載或訛傳。尤以內閣大庫檔案中有「欽命統率義和團王大臣佈置團務情形咨奏」，是光緒二十六年庚子（一九〇〇年）六月二十六日，莊親王載勛致內閣咨文附抄上奏慈禧太后摺。其中有云：「奴才等現集之（義和）團計有數萬之眾，刻經設法拊循，幸均就範，當飭該團等隨同官兵，先行剿住京洋館。一俟洋館肅清後，再由奴才等妥籌良策奏明辦理」。這是莊親王遵慈禧命圍攻北京各國公使館的文證，爲中外任何書籍所不載。幸當時各國代表沒有發現，否則，慈禧更難卸脫責任。外國的要求條件恐更加苛刻。（詳見傳記文學社刊行「近代史事論叢」第一集第六七——八七頁）。一九六八年，我在美國東岸一圖書館見大陸新刊「義和團檔案資料」，仍只收錄宮中檔而沒有採錄這一文獻。

由於這一發現，更引起我的興趣。又調閱光緒帝（德宗）實錄，以資比較。

清制：實錄有大紅綾本存皇史宬，每逢皇帝冥誕及忌辰時陳列祭祀，以示「法祖」敬意，另有大黃綾本、小黃綾本，供皇帝進講及日常御覽之用。根據「實錄」製成的「本紀」亦然。當時我調閱大紅綾本「實錄」、大黃綾本「本紀」，每函均分別有大紅緞或黃緞包袱，書扣都是象牙製。我坐在攝政王原來辦公房，閱讀攝政王所未能看到的「實錄」，心中自然感謝「建立民國」先烈先進的恩惠。

「我每天按時入宮工作之外，一逢假日卽往琉璃廠、隆福寺、東安市場舊書肆看書。也發現一些有價值史料。例如光緒帝實錄的稿本殘卷。其中恰巧有光緒二十六年全帙。書店主人特允爲我抄一副本，我用以比較故宮藏「實錄」正本。發現很多歧異」（詳見「近代史事論叢」第一集第一七一——一八一頁）。

我在東安市場古玩店發現一枚清幣，一面是「同治通寶」，一面是「祺祥通寶」。這是古董商沒有歷史常識的僞造品，而索價奇昂。他們不了解「祺祥」「同治」兩個紀元年號是絕對不能並存的。「祺祥」是咸豐崩逝後，贊襄政務大臣議定奏准的。自慈禧發動咸豐辛酉政變成功，乃廢「祺祥」改用「同治」紀元了。

我將這一無知而有趣的假古董，與在文獻館工作多年的劉官諤學長談及。因爲他曾負責整理古錢。他立卽告我：「祺祥」紀元經奏准後，立卽鑄造錢幣，宮中還有樣幣。我得見這些樣幣後卽按規定手續請准院長攝製影片。

清代諸帝宮闈生活

故宮文獻館經過多年整理，已將有關記載皇帝衣食住行的內務府「四執事庫」檔案，分別揷架，製有卡片。大體上說：康熙朝以後的檔册大多完全。這些都是太監隨時記錄，爲着累積經驗以便「先意承旨」或「希旨」，故對帝皇嗜好憎惡記載非常詳細。例如皇帝歡喜那樣菜、那件衣服、那雙鞋子，都有記錄，並且記錄的皇帝口諭也完全依原來口語。這眞是原始史料。

我經過一番檢閱以後，認爲有綜合研究必要。我了解勝利以後彩色印刷技術的進步。因此，我曾經向馬院長叔平師面陳：準備用幾年時間，與文獻館若干同仁合作，文字以外，配合彩色圖片。寫成「清代皇帝之衣食住行」一書。作爲北平故宮博物院成立四十周年紀念出版品之一。叔平師極表贊許。因為歷代有關帝皇日常生活，大多是道聽塗說以訛傳訛。現在故宮既保存有這些珍貴資料，如能運用纂輯成篇，不僅可糾正過去的訛傳，更可適合大眾的興趣。

我在正式着手進行這一有樂趣的計畫之前，先試就乾隆一朝檔卷加以檢閱。這一選擇是由於乾隆朝正是「稽古右文」「制禮作樂」時代，坊間流傳的「國朝宮史」禮器冠服等都是墨色刷印。宮中卻有按原樣彩繪「禮器圖」，出自西洋教士手筆。貂皮皇冠，纖毫畢露。我很想就現存實物、檔冊和已刊圖書加以比證考其異同。自然更希望看看其日常生活記錄。同時，先師孟心史先生曾於民國二十六年撰「香妃考實」一文。其後又有「海寧陳家」一篇。我很想在這些檔卷中能有更多發現。

「香妃考實」，原刊載北京大學「國學季刊」第六卷第三號。不幸，尚未經裝訂成冊，七七事變發生，北平淪陷。北大出版部印件散失。祇有抽印本三十冊送交心史師處；單士元學長保存一冊，特以相贈。「海寧陳家」是心史師於「七七」以後作品，原曾送交北平故宮博物院「文獻論叢」。嗣因北平不守，各學術機構工作均告停頓。此一原稿亦送還孟府。民國三十七年冬，我在北平，鄭天挺師提議，經孟太太同意：由相湘整理先師遺著，以便彙印成冊。發現這一手稿，鄭天挺師即將其編列「國立北京大學五十周年論文集甲編」第一種。我基於這兩篇論文，用心翻檢「四執事庫」檔卷。很幸運地，發現一些有關香妃（容妃）初入宮時衣食特殊記載，可為「香妃考實」作證補（詳見「近代史事論叢」第二集三四七——三五六頁）。

自「穿戴」檔中看出：乾隆帝日常衣服冠履的更換應用都由太監秉命而行。所謂「日理萬機」，並不是虛套形容。事實上是朝政宮闈都得「煩慮聖心」。試看檔册記載有云：乾隆二十七年九月二十七日，「裏邊總管王成傳旨：養心後殿東暖閣現掛藕荷色春紬面月白裏袷帳一架，旨意：恠糙舊了！總管王成隨口奏：經過年代多了。着另做新帳一架。再帳子雖然舊了，他們收的也草！欽此」。如這樣生動口語的記載不一而足。是外朝文人學士動筆的「起居注」中絕對看不到的。

(見遠東圖書公司刊拙撰「清宮秘譚」)

我檢閱「照常進膳底檔」，知康熙帝乾隆帝都喜愛吃蘇州菜。有「蘇造檔」專册。今宴席通用的海參，在乾隆朝初由朝鮮進貢來，乾隆帝還用驚奇眼光注視。光緒帝的日常膳食則喜吃火腿，膳檔中有「火腿檔」專册。光緒皇后即世稱隆裕后，乃慈禧內姪女，宮中存有相片，上顎暴牙，殊不美觀。其選入宮庭乃慈禧自私心表現，並不是光緒帝所欣賞。溥儀皇后的旗裝相片不顯得如何動人。但在天津張園居住時幾張燙髮相片，卻美艷嫵媚。溥儀在宮中與其妃「情書」，用當時流行彩色小洋信箋信封書寫。兩人自矢即令有潘安西施再世也不移情他戀。眞是有趣。

古物遷運的建議

當我計劃進行研究「清代皇帝之衣食住行」時，東北華北局勢日益危急。但我懷抱濃厚研究興趣，照常工作，並且開列一些外國參考書單請總務處在預算款下購置。但主管總務的某學長飽經亂離風霜，感覺比較靈敏，卻認爲不必多此一舉。我不以爲然，仍要他儘速辦理。

十一月二十五日晚，北平南郊一次巨大爆炸，轟然巨響，全城爲之震動。翌日，我入宮上班時，與張德澤科長等巡察宮中各種陳列品，發現頗多受震動，尤以原有錦盒絨裏嵌陳的各國金幣也多受震而跳出嵌圈範圍。這次爆炸影響之大可以想見。北平西郊已有共軍出沒也見諸報紙。

其時，北平學術界人士，大多不甚恐慌。我曾與北大師友多所接觸，交換對時局意見。他們都曾經抗戰八年在西南的流離轉徙。好不容易重回故都，分配到宿舍，爲時不過半年。眞可說喘息甫定，並且年紀又大了，實在不敢想像再來一次「疲於奔命」的逃難生活。何況當時金元券發行引起物價上漲，更使人不敢想及未來，一切惟有聽之天命。而報載政府將遷都及文物遷運事。我的家屬仍在南京，自然心情不同。因兩次上書馬叔平師，建議文物如即

翔湖吾兄大鑒兩得
來書均悉疇書事已交受調查閱其中
不免誤會遷都事實出謠傳報章已載
有聲明文物遷移爲今日之大問題(一)今
日滔滔皆是何處是安全地(二)數量既多
交通工具缺乏(三)國庫支絀難籌鉅大
數字之遷移費京滬平津各地之大學
彼究不遷然亦有同感也吾
兄於衛護一帶情形熟悉必要時自當
借重弟一病兼旬現已告痊稍事休養
即可到院辦公承
注甚感此復即頌
著祺 馬衡 十二月三日

遷移願效馳驅。十二月三日，叔平師覆信給我：（相湘吾兄大鑒：兩得來書均悉。購書事已交處調查，聞其中不免誤會。遷都事實出謠傳、報章已載有聲明。文物遷移爲今日之大問題：㈠今日滔滔皆是何處是安全地。㈡數量既多交通工具缺乏。㈢國庫支絀難籌龐大數字之遷移費。京滬平津各地之大學決定不遷，恐亦有同感也。吾兄於衡穗一帶情形熟悉，必要時自當借重。弟一病兼旬，現已告痊稍事休養卽可到院辦公。承注甚感此復卽頌　著祺。馬衡上言）我再晉謁面陳：願往南京分院工作。可利用庫藏文獻。當蒙同意。

先是：東北華北局勢告急之初，南來飛機座票非常難得，有人以超過訂價十倍甚至二十倍價格托人購票而不可得。但十一月下旬，情勢突變：中央將平津重任交付傅作義。美國軍火將逕運天津補充傅作義軍。一般人的心理都認爲今後北平的安全性超過南京。南行之人爲之大減。我祇兩次去王府井大街中國航空公司問訊，卽獲得可以訂位的答復。十二月十一日，我居然按訂價購得翌晨自北平起飛經青島至南京的班機座位票。我向馬叔平師與余季豫世丈告辭後，卽趕往母校圖書館，參觀「北京大學五十周年紀念展覽」。當時刋有「北京大學五十周年特刋」、「北大圖書館善本書目」、「古兵器展覽目錄」、「文科研究所展覽概要」、「博物館展覽概要」「中國漆器展覽概要」、「敦煌考古工作展覽概要」、「四十周年論文集乙編」。我曾特別注意諸師長手稿與日記。胡適之先生民國八年份日記卽陳列其中，用玻璃紙罩護。後來在臺灣，與適之先生談及此，相與唏嘘而已，因爲中國近代歷史上最早一所國立大學每逢十年整壽都在多難多災時際，三十周年時被貶為「北大學院」，四十周年時流亡在昆明，如今五十周年時北平又在炮火聲中了。

南苑機場情況的變化

十二月十二日拂曉，我與一些旅客乘航空公司大客車，自王府井大街駛往南苑飛機場。街市少行人，非常寧靜。到達機場辦理手續後準時起飛。經過青島有二小時停留，我曾與多年不見的廖實中學長通電話。廖兄時在中國農民銀行服務，曾力勸我留在青島玩幾天，即令趕不上飛機，搭乘海輪也很方便。但我急於回南京，想把握時機利用故宮存放南京的文獻，因此我仍乘原班機南下，當晚安抵南京。第二天看見晚報刊載：共軍在郊外大肆活動，南苑機場在其炮火威脅下已不能使用。後來中國航空公司擔任公共關係科長的吳景岩兄面告：十二日自北平南下班機，是自南苑機場起飛的正常班機的最後一次。我眞自慶幸運。當將一切情形函陳當時還在蘇州主持河南大學臨時校舍的姚從吾師。

是月十七日，我收到姚從吾師十二月十六日的手翰有云：「接讀十四日來信，為之喜慰。兄少年有幹略，於此次南來之速，又得一證明。適之先生不知已到京否？至念。（據「新聞報」平電：十四日能否上機，恐尙是問題！）兄既南歸，應對弟眷屬及河大事，代為一謀。弟三弟在福建教育廳任職，弟婦又為閩侯人，宜卽前往。然平日無千元之蓄，到閩如何生活？亦為一大問題。弟個人半任天命，半存觀望。如何決定，俟到京與友人面談後再說也。至於河大，恐不宜輕舉妄動。人地生疏，何地安全？均爲實際困難。卽令遷移，亦恐須局勢稍定後再議耳。湘省或可苟安，交通亦便，暫回湖南如何？非百先生亦尙無決定，不識兄能來蘇一聚否？府上諒均安適，想亦飽受驚慌矣。」眉批：「晨閱蘇報，知適之先生與陳寅恪先生已到京。至慰。」

從吾師手翰中提及胡適之先生南下行程：「十四日能否上機」卽先一日，政府特派專機北上無法在南苑機場安全降落及起飛。因共軍已圍攻北平了。十五日，胡先生始冒險登機南飛。比較三日前我南飛時情景大不相同。

臨危不亂檢閱密奏

從吾師手翰所謂「人地生疏何地安全」可代表當時絕大多數南北學人心理。

我到達南京，往訪故宮分院主管文獻館事務的歐陽道達科長，也是北大老學長。他告知我：重要古物已在準備遷運臺灣。至於文獻則還沒有籌及。我因在北平檢查文物目錄，知道那些檔案早在民國廿二年夏卽南運，乃乘此機會，要求開箱檢閱。歐陽學長很欣賞我這樣「臨危不亂」的好學工夫，立卽同意。加以朝天宮庫房中文獻檔案箱堆放位置圖很清楚，一索卽得。我就在庫房中查得久已求之不得的一些密件。例如同治四年三月，蔡壽祺參劾恭親王的原摺等（慈禧手詔卽據蔡奏而着筆。詳見正中書局刋拙撰「晚清宮庭實紀」）。

看到這些重要文件，眞是如入寶山。但如上述：故宮傳統：首重古物，次則圖書，文獻向居末位。當時經費及交通工具均缺，故未有人籌議至此。我當不顧一切，向姚從吾師提議必需要將這些文獻檔卷箱一同遷運。姚師囑我向傅孟眞師面陳一切。我當前往鷄鳴寺中央研究院晉謁。向孟眞師力言：北平文獻館內容豐富已不及南運。現存南京文獻，實在不應不予重視。尤以其中有軍機處及宮中檔案，關係重要。如能遷運臺灣加以整理，對於中日甲午戰爭以前，臺灣建置情形必可增加很多認識。孟眞師極以爲然。立卽電話杭立武先生。不久，杭立武先生在其寓所召集一次會議。我以故宮博物院代表參加。自然把握機會說明文獻的重要性，希望多籌經費儘量遷運。由於我具有對北平南京兩處所有文獻的了解，杭先生總算沒有把我的話當耳邊風。因此，民國三十八年一月九日，杭先生又正式召集故宮博物館、中央博物院、中央圖書館三機構會商文獻遷運事宜（參見索予明：「金匱寶笈話歷刧」，傳記文學第十五卷第六期）。這是事務性工作，我不必去過問。但我曾向歐陽道達科長建議：故宮文獻啟運次序。因當時淮河戰事已緊張，交通工具缺乏，對於可能遷運的文獻箱件數目應就性質而分別先後。同時，由於姚從吾師每次自蘇州來南京都寄寓中央圖書館——當時的中央圖書館房舍簡單，比較今日南海學園相去遠甚。加以蔣復聰館長當時還沒有天主教爵士和韓國大學博士榮銜，時常和從吾師及我三人上小飯館吃飯。我乘機「多嘴」：中央圖書館遷運書籍，在珍籍善本以外，應將現代書籍雜誌及官書也選運一部份；因爲這些書在日本佔據臺灣時期是不准收藏的。文獻圖書的遷運目的，不僅在保管，尤應注重現代學術研究及參考價值。蔣館長竟俯採「芻蕘」。

正如索予明（索君當時任職中央博物院）撰「金匱寶笈話歷刧」一文中所指陳：文獻的啟運確是有計劃。我的記憶也很清楚：當時局勢迅速變化，文獻箱件自庫房運往碼頭時，曾擬具先後次第計劃。但碼頭工人不迅速搬運上崑崙艦的情況，就不是故宮博物院這些機關所能控制。結果在匆忙之中搬運上船。堆在上層的是次要的卻先上船。放在碼頭地面的是第一優先的箱件，則因艙位不够而不能上船。這不是忙中錯亂，實在是當時有預計以外的人和物品上船，艙位已滿，無法完全按計劃辦理。索文記載固很詳細。文獻館一位負責押運的吳君早已將情形告知我。

我生平獨來獨往，從不假公濟私。十二月十二日，離北平南下是自購飛機票。現在建議願隨文獻遷運，更遠避嫌疑。不願被人說是為自己打算。故早託上海友人訂購當時航行滬基線著名的中興輪統艙票，以便携眷來臺灣。姚從吾師母及大湘大良也一同訂艙位。從吾師暫留南京，擬乘飛機來臺。後來變計乘招商局海黔輪來臺灣。胡適之師的夫人等也乘搭海黔輪。民國三十八年一月二十一日，我們分別登輪。「中興」、「海黔」兩輪停靠位置前後相距不過數丈。適之先生陪夫人登輪情景恍若眼前。

我最喜歡購書，這次在上海候輪時，一書店有全部「東方雜誌」、「國聞周報」出售。索價約黃金二兩許。我卽將一德國製照相機賣去，轉以購買這兩部期刊。但登輪時，乘客行李有限制，這兩部雜誌是用木箱裝。無論如何，不能作行李運儎。只好留下託友人保存。如果當時能隨身帶來，正是臺灣所需要的。但一家得安抵鯤島，繼續研讀，身外之物也就不計較了。

〔註〕故宮檔案有按年代與個人等等分類法，各朝時有改變。運存臺灣文獻雖甚少，似各種形式內容大體俱全。如前刊「袁世凱奏議」即由於按個人分類法而運臺。今值此舊式公文均已廢除不用，絕大多數人已不能知其詳。希望故宮博物院宜乘老成尚在，能充分利用彩色照相及印刷便利，將清代各種公文書詳加考訂，印行一册。中央研究院前刊「明清檔案存眞選輯」一册，可惜是黑白印刷，實無從見其眞相。如存臺文獻中有彩繪圖片，尤宜及時用彩色印行，如「皇朝禮器圖」等。今後研究工作，即影劇電視也有根據。

紅鉛筆圈點的「俄帝侵略中國史」

民國四十三年十一月十日，教育部大學用書審查會函告：「臺端所編俄帝侵略中國史一書，業經送由國立編譯館交正中書局出版。」

這是一八四三年，林則徐在新疆伊犂向國人提醒：「千百年後，爲患中國者，其惟俄羅斯乎!!」（林則徐具有在粤對英作戰經驗，及親身在伊犂目睹耳聞俄人在我西疆行爲，兩相比較後的結論）一警語以後一百四十年，國人深受俄患痛苦不堪之餘，記述一六七〇年以迄一九五〇年俄羅斯帝國主義者，不論沙（皇）俄或蘇維埃俄羅斯變本加厲侵華史實、編年與紀事本末兼具的一册翔實記錄。

民國四十四年十月二十七日晚九時半，我自臺大圖書館閱書後，自基隆路後門，步行至基隆路一〇七巷臨學五號教授宿舍，不料我甫入門，三名時在國小肄業的兒女，忽然合拍合唱當時臺北市各國小流行的兒歌，其中一句是「總統請你吃早飯」。我眼見兒女們的興高彩烈，說「你們今天吃了肉喲」——當時教授月薪❶，祇能半月開支，一周或一旬難得一次肉食——當時，我太座已自臥房走出，將一封總統府交際科來信給我。我打開看內容：「頃奉總統諭：請先生於十月二十八日上午十一時〇分，在總統府一敍等因。謹此奉達查照，敬請屆時駕臨」。

我面對這突如其來的信，不知是何事？祇有趕緊往基隆路二段與和平東路口一小店，利用公用電話，向國民黨中央設計考核委員會主任委員崔書琴博士和錢思亮校長詢問。他們的回答都是不知其事。崔博士又多說一句：「穿西服要整齊」。但我當時沒有西服，只有一套五成新的黃卡嘰布中山裝，崔博士聽我這幾句話後說：「那更好！但不妨理髮」❷。

翌早九時我走到學校理髮部整容後，九時半，乘三輪車前往重慶南路。當我到達介壽館左側門，憲兵請我入內到交際科服務臺。一職員卽導引上二樓總統會客室。

十時正，著雪白筆挺服裝的海軍武官，輕手推啟雙合門扉，立正唱名。我步行入門，時總統已自座椅欠身起。我步至辦公桌一坐椅時，「吳先生，請坐，請坐」。總統是這樣謙遜下士。接着總統說：「你的大著，拜讀了。」旋自辦公桌左上屜內取出一册「俄帝侵略中國史」，並隨手翻動其中多有紅鉛筆圈點的書頁。我稍緩說：「總統具有多年親歷的反共抗俄經驗。相湘這書完全是採自紙上資料；敬請總統多多指正」。又撮述編撰是書經過。——後見時鐘已是十時十分，當卽起立告辭，面向總統退出。交際科職員已在會客室門前等候，我卽隨同他下樓出左側門。他問

❶ 現存民國五十年一月份，國立臺灣大學薪津補助費單共計新臺幣一千五百二十八元。民國四十四年每月薪數額尚不及此數。

❷ 我在臺大上課時都是穿這套卡嘰布衣。民國四十年代初，曾聽過我講授「中國近代史」課的同學如現在美國賓州任大學教授的高宗魯近來信還提及對這一卡嘰布衣的印象深刻。高有「中國幼童留學美國史」等書。

我：教授車子停在那裏？我答說：「我還要到正中書局去」。其實一教授何來車。

民國四十八年十二月下旬，我在美國洛杉磯出席一學術討論會後，經歐洲返臺北。因留美重要人士有所囑託，卽函秘書長張羣。旋得復信，約訂十二月三十一日上午十時面談。屆時，我將各情說明後，張說「應面陳總統，我會爲你安排時間」。

翌年卽民國四十九年二月二日上午十時，我第二次晉見總統，面陳在美國出席「蘇維埃與亞洲關係學術討論會」(Soviet-Asian relations conference) 經過及種種見聞後，總統問：「國務院怎麼樣」？答：「參加這一會議的美國務院官員有五人，我和他們相處五天，相互間交談多次，發現他們對大陸局勢突變的眞相，茫然無所知；對臺灣現狀更是隔閡。我後來在西雅圖華盛頓大學會見美國出席「華沙會談」代表，他對鐵幕內的認識和瞭解也甚有限」。

我旋陳述前往新澤西州見黃膺白先生的夫人沈亦雲女士情形，總統非常關切這位金蘭長嫂旅居生活現況。以手托腮倚椅傾聽，並發問。總統當我起立告辭時說：「你如果有什麼事要我幫忙的，隨時函告秦秘書轉陳」。相湘當說：「總統執掌國務，日理萬機，相湘現在是四十多歲的人，自已會照顧一切，不敢煩瀆清聽」。

我在第一次晉見時，楚崧秋秘書坐在屏風後記錄。第二次晉見時，秦孝儀秘書坐在屏風前記錄——我推想崧秋是遵唐代遺風，孝儀是循西漢餘韻。

民國四十九年三月三日下午六時，教授同志春節聚餐年會，在臺北市中山堂舉行，這是提供教授們一坦白直言的機會。總裁暨夫人以及黨政要員就坐後，先用餐。後卽教授們舉手發言。我卽首先起立慷慨陳詞：中央黨史會主委匆匆決定：民國十三年（一九二四年）以前史料可以公開，以後則關係「最高機密」不予公開。今請羅主委在這年會中公開答復：這一斷限是根據那一史實？敢說羅主委實際上是並不知何者機密性高，祇是用「最高機密」作掩護而已。上年我在美歐日本作研究旅行時，深切感受這「機密」「機密」口頭語，已經誤國害民。實在不容再用官僚「拖」（延時間）「推」（卸責任給另一衙門）的慣技。蔣夫人在我說完後，卽舉杯向我敬酒（清水代酒）。總裁在各教授們次第說過話以後，起立作結論，對各人提出問題綜合答復。提到開放史料事，總裁面對二百餘教授同志宣告：史料對同志應予公開——不幸這「五四」人羅家倫始終沒有遵行。卻遺留一非常不符合古今中外研究方法的陋規，卽限制任何人要求閱讀中央黨史會史料庫收藏資料前，必須逐件詳列，不能逾越經准許可以調閱的文書記載。

杜元載自師大校長退休後，繼任黨史會主委。時值美日歐洲各國教授或研究生來臺日多，有一請求黨史會閱覽朱執信史料的美國研究生，逐件詳列擬調閱資料的名目。經黨史會同意後，往臺中調閱時，發現必需再請求調閱其他資料。而黨史會竟不同意。——不久這人向我訴苦請援助。我當往見杜主委，獲知這是黨史會不懂「觸類旁通」的學術研究法，卻緊抱羅遺留陋規不放鬆。我請杜修正這陋規，他表示「自己不能作主」，且挽我同往與中央黨部副秘書長秦孝儀面談。

後來，我爲第二次中日戰爭史撰述事寄信孝儀。翌日，得他手翰云：「足下非惟著述不輟，高風亮節尤令人心折，此相湘之所以爲湖南人也歟」。

湖南人純樸篤實

秦孝儀所謂「湖南人也歟」實際內涵中國近代現代史重要史實。

毛思誠主編「民國十五年以前之蔣介石先生」一書的讀者，應看到蔣先生日記閱讀明清學者如王陽明、顧亭林、曾國藩諸人全集的詳細記載。史實顯明昭示：民國十三年，蔣奉總理孫先生命令擔任陸軍軍官學校校長前，卽已自王、顧、曾各人全集與「孫文學說」認識瞭解「行」的哲學。曾國藩秉承顧亭林「學以致用」之學，埋頭苦幹實幹以「天下爲己任」的「挺經」(挺卽肩扛得起，負責任，不畏強禦人生觀)——仍與亭林所謂天下指民族文化傳統，不是改朝換代的天下。當軍官學校招考第一期學生四百九十九人，到達黃埔不數月，賀衷寒、鄧文儀等湖湘子弟就蒙賞識。

民國二十一年，蔣先生出任軍事委員會委員長不久，湘籍蕭乃華奉派爲侍從秘書，民國二十五年冬，西安事變發生，蕭在華淸池殉職。蕭自誠、曹聖芬先後奉派接任。後來，楚崧秋、秦孝儀相繼入官邸任侍從秘書，都是湖南籍（現在世界著名的紅（樓夢）學權威、美國威斯康辛大學中國文學系教授周策縱在對日抗戰勝利後任曹聖芬的助手，後卽參加留美學生考試出國）。

歷史地理研究顯明提示：自青海發源滾滾向東流出海的長江流域，它的上游、中游、下游所經地區，不論天文、地文、人文，都完全不同：四川省居上游，自有文字記載的歷史以來，卽以天然環境優美、地上下物產豐富、人口衆多三大要素見稱。尤其現代史上記載對日抗戰八年，日本空軍瘋狂轟炸重慶，並沒有動搖中國軍民堅持抗戰到底的決心和勇氣。東半球這一霧都的榮譽遠超過西半球霧都倫敦。加以四川糧產豐足，自流井鹽取代下游的淮鹽，供應大後方萬千軍民的「食」不虞缺乏。更是國史上最光輝一頁。湖南省居長江中游，洞庭湖流域，湘、資、沅、澧四水地區出產稻、棉豐富。自古卽有「湖廣熟、天下足」的稱譽。近代西洋人東來後更贊許爲「中國的穀倉」。全省人口三千萬，次於四川省人口七千萬之數。但就人文地理來看，中古史開始的「楚雖三戶，亡秦必楚」。現代史上，早在民國二十六年以前，湘米卽遠銷北平。

一九〇七年，湖南饑荒，洋人仍運輸湘米出省河，長沙居民聚衆火焚巡撫衙門，是明朝初年建築各行省督撫官衙以後，五百餘年間空前壯舉，開啟辛亥革命成功基礎。

自人文地理看：長江上、中、下游完全不同。上游川省人喜擺龍門陣，稍欠篤實。中游湖南人具樸實無華苦幹實幹傻勁。下游兩淮人士靈巧欠實在。如清末中俄伊犂交涉時，曾紀澤在俄力爭，左宗棠更率三湘子弟兵鼓行而西，出嘉峪關後沿途植柳樹，以便步行軍隊可有遮日休息處，所謂「新栽楊柳三千里，引得春風度玉關」。終於光復西疆，建立新疆省，湖湘子弟兵佈滿天山南北，新疆省的漢人從此漸增——當左扶棺西行表示不惜一死保衞國土決心時，兩淮地域出生的李鴻章卻主張放棄西疆。長江中下游人文因素不同，這是一顯明史例。

這是自民國十三年起，蔣公賞識湖南人的歷史地理因素的探究。是否無誤，有待指正。

「蘇俄在中國」出版尚未公開發行時，陶希聖師忽光臨臺大宿舍，手致是書一册，並面告：「今天是星期五，務盼趕緊閱讀，於下周一正午寫好書評，中央日報星期二「學人」周刋見報」。我答：「能先睹爲快，自然會用心讀完，但怎敢寫書評呢」！希聖師說：「這是蔣先生個人著述，並不是政府官書，請撰寫時祇能用蔣先生著述不可用任何尊稱官名」。

我費了三天時間，祇看完全書一半，星期一早至黃昏才寫成，未標題，其間報館派人來兩次取稿，都未寫好，晚七時，我才自己送出。翌早見報，希聖師爲標題「從歷史學論蘇俄在中國」。全文沒有錯字，只有一處竟出現「蔣總統手著」五字，旋聞星期一晚，希聖師在報社看過大樣才回家。這五個字是一鍾姓校對自作聰明改的，結果捲舖蓋離職。

是年九月十四日，忽得崧秋長函略云：總統頃閱曾文正公全集內有挺經二字，不知出處。請速查示爲盼。適我早已在國立中央圖書館閱讀曾國藩幕僚趙烈文手寫「能靜居日記」全部（已影印於相湘主編「中國史學叢書」內）抄有卡片。當卽謄錄於信紙封妥，送往士林。翌日得崧秋復信：「承抄寄有關挺經資料……秋涼風嘢，倘蒙惠約過我，企望無旣。蘇俄在中國訂正專用本隨奉備存研」。

翌年二月十八日早，忽聞急迫敲門聲，我想正月初一大早，何人來拜年？卽披衣起床走往開門。又聞「官邸送來信，請快開門」。我開門接閱是崧秋除夕手書云：「頃總統問及國藩與倭艮峯(仁)論誠一事，弟遍查坊間本曾文正公全集迄未能得，請兄提示」。我當在臺大教授團拜時，面告圖書館蘇薌雨館長請囑工友開書庫門，以便查書。幸卽查得，趕回家寫好送崧秋。

這顯示蔣公始終喜讀曾國藩文集諸書。

秦孝儀繼任中央黨史會主任委員，我特於賀年片上道賀，旋得回贈賀片，並手書：「惠示敬承。慚悚慚慄。然旣已受事，必不敷衍塞責。兄治史甚勤，且成就已大，願有以督敎之也」。後又見報載孝儀兼任故宮博物院院長。相湘在海外，遙祝他都能篤實努力，以成績表現於世人前。

民國二十四年（一九三五年），陳誠（辭修）將軍在南京刋印得自江西蘇維埃區的各種原始文件彙編爲六册。其中如「中華蘇維埃共和國土地法」等，是中共在蘇區活動資料首次被彙集印行。

中央設計考核會主委崔書琴是哈佛大學哲學博士，是以中國與蘇共關係的論文榮膺最高學位，是中外學人首次研究孫先生聯俄容共政策的學術性專論。

民國四十六年三月十五日，我忽得陳副總統辭修柬邀翌日下午七時便餐。屆時，我到達信義路官邸時見崔書琴已在與陳辭公談話，想是崔氏介紹。餐前餐後討論談的都是有關如何整理現在存藏臺灣的中共資料問題，五月二十四日、六月七日又奉辭公約往晚餐。仍舊是這一問題。

翌年四月十四日，得行政院副院長王雲五柬邀到行政院會客室午餐：請柬有「爲商談史料事」六字。屆時，我見賓客五人：孔子奉祀官孔德成、中央圖書館館長蔣復聰、黨史會主委羅家倫、臺大校長錢思亮。孔德成首席，蔣、羅分坐孔左右。錢校長和我自動坐在主人左右。王雲五笑說：錢校長吳敎授的坐位，已顯示今天這一午餐的由來。席次始終未談任何事。

「石叟書室」的豐富資料

民國四十八年（一九五九年），我在哥倫比亞大學「中華民國時期人士傳略詞典」編撰處研究時，哥大東亞研究所所長韋慕庭（Professor C. Maltin Wilbur）和何廉敎授曾多次與我談哥大「

口述歷史」計劃及已有成績。他們兩位勸說我「如果能得陳副總統許可口述歷史，首開風氣，當可轉移國際視聽」。

是年十二月下旬，我自歐洲返抵臺北。即接韋慕庭教授是年九月十日來信詢問我「是否願做」？當時，我忙於準備編行「中國現代史叢刊」，應用實際成績，顯示世人。翌年六月初，我又有韓國與日本研究旅行，爲期三個月，對哥大的提議，雖早已面報辭公，卻未能具體進行。七月，我在東京得臺北家中轉來何廉、韋慕庭兩教授共同簽名的三頁長信（是年七月六日），又進一步告知他們對這一創舉的企待，且提出若干進行步驟的建議。我復信說：陳副總統幾年以前早已在臺北約集多年袍澤憶述往事，錄音後轉成文字；又有豐富的紙上資料，俟得同意後再函告。

事實上：我已奉辭公是年六月十五日覆信（51院機登字第五五一號）：「承告擬暑假期間前往閱讀北投藏書，至表歡迎；請隨時與本院葉參議夢麟連絡」。這是辭公了解如要口述歷年大事，必須先閱讀紙上資料，才有頭緒。

是年九月末，我自東京回臺北，時距臺大秋季始業已近。開課後約一月，我才致函葉參議商往北投時間。屆時，葉乘吉普車來接往。到達頂北投「石叟書室」後，葉面囑管理員，奉諭：「吳教授可調閱各種文件」。從此，我即於不授課的時日清晨，乘吉普車到北投，携帶餅干等，不午餐，充分把握時間，多多閱覽需要的資料。

「石叟書室」庋藏民國十六年（一九二七年）以來，辭公所有的手示、秘書錄存的各年份重要函電鈔本。對日抗戰時各重要會戰的戰鬪詳報，關係人撰刋的書册等等。編年與紀事本末兼具的分類揷架。得入這書室的人祇要在這日式建築房屋內依循資料架繞行，卽可瞭然。管理員每逢我說要看某某文件時，卽迅速自揷架取出供閱，使我能在不長的時日，對辭公生平大事閱覽鈔錄於卡片。我曾閱辭公和袍澤們口述經歷的錄音轉成紙上文字簿册。「書室」中若干原始或鈔錄資料，應用傳統書櫃（木製，豎立，前有一門，內分二格存藏）是歷經播遷前的早期儲藏。其中有鈔錄呈蔣委員長電報，如民國二十六年九月電請任胡適博士出使美國等重要建議。

閱看「石叟書室」資料稍告一段落，我整理卡片並撰成初稿時，辭公處理公務繁忙。其後又臥病經年，終告不治逝世。（一八九七——一九六五）

國人今如檢閱「陳副總統逝世周年紀念册」，首先一定看到內容完全不着邊際的「行述」，於辭公許多大事都沒有一字，如戰後到東北主持全局卽完全諱言。幸傳記文學刋行「民國百人傳」第二册內「陳誠遺愛鯤島」一文，卽我在「石叟書室」閱覽資料鈔錄卡片撰成。當時原供辭公口述歷史用，不料竟成爲他逝世後惟一翔實傳記。辭公生平因此流傳於世。哥倫比亞大學刋行「中華民國時期人士傳略詞典」第一册中所刋載，卽依中文譯成英文。

當我正在「石叟書室」閱讀史料，哥大何廉、韋慕庭兩教授又來信：正請哥大校長Dr. Kirk

正式寄函陳副總統提出口述歷史的請求。十月二十四日，我又收到他們來信及哥大校長信副本。時陳副總統適抱病，至十一月八日才恢復辦公。十七日，陳副總統接見我作逾二小時的長談，詳細討論這一計劃。並說：已復信哥大校長暫不能正式接受這一邀請；同時表示願對歷史學人提供有關的問題。

十一月二十日，我覆信韋慕庭、何廉兩教授：「首先應讓你們了解；陳副總統這一答覆，主要由於曾函希望『這一工作自現在起一年之內完成』。事實上：是不可能辦到的，因為目前情形，陳副總統是並無準備。本年七月六日曾函又提及：如得其同意，中英文同時出版一節。事先尤需充分準備」。

我在這信內特告知他們曾叩詢適之師情形：「胡適博士說：他在唐德剛來訪前夕，至少要準備四小時。蔣夢麟博士是自動在作講述歷史，並且是準備出版，書名也訂為『新潮』。他每週是在幽靜的石門水庫講述，有四個人協助他工作。中央研究院近代史研究所採取的工作方式，講述人大多憑記憶」。（今按若干軍政人士口述紀錄近十年已整理刊行）

我在這信中又進一步提出：「貴校口述歷史工作開始不過十二年，有關中國部份更只有兩年經驗。相湘去年在美雖承給予機會，俾助了解實際工作方式。但停留紐約為時不過兩月，大部份時間又消磨在包華德先生的辦事處，故所知口述歷史方式有限。但就判斷：自以效法胡、蔣兩先生進行的方式為是。為此，曾與胡先生長談，他建議相湘應覓取機會在紐約市至少住半年左右後，然後再回臺北，才能較多瞭解。不能求急功。陳副總統於此也有同感。彼以爲如與七月六日尊函所示：每三個月寫出報告一次，然後再由尊處提供若干建議；何不先行討論擬具重點作成綱要請其講述，並配合文件整理；則將來成書印行，才有具體內容。陳副總統並舉例如他於對日抗戰時兼任湖北省政府主席時，在鄂西施行改土歸流辦法，即可作開發地區的參考」。

十二月二十二日，我收到何廉、韋慕庭兩教授簽名的信，表示非常失望，但對我已開始閱讀陳副總統的文件資料以爲很好。同月二十八日，韋慕庭教授又來一長信再表示非常失望。

翌年即一九六一年一月八日，我覆信何、韋兩人澄淸他們的觀點。我鄭重指出去夏在紐約開始談及這一問題，當時即是兩條平行的方式：㈠陳副總統自動允許相湘爲他記錄。㈡你們希望陳副總統應允我爲哥大記錄。這是不能混爲一談的。「陳副總統是以非常興趣修改致哥大校長的覆信。至於陳副總統沒有接受『一年內完成』的邀請，主要原因是他公務繁忙。今天報紙正式宣佈他將出國訪問。事實更加明顯了。如何廉先生所知：陳副總統做事非常認眞。在討論這『一年』限期時，他就指出：『與外國人交往最要重信義，明知辦不到的事不能隨便答允』。試想他的出國訪問就要延遲甚多口述時間。這不是顯然與貴校來函『一年之內按週訪談』的原則不符。「按照去夏我在紐約時的了解，特別是胡適博士告語我：他的口述時間是沒有約束的❸今對這樣一位重要人物，加上他的收藏有關資料就有二百餘箱，要在一年之內完成紀錄，（這點在紐

❸ 唐德剛：「文學與口述歷史」（傳記文學總第二六九號）。

約時我們並未討論及之），顯然是不切實際，如果我竟冒然承諾，如何能達到目標❹。

我鄭重申明：「一年以來，我由於企盼促成這口述歷史工作，充分利用課餘，向師長請教、與同學研討：進行「口述歷史」種種具體原則與技術。力求應用各種方式推展口述歷史的工作。這應該是中國學人祇顧耕耘，不計收穫的優良傳統精神在鼓勵我」。

「大溪資料」將澄清世人誤解曲解

蔣公逝世前十餘年，允許梁敬錞博士閱讀原存臺灣省桃園縣大溪鎮的國民政府檔案（世人所謂大溪資料）。梁因此先後撰刋「開羅會議」「史廸威事件」「馬歇爾使華報告箋注」「中美關係論文集」等。都是根據國人從未一見的直接原始資料，比證美、英書刋檔卷而成，中英文本同時行世。這些重要著作使得中外人都得認識中國對日抗戰時及勝利後中美關係眞相、大陸局勢突變的由來、臺灣情況的演變種種史實。在現代史上產生將可澄清誤誣或曲解的功效和影響❺。

這顯示蔣公（一八八七——一九七五）生前重視歷史，尤其注意公開史料的重要與切要。陳副總統追隨蔣公後，也重視歷史注意史料的開放。

---

❹ 陳副總統公忙，與顧維鈞、胡適、陳立夫在美並無公職，可自由支配時間口述歷史，情況完全不同。

❺ 民國人物列傳：梁敬錞治史如斷獄（亦見傳記文學總第二六八及二六九號）。

但中國國民黨中央黨史會遷移至臺灣省以來已四易主持人，仍藉口「最高機密」不公開史料。甚至在黨史會工作多年，後在政治大學任歷史研究所所長的蔣永敬教授爲參加學術討論會，請求黨史會准許閱讀「大溪資料」中有關民國十五年「三二十」事件史料也未獲准。十餘年前國防部刊行「對日抗戰史料選輯」四册，其中如民國三十二年常德會戰後南嶽軍事會議中蔣委員長訓詞卽有三篇，比較以前刊行的「蔣總統集」「蔣總統暨夫人言論彙編」「蔣總統軍事言論分類彙編」諸書所刊載都多一篇。由此可見「機密」性原有時間限制。何況日本外交檔案及軍部檔案（自一八六〇年至一九四五年）早經拍製顯微影片公開閱覽；英國外交檔案及戰時重要人士的個人檔卷也早已公開至一九四五年。他們的回憶錄更早已公開印行。美國檔案局有關檔案也已開放至一九五〇年代，美國外交文書已刊行至一九五三年，所有中國大事在這三國檔案中都可看到，中華民國的「最高機密」早已爲世人知曉。何必抱殘守闕。

中美合作研究中國革命史

一九五三年十月十九日，我接到美國西雅圖華盛頓大學「遠東與俄國研究所」張仲禮博士是年十月十二日來信云：「閱讀大著晚清宮庭實紀一書，欣悉先生研究之時間爲十九世紀中國，與此地華盛頓大學遠東研究所研究之時間相同。前適勞榦先生來美，道經此地，談及先生自故宮搜集之材料，尚有甚多，並未發表。研究所中國部份主任梅谷先生（Dr. Franz Michael）及其他人員因想及先生或願代爲攝印此項材料，郵寄此地研究人員閱讀。或可採取合作辦法，選擇重要文件，由此地譯成英文發表，或即合刊原文刷印，俾先生多年搜集之材料，可早日問世，而各地研究十九世紀中國者，亦得早日遂其拜讀之渴望。此項建議，是否之處？尚懇先生賜示」。

我對這一建議，當卽婉謝，因多年搜集，何能先行攝印給予外國。況我正在逐件整理。後來若干論文卽由此項材料而成。

但華大方面希望和我合作，卽由這一通信開始。

是年十二月十五日，梅谷博士來信：晚淸宮庭實紀，是張仲禮先生私人的書。華大圖書館尙未能購到，又紫禁城祕譚也不知何處出版請示知。來信又請我將晚清宮庭實紀註釋刪除未印入書中的，能抄示給華大——我回信：晚清宮庭實紀再版甫發行，茲同紫禁城祕譚各一册寄贈貴校圖書館，至抄註釋一事；稍後再辦，因近月工作甚忙，並略述我對十九世紀中國即晚清政治等事看法一二，問他們意見如何？

翌年二月十三日，梅谷博士來信言收到寄贈兩書，希望彼此保持共同興趣關係。五月十日，梅谷收到我寄出的晚清宮庭實紀第一輯註釋後，復信道謝，並還贈 Dr. Wittfogll 與馮家昇合作研究的遼史一册、該所一畢業生譯中共整風運動文件一册。來信並云：該所將出各書，一俟刊行，將儘快寄贈一册。

一九五五年一月十三日，梅谷來信謝我贈寄兩篇論文：㈠清季園苑建築與海軍經費。㈡林則徐對俄國的認識觀點與其影響。這兩篇論文都是有關十九世紀中國的大事，可供華大師生參考。三月十一日，我寄贈新出版的「俄帝侵略中國史」一册給華大。

一九五六年十二月十二日，梅谷博士來信：由於福特基金會贈予旅費，已訂於一九五七年一月下旬到達臺北，企望與我個人長談。屆時，梅谷來臺大文學院拜訪我。我和他在史學系研究室談話。然後陪同他往拜史學系主任劉崇鋐教授、文學院沈剛伯院長、錢思亮校長。並陪他往訪羅家倫。因梅谷希望我們合作研究中國革命史，臺大並沒有這種史料收藏，在臺灣，祇有中央黨史會才有收藏，羅是該會主任委員，自然需要他的協助。

提出研究中國同盟會計劃

一九五七年九月四日梅谷回西雅圖後來信致謝。並提及臺北之行有幾個不同計畫，希望其中能有若干實現。九月十九日，梅谷來信：經與所長戴德華博士（Dr. George Taylor）及所內各同仁商議，我們熱誠希望與你及歷史系合作研究的可能性，首先第一個計劃卽研究「中國同盟會與革命」。我們心中有若干個別專題關於這一時期的，希望你與同仁及華大研究人員共同研究。這研究基本上是應用現存於臺灣的資料。目的在刋行若干專題論述。開始時，我們將提供研究費用，一年計美鈔四千元。請你讓我們知曉，這個數目可否成爲使你們解除課務以外其他職責？我們將基於你的回答擬訂一共同計劃。工作一旦開始，將導致交換敎授與學生。你將遲早會來西雅圖與我們研究所合作一段時期——我收信後，卽送劉崇鋐敎授和沈剛伯院長閱看。沈院長的反應冷淡。劉主任同意由我組織人選，主持這計劃，而當時系中講授中國近代史的除我自己外，卽李定一敎授正在美國哈佛大學研究。其餘兩位都是兼任敎授。我經考慮後，擬訂邀約法學院全漢昇敎授和師大王德昭敎授。王在北大時曾上過劉先生的課。我這樣人選是基於他們都具獨立研究能力。這一合作計劃，可說是以前在大陸沒有過。戰後美國大學和基金會改變政策才有這一提議。第一炮必須打響，否則中國學人將失面子。劉先生也同意，祇表示史學系不負任何責任。至於助理，他手擬研究生黃培、陳捷先、陶晉生三人姓名，我當依劉先生意辦。

同年十月三日，我回信梅谷（原稿蒙劉主任親筆改正）說明我對這一合作計劃，準備接受。但同盟會資料，如你所知，收藏於臺中黨史會史料庫，我們進行閱讀研究時，都必須自臺北乘火車往臺中市，再轉乘汽車往離市區約二十哩的史料庫。當我得你九月十九日來信後，曾往羅家倫先生告知一切，承他允許我往臺中史料庫一看情形。現已回臺北。此行發現若干需要克服的困難：㈠史料不能借出，我們祇能逐字抄錄，因史料庫沒有複印機。㈡臺北與臺中及史料庫來往耗費時間甚多——但一旦研究工作開始，我們可以不兼課及不寫其他稿件，在學校中必需授課時間仍須按規定辦理。我現計畫約請兩同仁及三名研究生助理參加這一工作。

十月二十三日，梅谷回信表示高興，並說：我們自然需要與羅家倫密切合作，依賴他的忠告與協助，請你將我非常祝福告知他，以及我們感謝他的合作。錢思亮校長正與華大商談美國研究的合作計畫，我也曾將這一計劃告知他，我相信我們得到他的充份支持贊助。

十一月七日，我復信梅谷：我們的研究計劃是三個專題：㈠宋敎仁與中國革命，由我擔任。㈡孫逸仙先生在同盟會時期革命思想的分析，由王德昭擔任。㈢鐵道國有政策與辛亥革命。由全漢昇擔任。我們將用中文撰寫，另附英文摘要。

十二月十七日，梅谷回信：經與研究所同仁商談，完全同意我的計劃。

一九五八年一月七日，梅谷寄來「同意書」底稿，請我坦白表示意見，如你同意，則請錢校長或其他經授權可代表臺大的人簽名，如你有此權力，你卽可簽署。一月十八日，我復信說：經與臺大有關當局商討，他們以爲這一同意書最好是由貴研究所與我簽署，臺大錢校長和歷史學系主任簽名同意——錢校長熱望這一合作成功，他給予我很大的鼓勵。他卽將寄信你們表示他的同意。同年二月二十三日，這一同意書正式完成簽署手續，華大由主管財務的人簽署，臺大由我簽名。華大遠東研究所所長戴德華與臺大錢校長及史學系主任劉崇鋐簽名同意。

當一九五七年十月，我收到梅谷來信提出合作研究的具體辦法後，我卽函請中國國民黨中央直屬第一知識青年黨部呈中央黨部轉知黨史會給予便利。十月三十日，知識青年黨部將這一請求專案送中央。久未得復。翌年一月二十一日再呈中央請迅予核示。後來才知道是黨史會遲延，直至民國四十六年卽一九五七年十一月二十七日，中央第八屆第七次常會才由黨史會提出報告：「似可請由中央將其此次所請，予以核備」。另加一限制：「再者：本黨史料旣爲外國大學所重視，爲避免他校提出類似請求，且爲免除華大繼續提出其他請求，本會難於應付或取決計，應請決定將來每一計畫，均先以專案付審，再行提報常會核備，似較妥善」。中常會決定：「本案推陶希聖等八同志組織專案小組詳加審議後提會核備，由陶希聖羅家倫等兩同志負責召集」。

我在不知上述情況時，曾請毛子水、姚從吾兩師親往訪羅家倫主委，請予協助。並函陶希聖師詢究竟？十二月十一日，奉希聖師手翰：「中常會討論黨史會提案時，各委員意見並非特加限制，而是對辦法作檢討。昨日小組會決定：將此一特案改訂爲通案，俾黨史會更多裁量，更多便利，將資料提供學者及學術機關之用。特此奉達，萬望勿放棄原計劃。反之，日後可作擴張原計劃之打算」。翌年（一九五八年）四月三日，羅家倫主委才以公函復我與全、王三人，表示完全同意。

研究工作開始進行

在克服這些困難後，我和王德昭卽於一九五八年三月二十一日前往臺中史料庫開始詳細查閱史料目錄並調閱資料。事實上：同盟會資料都是當時刊行「民報」及「中國日報」與其他國內各地報刋、留日學生刋物等。宋敎仁資料也不多，卽宋氏留學日本日記「我之歷史」一書，還是對日抗戰時，我在長沙玉泉街舊書店買到的殘本寄贈重慶黨史會的，而我在抗戰勝利後於北平隆福寺舊書店又得「我之歷史」全部。我曾詳閱，有筆記，加以中央研究院也收藏有一部。梅谷多次來信表示對宋敎仁與革命這一課題的濃厚興趣，希望我和他本人共同研究；我卽將自有的「我之歷史」寄贈梅谷，供他閱讀。

一九五八年六月二日，我將三月一日起至五月三十一日，工作報告——這是第一次工作報告寄給梅谷，分三專題列述：㈠宋敎仁有關政治、外交論文，刋載於「二十世紀之支那」、「民立報」、「地理雜誌」等報刋的都已抄錄，有關資料如譚人鳳的「石叟牌詞」等也已抄錄。㈡鐵道國有政策與辛亥革命：主要在研討建築鐵路的資本來源：私人辦理鐵路籌集資本甚多困難。當時川粵漢鐵路由三省民間按田畝分配「租股」是主要財源，在四川與湖南卽按田畝繳交百分之三股金，幾年累積至一千萬銀兩。現已自盛宣懷文件與其他有關資料收集得若干資料。㊂中山先生在同盟會時代革命思想之分析：已收集當時若干宣傳刊物以及革命派與立憲派論辯資料，其中包括有已刊或未刊行的文件、回憶錄、通信。「中國日報」、「蘇報」、「民報」、「新世紀」等，至各種不同版本的中山全書正由三名助手編製一對照比較索引。

六月十一日，梅谷來信收到首次工作報告，希望能獲得有關資料的詳細目錄。七月二日，我復信告以新資料陸續有發現，如陽明山孫科藏書，國立中央圖書館收藏的「蘇報」、「申報」等，以及即將出版的丁文江編「梁任公年譜稿長編」等，因此，詳細目錄須待八月份才能編製，我告他：由這許多資料，不僅可見宋教仁的言論，也發現他的活動情形。我對宋教仁有關資料是很廣泛的搜集。

九月五日，我將六月一日至八月三十一日工作，作成第二次報告寄梅谷，仍舊分列三題：㊀宋教仁資料收集很多，我以爲和梅谷合作研究宋教仁，不僅將寫成一宋氏傳記，也可將一九〇四年至一九一四年的中國情勢寫出，注意比較分析宋與他的同志有關社會、政治觀念的異同，因我曾廣泛閱覽黃興、陳天華、章士釗、楊度、章炳麟、袁世凱、戴天仇（季陶）、吳敬恒等有關論文，並有若干稀見資料，如章炳麟自訂年譜、袁世凱臨時公報（一九一二年二月十三日至八月二十六日）、社會黨日報等。㊁鐵路國有政策與辛亥革命：已試圖分析盛宣懷所以堅持鐵路國有政策的理由。其中一重要原因是民辦鐵路未能集積築路所需的巨大費用。當鐵道國有政策宣布，南方各省人民羣起反對，四川尤為激烈。當地紳士甚至組織秘密進行革命對抗清廷。㈢中山先生在同盟會時代革命思想之分析：已製成一引用與參考資料目錄。同時根據愼重考察：知同盟會與其前身興中會不同處，在同盟會有知識份子因素，孫先生在此時期不僅是行動的領袖，也是觀念的先導，他的若干青年同志在某些地方不完全贊同孫先生的觀念，但都承認他是一重要領袖與希望的象徵。這是由於他是中國近代革命或革新領袖中具有良好西方知識的第一人。

第二年繼續研究

第一年合作計畫，至一九五八年二月底，王德昭與全漢昇二人的專題告成。我的宋敎仁與革命，由於梅谷說和他共同進行，故只成初稿。並將其中定稿兩章繕正寄交梅谷。由於繕正工作緩慢，全、王兩文至四月初才寄出，但三題的英文摘要於三月七日卽已寄美。四月十五日，梅谷復信表示：研究所同仁以最大興趣讀完這些文件，並提及繼續合作需要按首次同意書內容另簽署一份。

一九五九年五月八日，第二次同意書經錢校長、劉主任和我簽名後寄美，但同意書中規定這一合作是自一九五九年三月一日開始。我仍繼續研究宋敎仁。並請于右任先生手題書名「宋敎仁：中國民主憲政的先驅」，作刊印中文本與英文本用。王德昭研究「一九一二年至一九一九年中山先生革命思想的分析」。全漢昇研究「清末民初漢冶萍公司」。

當我將這第二次合作的同意書寄出後一週，忽得梅谷五月五日來信云：我剛才發現你的名字出現在「蘇維埃與亞洲關係研討會」出席人名單上，我自然很高興聽到你來美國。會議結束後，我們歡迎你來訪問華大，與我們共度一夏季，這樣我們可充分了解各人相互的工作，也是一和你共同研究宋敎仁的機會。當然，我們會負擔你來此的費用，並安排一筆欵項供你在此居留用。請你立卽告知我：你是否將來美或者你在夏季沒有他事。五月十二日，我復信：「如有此機會，我一定會儘快趕到美國。」但我仍按預訂計劃前往臺中史料庫閱讀資料。

事實上：當我三月底正在臺中史料庫閱讀，四月一日卽接到家信告知：哥倫比亞大學「中國現代研究計劃」主持人包華德（Mr. Howard L. Boorman）的秘書潘紉秋女士（Miss Loretta Pan）來信說南加里福尼亞大學訂期舉行「蘇維埃與亞洲關係研討會」，包華德已將臺端之大名提供該會主席，閣下對此作何反應？我回信：如得正式邀請，一定前來美國參加。

按包華德曾於一九五八年三月初來訪臺北，拜會教育部張部長其昀時，卽提出擬與我見面，旋張部長設晚宴招待他，我得請柬參加。後來，三月十一日，亞洲協會駐中華民國代表史麟書（Mr. Earl Swisher）設宴招待他，我也被邀請參加，在席上我談到正與華盛頓大學合作研究的事，包華德很感羨慕。並請我陪他參觀臺中史料庫。他看到這許多資料，大部份是美國所未見的，他主持的計劃正是「中華民國時期的人物與政治」。就向我表示希望和他合作。這次乘南加大開會，亞洲協會提供各地出席人旅費的機會，故搶先提出我的名字，希望我在美國和他長談一切。

我赴美出席「蘇聯與亞洲關係研討會」以及經美國東岸、歐洲、中東等地，於一九五九年十二月十三日，提前自香港趕回臺北。到家沐浴更衣後，卽至徐州路全漢昇家，他們夫婦及長子都不在家。我改往王德昭家，將在華大情形告知：七月六日，梅谷教授約我談合作研究事。表示對全漢昇第一年工作論文若干弱點，主要是未見一任何臺中史料庫資料名目，顯見未曾一履其地。對第二年工作，在我不在臺北時，可否請錢思亮校長來信補充保證全、王兩人的研究能如期完成。並說：他對華大擔負甚大責任。言語直率。我深知錢校長校務已極繁忙，那能顧及這事。當卽鄭重申明：我虛心接受批評，但不能放棄自己立場。以致這一會談不歡而散。當晚，梅谷駕車來接我往其寓所晚餐時，首先向我道歉，請我原諒他在上午所說的一些不應說的話——翌早我離西雅圖往紐約。不二月忽得全手書索款，並要我親自手交「聯合國中國代表團辦事處」一陳姓友人代收存儲。時中央研究院史語所的高去尋學長也同居哥大附近公寓，卽與面商，請他回去後婉告全。同時，再函請時在華大的臺大夏濟安教授就近面催。七月二十日，得夏是月二十四日復信，梅谷休假。八月十三日及二十五日，夏兩信告「據梅谷談：絕無半點爲難意，祇是華大簽支票要公文旅行：經過校長室、會計室等」。「梅谷他們也着急的很。他們很希望兄能再來此小住數月。至於合作之事，務望能順利進行。兄在此給人印象極好，大家都希望兄回來也」。

事實上：華大支票在十月十五日才寄到紐約，我正忙於辦理離美赴歐各種手續極繁忙，何況全、王兩人研究進度報告仍未寄到華大或我處。祇好將支票寄回臺北家中，俟返臺後親自處理。聞「當我還在歐洲時，卽得臺北信告知：是年十一月下旬，友人劉紹唐婚禮，全妻在這宴會中公然大聲辱罵相湘與我夫人，毛子水師與許多師友都親聞其言語。子水師因此寄函香港囑我回臺北後「和平處世」。其後，全妻又曾至相湘家辱罵我夫人，杜呈祥學長適來我家詢問我的行蹤，聞全妻言語不忍卒聽憤憤離去。

我於十二月十三日趕回臺北後立卽往訪全，適其家無人，因轉往王德昭家，將在華大見聞及子水師手翰告知，請他往告全。十五日，王來我家，留一紙條：「昨晚去徐州路，未盡欲言。漢昇兄擬與兄見面談一切。」

十二月十四日。我忙於自海關領取史料顯微影片贈送黨史會。十五日晨，至南港中央研究院，先與全長談，雙方已諒解，但他是P・T・T・俱樂部會員，竟問我「可否與其妻一談」。我答以「一回臺北卽趨府拜訪，未遇；而你沒有回訪我，一時不能再去」。十時，我見適之師，面陳在美歐情形，適之師留我午餐後仍繼續長談，先後五小時，都未提全妻無理取鬧事，適之師也祇懇囑「和爲貴」。下午三時我告辭回臺北市區。

不料當我回家，見家人都氣憤塡膺：原來是日下午一時半，全妻竟自附近芮逸夫教授家借一竹櫈至我家門口坐下，當眾罵街。楊樹人教授居對面宿舍目睹耳聞其大聲吼叫辱罵，我夫人始終微笑，長子邦璠時在臺大農學院三年級肄業，下課後乘腳踏車回家，見全妻還彬彬有禮稱呼「全伯母」！而全妻竟罵他「忘八蛋」。楊恐我回家遇見，或致衝突，因勸全妻回家。

我回家見家中大小憤慨狀深以離家半年，回臺不過兩日，還未與家人詳談，反使他們多次受人無理辱罵。我在愧憤交並心情下寫好報警單，擬送和平東路派出所請警前來查詢各鄰居存案，以便控訴法院。楊再三勸慰阻止報警：「如此事態將更擴大，影響臺大教授聲譽」。當晚，我至姚從吾、毛子水師寓將各情面陳，並將携回美鈔四百元提存從吾師手中，以夜間未能依法向臺灣銀行兌換新臺幣。而從吾師於當夜及翌晨兩次到和平東路公共電話亭搖電話約全談話，並於十六日早携這美鈔四百元往全家親交全手，取得簽名蓋章收條後回溫州街，勸慰我再往全家詳談，使這一合作研究工作得以完成。我始終從大處着眼而忍辱負重，以完成這一與華大合作研究的第二年工作。十二月十六日上午，我特往全家，適全不在家，全妻見我來，竟下逐客令。我即微笑退去，表現「男不與女鬬」的中國傳統君子風度。我回家後，經過兩日平心靜氣地考慮，決心將全妻各種無理無禮取鬧事於是月十八日向適之師詳函陳述，因與全無法再談（按我與王德昭全漢昇交換同意書，承諾將美匯按優惠率兌換新臺幣支付，以符國家法令）。

胡適之師早已自子水師與楊樹人兄口述實情，了解相湘這長函內容確實。因於是月二十日黃昏時，與子水師乘車光臨我家，安慰我的夫人和小孩暨我（時我在臺大研讀）。坐談甚久。主旨在說明「是非自有公論」。由胡適之先生年譜長編初稿第九册第三一二三頁，可見適之師曾為此煩慮數晚。故我如今不得不根據信件留底，簡要述這往事。藉使讀「胡譜」的人了解是什麼事，實不得已也[1]。二十三日，胡先生又囑高去尋（曉梅）兄携其手翰來我家，邀約我到南港同度周末晚餐。我覆陳：「非常感謝先生在接到生信後的種種處置，光臨寒舍之後，又賜手翰。閤家都以感謝青天大老爺的心情，將幾月來特別是半月來沈重心情，改換輕鬆愉快：由於先生明燈高照，完全忘記過去半月的醜惡遭遇」。「星期六晚，先生寵召，敢不應命。但這是生離家半載，遠道歸來的第二個週末，第一個週末由上述意外事件所擾……現在由於先生主持正義，對於這一難得的週末，閤家都想把握。如果生一人應召，家人心裏恐仍不免有陰影。因之，生要求先生原諒，給予生在家度週末機會」。

我既回臺北，自可以控制局勢，隨時寄函或電話全、王按時進行工作，並送進度報告。一九六〇年一月底，華大寄來第三期補助費。是年二月底，我與全、王兩人都如期將工作完成，並繕正中文本與英文提要於三月初寄美。梅谷教授旋於收到並在所內傳閱後覆信，非常高興我已經將工作完成並有結果。同時，他也收到我寄贈的「中國現代史叢刊」第一册，向我道賀這是一良好的開始。我的心情更覺愉快，又繼續編印「叢刊」第二册。

[1] 胡適之先生年譜長編初稿第十册第三六九〇頁刋載胡先生給相湘一函。今按這是我綜合楊樹人教授（時任中研院評議會秘書，義務爲胡先生料理一切）面告：全漢昇代理總幹事「濫用職權，假公濟私」種種情形；因寄信全質詢。全無法答覆，祇得請胡院長解圍。附註於此，使「胡譜」讀者得悉原委。

至「宋教仁與中國革命史」中文稿，在梅谷未再來信後，即在臺北刊印發行。時我早已得澳洲一大學研究生劉吉祥信（經房兆楹伉儷指示）請告知若干史料內容簡要。我覆信後未再有消息。近十年在美見加州大學出版部，一九七七年已刊行劉撰有關宋教仁的英文書，而十餘年前在臺北晤談的加州大學 Davis 分校賈士杰教授（Don Price）自美國西部前來中部至我寓長談。我告以「我之歷史」中若干文句涵義後，他滿意辭去。一九八四年秋，他又曾往訪宋教仁故鄉。我企望他這一有關宋教仁各種思想言論的最早淵源的探本索源的詳細分析解釋的書迅速刊行，我得先睹爲快。

蘇維埃與亞洲關係研討會

一九五九年五月十九日，我在臺中史料庫閱覽完畢，步行回草屯旅社，得家信轉告美國來國際電報，正式邀請出席是年六月八、九、十日，在南加州大學舉行的「蘇聯與亞洲關係研討會」。翌日，回臺北後，即趕辦各項出國手續，幸各處以參加國際會議時間緊迫均提早辦理。我於兩日內取得出國護照及出入境證。

胡適之院長特囑：近代史研究所將收藏中蘇關係資料的簡要大綱迅即擬妥送我。同時，又得司法行政部調查局，應我請求，編製一中共資料大綱送來。我因此覆電南加大 Professor Rodger Swearigen，表示接受邀請，準六月五日到達洛杉磯。

五月二十一日，歐亞旅行社早將赴美飛機行程訂妥，亞洲協會又寄來「交換訪問學人證明」及赴臺灣銀行購買旅行支票的文件。我且已訂製西服。一切就緒，即根據近史所與調查局給我的資料大綱，寫成一中文稿，請時在中央圖書館工作的李神父，代我譯成英文。三日後，我將這英文稿航寄往居住洛杉磯的陳受頤師請斧正並請打字複印六十份，以便如期送「研討會」作提出論文。

六月二十九日，我向適之師暨教育部梅貽琦部長辭行，再往臺大師友處辭行。

五月三十日，我和夫人出席在歷史博物館舉行的餞別宴，這是由包遵彭館長安排。屆時，李濟之、姚從吾兩師長、蔣復聰館長，夏德儀、方豪、勞榦諸教授、北大同學等作主人，今謹將當時合影刊印於此，以誌紀念。

如期到達洛杉磯

六月一日上午十一時二十分，我乘美國西北航空公司班機，自臺北啟行往日本東京。經駐日大使張厲生安排，寄宿市內神田區中華基督教青年會宿舍。這裏交通便利，離新舊書店街也近，我可充份利用白晝與黃昏時間。

翌日，我往訪東洋文庫，見其中收藏中國各種資料書刊甚豐富。我在閱覽室及書庫查閱目錄卡片和揷架的資料，大體明瞭其內容，並和這「文庫」附設「中國近代史研究室」負責人市古宙三教授詳談，知曉他們的計劃大要。

自六月二日至四日，我每日早往東洋文庫閱覽，下午五時離開，即在新舊書店街漫步，購買一九四五年八月日本無條件投降後刊行的許多回憶錄、專題記載等寄回臺北。十餘年後，充實了「第二次中日戰爭史」內容。

六月五日下午，我自青年會往羽田機場——時日幣三百六十圓兌換一美元，我住宿四晚，共計宿費二千八百日圓，折合美鈔七元餘——晚九時，仍乘西北航空公司班機西行。自飛機窗口見四螺旋槳不停轉動而顯現火紅色。經美國阿拉斯加州屬 Anchorage 辦理入境手續後，繼續飛到西雅圖。稍息再轉機南飛洛杉磯，翌日凌晨到達，在晨曦中乘車到市區由南加大預訂出席人住宿的旅社休息。是日午，時在南加大任教的北大同學嚴倚雲女士（嚴復孫女）前來陪往附近一自助餐廳午餐，並告知有關南加大及這次研討會的情況。下午，收到陳受頤師手翰及我的論文修正稿複印本六十份（每份七頁半）。師恩深似海，永難忘懷。

美歐亞各洲學人出席研討會

六月八日，「蘇聯與亞洲關係研討會」，於上午八時三十分至九時先行報到並送交論文。九時，會議正式開始，南加大教授 Rodger Sweringen 主席，報告會議目的、組織。按會議節目手册註明：所有論文祇分發各出席人，不在會議中宣讀或作摘要，預訂每一會議專題的討論只有十分鐘。第一專題是「蘇聯在亞洲地區的研究與訓練」(Soviet Training and Research in the Asian field) Professor Rodger Swearingen 報告。第二專題是「蘇維埃有關亞洲地區的出版品——特

研討會會場

休息時在校園閒談

別是對中國的。」由南加大教授 Peter Berton 報告。「討論」由德國研究東歐學會主任擔任主席，賓州大學與北加羅林州教授及倫敦「中央亞細亞研究中心」主任發言。十時四十分至十一時，是休息時間，在室外漫談，並分別攝影。十一時至十二時十五分，繼續開會。專題是「歐洲對蘇維埃與亞洲地區的研究與訓練」(European Training and Research in the Soviet-Asian field)，分別由美、德、法有關研究所主任報告。「討論」由國會圖書館代表擔任主席，哈佛大學、加州大學、密歇根大學研究員發言。

十二時三十分至二時，午餐。二時十五分至三時十五分繼續開會，專題是「亞洲對俄國與中國的研究與訓練」(Asian Training and Researchs on Russia and China-1)，其中分日本、韓國二項，由南加大及一日本教授等報告。「討論」由日本駐莫斯科大使館參贊擔任主席，由哥倫比亞大學、加州大學及臺北鮑靜安發言。休息十五分鐘，繼續報告印度、印度尼西亞有關研究情況，一印度教授與康奈爾大學報告，「討論」由印度、泰國等代表發言。

是日，下午五時半至七時半，Professor Rodger Swearingen 在其家中舉行酒會。各國代表自由交談。我曾與若干舊友新交分別談話。

梅谷教授約我晚餐。帳單送來時，我堅持各人付各人的帳。梅谷初不肯。後以我說「讓我練習美國生活方式」，他祇好同意。

六月九日，是會議第二日，九時至十時半，報告「美國在蘇維埃與亞洲關係的研究與訓練」。分別由美國各有關研究機構及陸軍語言學校與外交工作研究所報告。「討論」由洛克菲洛基金會人文研究計劃主任 C. B. Fshe 主席、牛津大學、哥倫比亞大學、加州大學代表發言。休息後仍繼續報告「美國對共產中國政治問題的研究」。華盛頓大學代表喬治泰勒未到，由梅谷報告對「蘇維埃與亞洲的研究」。「討論」有南加大教授陳錫恩、哈佛大學、蘭德研究所人員發言。

是日下午二時十五分至四時三十分是一般討論「在二重進行訓練問題」。下午六時，南加大校長 President Norman Topping 舉行酒會，招待參加研討會的代表，七時半又舉行晚宴招待。

六月十日上午九時起至十二時十五分是討論在研究領域的一些問題。午餐後，二時十五分討論「各研究時間的關係與溝通及交換計劃」，是一般性。當時，是梅谷主席，特別介紹我，我起立招手後坐下說：「各位已看到我有關現在收藏於臺灣的重要資料的論文。今祇簡單奉告諸位：中央研究院院長胡適博士與教育部長梅貽琦博士，非常歡迎諸位前往臺灣，應用這些豐富的第一手資料作你們研究工作。他們願意儘量協助你們在臺灣愉快和獲益」。

當我發言完了，獲得全場一致的掌聲，是三日會議期間第一次。我理解這種掌聲是他們以前不知曉臺灣收藏有這許多資料，經我論文說明，胡、梅兩位都歡迎他們去訪問研究，自然是他們所樂聞。何況三日會議中大都偏重歐美有關研究，對於中華民國中樞播遷於臺灣後的種種，完全忽略，今見我的論文內容，自不免有驚喜感。

六月十日下午三時四十五分至四時四十五分，研討主席草擬的結論，經過若干修正後，通過「結論」，其中第三項第一點指出：今後美國大學應在大學階段增加中蘇關係與中國語文的講授，以應政府的需要。第五項指出今後當代中國的研究需要更多的財力協助。第六項指出應多利用現存於日本、香港、臺灣的資料——這一結論，可說是我這次參加會議提出論文的反應。

當日下午五時半至七時，舉行會議結束酒會，自由交談，藉資話別。

此行收穫豐富

我這次是首次出國遠行，加以自接到正式邀請電報至啟程，為時不過十一日，能完成論文，並蒙陳受頤師賜予修正複印，使我於會議第一日即交註冊處分送各參加人，故他們能稍加翻閱。

在會議時，美國務院研究中蘇集團部中國組主任（Chief, China Branch, Divison of Research for Sino-Soviet Bloc）Mr. Oscar Armstrong 即被排在我的座位右側，那是U形會議桌外圍，離主席很近。因此，我和他於休息時曾談話。洛克菲勒基金會人文研究組主任 Mr. Burton Fshs（一九五七年五月二日，曾在亞洲協會駐臺北代表史麟書家自助餐時晤談）曾在一酒會中用華語慢慢說：「過去我們贈款給臺大太少，很對不起！你有什麼新計劃？」我答有新計劃，他約我到紐約該基金會詳談。其副手 Mr. Boyd R. Compton 是西雅圖華盛頓大學遠東與俄國研究所畢業生，知我的研究情形，也約往紐約詳談。福特基金會國際訓練計劃部副主任 Mr. John S. Evertan 也曾談及臺大研究情形，我向他提議：不僅應資送美國學生赴臺北實地訓練華語及進行研究資料的搜集；同時，也應資送臺大學生來美研究進修。他很以為然，相約在紐約該基金會詳談。其副手包大可(Mr. Doak Barnett)是一傳教士的兒子，出生於中國，對我有親切感，約在紐約長談。

第一圖

哥倫比亞大學東亞研究所主任韋慕庭(C. Martin Wilbur)自一九五三年來臺北，在錢校長晚宴席與歷史系各教授晤見後，即常寫信給我。這次會議第二日散會後，特邀我一同步行回旅社，在人行道上漫步談話，邀請我到哥大和他家去長談。

會議第二日上午，哈佛大學林約翰（Dr. John Lindbeck）轉給我一份費正清教授（John K. Fairbank）的來電：「聞臺北的吳相湘將到紐約，望邀請他訪問哈佛，時間由他自定，費用由我們支付。」我當告林約翰可考慮，一切等到約紐後再定。

第一圖隨陳受頤遊覽時合影。第二圖在加州大學與房兆楹（右）陳世驤教授等合影。

第二圖

我在這次會議中，有機會晤見許多同道，獲得他們熱誠親切的歡迎。包華德用華語向我笑說：「吳先生：你的膽子眞大，天天和這許多洋鬼子在一起，你表現得很自然哩！」我答：「我早在北平就看過很多外國人，在臺中美國務院設立的華語學校講課兩年，每週和美國人聚在一起，有什麼可怕呢？」兩人哈哈大笑。他又特別要我早到紐約看看他的工作，並邀請我到他鄉間家中度周末。

若干法、德、日本前來參加的學人，彼此都互約再見，常通訊聯絡。

漫遊洛杉磯在克利蒙鎮度周末

自會議結束，我和鮑靜安首先往駐洛杉磯領事館拜訪總領事李孟萍晤談數語，知他是湖南長沙人。異國遇同鄉，倍感親切，兩人卽用長沙語交談。後來，李總領事卽約期陪往好萊塢等地遊覽。屆時李總領事駕車陪我和鮑君到好萊塢哥倫比亞公司一電影攝製廠參觀他們拍攝電影片實況。當時正值女明星李唐納（Donald Reed）主演的一部片子。先由另一配角先代她站在應站地方，這人稱作 Stander，以便攝影機對光，一連表演五次，導演才說OK，李唐納才正式出場站在那應站地方。也是五次表演，導演才說ＯＫ。陪同我們參觀的該公司職員告知：這一影片將來正式放映不過半小時，但在攝影場需時二三月才拍成。女星金露華當時也在等候拍戲，特來和我們握手表示歡迎。我們以日程緊湊不能久看。是年聖誕節時，我在臺北忽收到金露華簽名寄來的賀片，這應是哥倫比亞公司公共關係室人員代發。

李總領事又陪我和鮑君往長堤，遊覽號稱世界最大的水族館。十二日，李又設晚宴招待我們並請當地學術界人士與僑領等。李親自下廚，我見到他滿臉汗珠在爐邊炒菜，實在不安。他曾告知我們：中國駐外使領館人員待遇原卽不高，現在中樞播遷，外滙困難，對駐外使領館經費還要折扣發給。總領事館每月辦公費費用稀少，令人不能想像。總領事仍由政府供給租賃住屋費用，其他館員祇有薪金，再無補助，生活尤感困難。這應是多年外交所以每下愈況的主要因素之一。

是月十三日，陳受頤師親自駕車來接我往他居住的克利蒙（Claremont）鎭，到達後將行李安置在旅社旋同到研究院和大學部（Pomana College）參觀一遍，再至他寓所見陳師母，暢談一九五七年，受頤師回臺後兩年來近況。受頤師又告知：洛杉磯多霧，這一鎭卻沒有霧，氣候最好，適合師母身體健康，故自夏威夷大學遷移這裏。此鎭大學與中國關係甚密切：商務印書館最早刊行的英文教科書主編人鄺富灼就是這一大學畢業生。梅蘭芳來美公演時，這一大學曾贈予榮譽文學博士。

受頤師又帶我到這一研究院參觀圖書館中文部藏書，其中若干是曾來中國傳教的林樂知捐贈的，如「萬國公報」全份，不祇是美國其他圖書館沒有藏本，卽中國各大圖書館收藏全份的也很稀罕。另有「政治討論會會議錄」二十三册，是研究民國初年政治的資料，可說是海內外孤本。十四日，受頤師與師母帶我往遊廸斯奈樂園，往來都是受頤師親自駕車。在「樂園」中各處遊覽，消磨一整日。回陳寓時，接到從吾師致受頤師信，對我此行有「自焙之餅，其味倍甘」語。

十五日，受頤師讓我在圖書館查尋資料，有些是在臺北難得見到，受頤師卽代爲影印。晚在受頤師寓所晚餐。做菜、洗碗都由受頤師親自動手。我要幫助他洗碗碟，他堅持不肯。餐後在客廳暢談北大往事與各師長在臺灣現況。

受頤師曾帶我往洛杉磯附近，中國銀行家張公權寓所，我見張先生身穿夏季西褲已很舊，他留受頤師和我在他寓所午餐，詳談臺灣近況。歸途中，受頤師告我：張先生寓所在工人區，租金較廉；他在附近一大學兼課，收入不多，故衣食住都很簡單。張先生是國內著名銀行家，主持中國銀行最久，除薪俸外別無收入，積蓄的錢都供兒子留學用。我很感慨說：如果中國公職人員都是和張先生一樣清廉，國民政府又何至播遷海隅!!多少軍人政客都滿載金鈔在海外做寓公，而張先生在美仍自食其力。眞是難得，而且可敬。

加州大學與史丹福大學收藏的中文書刊

十六日下午，受頤師駕車送我至飛機場，下午四時半飛到舊金山。十七日，至亞洲協會總會拜訪，並將在美行程排定，他們同意補還我在臺北訂購自紐約飛英、法各國的飛機票款。因這次南加大之會有英法德專家出席，亞洲協會自然贊成我與英法德專家聯絡，參觀他們的資料。中國部份負責人任家誠君協助尤多。是日，他和協會中國同仁請我午餐，就將支票交給我。下午，加大房兆楹駕車來接。他是從未見面的文字交，到柏克萊鎮加大總校所在地。翌早，兆楹駕車接往圖書館參觀。房夫人杜聯喆女士也在此工作。他們賢伉儷前在北平燕京大學曾合編「清代三十三種傳記引得」等工具書，對於研究清史的人給予極大便利，我在北大肄業時卽常應用。他倆也是研究明清史的。後來美國參加國會圖書館編行的「清代名人傳略」(Eminent Chinese of the Ching Percod 1644–1912) 廣泛參考引用清代史料，包括外國人的記載。故比較「清史稿」諸書客觀而簡要。

加大圖書館中文部份，設立甚早，以中古、近古書籍較多，明清史籍在比例上較少。但「參考書室」收集各種工具書甚富，且有孤本，如楊家駱編「民國名人詞典」，除已出版者外，還有尚未正式出版的「清樣」複印本，是一九三七年冬，自日軍占領的上海影印來。可見他們搜集的勤密。

在加大，晤見北大學長陳世驤教授，他們賢伉儷曾帶我觀賞其義女的舞蹈，又參觀加大新設立的「中國研究中心」，書架上只有「國父全集」「蔣總統集」及我和包遵彭、李定一二人合編的「中國近代史論叢」三種中文資料，其餘都是英、日文書刊，世驤是這一「中心」創立人之一，在「中心」服務的是于右任老前輩的長孫。

二十日下午，兆楹約好加大東亞研究系任教的 Mr. Cohrad Brandt 帶同我乘他赴史丹福大學的便車。翌日，我往設立史丹福校園的胡佛研究所參觀。這一研究所是以研究二十世紀戰爭與和平爲主題，除大圖書館收藏英、俄文書刊資料外，還有東亞圖書館收藏中、日文書刊資料，當時主任是吳文津。Mary C. Kright 太太也在此工作，她是哈佛大學博士，論文是「同治中興」，惜沒有注意到我寫的「晚淸宮庭實紀」第一輯，經人指出。故對我到該館參觀，晤談特別懇摯，她並送我一份蘇聯學人批評「同治中興」的英譯文，她親自簽名並寫上「送給吳教授一笑」。她導引我參觀書庫。使我感覺非常高興，因我研究方向已自晚淸下推至民國史實，這裏有很多在國內未見的書刊資料。例如一九二九年中東鐵路事件，中共早期資料及照片。對日抗戰時若干稀見的土紙印刷的小册以及民國初年以來的各種期刊雜誌及小册也很多。尤其美國親共記者史諾（Edgar Snow）太太 Helen F. Snow 贈予的「遠東資料」，其中都是他們夫婦在中國抗戰前及戰時在中國各地旅行搜集的資料，極多原始文件，如毛澤東致史諾請其「代爲宣播」演講詞的手札等。史諾太太並已將若干資料加以整理註釋，如一九三五、一九三六年中國——尤其北平學生運動文件如傳單、油印小報等，都是他們以外國新聞記者身分行動便利，與各方接觸後的見聞所作的較詳說明。

由於官員或民間領袖身分，有在中國廣泛接觸各方面人士的便利、而獲得資料的美國人，將他們的收藏捐贈胡佛圖書館的還有多人。如曾任經濟合作總署駐華分署署長史幹克（Dr. H. G. Schenck）就將他在中國日記等贈予該館，但規定須俟其逝世後二十年才可供公開閱覽。

薛君度（黃克強先生第三女婿）時也在此工作。他在哥倫比亞大學的博士論文是「黃興與中國革命」。在紐約、華盛頓等地資料不齊全，故來西岸工作同時研究補充原稿，以便出版。我們一見如故，他將原稿給我夜間在旅社翻閱。我閱覽後向他提出一些意見，並告知他在這圖書館中還有可供參考引用的資料，從此三十餘年我們時常通信並互贈資料。

我自臺北將啟行時，一常德同鄉告知：有同鄉龍丕炎君居住史丹福大學所在地 Palo Alto。他我於電話簿查到他家電話：告知他與他兄長龍丕沅曾見面，因他常至我們常德或長沙家中來。他居住此地從未有一同鄉晤面，當表示歡迎到他家晚飯。約訂時間，他的太太駕車到旅社接我。相見握手，我們都鄉音未改，倍感親切。他告我是留美習化學工程學，曾在湖南銻業大王李國欽主持的美國公司工作。後來西岸一工廠工作。我簡要告知他國內三十餘年的變化。因他沒有經過對日抗戰以及勝利後種種突變。對臺灣現況也無所知。暢談至午夜。他太太才送我回旅社休息。

我在史丹福大學小住六日，二十五日下午，轉往舊金山華埠基督教青年會宿舍，這是明德中學同學時任中央通訊社記者李緘三兄代為預訂的。以在華埠內，飲食便利。

舊金山中國書店購得珍貴書刊

我到舊金山後，翌日中午，李緘三兄來青年會，同往中央社辦公室參觀，下午同到緘三兄寓所會晤其太太，並在他家晚飯暢談。

我在舊金山居留五夜，晚飯都是在中國餐館，當時中國餐館與二十五年後的今日大不相同，即遠不如今日裝飾堂皇，各地菜式都有。有一晚，我在一中國餐廳晚飯時，有歌舞助興，但節目名「孔子曰」（原是英文），扭扭搖動，很多失態。可見當時華僑商人知識。另一晚，我參加旅行團乘公共汽車至兩處遊覽後到一音樂廳聽美國女歌星唱歌，反而比較莊嚴。

有兩天下午，在華埠街頭發現有中國書店。我到建國書店時，問有否鄒魯的「澄廬文集」？老闆即指玻璃櫃枱上陳列兩部，每部上下兩册，美鈔五元——我因閱雷嘯吟「卅年動亂中國」一書曾多引用，早已是難得的禁書！如今，我輕易得到，實在高興。

另一家中國書店似歷史較久，店面陳列書刊不多。但店主以我擬多購舊書，特導引我至地下室書庫，有書架陳列，多灰塵。我逐一檢尋，發現很多民國十三年至十六年國民革命有關書刊，選購廿餘種。店主仍按三十年前價格售出，我只費美鈔八元餘，即得二大包國內久已難得的書刊。我請店主代爲包紮好，以便郵寄，店主以多年存貨多少換得現鈔，也樂意協助。翌日，我携往華埠郵局交海運寄回臺灣，等我年底返臺時，各書早已到達，這是我來美的意外收穫。一九七三年，我再至舊金山時，書店已很稀少，二三家書店只是出售小說。

西雅圖華盛頓大學

六月三十日午十二時十五分，我自舊金山乘機起飛往西雅圖。下午二時二十七分到 Portland

機場。梅谷教授已駕車來接。機場距西雅圖有一段路程，到華盛頓大學後，梅谷即安頓我居住學生宿舍。臺大交換教授夏濟安也遷來陪伴。翌日卽七月一日是星期日，梅谷沒有安排任何節目，濟安卽陪我在校園內散步，並說明是校各種情況。午餐後，一美國學生應濟安約開車來，接我們往參觀內河與海水調劑的水閘。見一輪船自太平洋來將入內河停靠碼頭。幾個閘門卽先後啟開或關閉，讓太平洋水逐步流入某一閘內，輪船以水準升高，卽駛入。稍候次一閘門開啟，輪船繼續前駛，至將停靠碼頭時，水準已大升。而第一閘起各閘門已先後關閉。自然一切都是使用電力操縱。

七月二日早，梅谷駕車來接我們至華盛頓大學「遠東與俄國研究所」。稍後，他陪我到諸教授研究室拜訪。有的沒有來，卽留下一名片致意。後至梅谷研究室長談。知張仲禮已回中國。梅谷詳告我這研究所情況。所長戴德華教授(Professor George Taylar)正在歐洲訪問迄七月七日，我離開時仍未返校，故一直未得一晤機緣。

七月三日，我同濟安到蕭公權、李方桂兩前輩寓所拜訪。蕭是清華大學教授，一九四九年曾在臺大任教一年，對臺大情況頗不滿意，曾告我：傅斯年校長曾面語蕭：擬將文學院院長沈剛伯，向臺灣省政府主席陳誠推薦任臺省教育廳廳長，以沈具行政長才，其西洋史研究工作在臺北很難進行。後傅先生突逝，此意也就無人再提。

是晚，李方桂教授伉儷在西雅圖華埠中國餐館晚餐招待，濟安與臺大史學系畢業在華大深造的兩女同學等作陪。至晚才盡歡而散。

七月四日是美國國慶節，梅谷接我和濟安乘高空纜車，見脚底山峯仍積雪。晚飯後，李方桂太太邀我和濟安等至河岸草坪坐觀放煙火。五顏六色，很美觀。是日並且是美國四十九星新國旗啟用的第一日。

翌日上午，我參加華大遠東研究所約集的座談會，華大教授和美國出席華沙與中共代表王炳南會談的前任代表某君（忘其姓名）也參加。若干研究生也在座。約二小時結束。是晚，梅谷請我到他家晚餐，他的夫人與兒子在座。

七月六日中午，華大羅逸民教授（Professor Erwin Reifler）請我與張琨教授午餐。他們都是語言學教授。但在昨日座談會中羅逸民與我一見如故，非常投合，故特邀我午餐。散席後，我請他們送我到華埠一書店前，我在這書店中見書架揷滿了許多用紙包的書刊。紙包上都寫有書名，我發現有「建設」雜誌，不管紙包上的灰塵，立卽取下打開購買，又繼續見有若干其他書刊，也都購買。然後請店主爲我包裝好，以便郵寄，他見多年塵封舊書有人購買，自然樂意助我。華埠再無第二家中文書店，我卽僱一計程車回華大宿舍，請濟安代爲交郵海運回臺灣。並卽整理行裝。至若干文件也早在華大包紮，一併請濟安代勞，交郵寄回。

七月七日凌晨，梅谷卽駕車來送往機場。乘早六時四十五分班機飛紐約。以沿途須停二次上下客人，加以東西岸時差三小時，晚八時五十分到達紐約機場。包華德早已「特別專送」一函至西雅圖，告我到紐約時，他在機場接我。屆時。他等我取行李，然後同至市區第一一六街 Altora

公寓寄宿。這裏左轉卽到包華德的辦公處，右轉卽有餐館、藥房等，哥倫比亞大學正門也近在咫尺，圖書館及出版部也極近，地下車站與公共汽車站也在附近，一切都很便利，住房小，只一單人床，每周租金美鈔十三元。

美國東岸大學和圖書館

七月八日，包華德來公寓引導我去吃早餐後，卽到他的辦公室，會晤秘書潘紉秋女士、編輯魯潼平（湖南人）。旋在包華德個人房間談話，他告我：「你在此任顧問，每月食宿費六百元；主要工作是閱讀已寫就的民國人士傳略稿，如有疑問、或發現錯誤、以及新史料可資補充，都另紙寫下，以便將來參考修改」。上午十時半，我到我的辦公室，與魯對面而坐，他指引檔卷櫃取閱寫就書稿。下午五時，辦公時間完畢。我卽到哥倫比亞大學東亞圖書館查閱書籍，每日如此。

到哥倫比亞大學圖書館閱書以前，東亞研究所所長韋慕庭教授（C. Martin Wilbur）先帶我到校長室，塡寫一申請書，由女秘書給我一張閱覽證，指明居留時間可以到圖書館閱書及借書外出。這樣使我在晚間或周末得以在公寓中閱覽作札記，不致浪費時間。

七月十四日下午五時半，韋慕庭教授駕車來接我往郊外他家中晚餐。郊區清靜，比較紐約市人羣擁擠聲音繁囂，大不相同。

韋慕庭的父親是在中國的傳敎士，故他們都很愛中國。韋慕庭原是研究漢朝史，家中有一高不及一尺的漢代奴隸塑像。一九五〇年以後，他才迎着美國學術風氣熱心研究中國近代史，他且搶先一步在哥倫比亞大學倡導研究中華民國史。在哥大講授中國經濟史的何廉（粹廉，湖南邵陽人，曾主持天津南開大學經濟研究所，對日抗戰發生後參加中央政府工作）教授，熟諳民國政治經濟實情，是哥大研究中華民國史的主要人物；加以包華德主持的中華民國時期人物傳略研究，在美國各大學中是突出的特色。

哥大的口述歷史計劃

韋慕庭邀請我在家中餐敍時，提到哥倫比亞大學正在進行「口述歷史」（Oral history）——「口述歷史」也是哥倫比亞講授美國歷史的教授創意，原以訪問美國人為主。今韋慕庭引用到對居住紐約附近的中國重要人士作口述歷史，如唐德剛訪問李宗仁，夏連蔭女士（Miss Julie Lien-ying How）訪問陳立夫。「口述歷史」計劃：唐、夏是助手，訪問以前須準備了解「口述」人的生平大事，訪問時是用錄音機錄音，但在口述時如「口述」人有漏略或諱言，可以發問。事後要將錄音轉成文字，加以整理成英文稿，必要時送「口述」人校閱。

韋慕庭教授特囑唐夏兩人於進行訪問時，約我同往，藉以了解「口述歷史」實際工作情形。七月三十一日，唐同我到李宗仁寓所時，李正在閱李劍農教授撰「中國近百年政治史」。唐這次與李談話並沒有局限於一定主題，祇請李多說話。李提到民國三十八年四月派遣章士釗等北上對「和談」作初步試探，章等南返向李報告，說在石家莊初見毛澤東時，毛首先提及民國初年由湖南北上到北京，幸得章資助始得生活。章於三十年前往事固早已忘記，毛仍不忘（按我當時筆記如此，稽證各書所載章、毛當時行踪，三人言都不確）。至於夏女士同我往陳立夫鄉間養鷄場的寓所，談話主題是西安事變。陳說：蔣委員長回抵南京後，陳往謁，推門見面首詢「周恩來怎麼樣」？蔣答「還好！還好」。我後來在陳寓午餐後，陳駕車帶我們參觀養鷄場。

韋慕庭教授又同我到哥大總圖書館八樓，經過層層鐵門，入內參觀「口述歷史」目錄卡片，及已可公開閱覽的記錄。我曾調閱二三人記錄一閱。

韋慕庭希望將這一口述歷史計劃，推廣到臺灣，由我負責。當時，我答復他從長計議。後來在紐約市何廉教授寓所，他又詳細說及。

七月十七日，包華德邀請我和何炳棣到他的鄉居共度週末。乘坐火車每站必停，到達時包華德一輛破舊汽車停在車站，即同乘往他鄉居。這一居處比韋慕庭的家還安靜，四週很少房屋，樹林繁密。我們在戶外閒談時，包太太特用防蚊水噴在我頸際及小肘等處。兩日間，包華德導引我們看附近數十里環境，也訪問幾戶人家，見他們都很勤儉。

是月二十八日晚，韋慕庭請我在東亞研究所演講，我用國語發言，魯潼平為我英譯。我講的是中國近代史分期問題，主張按文化交流觀點，以明末清初天主教耶穌會士東來時作劃時期的標準。因耶穌會士既將西洋天文曆算諸學傳入中國，也將中國孔孟之道與重農思想西傳。講完後照例由聽眾發問。有人提出西方學人以十九世紀中英鴉片戰爭作中國近代史的劃時期大事。早已約定俗成，何不沿襲？我答復：這是西方資本主義國家與馬克斯的觀點，自第二次世界大戰結束，世局發生劇烈變化，如「遠東」一詞卽逐漸不爲人採用，而改用「東亞」；就比較切合。因此，中國近代史劃時期標準，自應按中國人立場，尤其是東西文化交流觀點才顯示歷史意義。（按此意見，我們早在「中國近代史論叢」第一輯中提出。近年美國各大學通行徐中嶽撰「中國近代史」卽自明末清初開始）

經何廉教授聯絡，我於周末乘火車往紐約郊區黃膺白（郛）先生夫人沈亦雲女士寓拜謁。黃夫人見我遠道前往，喜極流淚；因居住郊區，絕少友人往訪，尤其自臺灣來的客人更是稀罕。當時，她正在根據多年保存資料撰寫回憶錄，故縱談一切。如有云：黃氏由張紹曾介紹認識吳佩孚、馮玉祥，馮曾讀黃所著書。民國十三年黃組攝政內閣，非馮用黃，乃黃用馮，以馮破壞北政府有餘，而無建設能力。黃夫人並云：馮妻李德全女士到黃寓，每逢吸香烟，必用手遮口部。又云：蔣先生在民國二十四年的「最後關頭」演講是黃擬稿，蔣函請加入「和平不到絕望時絕不放棄和平，犧牲不到最後關頭絕不輕言犧牲」數語。王寵惠曾向蔣推介黃郛使英，以黃性格適合英人。沈又云：自己是天津女子師範學生，是校乃直隸總督袁世凱創辦，沈在校曾見袁數次。民初黃郛初見袁時，袁卽詢沈何不同來相見。沈又云民國十九年中原戰後，黃反對「凱旋」：「同類相殘，勝之不武」！

黃夫人留我午餐，我見她滿臉汗珠在厨房裏忙碌，我站在旁邊要動手協助，她堅持不肯。用餐時，我提出「何不回臺灣居住」？她說：早有此意，至少可有佣人料理家務；但有人勸她「千萬不可！你去臺灣，這些珍貴資料都會沒收」。後來我回臺北後將這種種面陳蔣總統，黃夫人也曾來臺北小住幾次。

世界上最寬廣街道

胡適之師時居紐約市，我和高去尋學長曾往拜謁長談。後來，陳受頤師自加州來，何廉在哥大敎職員俱樂部設宴招待胡、陳兩師，並邀我參加。散席後在俱樂部門口候車時，胡先生特別問我：「你知不知道這是世界上最寬廣的一條街道」！其實這祇是容兩車並行的小街，但對面房屋是哥倫比亞大學師範學院，哥大學生素輕視師院，故有此語。

八月二十七日，我到英國駐紐約市領事館詢問，欣悉我請錢賓四（穆）師擔保在香港居留二週，已得允許。這樣，我往歐洲各國旅行計劃可以實現，因歐洲各國必須過境旅客能在香港停留，才給予簽證；以當時還沒有歐洲直達臺北飛機，祇有經過香港轉回臺北。我當卽請英領館給予到英國及香港簽證。又陸續到法、德、義大利、西班牙、希臘、土耳其、泰國領館簽證。

國會圖書館收藏豐富

我在哥大工作至八月底完畢。九月一日，自紐約市區乘「灰狗」長途車往華盛頓，藉此看看沿途景色。車行五小時到達，卽往國會圖書館附近專招待旅客的民家住宿，每週房租十一元，距圖書館很近。是圖書館中文部副主任徐亮（湖南益陽人）代訂。

我在國會圖書館閱覽一個月，每日早九時到館，下午五時離館。有時晚九時才離去。館內地下室有餐廳，一切便利。按圖書館規定：任何書籍都不能借出館外。但可以入書庫查書，庫內並設有桌椅，以便隨手札記。這樣比查目錄卡片更容易知曉某書內容如何，決定閱覽與否，對時間可以把握。

我在西岸柏克萊加州大學、史丹福大學、西雅圖華盛頓大學各圖書館都曾查閱目錄卡片並進入書庫，了解它們的收藏，並就所需要的資料作札記或影印，故我在國會圖書館祇查閱前所未見的書刊。我發現這圖書館收藏中國晚清以來各種刊物，尤其鉛印或油印小册很多是他處所無，我都作有筆記或複印。我看到民國十三年（一九二四年）一月中國國民黨第一次全國代表大會紀錄十六開二頁，是關於討論「容共」案的發言與表決實錄。我都筆記於卡片。同時很奇怪何以祇此一事記錄，其餘都缺如。不知是那位有心人原來存藏？國會圖書館又是如何收集到？

國會圖書館中文部主任吳光清曾邀請我在國會餐廳午餐，便中導遊國會內部。至於國立檔案館及美術館博物館，我都利用週末前往參觀。有時漫步街頭看到紅葉，這是多年未見的景色。

九月十七日上午，我曾見蘇聯共黨（總）書記赫魯曉夫等乘坐汽車經過賓州大道大街，二十輛警察摩托車警號高鳴護衞，這一車隊共六十餘輛轎車。眞是前呼後擁，是俄人所謂「和平共存」口號的最高峯，也是俄共最高主持人首次來訪美國，近二十五年來沒有俄共領袖人再來。

九月二十六日，我在國會圖書館閱覽工作告一段落。二十七日早八時乘火車離華府往費城，十時半到達後卽乘遊覽車參觀獨立廳自由鐘等歷史名勝及美術館。晚六時乘火車返抵紐約市，仍居哥大附近公寓。當時我乘坐的是賓州鐵道 Pennsylvania Railroad 它可直達芝加哥及聖路易等，但後來都讓售其他公司。這次我在紐約參觀蘇俄成就展覽，了解其三十餘年的業績。

耶魯與哈佛大學

九月二十九日，我乘「灰狗」旅行車自紐約往新港（New Haven）。覓妥旅社後，即往耶魯大學。這是中國近代第一位留學美國大學畢業生容閎的母校，在湖南長沙的雅禮學校與湘雅醫學院及附屬醫院，就是「中國耶魯會」（Yelain China）創辦並負責維持。我到這常春藤著名學府，先向校警詢問遠東語言系所在，走到後遇見臺大同學周春湜，由他導引向北大學長朱文長研究室接通電話，即與周步行前往。我與朱自一九三七年六月在北平分別後，這是二十二年來第一次再晤聚，他陪同參觀耶魯大學圖書館，發現其中藏書插架分類，是按專題將各種文學書刊彙集在一起，如「義和團」「太平天國」等。這樣對學生研究查閱書刊自較便利；但分類必需專家，如八國聯軍統帥瓦德西日記，自屬於「義和團」專題，若不是專家就可能將它列入文學或傳記類。耶魯大學這一新分類法，自需投下較多人力財力，故其他大學仍沿前規，沒有更張。

在耶魯又曾遇見李田意教授，我曾閱讀他的書，卻是初見。我在新港小住一晝夜。九月三十日下午一時，乘「灰狗」往波士頓，五時到達後乘計程車往康橋，尋找旅社住宿。翌日即往哈佛燕京社東亞圖書館，得臺大同事及同學協助，在圖書館附近一民房寄宿。旋至圖書館拜訪主持人，又遇楊聯陞教授。

由於我已在西岸與哥大及國會圖書館閱覽近三個月，尤其注重民國史料，故在哈佛所見約有十餘種，下午五時離圖書館時卽將書借出在旅寓閱讀作札記。

當我在洛杉磯參加討論會時，哈佛大學費正清教授（Professor John K. Fairbank）曾電邀約。我既到康橋，自須一往訪談。他在中國對日抗戰前曾在北平學習中華語文，並旁聽蔣廷黻教授主講中國近代史，現在哈佛主持十九世紀中國史的研究，近年為迎合美國學術界風氣，曾與哈佛兩同仁合編一中國共產黨早期文件輯要，大半採自日文書。我們晤談時先談晚清史事，是我曾應用故宮檔案研究，再提及我所見現在臺灣收藏中共資料，我對他們編輯的文件曾應用臺北收藏原始文件比對，已發現至少有二篇是不正確的。我坦白地告訴他。這次晤談約二小時，午餐時他請我在研究所餐室吃蛋炒飯。有中國學生近十人同餐。我辭出後，一臺大同學告我：同餐的一白胖陳姓學生，是自命的「臺灣共和國」未來的大總統！後來，費正清又邀我晤談一次，了解臺灣資料情形。並且再三說：美國人教中國史的教授，不過相當於中國學生。其言可謂坦率。近年他寫信給我仍是這樣說。

十月五日，我離哈佛經波士頓乘「灰狗」旅行車回紐約。下午二時到達後，仍寄宿哥大附近的公寓。

「聯合國」全體大會的選舉

十月十二日，我往參觀聯合國大會選舉非常任理事情形。在休息時，蔣廷黻代表見我在旁聽席，卽招手要我往，我坐在他後面另一代表側，蔣代表說近日見福特基金會和洛克菲勒基金會負責人，問我何以沒有去晤談。我當報告臺灣組織「中國現代史研究會」事（見下述），並向蔣辭行，謝謝他招待午餐。

是午，我到所得稅處交在哥大兩月收入的所得稅，並取得離境許可。當晚，友人邀請到百老滙觀看黎錦揚原著「花鼓歌」經改編爲劇本的演出。這一劇目上演已逾半年，每晚觀眾仍滿座。劇中女主角是日本人後裔（後來「蘇茜黃世界」影片仍由她主演），面孔自然像中國人，至於男主角與其他配角大多是美國人，經化裝穿中國衣服後，也有十分之八九相似。劇中穿插一些跳舞，四對男女中有一二女郎是中國人。當時百老滙戲院除上演「花鼓歌」外，還有兩戲院也是演有關中國的劇本。但我已無暇往觀。

十月二十一日，包華德與潘、魯兩人公宴我餞別。下午唐德剛駕車來公寓接我到他家晚餐。飯後稍談，唐卽駕車送我往紐約國際機場，在泛美航空公司辦理上機手續。當時，「七〇七」型噴射機飛行不久，乘客須比乘螺旋槳飛機多付美鈔十五元，以速度較快又較舒適。

我在美國所見珍貴資料，早已刋佈於拙編「中國現代史叢刋」第一册，此不贅述。

〔註〕參閱唐德剛撰「文學與口述歷史」（傳記文學總二六九號）有云：「李宗仁的口述歷史，統計起來，大概只有百分之十五，是他口述；百分之八十是我從圖書館、報紙等各方面資料補充與考證而成的」。拙著提及此，藉以說明「憶述」可信程度不高，必需參考比證各種紙上史料，才可得眞相。望青年歷史學人注意。

歐亞各國的見聞和收穫

十月二十一日晚十時，泛美噴射機起飛。以時差關係不過飛行五小時餘，翌早卽到達倫敦。在飛機上空中小姐分送夜餐及飲料，事實上不可能入睡。

中華民國與英國已無邦交，倫敦祇設有「中國新聞服務社」代替以往的使領館，而英國對無邦交國家人民入境，須經內政部批准。我幸得在這「服務社」工作的錢歌川姻兒的女婿蕭堉勝代請其主任陳堯聖作擔保人，經一月餘時間獲得許可，才得成行。到達倫敦機場時堉勝已在等候，旋卽同乘火車到他們寓所，見到錢曼娜與兩兒女。我寄宿他們家，是日因旅途疲倦，午餐後卽睡眠，至翌早才起床早餐。卽與堉勝同往市區泛美航空公司將前往各國時日排定訂妥座位。再同往遊倫敦熱鬧街道，也參觀偏僻街巷，看見如臺北當時市場內外的許多攤販、蔬菜、水果，甚至布疋都有，他們所用秤量輕重的稱錘完全和中國一樣。

我在倫敦居留二週，祇有一天大雨，一日有霧，其餘都是晴空萬里，在這期間最大收穫，是在「公共檔案局」閱讀。這是經過英國外相批准的，發現有一八九六——七年孫逸仙先生在倫敦蒙難的原始檔卷文件，我影印一部份另抄錄一部份。這是國人以前所未見到的珍貴史料。王寵惠博士曾在駐英使館抄錄倫敦偵探社跟踪孫先生的詳細報告，擇要譯刋；羅家倫也曾利用清廷檔案有關部份刋佈一書，但都沒有見到英國官方檔案。我是首先進入這寶庫的中國人。後來都充實了我撰「孫逸仙先生傳」的內容。

大英博物院內圖書館，我也曾前往參觀，查閱目錄卡片，中文書籍極少，但收藏的海峽殖民地中文報紙很多，我曾抄記名稱。後來我在新加坡大學中文圖書館也看到同樣報紙；這都是有關馬來亞及新加坡華僑社會情況及活動，尤其「中興日報」是孫先生領導中國同盟會在南洋的宣傳利器。

牛津大學是在世界各大學中一歷史最悠久、設立最早，我得堉勝預先接洽，與他同乘火車前往參觀，赭色石塊樓房，更顯出它老而彌健。我到校內收藏有關中國資料的波德廉圖書館東方部，見他們不是用活動卡片櫃，而是將卡片分類粘貼在一十六開紙面簿內。了解其用法後查閱也不困難，我調借幾册英文書，選擇需要作札記。我們在這校區內步行遊覽，比較哈佛大學、耶魯大學又是一番景象。

我沒有能到劍橋大學參觀，堉勝函洽結果是按規定外人前來參觀須經大學參議會通過，因建議函請東方學系主任向參議會推介。這在時間上不許可，祇得作罷。

收藏英國王室珍寶的倫敦塔，卽在著名的倫敦大橋（因電影「魂斷藍橋」而著名）附近，堉勝陪我前往參觀，昔日國王、女王應用的許多紅色或藍色寶石等都陳列鐵欄杆保護的大圓櫃中。

我在堉勝陪同幾次以後，自己能自他們家走到汽車站乘車，或轉地下車前往公共檔案局等處。離館後也曾乘車至市中心，一觀夜市，然後循原路回蕭家。步行時見多霧而特製路燈發黃色光，偶遇對面來人，不論男女老少，面孔白皙可怕，似不像人。

停戰紀念日訪問康邊

十一月五日早七時，堉勝送我到航空站。十時，英國飛機起飛，約一小時到達巴黎機場，乘坐公共汽車往市內航空站，經過凱旋門、鐵塔、賽因河等處，到達時北大同學前輩郭有守已在站等候，旋同乘汽車到其寓所附近一旅社，每日房租金約合美鈔二元六角。再到郭家，晤陳通伯（源）教授一同午餐談話。陳並曾陪我往觀賞正在上演的蘇俄芭蕾舞。陳以出席聯合國文教會議來巴黎，故得在郭家一同餐敍。後得郭學長代購 Folies Bergere 大戲院前排座位票觀賞歌舞，票價美鈔五元。其演出比較紐約「無線電城」豪華偉大，若干歌舞女郎祇有下部稍加遮掩，其餘部份都裸露，「無線電城」女郎是三點裝。巴黎顯得「前進」。

我曾拜訪駐法大使館，在市區喬治五街，屋宇很寬大，祇是年久失修，已顯得破舊。巴黎的電梯遠不如美國的安全寬大，卽四週祇是欄格，可看到外面上下情形。

著名的凡爾賽宮時祇餘空屋，內部沒有桌椅及陳設。可能是第二次世界大戰時毀壞。幸其屋頂彩繪畫尚存，已够使人嘆為觀止。

在巴黎得晤舊友左景權，他陪我參觀巴黎大學東方部收藏敦煌卷子及巴黎鐵塔。介識翁同文。楚崧秋兄當時適在巴黎，由他介紹中央社特派員李強光及張馥蕊博士等。李陪我及楚往著名大衣料店選購最新貨色。當時距德國無條件投降已將十五年，法國經濟情況尚未完全發展，一般商人很看重美元旅行支票，我共購衣料八段，以法郎折合美鈔並減百分之四十後，計美鈔二十四元五角。可說便宜。聽說一九四五年五月以後，法國人不祇看重美鈔，即美國香煙亦然。我在法親見乘旅行車遊覽名勝時，美國旅客給一支香烟予嚮導，他連聲道謝不已。

由於友人陪同，我又曾遊法國故宮、拿破崙墓、大教堂等名勝，對一歷史學生是難得的親歷其境。我進入拿破崙墓見四周置數金漆棺木，友人說是拿翁后妃。金漆棺木與我國帝后用金棺（或稱「梓官」）似東西相同。

十一月十一日，是第一次世界大戰停戰紀念日。我得大使館員導引乘車前往當時法德兩國軍事代表簽字的所在「康邊」（Compiègne）參觀。昔日供簽字用一節火車車廂，仍停在鐵道上。館員告說：這一車廂是歷經滄桑：一九一八年法國與德國在此簽停戰協定，法國政府曾製有法德兩國代表蠟像陳列於車廂內，各人坐或站的情形都很逼眞。但遊客祇能在月臺上觀看。月臺上建有一紀念室陳列昔日簽字的相片及文件複印，並出售紀念品——第二次世界大戰初期，法國投降後，希特勒曾特來此地巡視一週後即命毀去蠟像等，這一節車廂倖存。一九四五年五月，第二次世界大戰，德國投降後，法政府又將這車廂移回原地，重製蠟像及紀念室；並於距離月臺約一百餘呎處，建立一大理石坊中鐫銅牌上塑一老鷹被箭射中垂頭待斃。意在表示德國終於又倒下去。

我往參觀時，正值一九一八年十一月十一日，整整四十週年，實在是難得的遇合。

我曾登臨著名的凱旋門，它卽在「香榭尼榭」(Champs-Elysées) 大道，這一大道兩旁人行道比較紐約第五街還要寬廣，當時正秋季，許多有玻璃蓋頂及窗子的咖啡座滿布人行道一半。在這裏飲咖啡，也可以欣賞紅男綠女。遇艷更不足怪。巴黎有艷名於世，這可能是一因素；這和拉丁區（學校區）的咖啡座景像不同。

我在巴黎曾拜會中國近代史研究部 (Centre de Decunetation-Sectecur Chine) 的紀業馬 (Jacques Guillermaz)。一九六一年十月他來臺灣也曾到臺大拜會我。法國華語學校于儒白 (Robert Ruhlmann) 教授晤聚時，滿口京片子。原來他曾居留北平，夫人也是北平人，自然在法國仍舊可照常練習。

巴黎有「花都」之稱，時值秋季，賽因河旁花市仍盛。但市區街旁，小便亭沒有自來水冲洗，骯髒之至。實在是花都一汚點。

羅馬帝國的長城遺蹟

十一月十二日下午五時半，我離開巴黎飛往德國道司杜夫 (Düsseldorf)。到達時蒙余建勳教授親駕車來接，當晚卽往拜會余夫人並在余府晚餐後回旅社休息。翌早，余教授駕車來引導我往科隆，參觀世界最大教堂之一，及現仍保存的羅馬帝國時代建築的長城一段，在地下，我們憑欄俯視。這一長城可能是匈奴被漢代擊潰後西逃時，羅馬帝國建築的遺蹟。東西兩大帝國都築長城防匈奴，可說是不約而同。余教授又帶我去著名兵工廠克虜伯的主人故居，房屋庭園都相當寬廣，室內還陳列有高三尺的中國製巨大花瓶一對。兵工廠已被燬，祇留下它主人的故居供世人遊觀。

余教授帶我到西德首都波昂遊覽，參觀波昂大學漢學研究室，余教授特別指示一研究桌是姚從吾師留德時所用。

第二次世界大戰後，德國多數工廠都被盟國沒收。余夫人是德籍，幸戰前即與余教授結婚，同回中國中央大學任教，因此她的兄弟即懸掛中華民國國旗，表示這一工廠早已分給余夫人，故得保全。余教授伉儷也就來此定居。

日內瓦國際聯合會舊址

十一月十五日，我自西德飛到瑞士蘇梨士（Zürich），祇遊覽一日，因無友人導遊。自蘇黎士飛到日內瓦。我國駐此代表李孟平來接，又遇我國出席郵電會議的鄧望溪，他時常出國，日內瓦又是昔日國際聯合會的所在，若干國際會議都在此舉行。李鄧導遊國聯舊厦及其他名勝，以天涼未及遊日內瓦湖，卻被邀參加招待各國出席郵電會議各代表酒會，得晤各國大使及代表，以及十餘同胞。次日乘旅行車往瑞法邊境阿爾卑司高山遊覽，這山終年積雪，自然與人工配合，風景美麗。當晚仍回日內瓦。

西班牙人的午睡

十一月十八日下午四時，我自日內瓦飛西班牙首都馬德里。居留三日，住宿當時歐陸最高樓房（二十六層）旅社。由我駐西大使館吳秘書駕車導遊各名勝，如王宮、行宮、古都，見宮廷屋頂彩畫極精美，四壁金碧輝煌也可與巴黎伯仲。祇是內部陳設都破舊。但一九三五年西班牙內戰時惟一僅存堡壘，守軍援絕糧缺，殺馬烹食，終不投降，後幸得援軍來解圍。強毅精神可佩。西班牙政府特於附近建一紀念塔，十字架高聳，殊壯觀。

但我發現西班牙人作息時間，與其他各國不同，卽每日午睡二小時，街市商店也閉門休息，下午四時再工作，晚十時進餐，午夜上床。不知這習慣始於何時？翌晨日上三竿才起身。旅館玻窗用雙層布簾，內層深色，使晨間陽光不透入。但我爲充分把握時間特將內簾中間不合攏，一見陽光卽起，並電話吳秘書來接往各處遊覽。

當時，鬬牛季節已過，未能一觀，踢躂舞卻得欣賞。

梵蒂岡欣逢盛典

十一月二十一日正午，我自馬德里飛抵羅馬，居留六日，得羅光蒙席（現任臺北總主敎兼輔仁大學校長）安排，寄宿傳信部公寓。謝壽康公使招待在其寓邸晚餐，暢談此行觀感。翌日，一神父駕摩托車來接我往聖彼德教堂，我坐在摩托車後座。是這次歐美旅行難得的一次。其餘四日，我大多參加旅行團暢遊羅馬各名勝古蹟。其中見一兩千餘年前羅馬共和時代遺留的大殿遺留物，粗石柱須三人合抱，屋頂全是銅質。羅馬各種房屋都以大理石雕刻，看來確是不凡。三四大教堂內部的金碧輝煌，據說都是純金。街市中噴水池甚多，很多人喜擲銅幣於水中。

十一月二十五日，欣逢高齡七十八歲的教皇若望第二十三世誕辰，謝壽康公使特約我同往梵蒂岡宮簽名祝壽。甫入宮庭，身穿黃黑兩色直條的瑞士衞隊手執中古長矛敬禮、義大利貴族衞士舉刀致敬。教廷殿堂天花板塑純金花，約重二千餘公斤，其他珍寶裝飾更多，這是一般人所不能進入，祇有外交團才可請求參觀。當日下午四時半，羅光蒙席陪同我再度進宮，參加教皇接見民眾禮。我因在倫敦時得羅光蒙席函告這一節目，特購英國製晚禮服全套，是日卽穿着禮服，坐在教皇左側惟一綠呢靠背椅，距教皇不過一丈，可親見教皇豐儀。這也是謝公使事前申請，得教廷邀請享受的優遇。大殿內已有一千餘人擁擠於兩旁，還有七八千人分立門外或戶內。教皇乘小轎蒞臨，民眾都歡呼或鼓掌。教皇坐定說：人生在三十歲前是十年十年過去的算，六、七十歲年齡的就是一年一年的算。共計說話二十餘分鐘，然後爲民眾祝福。幾千人唱歌鼓掌，熱誠親切。教皇在歡呼聲中離去。

翌日是感恩節，上午九時，我隨謝公使第三次進教皇宮，入宮內教皇應用的約可容一百餘人的教堂，參加教皇若望第二十三世主持的彌撒大禮。我早在一九五五年卽在臺北領洗皈依天主教

（我的故鄉常德百勝巷住宅對面卽有一「福音堂」。時我年幼並不知其意義，更未想到信仰），懂得禮節，故隨教皇起立或下跪祈禱。但我見回教國家的使節祇起立不跪。教皇於禮成後祇爲外交團人士祝福，並沒有分給聖餐餅。

我在羅馬六日，欣逢教皇誕辰、感恩節、接見民眾三大盛典；眞是「三生有幸」。羅光蒙席又曾陪我到梵蒂岡博物館、圖書館參觀，我看到歷代教皇珍物。十五世紀末葉以來，天主教耶穌會教士東來中國，口述由國人筆記的書籍多種。後來我編印「中國史學叢書」時卽請羅光蒙席函託時居羅馬的幾位中國神父向圖書館洽商攝製成顯微影片寄回臺北。

雅典火神廟被火燒

十一月二十六日，我自羅馬飛到希臘首都雅典，時我駐希臘大使溫源寧，在抗戰前任北大外國語文系教授；我這次前來蒙胡適之師寫一介紹片，我先期寄雅典，故到達時使館濮秘書來機場迎接，當晚卽承溫大使在一希臘餐館招待，適値感恩節，故吃火鷄，但其他菜品都相當油膩。

羅馬、希臘同爲古代西方文化發源地，也是兩大帝國。今羅馬祇是一城市名，希臘是一不足輕重的獨立國。溫大使特邀我同遊各名勝古蹟，有些是一般人不易到的處所。後來我參加旅行車導遊各名勝古蹟，如古代火神廟被焚刼餘的遺蹟，幾根大柱仍很壯觀。我曾在其前攝影，同時我想到湖南長沙的火宮殿，以及國人諺語「大水冲倒龍王廟」，希臘火神廟竟被火焚，正與我國人諺語巧合。

我隨旅行團參觀古代「馬拉松」（長途賽跑）競賽的起點，祇留一草堆而已。但中古時代建築的一漏斗式運動場，和我在羅馬曾參觀準備一九六〇年在羅馬舉行奧林匹克運動大會的各項競技場一樣。導遊又請遊客分別坐於圓形看臺的最高一層，他在場中央括火柴，旅客在圓形看臺各處都能聽到括的聲音。中古時代人建築技術精巧使今人驚奇。

十一月二十九日下午六時，我離雅典飛往土耳其舊都伊士坦堡（君士坦丁堡），參觀這一緊扼黑海俄國船艦進出的海峽名城。我曾隨旅行團到海峽畔眺望，確實險要，不論戰時如佈雷於海峽，俄艦船出入卽被阻絕，卽在平時也是觀察俄艦船動態的要地。同時這城市也多回教名勝古蹟，我都曾遊覽。當地街市不甚寬大，時已深秋，警察已穿半長黑皮外衣，可能穿用已一二年，皮衣外表已現被磨成灰白色。更顯出這舊日首都的「舊」，也表現土耳其政府的節儉。

新土耳其名至實歸

十二月一日，我於晚八時半，自伊士坦堡飛往土耳其復興元勳凱末爾建立的新都安哥拉。我駐土邵毓麟大使派員在機場接待。由機場至市區約三十餘公里，重要地點正在建立歡迎將於十二月六日來訪的美國艾森豪總統的牌樓。每一牌樓形式都不相同，且各具特色。可見曾經用心設計。比較我國每逢慶典所建牌樓千篇一律，全無創新意味，使我憶及民國十七年胡漢民至南京後再三倡言「要學習新土耳其精神」！世人常稱土耳其是「近東病夫」、中國是「遠東病夫」。「

近東病夫」既已轉弱爲強，「遠東病夫」也正在振作有爲。

安哥拉市容也顯現新氣象，凱末爾將軍的墳墓土黃色石築，卻遠不如南京紫金山中山陵崇高偉大。也不如美國春田城林肯總統墓全部淺灰色大理石建成的嚴肅；更不若巴黎拿破崙墓的金碧輝煌。卻顯示土耳其人的樸實無華。

泰國王華誕慶典

十二月四日子夜四時半自安哥拉飛往泰國曼谷。當時安哥拉已見薄冰。上午十時抵伊朗首都德黑蘭。我在美時原訂遊覽伊朗，到歐洲後知臺北有事急待處理（見上節），故改變行程，由安哥拉逕往曼谷，而我駐伊朗吳南如大使已派員在機場接待，並已訂妥旅館及備午宴招待，我衹得致歉致謝。使館人員告知：伊朗國王訂是月二十一日舉行結婚大典，惜我不能在此躬逢其盛。

泛美公司客機於是日下午四時飛抵巴基斯坦的喀剌齊，機場旅客均着單衣，停一小時半後繼續飛往曼谷，子夜一時半到達。曼谷居亞熱帶，我下機時脫下夾外套與西裝上衣，只着長褲襯衫，腳踏地面如火烘，與安哥拉氣候完全不同。我駐泰杭立武大使已派員來接，同乘汽車入市區旅社後，急沐浴並稍睡。上午十時拜會杭大使。沿途見街市懸燈結彩，各處牌樓亦別緻。杭大使告知：明日是泰國王壽辰。翌日，我隨杭大使進宮簽名祝壽，並參觀宮庭各處。下午遊佛寺。六日，遊水上宮庭及華僑集居的商業區。並得晤北大同學泰國留學生蘇廸（Sod Hurmarohita「吳宓詩集」中有他們伉儷相片）伉儷，他已不再研讀中國歷史，擔任報紙雜誌的評論員，他請我吃泰國餐，多冷品。

兩週間，我遊歷耶教、回教、佛教國家，目睹若干大教堂、清眞寺、大佛寺的外型及內部，和各種不同禮儀與風俗。這是現代交通工具進步所致。

十二月七日下午八時，我自曼谷飛抵香港。翌日往謁新亞書院創辦人錢賓四（穆）師長談，午餐後，賓四師暨夫人卽陪同我往熟識的衣料店，爲我家人選購衣料，並按我夫人寄來旗袍樣尺寸訂製成衣，以便携往臺北。

當時，原訂是月十五日離港返臺，適因接毛子水師手示囑回臺北對不如意事淡然處之。子水師極少寫信，今忽有這一手示，顯然臺北事緊張；而訂製衣服及購物都已於十二日做好，因卽於十三日離港回臺，完成環球旅行。到松山機場時檢驗行李，我在英國爲兩女購尼龍製有摺的裙，海關竟按奢侈品抽百分之百入口稅！出我意料。當時誰能想像以後二十年臺灣化學合成品製的成衣外銷是一大宗。

中國現代史叢刊的印行

是年六月初，我經過東京時，在東洋文庫見市古宙三教授，他告語我：由日本各大學研究中國近代史教授聯合組成的「近代中國研究室」設立於「文庫」內，以「文庫」收藏中國近代資料最多，各地研究人員乘搜集資料之便可相互交換意見，集會討論也便利。市古教授這一報導，使我想到在臺北組織一相似的可能性。在洛杉磯會議時，與美國各教授及基金會負責人提及此意，他們極力贊助。我因函告臺北師友請積極進行籌備組織，杜呈祥（後逝世）學長等奔走各方極爲盡力，克服各種人事困難。國立中央圖書館館長蔣復聰（慰堂）願擔任支持人，並提供會議室作討論會所。由毛子水師領銜向內政部申請組織，八月二十二日得通知「准予組織」。十月二日通知准予召開成立大會。三日，假南海路獻堂館舉行成立大會。黃季陸、梅貽琦、張維翰諸前輩都出席，蕭一山前輩主持大會。黃季陸報告「四川保路運動研究之進展與新史料之發展」、張維翰報告「雲南護國運動研究之進展與新史料之發現」後，即討論「中國現代史研究會」簡章，開宗明義，第二條：「本會以研究中國現代史爲宗旨（以研究中華民國史爲主）」。旋選舉名譽等理事

北大同學延國符等拜賀胡適之先生誕辰合影

于右任、王雲五、但燾、胡適等七人，理事羅家倫、蕭一山等，張維翰等爲監事。並決定研究、出版、連絡、總務四組組長、執行秘書由理事吳相湘兼任。

當我在紐約市時，蔣廷黻代表曾約午餐，我提及將組織現代史會事，他極爲贊成，並自願約洛克菲勒基金會人文計畫組負責人 C. B. Fahs 晤談請予補助費用。十月十三日，我在「聯合國」大會聽向蔣代表辭行時，他即告我：Fahs極願與我詳談。我當即趕回哥大擬訂致 Fahs 與福特基金會 John Everton 函件，又電話約好往訪時間。

到福特基金會時，計畫組副主任包大可 Mr. A. Doak Barnett（生長於中國的美傳教士之子。後離開基金會，專門研究中共問題，是美國研究中共的第一等人員）在電梯門口迎接，在他的辦公室長談（John Everton 時不在美國）。他對中國現代史研究會已經成立，很感興趣，允諾明年與 Everton 訪問臺灣時再和我長談。在洛克菲勒基金會時也是與 Fahs（出國）副手 Mr. Boyd R. Compton 長談。

是年十二月中，由美經歐回到臺灣後，儘管有他事困擾，但我仍努力與美國兩基金會聯繫。

適之師撰袁克定函的跋

同時，我積極進行編印「中國現代史叢刊」的工作。蒙胡適之師撰一「跋中央研究院歷史語言研究所藏『毅軍函札』中袁克定給馮國璋的手札」一文交相湘刊載——早在去年，我即發現這一手扎，因於十一月十二日上函適之師叩詢一切。十一月二十一日，奉胡師信扎說明。近刊胡適之先生年譜長編初稿第七册第二七四五頁沒有錄存這一信扎，今迻錄全文於左：

「朱芾煌原名紱華，故又作芾華。他是四川人，中國公學同學，任叔永朱經農都和他很熟。叔永與楊杏佛(銓)同來美國留學，我在叔永處見到朱君的日記，記的是他冒險去遊說袁世凱贊助革命的事蹟。日記的詳細內容，我已不記得了。但記得朱君先去見袁克定，由克定帶他見他父親。新發見袁克定致馮國璋手函，解釋朱君至武漢的使命，我很高興。但事隔四十六年，我已不記得當時的詳細經過，怕不配作題跋。倘蒙許我看此函抄本，或可提醒當時所記。我回國後，曾屢次勸朱君寫出此段冒險遊說項城的故事。但他那時已大信佛教，專力研究佛書，對此舊事已不大感興趣了。

當時朱君將日記（原本）交叔永帶到國外，原意是要保存此件，怕留在國內或有被人毀滅之患。可惜我們當日沒有將此日記留一副本。日記後來大概仍由叔永帶回去了。叔永回國在我回國（六年）之後，項域久已死，此件大概還給朱君了。

第二事，我也記不清楚了。當時我家兄弟已析產，產甚細微，每人分得七八畝田，半所房子。我是先母獨子，有養母之責。我去康耐爾大學學農，一個原因是因爲農學院是 New York State 州立的，不收學費，我們庚款學生每月八十元，可省出一點錢養家。但一九一二年我從農學院改入文理學院，不但每年須出學費，還須補還農學院三個學期學費。故我當時曾爲大共和日報翻譯了一點東西，短篇小說「最後一課」似卽是爲此報翻譯的。稿費卽由日報寄我家中。

我在上海求學時期，曾爲中公同學革命黨人辦的競業旬報撰文，後來我曾主編此報。報社中住有一個葉德爭是揚州人或鎮江人，由他認識錢芥塵君，是葉君同鄉。旬報有一個時期曾由張丹斧編輯，德爭是丹斧邀來住報社中的。我在中國新公學敎英文時，卽借住報社中。我在美國留學時，錢芥塵葉德爭曾約我爲大共和日報寄稿，我因爲有養母的需要，故允爲寄點翻譯的稿子。他們也寄一份日報給我。民三年三月十二日的日記，必是因爲我看了大共和日報上什麼文字，生氣了才寫的。四十多年後，我已不記得爲了什麼文字了。（手頭沒有我的留學日記）

匆匆奉答，定不能滿尊意，俟面談。

敬祝平安。

適之

四七、十一、廿一

連日趕成「神會遺著兩種」的「校寫後記」，故未及卽復，乞恕！

我看你信尾記月日而不記年，你是治史的人，似宜養成記年月日的習慣，並使學生人人養成同樣的習慣，你說是嗎？

適之師這一手翰奉到後，我卽將「藏暉室日記」中有關朱芾煌事鈔錄，並摘錄其他參考史料面陳。適之師囑我往訪中國公學師友王雲五、張承槱兩人。並分別函詢王、張。後王雲五祇談及朱在校情形，並檢示朱所編「法相詞典」，未述其他事。張先生以對我是初次見面，祇說不知其事。而適之師卻愼重其事，參考稽證寫成這一「題跋」。至上錄適之師手翰中所謂「第二事」，是我叩詢他老在中國公學爲其他報刊撰文事。這一手翰所述比較「四十自述」稍有異同詳略。

適之師手翰末特囑信件要記得寫年月日一事，確實重要。多年來我已養成習慣。但我保存的多位前輩或同輩手函，大多只寫月日，沒有記年；幸來信封上郵戳還可資參證。今特記述於此，企盼青年朋友注意，將來一旦成名以後，這些信札就是史料。

第一冊第二冊相繼出版

「中國現代史叢刊」第一册，胡先生寫的「題跋」以外，還有羅光主教撰述「羅瑪教廷與中國通使記」、杜呈祥學長撰「鄒容的思想演變及其在中國現代革命史上之地位」，以及參加我主持的「中國同盟會研究計畫」的王德昭、全漢昇兩文。

這一「叢刊」還選錄重要史料，以便利中外學人。是書出版後，我立卽快郵寄一册給美國史丹佛大學胡佛研究所東亞圖書館主任吳文津。文津旋卽帶往參加「亞洲學會」給參加的中外同好傳閱。文津旋寫信告我：哈佛燕京社東亞圖書館主任裘開明、芝加哥大學中文圖書館主任錢能訓等都有好評：編輯謹嚴，所有論文及史料選錄都是前人從未道及，其所引據資料更是海外所未有。

我當時正當精力壯盛之年，每日工作十一小時，每週在臺大授課八小時外，先完成「宋教仁與中國革命」後，卽應用自日本、美國、英國、香港所獲新資料撰寫兩文。同年六月，「中國現代史叢刊」第二册出版，並刊出第三册要目預告。

「中國現代史叢刊」第二册，首篇是羅家倫撰「一個幾乎被失落的歷史證件——關於袁世凱『戊戌日記』考訂」，其次是沈雲龍教授撰「黃郛攝閣前後」。及拙撰「江亢虎與中國社會黨」、「陳炯明與俄共中共關係初探」等。同時「史料」欄有李睡仙「陳炯明叛國史」、胡漢民述「六月十六之回顧」以及相湘編「宋教仁與中國革命引用史源及重要參考資料」等。

「中國現代史叢刊」第一册出版後一月餘卽一九六〇年四月下旬，洛克菲勒基金會代表 Mr. Boyd R. Compton 到臺北，在他居留的八日中，兩次邀約我長談。我卽將「叢刊」第一册贈送給他，顯示中國學人對中國現代史研究的具體成績，他很感驚喜我的工作速度：能在自美歐返臺後三個月就刊印一册書籍行世！他再三表示很關切我們的研究工作。我於四月二十九日以書信給他說明希望：洛氏基金會的直接或間接贈予財政援助，工作進行必可按計畫進行。

中美學術合作會議

是年六月一日，我得亞洲協會資助，作韓國、日本的研究旅行（見另章）。七月十日「中美學術合作會議」在西雅圖華盛頓大學舉行。胡適之師等三十六人自臺灣前往參加。七月二十日，毛子水師與蔣館長慰堂自美到東京小停。蒙他們告知：西雅圖會議是分「人文學術」與「社會科學」等組討論並作建議，人文學術範圍廣及考古學、近代史、語言學等❶。基金會撥款多少尚不知。但我推斷「中國現代史研究會」分潤的機會已很渺茫。

是年八月底我回到臺北。不久得福特基金會包大可來信，約我於是年十月三日晤談。但他們是九月底抵臺，先在中央研究院近史所參觀與商談，旋即傳出福特基金會對臺灣各處的研究補助費將以百分之八十五給中研院，餘額分配其他。這自然是胡適之先生主持中研院，近史所又有外交部撥予晚清民初的外交檔案。而臺大在西雅圖會議時注重美國研究，並沒有提及中國近代現代史。在這一情勢下，包大可雖約我晤談，可能配予的款項將很微小。錢思亮校長於事前已發請帖邀我十月三日晚餐，並特電話姚從吾師轉告我：務盼出席餐會，以便晤談；他願擔負一切責任。但我瞭解二三年來情形：每逢美國教授來臺大訪問，錢校長設宴招待，以客人興趣是中國近代

❶ 請參閱「胡適之先生年譜長編初稿」第九册第三二七一頁刊載「六月二日」條。這自是指國內設立的「國家科學長期發展會」的研究補助費而言，但以此例彼也可想見臺大各院長情形。

史，故我常被邀作陪。歷史學系主任劉壽民（崇鋐）是好好先生，文學院院長卻完全兩樣。姚從吾師曾一再要我警惕已遭人嫉忌。因此，我決定不與福特基金會人晤談，也不出席錢校長的邀宴；避免煩擾，以便專心研究工作，不受人事關係耗費精神。何況能否分潤剩餘的冷羹仍是未知數。

歷史常被曲解利用

「中國現代史叢刊」第三册，於一九六一年卽民國五十年八月出版，其中海內外作者各居其半，如美國加里福尼大學（柏克萊）房杜聯喆女士撰「經濟特科」，法國巴黎大學張馥蕊博士原著張夫人何珍蕙博士摘譯的「辛亥革命時的法國輿論」，蔣永敬編「胡漢民先生年譜稿」（後再增訂成單行本另刊）。

房杜聯喆女士於其文中指陳：「歷史，或是說一件歷史事實，不但是常爲後世曲解利用，有時候歷史事完成以前，就已經被曲解利用了。經濟特科正是這樣一椿很好的例子」。這一提示，實在是研究歷史學生的晨鐘暮鼓。

張馥蕊博士撰「辛亥革命時的法國輿論」，糾正國人多年來以爲法蘭西共和國朝野對辛亥革命曾給予同情與支持的誤解。因張博士搜集法國當時報刊數百種綜合與分析研究的結論：多數法國輿論對中國大革命的眞相並不了解，也不認識孫逸仙先生的領導能力，對袁世凱的能力和權力卻有出乎想像的迷信。

我在是册「前言」中又引據一九六一年六月十二日，美國副國務卿鮑爾斯在美國書商聯合會年會中發表演講，列舉美國在二十世紀開始所曾面臨的對中國五大決定都沒有能把握時機，其中之一即沒有認識辛亥革命！鮑爾斯說：「我們之未能繼一九一一年滿清帝國崩潰之後，明瞭中國境內的革命起義及其對我們未來安全的關係，這是一悲慘而代價昂貴的失敗」。「當中華民國於一九一二年誕生時，我們有美妙的地位可瞭解那個剛出頭的新中國的特質上及心理上的需求，及對該地的經濟與政治發展加施一種積極及亦許具有決定性的影響力。然而，那個時候的美國太專心於她自己的事情，而未能注意到中國方面為求促進該地的統一與經濟發展而發出的貸款呼籲」。

我引據鮑爾斯演講詞一段後指出。「這是另一個民主國家不了解認識中國辛亥大革命及中華民國建立的意義之坦白陳述。法美兩國如此，其他英日德俄就更可想見」。「平心說來：外國朝野對於我國的了解認識不够和不正確，大部份的責任是我們自己應該引咎自愧的。因為有關辛亥革命的史實研究，我們自己也實在很少著力、很少有份量的學術性論文發表。從現在起：我們希望海內外同好加緊努力」。我這樣「借題發揮」，實在是再一次指出「中國現代史叢刊」創刊的用意所在。

擁護研究現代史的風氣

「中國現代史叢刊」第四冊於一九六二年即民國五十一年三月出版。其中黃沈亦雲夫人撰「向現代史家交卷」、「不幸的二次革命」，是黃夫人根據保存多年的直接史料與本人見聞而撰成相湘先生：五月十四日手教早奉悉，承索拙稿「回憶」一章與自序并同刊入雙十節紀念史集，史家意存表真，至為感激。雲亦知無本文則序無所附麗，惟拙稿已經修改，修改之稿並未寄舍弟，尤恐益言溢乎事實，上週覆雲龍兄函尚深以未能報命為歉。月前致舍弟函時曾想到拙稿「不幸的二次革命」一章，修改時曾加未動，與足下晤談亦首及此題，詢其倘在手邊，請交足下一看，以為可用則請指正收錄（恐與慶典不合），勿勉強為盼。餘稿有哥大影印一份，須當帶歸，當呈正，並乞不客氣的指教。又倘用拙稿介紹時乞勿為過情之譽，使雲益增慚愧。又自序言「卅三章為整齊劃去一章」，今改為「本為整齊劃去一章，今仍舊」。每次看稿必有改小節目，無從詳述，足下為史正與否隨便也。耑佈并候

台安

大人均此

沈亦雲 拜啓 六、十八

的「亦雲回憶」自序與「回憶」中的一章，先予發表。並將胡適之先生與張公權先生給黃夫人信代「亦雲回憶」序，金問泗先生撰「跋」也交相湘發表。充分顯示她老熱衷「擁護研究現代史的風氣」。胡先生給黃夫人手翰向她道賀「亦雲回憶」的完成，並說：「我很熱誠的歡迎您的『交卷』，很熱誠的佩服您發表這許多現代

史料的勇氣。這樣的『交卷』才是『擁護研究現代史的風氣』。這就是替中國現代史樹立一個很好的榜樣了」。（黃夫人後來曾回臺三次。民國四十九年我都曾往拜訪長談。民國六十年五月黃夫人返臺北，我曾陪同她往陽明山中國文化學院觀賞戲劇系演出的國劇，曾合攝一影（見後）。不料她這次往美國東部後，不一年即病不起）。

胡先生在這一手翰中，沈痛指出：「日本軍人在瀋陽發難，到今天已是二十九年，『七七』與『八一三』到今天已是二十三年了。我們到今天還沒有一部中國史家著作的『中日八年戰史』，也沒有一部中國史家著作的『抗戰前的六年中日關係史』。這都是很可恥的事。爲什麼我們的史家到今天還沒有寫出「中日戰史」（從一九三一年到一九四五年，實在是十四年中日戰爭）這一類的著作呢？一個原因是這些年來國家繼續在空前的大患難之中，史料不容易保存，不容易得人整理。還有一個更大的原因就是您說過的：『史家似乎在迴避此一題目』。這就是說：社會裏還有太多的忌諱，史家就沒有勇氣去整理發表那些隨時隨地可以得罪人或觸犯忌諱的資料了」。

謹按黃夫人與胡先生所指責中國歷史學人所以迴避現代史，實在是社會有太多忌諱。如梁敬錞撰「九一八事變史述」於一九六四年即民國五十三年刊行於香港，兩年間先後刊行三版，暢銷海外各地，而臺灣不能入口。後臺灣刊行第四版時即將其中坦陳指責國民黨的章節大部份刪改後才出版。雷嘯岑撰「三十年動亂中國」上册，其中也多直筆，迄今不能內銷臺灣。中研院近史所所長郭廷以在美國三大學資助下撰寫「中國近代史綱」（一般著述，非學術性），是由香港中文大學出版，不能內銷臺灣，甚至臺灣翻印本也被禁止。蔣君章撰刊「宋子文莫斯科談判追記」於「中國

一周」，其中涉及外蒙古事，也被禁銷，蔣君章且受處分。

因此，「亦雲回憶」於民國五十七年由臺北傳記文學社出版，是一難得的事。

美日兩教授的論文

「中國現代史叢刊」第五册及第六册，於一九六四年即民國五十三年十一月出版，其中有美國印第安那大學鄧嗣禹教授撰「海內外會黨對於辛亥革命的貢獻」、日本京都大學博士彭澤周教授撰「宮崎滔天與中國革命」及「辛亥革命與日本西園等內閣」諸文。臺大馬來西亞僑生朱炎佳撰「吳祿貞與中國革命」，是他在歷史學系畢業論文，是青年人注意現代史研究的好例證。在這兩册「叢刊」中，刊載流傳稀少的三種史料：㈠丁士源撰「梅楞章京筆記」、㈡蔣作賓自傳、㈢許世英「雪樓紀事」，都是有關中日關係與民國史事。

⋯「叢刊」第五册中還選錄朱銘盤撰「與張季直昆季袁歷亭（世凱）函」（光緒十年），是取自「桂之華軒文集」。當時無人異議。後見一九八一年四月一日香港刊行「大成」雜誌，第八十九期，其中有沈燕謀前輩的「南郵日記摘錄」之三十三，內載致相湘函：閱大陸新刊影印張季直(謇)手書日記第十册，其中有與袁世凱書。朱銘盤記述應是錯誤。一九六五年六月二十一日致吳相湘函「草稿及添注塗改痕跡，全書於此，赫然斯在，因是多年疑團盡釋。治史不易，此箋者，費時若是其久，乃得物證。素仰執事撰述矜慎，敢以奉告」。謹錄於此，以作更正，並誌吾過。敢以奉告青年史學學人「治史不易」。實在值得警愼。

「大成」同期「讀者、作者、編者」欄又刊載相湘致編者函說明「清宣統帝遜位詔」。今迻錄全文於左，藉以示史學研討固應「當仁不讓」。

「大成」雜誌，內容豐富，其中沈燕謀老先生遺作「南郵日記摘錄」，尤爲筆者精心細讀的篇章——一九五九年夏，筆者訪問香港時，在新亞書院圖書館中，曾與燕老有一面緣，而南郵日記中提及拙撰文字卽三數次。想見燕老涉獵廣博，鉅細不遺。

「大成」第八十五期刊載「南郵日記摘錄」，其中有一節言及「清宣統帝遜位詔」對筆者在日本東京靜嘉堂文庫見「袁氏秘函」後的記述，不表同意，並謂「證明吳氏未嘗翻閱（張謇）傳記原文」。「仍不免踏想當然耳積習」。捧閱之餘，非常惶恐。因研讀近代現代史四十年，絕不致於重大公案不一查閱關係人士傳記，卽草率撰文。

謹按：燕老「日記」提及拙撰之「想當然耳」，事實完全相反。因拙撰原文（拙撰「三韓扶桑所見袁世凱關係史料」，見「中國現代史叢刊」第四册。）說「清宣統帝遜位詔是結束中國數千年君主專制一大文獻。南通張季直先生傳記稱：這一文件乃張謇手筆電報北京核定發佈者，此後各書如三水梁燕孫先生年譜諸書多因之，而無較詳說明。今就『袁氏秘函』粘存當時在北京擬訂之遜位詔數種不同底稿，包括所謂張謇手筆之一稿在內，詳加比對，又透露若干消息」。

上錄拙文既提及張孝若撰季直先生傳記，自然絕對不會「未嘗翻閱傳記原文」。事實上：筆者於這一傳記的初版本（民國十九年二月，中華書局刊）及增訂本（民國二十年五月，中華書局刊）都曾詳細比對閱讀。初版本於此遜位詔並沒有說及是季直先生手筆（第一五五頁）。增訂本第一五四——五頁則增加下列一段文字：

「胡先生漢民看到我父（季直先生）的傳記後，就寫了一封信給譚先生延闓轉告我（張孝若）：所謂內閣復電，實出季直先生手筆。這封信很有歷史上的價值，附抄於此：

「『組安先生惠鑒：季直先生傳記第八章文字，似有可補充者。清帝允退位，所謂內閣復電實出季直先生手。是時優待條件已定，弟（胡漢民）適至滬，共謂須爲稿予清廷，不使措詞失當。弟遂請季直先生執筆，不移時脫稿交來，即示少川（唐紹儀）先生亦以爲善，照電袁。原文確止如此，而袁至發表時乃竄入授彼全權一筆。既爲退位之文，等於遺囑，遂不可改。惟此事於季直先生無所庸其諱避。今云『來到手中』，頗爲晦略，轉覺有美弗彰。豈孝若君未詳其事耶？有暇請試詢之。（十九年二月十八日）』

「得此信不多日，又聽說我父此項親筆原稿，現存趙先生鳳昌處，辛亥前後，趙先生本參預大計及建立民主之役。那時我父到滬，也常住趙先生家。此電卽在彼處屬稿，固意中事也。」

由張孝若這一段增訂，可見他撰傳記初版及增訂版時並沒有見到季直先生手稿。而胡漢民先生致譚組安先生函中有「須爲稿予清廷，不使措詞失當」。這是當時應有的顧慮，甚至南方或早有情報。故拙文指陳「袁氏秘函」中的「數種不同底稿」，祇是說明當時有這事實，並沒有否認或抹煞季直擬稿電袁的用意。抑筆者在撰拙文時又已見及劉厚生撰「張謇傳記」，其中述及武昌起義後劉與雷奮及先師孟心史（森）先生等同往彰德訪袁世凱密談（先師同行到洹上，但未參加密談）。竊揣這或是袁世凱在數種不同退位詔稿中選取張謇手筆的原因之一。祇以缺乏文證，未敢率爾筆之於紙，今附及於此，不過用以澄清燕老日記指責「未嘗翻閱傳記原文」作一反證而已。

沈燕老道德文章，爲世所重，讀其「日記摘錄」，如見其人。惜哲人往矣，無法當面請敎討證。深爲遺憾。而中外古今學者研究撰文，難免百密一疏，筆者自亦不例外，但於此重要文獻的來歷則絕未敢草率，這是應陳明的。

「中國現代史叢刊」在四年間，先後刊印六册，完全是海內外同好友人的贊助支持。因爲我無任何補助，無錢致送稿費，都是無報酬的，而他們卻須耗費時間精力來撰寫，迄今仍使我念念不忘他們的高誼隆情。至於印刷費用，是由出版書局支付，公開銷售後收回成本。因此，我是在毫無經濟基礎的情勢下推動了中國現代史的研究。

「中國現代史叢刊」出版後，很快的引起國際上的注意。例如日本著名的「東洋學報」第四十四、四十五卷卽連續刊載菊池貴晴所撰「介紹」。如他對第一册中刊載的「袁世凱謀取政權的經過」一短文，卽讚揚拙文對袁之權謀術數作全體的考察是一特色；並將拙文所述袁五途分進陰謀摘要介紹。對「叢刊」第二、三册內容，菊池貴晴也逐篇介紹，並推許拙撰「江亢虎與中國社會黨」、「陳炯明與俄共中共關係初探」兩文，是從前未見對「聯俄容共」歷史背景窮極究明的富野心作品，興味深厚。

美國耶魯大學教授瑞萊特夫人（Mary C. Wright）主編「中國革命第一階段：一九〇〇——一九一三」（China in Revolution: the First Phase: 1900–1913）也是彙輯美國、日本、臺灣學人的論文而成，其中第四四〇——四四一頁註七一，推許我是主倡袁世凱與北洋系同僚並未指使北京兵變的第一位歷史學人，且引證一九一二年（民國元年）三月四日，英國駐北京武官上倫敦報告與我所引證的「北京兵變始末記」（拙編「中國現代史料叢書」）不謀而相同。

我敷陳這些「美辭」並不是自我炫耀，祇是說明近一百餘年來政治恩怨太多，各種有意歪曲事實的宣傳盛行，是非顛倒，眞相混亂。尤是對慈禧、袁世凱、汪精衞等以「天下萬惡皆歸之」幾乎成爲一定模式。今後如果要眞正了解民國史事，必須首先排除這些偏見成見，再愼思明辨，獨立思考、小心求證、從頭斷認以進行研究，自有獨特心得與豐碩收穫。我謹將這一珍貴經驗貢獻同好，尤其企盼青年學人注意。

民國時期人物傳記的撰述

一九五八年春，哥倫比亞大學國際學院主持「中國現代人物與政治研究計畫」(Research Project on Men and Politics in Modern China)的包華德初來臺灣與我晤聚，卽詢問我可否爲這「計畫」中需要的三位人士：孟森、宋敎仁、蔡鍔撰傳？並說明這是房兆楹兄推介，以孟先生是我的業師，宋、蔡兩人是湖南人，我當可寫得簡要且親切。我表示願意擔任，於是口頭約定。一九五九年夏，我在紐約時又再度確定。是年底，我回臺北後，忙於完成華盛頓大學的研究工作及編印「中國現代史叢刊」。一九六〇年六月，我又赴韓國日本作研究旅行三個月，以致延展這一工作，是年十一月，才將這三篇傳略寄去。包華德非常滿意，認爲是卓越手筆的傳記，正適合他們的需要。不久，他又來信建議我再協助他們的撰述工作，希望我提出可以擔任撰述的「人物」名單，以便核對他們檔案中是否已有或仍缺。我寫出一名單，旋得其同意並確定，我卽進行撰述，並先後寫出若干人的傳略。其中朱執信是應他們的要求，以在美國的中美學人都不詳其生平。

記，並開列名單指出其中大部份是需要長篇且詳細的傳記，少數人祇要簡要傳略。我覆信同意於一九六一年九月二十七日，包華德來信建議我在一九六二年一月至九月，撰述二十三人的傳一九六一年撰述的二十人傳完成後，再繼續進行。

一九六二年十二月一日，包華德來信收到寄去的傳略，並正在安排次年要請我撰述的人名單。我都就有資料可引用的先後完成。完成這一工作。

民主方式選定人名

包華德來信所以分別將若干人寫詳傳與簡要傳略。我早在紐約時即理解：這是由於他們決定名單時，按美國民主方式「採取多數」：即搜集中外已刊中國現代人物傳記數十種，包括中文、英文、日文、德文、法文、俄文等書；再自各書中採取所載人名分別記錄於分類卡片，彙集計算，以各書刊載最多及次多的人名選取八百人作擬撰傳的根據，對「最多數」的人即為撰詳傳、「次多數」的人就祇為寫傳略。

我在臺北撰寫這些傳記或傳略時，完全根據我已有或可能獲致的資料作決定。我在美國、英國及日本先後獲得一批資料，再就臺中史料庫抄寫若干。仍不敷用，其中有些健在人士，即設法尋求關係人親自訪問記錄，或與其直接重要幹部人員會談，如何應欽傳：往訪劉健羣長談，由劉介紹與何應欽的直接重要幕僚韓文源晤談，再經韓約訂若干同僚與我聚談；這樣逐漸發展，也取得一些資料；與官方或書店已刊書籍相互比證。至於薛岳是我向他請問一些問題。都是在薛上將臺北武昌新邨寓所午餐前後「席邊談話」作記錄，有時曾隨薛甚久的王力航等也在座提示或加強，引出薛許多話題。同時在抗戰時第九戰區司令長官司令部機要室主任謝又生也居住臺北郊外，我曾多次往訪長談。曾任長官部參謀長吳逸志中將且來我的宿舍晤談，並贈予「第四軍紀實」諸書，都是非賣品，臺灣省各圖書館均無藏本。再加商務印書館刊行「抗戰紀實」（其中有三篇是我手筆）等，並參考日本軍方資料才動筆撰述。

再如谷正倫、正綱、正鼎三兄弟，是由正鼎供給資料，我再參考其他已刊書報；並蒙姚從吾師指示：如按宋史中兄弟合傳體例撰述，可「文省事增」。我詳閱宋史有關列傳明瞭其體裁，就進行撰寫，完稿後請從吾師評閱後再付郵寄紐約——未意我這番苦心，未被包華德的中美助手所了解，當這一「計畫」刊行「中華民國時期人名典」(Dictationy of Republician China Period)時，竟將這一谷氏三兄弟事實割製分成谷正倫、谷正鼎兩傳，卻漏谷正綱傳。

張道藩炒豬肉絲

又如張道藩為供給資料，特邀我和劉紹唐於一下午到他陽明山附近的寓所暢談。張且親自下厨炒豬肉絲一大盤作晚餐，很鮮嫩可口。證明張多才多藝：編寫話劇腳本、參加實際政治，週旋於數百名立法委員間，且擅烹調。餐後再暢談，並贈送數册在抗戰前刊行的劇本。我們至午夜才乘車回臺北市區。

再如黃少谷是湘西同鄉，明德中學學長，在臺北時，我們曾在校友會幾次會聚。這次我為他撰傳前往晤談，請他憶述往事。嗣因他出任駐西班牙大使，民國四十九年（一九六〇年）七月，他持節西行途經東京，我們又偶遇。次年七月，我寄信西班牙首都我大使館催促。黃卽親寫一七頁長信給我，提及某一時期交往人，以便我在臺北就近訪問。這給我很大便利，我當擇要往訪談記錄，並參考稽證已刊報紙、雜誌、書籍後撰述完稿。

儘管爲取得資料，請當事人提供資料，最後撰稿時，完全由我一人秉獨立自尊原則進行，中文稿成後，絕不送當事人寓目，卽逕寄紐約。

一九六七年初，「中華民國時期人名典」第一卷，由哥倫比亞大學出版部刊行。這一卷篇首有包華德撰的「序」（Preface）及「說明」（Acknowledgments）與「工作人員名單」共十二人，其中美國人五、中國人七（內一人在香港），「撰述人名單」計七十五人，內中國人四十一，其餘是美國和其他國人。

包華德在「說明」的末段特別提示：三位撰述人張嘉璈（公權）、王毓同、吳相湘在他們各自的專門研究領域中爲是書撰稿最多。

「中華民國時期人名典」全四卷於一九七一年出齊。是按英文字母次序分卷。第四卷內容主要是各傳的引用書目（Bibliography）。最後沒有索引。

是書刊載傳記或傳略共計不到六百人，距原訂目標「八百人」短少二百餘人。我了解這完全是有關資料缺乏，沒有任何撰述人願動筆充數，包華德祇好寧缺勿濫。聞是書已有臺灣偷印本在各大學秘密流通，書店不敢出售。這很影響原版銷行，使哥倫比亞大學出版部一再降低售價。

民國時期人名典的索引

一九七九年，哥大出版部刊行是書第五卷「人名索引」，是由哈佛大學資助 Janet Krompart 女士費四年餘時間編製而成。這對於是書閱讀人很多便利。因是書全依中國國語拼音分卷排列，對於華僑原有福建、廣州、潮州、瓊州等拼音姓名都附列於國語拼音後。且有用其「別號」的，如「蔣百里」，這「人名索引」即於「蔣百里」後刊印「見蔣方震」。又增加「人名典」出版後若干人逝世年月日等。

×　　×　　×

我爲「中華民國名人典」撰述的中文稿，都留有複寫底本，原是供我隨時答覆包華德對某人傳稿有疑問時查閱用。一九六九年（民國五十八年）三月，我自新加坡回臺北後，接受傳記文學社主持人劉紹唐建議：就這已有底稿篇數，再增加若干篇，彙集成一百人成「民國百人傳」於民國六十年元旦刊行，祝賀中華民國建立花甲慶典。適是年七月，張公權到臺北約紹唐和我在圓山大飯店早餐，我們於席間向他要求協助供給其長兄張君勱的資料；同時他以張某所撰陳光甫傳記示我。七月十九日，張公權手翰抄示：追隨張君勱甚久的民社黨員程文熙住址。

陳光甫使美日記極珍貴

我往訪上海商業儲蓄銀行臺北分行總經理沈維經，請他轉陳光甫約期往訪並提供原始資料，得陳同意並約訂時間。屆時，見陳是靄然長者，聽我說明後，即給我一册民國二十八年即一九三九年在美國洽談桐油及滇錫借款時的日記（我是曾閱及這日記的惟一人士），並拱手謝我爲他撰傳，且說「老兄是具『使命感』而做這工作」。我回家詳閱這一英文日記，發現內附許多當時文電，都是外間從未見過，又有黑複寫紙寫的胡適大使拍發給重慶軍委會侍從室陳布雷轉蔣委員長的密電二件，論宋子文與孔祥熙兩人個性。臺北刋「中日外交史料彙編」中未有刋載，我即採錄於「民國百人傳」中的胡適師傳記中。近十餘年大陸刋行的「胡適使美日記摘要」也沒有收錄。可能是胡大使當時將底稿送陳光甫處，大使館沒有存檔。這兩電的史料價值可以想見。

我訪問程文熙時，首先告語：一九六七年二月，曾在新加坡見過張君勱暢談往事四小時餘，如謂：一九三三年即民國二十二年參加福建「人民政府」，後中央軍迫近福州時，當地中國銀行已爲購妥日本船票即日乘輪離開；「我每次一闖禍，總是公權託人照護我」！又云：「爲什麼對蔣宋美齡要稱夫人，何以不稱太太？」我又告語程：在新加坡拜訪時，張首先言：「曾讀大作『俄帝侵略中國史』，是由李幼椿（璜）告知我購閱的。」故他願暢談一切，祇是我恐老人過勞乏，不得不告辭。程當出示他正編寫張君勱年譜稿和其他各種書刋借給我用。

左舜生是鄉前輩，也是研究中國近代史的先進之一，民國十五年即一九二六年前已刋行「中國近百年史資料」初編與續篇——這時他自香港到臺北，我往拜訪並作記錄。後又拜訪陳啟天、沈雲龍請告知若干有關左與青年黨的史實。

張君勱與左舜生的著述，我在美國日本曾影印或摘要抄錄甚多，再比證在臺北資料撰成傳略刊「民國百人傳」。

「西潮」中英本文字歧異

蔣夢麟是相湘在北大肄業時校長，我在臺北往中國農村復興聯合委員會拜謁時，由北大秘書長、農復會總務長樊際昌先安排一切。我見蔣校長卽蒙贈一册題有我別號的手著「西潮」中文譯本一册及「新潮」已刊出的數章。我再請示若干問題。後又由樊引我到農復會倉庫樓上藏書處，查閱蔣已刊各書借回參考。我曾用「西潮」英文本（蔣原用英文寫）與中譯本詳細對證，發現中譯本有若干被竄入的文字事實。又如「西潮」提及民國二十二年五月塘沽協定前的活動等，我都查閱「美國外交文書」加以補充。在「民國百人傳」第一册中蔣傳末特加考釋說明眞相。

同樣：我撰胡適之師傳時，也曾參考中英文各種書刊才動筆，其中如「二進宮」談新詩一節，卽根據溥儀的英文教師英人莊士敦著述。對中文書刊的若干譌言加以辨正。

「民國百人傳」刊行後，正編製胡適年譜的胡頌平與我偶遇於毛子水師家，胡頌平對這一節頗有煩言。我當說明：我們都是適之師的及門弟子，自然尊師重道，而這一節內容祇有澄清功效，不應發生壞影響。後來我見「胡適紀念館」影印「胡適詩歌手迹」中有「核桃」一首，卽描述溥儀當時心情。

「民國百人傳」與「中華民國人名典」第四册同年出版；相互比較：「百人傳」較詳：「人

名典」中原是我撰述各人在付印前幾經增删，已與原稿不同。至「人名典」中陳光甫傳原是張公權手撰，張當時未見陳抗戰時使美日記，故於桐油等借款甚簡略。蔣夢麟、胡適、張君勱、左舜生數傳不知何人執筆，也不如「百人傳」之詳。

蔣夢麟校長逝世後，樊際昌也自農復會退休，得聯合報創辦人之一范鶴言資助在臺北郊區購新建四樓公寓一層居住，其寡媳孫女隨侍。我曾往探視樊的風濕病幾次，陪他閒談。樊曾說：蔣校長將與徐女士結婚前，適之先生曾給蔣一手翰勸止；蔣閱信後對樊言：正當我胸際熱血沸騰時，如何能止沸。終致婚變。樊與我不勝感慨系之。事實上：早在民國初年，蔣的原配逝世後，在北京舉行續弦陶曾穀女士婚禮時，胡贈一白話對聯：「一對新人物，兩件舊傢伙」，卽寓諷刺意。陶在臺北逝後，蔣遇徐女士將再續弦時，胡以多年患難之交自應加以勸止。

「民國百人傳」的餘韻

如上述我擬撰左舜生傳時曾拜訪陳啟天等，後「百人傳」四册出版前左早逝世。數年後在某一喜宴中，陳忽趨前與我握手說：「我是陳啟天，還認識我嗎?!」我了解這是因我對青年黨三要角左、陳、李璜（幼椿）祇撰左一人傳，沒有為陳、李撰傳。

「民國百人傳」刊行後，陳光甫九十大慶，我曾在傳記文學撰刊「抗戰時兩過河卒子：陳光甫、胡適」一文，作「秀才人情」的壽儀，並往國賓大飯店親向陳拜壽，陳認識我，向侍立其旁的獨生女介紹，並邀我和他們父女合攝一影。

其後我見中國文化學院一高樓頂層懸掛「光甫樓」金字橫匾，當我因事至創辦人張其昀辦公室時便中詢問其由來？張告語：陳曾於某日下午五時許乘車來華崗，倚車仰觀中國式建築，張適在散步，見一白髮老人來即趨前問好。不久即收到上海商業儲蓄銀行寄來巨額新臺幣支票一張，殊出意外，特製匾高懸以誌謝。

「民國百人傳」初版時，「自序」中曾說明是書內容並非祇有一百人，而是取義於百姓兆民。同序中又提到將續刊第五册。後因忙於撰述他書，一九八三年才動筆撰「第五册」若干人的傳記，次年完稿郵交傳記文學社。本書出版時，「民國人物列傳」一厚册業已刋行，是「民國百人傳」續篇。我完成兩種「上卷書」的下册心願。

台大教學相長十二年度

民國四十一年，教育部通令各大學：設立中國近代史及俄帝侵略中國史兩課程，爲全校各院系一年級學生共同必修科目。國立臺灣大學於是年孟春奉令後卽開始籌備，物色任教人選是首要工作。我蒙姚從吾師向教務長兼歷史學系主任劉崇鋐（壽民）教授推薦，劉主任循行政手續轉文學院及校長室同意後，劉卽函約我與李定一、徐家驥等四人在他的青田街臺大宿舍聚會，討論中國近代史課講授題目，首次會集時推我擬訂，在第二次會聚中討論通過。當時我擬訂的講授單元，是按每一學期授課十四週爲準，另有期中與期終考試兩週。每週授課二小時，一年課程共計二十八個單元，上學期首先講授「中西文化交流」：自明末淸初葡萄牙人據我澳門、天主敎耶穌會士相繼東來：利瑪竇、湯若望、徐日昇等到北京與徐光啟等交往、在順治帝康熙帝時期淸朝宮廷活動[1]，如康熙之立是湯若望建言、康熙帝自徐日昇學唱西洋歌曲的種種事實。

[1] 參閱「十六世紀天主敎士在華傳敎誌」、「湯若望傳」。商務印書館發行。參閱拙撰「近代史事論叢」第一輯第一册，傳記文學社刋行。

我們所以選定這是中國近代史開始的劃時期大事，是基於文化交流的觀點，從此老帝國必須面對新世界，才能肆應歷史主流的轉變。這是揚棄對日抗戰前我國若干大學講授中國近代史，完全追隨西洋資本主義國家歷史學人及馬克斯觀念：以中英鴉片戰爭打破中國閉關自守政策爲中外關係的轉捩點。殊不知當葡人東來時，俄羅斯也已越烏拉山經西伯利亞繼續東進，不久，英俄競賽爭奪中國卽逐漸表面化。中國朝野常被俄人笑臉攻勢所誤；終致大禍將至而不自知。現值一九五〇年代開始，我們實在應反省覺悟。

中國近代史課第一學期自「中西文化交流」起講授，至晚淸的腐化與人民反抗止。第二學期自「中華民國建立」起，經軍閥亂政、北伐、抗日、蘇俄的侵略告一段落。是年八月一日我收到國立臺灣大學聘約：文學院歷史學系兼任教授、每週授課六小時，按教育部規定致送鐘點費。

民國四十一年九月二十九日，我在臺大校總區臨時教室開始講授中國近代史，當時分配給我的是文學院外國文學系、理學院數學系、法學院經濟系。當時教室門口走廊雜亂擺滿學生的自行車，我要側身自兩車間隙側身入教室。三系學生經聯合招生考試得取錄入臺大，都是總分較高的，故聽講時很用心，有時也提出問題。一學年結束，外文系學生特邀請我和西洋史楊紹震教授、英文教授牧育才神父三位師長與他們合攝一影，以誌紀念。

兼任教授聘約是一年，民國四十二年七月，我再得臺大兼任教授聘約。當時我教的一年級學生中如項武忠今已任美國加州大學教授，當選中華民國中央研究院院士；歷史學系的林毓生、郝延平等今也在美國任大學教授。

民國四十三年七月，我得臺大專任教授聘約，每週授中國近代史課八小時，即四系新生四班，每週二小時，歷史學系一年級學生也不例外。而中國近代史是當時日本美國各大學教授及研究生最感興趣的「顯學」，如我們歷史學系學生不特加注意，如何迎頭趕上？因此，我向劉主任建議：歷史學系的中國近代史一課最好增爲每週三小時，教授以其中一小時專講授有關單元的重要史料與史籍，引起學生課外到圖書館借閱的興趣、作自動研習的門徑。經教務會議討論通過：將這一課程改在二年級講授，由我負責自民國四十四年秋季開學起始。

講重要史料與史籍

國立臺灣大學的前身是日本人設立的臺北帝國大學，在對日抗戰勝利後由中華民國接收，除一實驗蓬萊米成功的日本教授特被留用外，其餘日籍教授全部遣回，各人所有藏書也被留下交臺大收藏，故臺大文學院中國文學系收藏中文書特多。卽歷史學系系圖書室也收藏豐富，其中很多有關中國近代史的書刊，如日軍侵踞廣州時劫收的中國國民黨西南執行部刊行書報雜誌也運來臺北——臺灣是日人當時的「南進」基地。同時總圖書館書庫中更多民國史實的直接史料，如中共第二次全國代表會文件——我迄今仍記憶這些小册封面是綠色油墨印刷老宋鉛字——彭湃撰「海陸豐農民運動」等非賣品，都是稀見的珍貴直接史料。圖書館典藏股賴永祥、曹永和等告我：這是「臺灣總督府」一負責檢查中國郵寄臺灣文件的官員查扣後送臺北帝大的。

但學生不能進入書庫，祇能查目錄卡片塡寫借書單由館員取書，自然沒有借閱上述這些資料。二三年後，圖書館奉令進行嚴密檢查，將「違反國策」等書刊都抽出封鎖於後樓一房間。我也無法再見到。

經過一二年，歷史學系學生對中國近代史的興趣逐漸增加，即他系或他校轉來的學生也在我授課時旁聽。今仍保存的當時歷史學系三年級學生呂光珠寄我的信說：中學時對近代史不感興趣，以內容大多是喪權辱國失地、軍閥內戰的事，使人「覺得很喪志」。但進入歷史系後，「現在觀念改變：覺得實在有研究的必要；同時老師教課方法比較科學、生動，無形間提起學生研究的興趣」——三十餘年後回憶當時增加一小時的「重要史料與史籍」，應是這一女生來信所謂「科學、生動」的主因；同時我授課，不是用灌入式而重啟發性，並在每次上課時留下五六分鐘，鼓勵學生發問，下課後也可到我的研究室來提出問題。我總就所知加以說明，並指導他們去圖書館查閱某書。

這些研究室原有坐椅書桌等仍是臺北帝大時購置，所謂皮墊沙發長椅上的多年油垢已相當厚。接見學生無所謂，外國大學教授如哈佛費正清、哥倫比亞大學韋慕庭與狄別瑞（W. T. de Bary）、康奈爾大學畢乃德（Knight Biggerstaff）等都曾留名片於我研究室的門縫，適值我到總圖書館書庫去查書。翌日我電話至他們旅寓約訂時間來校演講，如韋慕庭、畢乃德等都曾應邀到校總區農學院新建大教室講演。費正清則是居住臺大在基隆路新建一宮殿式外形的學人住宅中，我乘回訪機會與他們夫婦晤談。

海外僑生成績好

當時臺大已有海外僑生，即東南亞各國及香港澳門中文學校畢業生來臺升學，教育部依他們成績與志願分發各大學。臺大僑生也是與當地學生同時同班上課，他們都能聽、講、寫中國語文；祇是僑生宿舍比較其他學生宿舍稍佳而已。民國四十四年六月二十六日，是年全校大一僑生聯合在校本部教職員俱樂部設席宴請我夫婦。席上有火鍋，使人奇怪，因問他們在東南亞各國亞熱帶地方氣溫高，難道夏天能用火鍋？他們答說：祇是來臺北後多季在市區餐廳嚐試火鍋美味可口，熱汽沸騰，感覺好玩！席間由主席馬來西亞僑生張長發贈我各生簽名的錦旗一幅，今仍保存，錦旗上簽名計二十六人，我祇記得張長發一人。其後幾年入歷史學系的僑生成績都很好，如朱炎佳經我指導的畢業論文「吳祿貞與中國革命」，採錄於「中國現代史叢刊」第六册。近十餘年來，炎佳長兄炎輝來信告我：在新加坡大學圖書館發現新刋的美國書中有引用這一論文的。

美國福特基金會贈予美國各大學研究生，在臺灣實地練習中國語文及搜集中國近代史料；分發入臺大的大多是參加歷史學系二年級聽我講授中國近代史；他們身軀較高大，擠坐於文學院第二層樓房教室狹小的桌椅相連的座位，大多還能寫筆記。

校園中的「藍衫黨」

民國四十八年度畢業石曼儀、陳淑平等女生都喜穿牛仔布製的短夾克，校總區的各年級男女同學都稱她們是「藍衫黨」：墨索里尼的信徒。近年我在美國中部「南灣」(South Bend) 姜家晚餐席次，還遇見濶別多年的「藍衫黨」人之一胡女士，曾暢談二十年前往事。

臺大教授宿舍是由「房屋分配委員會」按到校年月、全家人數等積點多少而分先後。我於民國四十四年春，分配得基隆路三段一五五巷新建宿舍一小棟，全家六口擁擠其中，某日總務長光臨見狀似有惻隱同情心，翌日我卽接到遷移至對面稍大房屋通知。這一宿舍與第七第八學生宿舍隔曹公圳相隣，建地是水田未經塡高卽興工，以致每逢大雨，淹沒卵石道路，卽須穿長統套鞋才能步出宿舍到校上課。後幸於民國四十五年初夏分配得泰順街第二十七巷宿舍一戶，是水泥碎石磨光地，臥房一間、客廳一間、餐室一、廚房一；我家六口祇好購用雙層床，將客廳兼作兒女讀書室；如遇來賓光臨，兒女們就迅速跑「緊急警報」夾著課本練習簿到臥室工作。我在這宿舍居住約九年，中外貴賓如美國韋慕庭教授等與胡適之師、谷正鼎、蕭一山等都曾光臨過。經濟系楊樹人教授與我的宿舍是「對門居」，我們時常「倚門」談天說地；斜對門的化工學系勞侃如教授更常在這小巷中大談「影評」；故隣居親近，楊樹人兄且成為我近三十年來一知己。

民國四十六年初夏，尹仲容解除所有公職後，閉戶讀書，擬撰「郭嵩燾年譜」，這是他敬仰郭的傲然風骨，在晚清不懼朝廷御史的「風聞言事」的糾彈，仍我行我素。一日，我在文學院研究室時忽得錢思亮校長電話：尹仲容訂明早來研究室拜訪。我自然表示歡迎，但請改會晤地點是校長室。翌日，我與尹在校長室初晤，他說：曾閱讀我撰刊「晚清宮庭實紀」及「戊戌政變記考訂」等故特來請教。今欲借閱參考書籍。我當陪同他到總圖書館後樓中國文學系書庫檢出「滿洲國」影印的大清歷朝皇帝實錄咸豐元年至七年兩函給尹，並由我出具借書條，尹夾書携往校長室途中，我曾客氣要替他拿一函，尹始終不肯；顯示他知尊師重道。六月下旬，錢校長轉給我一份尹還書的便箋，並請續「以咸豐八、九、十年之實錄見假」。我自圖書館檢出後交工友送校長室。

社會風氣對學生的影響

在這十二年度中，我親見「迎新」「送舊」「謝師」各聚會內容的轉變：最初不論迎新送舊都是在文學院教室舉行，每人一紙袋購自和平東路「凱士林」糕餅店的蛋糕、糖果及香蕉一支。二十餘年前劉鳳翰較高大身軀在迎新會中站立講臺作自我介紹的情景今仍如在眼前。後來送舊會即逐漸有茶舞。至於謝師宴大多是在市區內餐廳舉行，我記得有一次在成都路「馬來亞餐廳」，是畢業同學中的僑生建議嚐試的。有一次在圓山大飯店中餐部舉行，畢業同學們的主意是不藉這機會就難踏進這招待外賓大飯店。我在各次謝師宴中大多因畢業同學逐一敬酒而喝醉，由同學陪同乘三輪車回家大吐後安睡。

一九八四年十月，我見「聯合報」內「黑白集」批評臺大舉行時裝表演會之不當。但我意味社會奢靡風氣，尤其彩色電視中女星的美歐時裝；如何不影響校園中學生心理；「春色關不住」。

於黎華、李敖

沈剛伯院長曾在文學院院長室舉行茶話會歡迎畢業同學於黎華女士回臺探親，歷史學系各教授都被邀請出席。這是我在臺大十二年度僅見的一次。後來「文化太保」李敖撰刊文字於文星雜誌，內容對沈院長甚不敬。我記得臺北史學教授爲蕭一山教授完成「清代通史」，特假「會賓樓」設宴慶賀；主人們以蕭時任監察委員，請于右任院長作陪，故選訂于右任欣賞的這一北方飯館。屆時尚未入席等候沈剛伯院長來臨。不意沈甫入室見我站在一旁，不先向于、蕭致意，卽氣沖沖地走向我前說：「吳先生！我對李敖很重視，何以他竟撰文攻擊我」？我心平氣和地回答，「沈先生：李敖現在是史學研究生，是由院長兼研究所主任管理，與我並無關係。他祇是在三年以前卽歷史學系二年級時上過我講授的中國近代史而已。您應找李敖到院長室來親自詢問」。沈才轉向于、蕭致意，大家也都入席用酒菜。我從未過問臺大史研所事，但政治大學外交研究所研究生畢業時，政大劉校長常聘請我詳閱論文與口試。

門戶藩籬短見貽誤學生

事實上：當時學生很現實，早已體察我正在被排擠——時北大出身的史學教授有姚從吾師、夏德儀、勞幹和我四人，加上清華大學出身的劉崇鋐主任、張致遠教授暨西南聯合大學出身的李定一、傅樂成兩人，被國人稱爲「北方學派」出身的教授占歷史學系的多數；而「南方學派」的武昌高等師範出身的祇沈剛伯教授兼院長一人；其餘李宗侗是留法學生、方豪神父曾任上海復旦大學教授。情況如此，而我在史學教授中年齡居末位，所任課程又是世界「顯學」，不免被先進嫉妒——家居臺灣的男生都不敢請我指導論文，課餘卻常來我的宿舍請教；祇有應屆畢業女生準備赴美進修，不懼權勢，以及海外僑生請我指導。今中央研究院主任秘書陶英惠在校時請我指導論文，可說是僅有。但若干研究生如黃培、陶晉生等都經我寫寄推薦信給印第安那大學鄧嗣禹教授；郝延平、蕭啟慶、龔忠武等經我推薦入哈佛大學，郝、龔是習中國近代史，陶、蕭是隨姚從吾師習金史與蒙古史，都很用功，我曾親見蕭在和平東路聖家堂側一公車站候車時仍手捧英文書低誦，故我寄推薦信印大或哈佛時都說：從吾師與我計劃先後選成績優秀習女眞史或蒙古史的研究生赴美，藉以認識了解英日美國家內研習這兩大邊族的近況，由從吾師與我分別寄推薦信。哈佛費正淸與楊聯陞曁印大鄧嗣禹教授瞭然姚和我的學行，都欣然接受，如今都早已分別榮膺哲學博士學位並擔任美國大學教授。

又如今任中研院近史所研究員張存武在臺大研究所畢業後，仍由我介紹往國立歷史博物館工作；鄧嗣禹來臺搜集資料藉爲李劍農名著「中國近百年政治史」英譯本作註釋時，我也約張擔任，故英譯本序言中列有張姓名。

錢校長自國家科學促進會獲得費用資送赴英國進修西洋史的王曾才，民國五十一年卽一九六二年十月赴英國劍橋大學深造臨行前也曾到我的宿舍辭行，到劍橋後又寄來明信片祝聖誕快樂；這應是他對我講授中國近代史還留有印象。張存武近年常通信並寄賀年片來「表示向老師與師母的懷念」。這都是我絕無門戶藩籬的短見所致。

臺大十周年校慶紀念

民國四十四年十一月，欣逢臺大十週年校慶紀念，校長室早已通知：屆時不舉行盛大儀式，各學院分別舉行學術演講會誌慶。沈院長當請姚從吾師主持這一集會；從吾師幾經考慮後決定以「長城」爲主題，邀請夏德儀、勞榦兩教授各主講一時期，且約我主講一專題。我在中央研究院歷史語言研究所閱覽民國初年北大刊行「歌謠週刊」、民國二十年頃顧頡剛教授主編「禹貢半月刊」後，選訂「從孟姜女哭長城的民謠說起」一題。屆時，文學院最大的第二十教室，坐滿參加的院內各系師生；先由姚師說明「長城」題旨，依時期序由勞榦教授、從吾師、夏德儀教授分別主講：秦漢時代的長城（秦時長城在今綏遠省境還有遺蹟。漢武帝以長城作前進基地，城內並有水池供人與馬飲用，故得大伐匈奴，追逐至中亞細亞，抗戰時曾親見其遺蹟；斯坦因「西域考古記」中也有同樣記載）、宋朝長城內外的邊族、明清時期的長城（明永樂帝始建邊墻，卽今人習稱自嘉峪關東行至榆關的長城）後，我卽登講臺先說題旨，再依預擬大綱次序講：孟姜女就是「左傳」中的杞梁之妻，事經若干年若干人渲染，又經各朝代演變而成的哭倒長城的民謠中虛擬人物。事實上：她並沒有哭倒長城一磚一石，卻將中華民族黃帝子孫心理上的長城哭倒了。以致匈奴、鮮卑等五邊族、女眞、蒙古兩大邊族先後乘隙侵入中原。一八四二年中英鴉片戰爭結果，自明永樂帝以來五百餘年的閉關自守政策，被英國船堅炮利將關門轟開了。是我倡導中國史趣味化的又一表現。後來我曾應正中書局邀請撰刊「長城」一書。

民國五十年即一九六一年四月二十五日，是晚明大學士徐光啟（一五六二——一六三三）誕生四百週年紀念，臺大早已公告是日在校總區體育館舉行紀念會，請天文學家高魯講演。未意蔣總統官邸侍從人員忽於這一集會前一小時來到臺大校長室，拜訪代理校務的沈院長（錢校長出國開會），告以蔣公屆時將來臺大參加。沈即同往文學院長室，查看日据時代留下的沙發座椅，侍從人員以其舊垢太厚，皮墊內究竟如何？時間上不容許詳細檢視；祇好即用體育館原有空背收放的鋼椅。同時，沈院長囑訓導員往各宿舍要學生來參加。屆時，蔣總統已先坐在第一排鋼椅，正襟危坐聽沈院長開會辭、高魯的專題演講，至散會時才離去。沈院長對我說：「這次眞急得我一身冷汗，現在總算平安過去了」！

基督教會設立的東海大學在臺中建校開學前，曾約農校長以曾任臺大外文系教授關係特向臺大借聘劉崇鋐主任前往東海擔任歷史學系主任兩年，在這兩年中，由李宗侗教授代理臺大歷史系主任。不意劉回任後，秋季開學，劉坐在系辦公室審閱學生選課單時，李也來到。幾位教授和很多學生都目覩這一「爭位」情形。是我在臺大「目睹怪現狀」。劉主任在職一年後，校長院長才另聘人。

胡適之師初次自美返臺時在臺大運動場——當時徑賽跑道是由煤渣平舖，我曾見參加競賽的男女學生，赤腳跑；是當時臺灣物價昂、學生愛惜橡皮鞋不捨得讓它在煤渣上摩擦，寧願犧牲雙足——臨時搭建講臺上演說，並許諾「將為臺大撰校歌，請趙元任教授譜曲」。可惜這一諾言始終沒有兌現。

影印「中國現代史料叢書」後果

民國五十一年十一月二十六日出版的臺大校刊第六六四期，刊載五十一年度全部當然代表及互選代表名單；我當選爲文學院互選代表第五名，方東美教授等列爲候補代表，使我不勝惶懼：從此更增人嫉忌。

在這校刊出版前五日即十一月二十日，中國國民黨中央常務委員會決議：開除吳相湘黨籍。是夕，臺大訓導長劉發煊教授即來面告，我表示「自應欽遵，絕無怨言」。翌日，臺北市「徵信新聞報」（今「中國時報」前身）第二版「瞭望臺」欄刊載「某史學家開除黨籍」題標，內容第二段有云：「這位史學家之所以受到嚴厲處分，肇因於他所主編的一套叢書內容有不盡不實之處。這一套叢書並非他自己所著，而是根據舊有資料影印出版，編者本人亦未加增刪。然而，作爲一個主編，對所編書籍內容，自然要負相當的責任，因之，書籍出了問題，編者也自然要受到處分」。是文結尾兩句「黨內處分，祇其一端已」。同日，香港刊行內銷臺灣的「工商日報」社論標題：「國民黨革新運動的『祭旗』！」副題「由懲處黨幹與『怪書』案兩事說起」，內容所謂「怪書」指「中國現代史料叢書」中的謝彬著「中國政黨史」與尚秉和著「辛壬春秋」。十一月二十四日，香港出版內銷的「新聞天地」總號第七七一號第五版刊載「吳相湘被開除黨籍」。臺北刊行的「法令月刊」第十三卷第十期刊載陶希聖撰「法務漫話 夏蟲談冰錄（三八）」第三〇二節「法律案件的分析」：「吳相湘主編而文星書局發行此書，有無『侮辱國家元首』之故意，這是法律問題的癥結之所在。公平判斷，以爲他們雖不免有疏忽與錯誤，卻無法律上的故意。如此則刑法上卽使有此罪名，亦不能成立」。「如依出版法處理本法律問題，那就只有主編及出版者自行改正與補救。事實上，他們已經這樣做過了」——同一論文中第三〇一「出版法與出版自由」節：『侮辱國家元首』的罪名不見於刑法，只載出版法。

十一月二十一日，姚從吾師來我的宿舍留給我手書長翰，其中有云：「爲兄事，悵然者屢矣！然自另一方面觀之：天助自助者，老友之聞名世界學術界，受人尊重；一方面由於發奮自立，一方面也正由於吾老古混亂社會中，能類出天才耳！由『天生麗質終成名』之觀點言之，吾人之責任在將來。兄正宜自喜。（他人所求不能者，兄全能之；不得者，兄亦得之）。『天將降大任於有爲者，必先苦其心志，行拂亂其所爲』。因此一切應以忍耐爲主，切勿過於憂傷，以致有損健康」。「正寫間，嫂夫人歸，讀其天降大任一段，嫂夫人居然能背誦，爲之肅然。吾書此段，弟（姚自謙稱）當恭書，貼之座右，甚望兄亦一讀之也！匆匆，留此達意，下午三、四時當再來」。

下午三時半，我自臺大下課後回宿舍見這手翰，卽趕往姚師宿舍面陳：生的心情正如老師所提示，並沒有憂傷。以此事演變幾次，我已知曉，心理上早有準備。卽報紙所言「黨內處分，祇其一端而已」我推測：最重是入獄，不致有死刑，清雍正及乾隆兩朝的「文字獄」處死刑往事，應不致於歷史重演。何況，從此可減少許多被「拉差」去廣播或演講，我能研讀書籍撰述論文；請

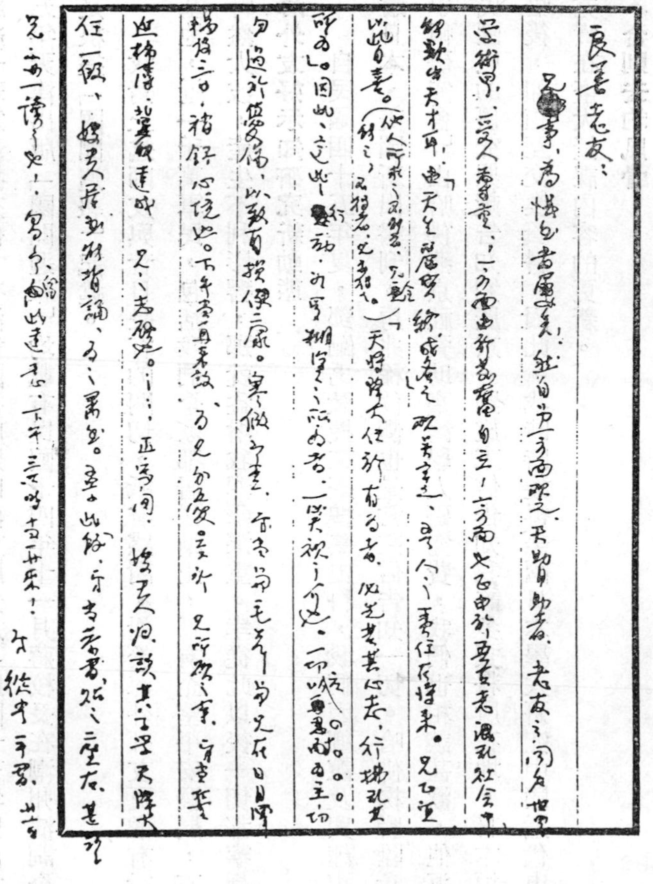

良善老友：

兄事，爲惜血壓高矣！然自另一方面觀之，天賦助者，老友之列名世界學術界，受人尊重，一方面由於苦學自立，一方面也由於以老友處混亂社會中能敬出天才耳。「由天之[illegible]，終成名之」，故其責之，是今之責任在將來。兄不宜以此自喜。（[illegible]）「天將降大任於有爲者，必先苦其心志，行拂亂其所爲」。因此，兄之此行動，如能糊塗之而爲者，一笑視之可也。一切以成功的目的爲主，切勿過於憂傷，以致有損健康。[illegible]兄在日間稍有三日，稍舒心境也。下午可以再來談，[illegible]兄所擬之事，[illegible]此稿後，並可以達成兄之志願也。……正寫間，嫂夫人得談其子學「天降大任」一段，嫂夫人居然能背誦，[illegible]。至於此段，亦當寫書於之座右，甚望兄每一讀之也！寫至此，留此達意。下午三時當再來！

弟 從吾 手書 [illegible]

老師放心不要再爲此難過。我藉這些話語安慰白髮血壓高的業師。近二十餘年來，我時時不忘姚師手書「孟子」垂訓「天將降大任」一段，先後完成「孫逸仙先生傳」、「第二次中日戰爭史」各兩巨冊、「爲全球鄉村改造奮鬥六十年之晏陽初傳」一巨冊等應可告慰姚師。

薛伯陵（岳）上將也囑謝又生告知：出席陽明山國民黨中全會情形。要我小心謹愼。陳受頤師與新加坡一友人先後函告：見「紐約時報」及「海峽時報」刊載臺北電訊述及此事。不久，紐約一華籍教授來信：香港龍門書店影印南京原刋之「民國十五年以前之蔣介石先生」，民國十五年天津出版「國聞週報」均載有民國十四年十一月蔣校長在潮州演詞全文，「民國政黨史」應是根據「國聞週報」記述。

我對上述師友與昔日長官的關切，祇有感謝，對於海外師友更惟有說明：臺灣省是反共抗俄基地，近一千萬軍民，包括我們全家都居住斯土，祇有企望平安發展，不願因個人事引起海內外軒然大波，產生不利影響，那就益增我罪孽深重。幸從此以後一切都寧靜。

海外友好示知研究新動態

自民國四十五年夏，鄧嗣禹教授來臺搜集史料，我們因鄉誼及興趣相同而成知己，他不斷寄贈日本、美國新出書刋。房兆楹伉儷也是常來信告知一切。哈佛楊聯陞教授來臺促成設立「東亞學術研究會」由哈佛燕京社資助臺灣學人研究費，我們也相談甚歡，他返美後又將我對近代史與民國史的研究與趣告知劉廣京，劉旋來信告知我許多資料所在地。日本坂野正高教授來臺訪問會晤後，即相互交換資料。因此，我時時獲得美國日本學人研究中國近代史的動態與新書刋，使我充實在臺大授課內容的更新。

不合則去的風骨

民國五十一年十二月，臺大校務會議舉行時，我出席參加、又被選爲「經費稽核委員會」委員之一。是年寒假這一委員會在校總區會議室集會，會計室已先將各種帳表簿册置放會議桌上，各學院長與當選的委員中大多數不具會計學知識，祇有翻翻看看，就照例簽名蓋章作通過的表示。翌日，由總務處循例招待各當選委員乘火車赴臺中附近竹山鎮臺大農林場遊覽。這一農場是臺北帝大初創時由總督府圈劃臺灣全島總面積百分之一作範圍，近五十年的培植各種樹木已很壯大，每年必需砍伐若干使有空隙，其中日人所稱的一千餘年神木仍巍然聳立。我們在農林場招待所住宿一晚，翌日早起觀日出後即遊覽各地，參觀伐木及樹林修齊諸作業後，下午即乘車北上，結束這一學期的「委員」工作。

自民國五十二年春季始業，校園中對我的各種冷嘲熱諷，逐漸增加。至民國五十四年春，已達到使我無法再忍受的地步，是年四月十七日，我因上函錢校長請辭，信函內容要點如左錄：

「我心中有存之多年的疑問，始終忍耐著，今天不能不向先生請教了。當此國家存亡絕續之交，臺大擔負了承先啟後的責任，但是非公道與學校建築物之興建恰成反比！就我個人的感受，我很懷疑院系負責人是否眞正盡到了先生付託的重任、維持是非之公?!

「中國近代史是全世界學人最感興趣的，但在本校却受冷遇：研究院入學考試與兩年學科考試都沒有這一門！但（劉）壽民先生主持的「美國在華基金會」却又幾次請我備詢問，洋學生的書面問題更多；他們問起臺大情形，我眞難於措詞。因爲這種冷遇，學生雖請我指導，却從未被請參與考試；這樣發展的結果，在此領域就顯得落後。今天我向學校提出這一問題，絕不是爭取任何權利，只是將此存案：這一研究之無成績，相湘是不能負責的。

「很多人由於我的努力，無論在專題論文或編刊書籍上都有表現。欲加之罪，於是『脾氣壞』就成爲我的罪狀。但我是一切以（傅）孟眞先生爲典型，『動手動脚找材料』與『反鄉愿』，是孟眞先生兩大原則，我都儘力去追求。先生與孟眞先生共事久，「孟眞先生脾氣如何？如果他的脾氣是好，那我眞是畫虎不成反類犬。先生：此時此地鄉愿眞是太多了，我只有爲國家前途悲！（中略）

「我早已向劉訓導長表示：如果官方認爲學校應予停聘，則請卽執行，絕不留戀。現在謹再鄭重向先生申明：如因上峯命令停聘，卽當服從，並於一月內遷出宿舍」（全函共三頁，每頁十四行。今爲節省篇幅，故略去二段）。

翌日晨，錢校長冒大雨來我的宿舍慰留，再三鄭重說明：一切完全了解，自下學年度起將爲我提供特別研究費。我再三婉謝盛意。並於四月二十三日，再函錢校長說明：「經於上課時向學生沈痛宣佈：此爲湘在臺大課堂之最後十週。茲謹鄭重向先生申明：現聘約自五十四年八月起，尚有一年未滿期限，不擬再行繼續。士可殺不可辱，讀聖賢書知行合一卽在於此。敬祈諒詧」。五月十二日，錢校長覆信：「先生去志既堅，自不敢過於相強，謹當勉從尊命」。我立卽再函錢校長：「頃奉本年五月十二日(54)校秘一八七四號箋函。敬悉。無責一身輕，快何如之。一切手續當於學期結束離職清結。湘本年度原奉准休假一年。自去年十月發現種種排斥跡象，卽深感此地已不可留，因卽於去年十二月底函陳：自今年二月起返校上課；蓋按之規定休假教授例須返校上課，以示權利義務兩相平衡。區區之意卽在於此，故對出納組通知領取鐘點費（休假教授仍上課之慣例），均未支領，特此陳明」。不意五月十九日又得錢校長函以不知湘未支領鐘點費事，特派人事室主任携款前來面致。我立卽覆信「擋駕」並說明：「湘研究近代史，平生實踐顧亭林先生博學能文行己有耻之明訓，不敢稍逾規定。民國四十八年冬，出納組林先生來寓以亞洲協會研究補助費支票送來，湘以不悉其原委，亦未接受。今者既決心離職，函告返校上課，藉符權利義務兩相平衡之規定，故在任何情形下對於此項超支鐘點費均無接受之理」。「近日若干學生所謂：吳先生代表正義。可謂恰獲我心。所爭既爲義，故對於利之所在，從無一爭，且退讓之不遑，如出國訪問三次、華大哥大之合作計劃，均洋人找上門，最後按行政手續請求先生批准而已。此外未妄想一分一毫金錢，此一光明光榮紀錄，與湘之論述屢經美國亞洲研究季刊與日本東洋學報讚揚。精神物質兩方面均有清白記錄存留臺大」。「前曾鄭重面陳：在先生同意中止聘約後一月內卽當遷出宿舍。湘日前已租妥房屋，准可如期將寓舍交還。湘既不以臺大爲養老院，對個人前途充滿信心，自應來去清白也」。

事實上：我在四月十八日錢校長來「挽留」不成時，卽已向留臺兩兒女說：今後當遷居一比較臺大宿舍寬大房屋，讓你們兩人各一書房。我旋於每日課餘在大安區內尋覓房屋，不兩日卽發現金華街新建四層公寓中有一第三層出租，我與太座兩兒女前往詳細觀察，大家都滿意，各人各遷新居。有一房間讀書，即約房東訂期簽租約。六月一日，即自五月十二日後第十九天，我全家就正式喬遷新居。

「臺大人」對我有去後思乎

當我收到錢校長同意中止聘約的函件後，仍照常上課以至學年考試試卷詳閱完竣才告總段落。時學生們送來五月十五日出版的校內刊物「新希望」的停刊本，其中有「給讀者的話」說明是奉訓導處命令「取銷該刊登記」，祇得停刊；並指出這是該刊編輯委員會「沒有接受學校的指導」，在第八期上刊登了「容忍與姑息」、羅素的「我願意生活在的世界」及「自由或者死亡」。由此可見當時臺大學生的對被過份約束的言行之一般反應。

同年十二月二日，我在新居收到李敖來信告以在東門買到葉德輝藏「西醫略釋」卷二一册，正好可配上他原藏的這册卷一；此書且有葉德輝簽名式的長印，楷書黑字，甚雄渾。葉德輝的書能流到臺灣，眞是怪事。

× × ×

民國六十三年仲夏，我忽接臺大學生霍揚宗是年五月十二日來信：「茲寄上『大學新聞』兩份，其中有不默生的雜談愛國與田園思想及秋山的從愛國與田園思想談起，均談及教授，不論此二文之立論正確與否，適足以表現臺大學生對教授的景仰與懷念」。信末並希望我「能再度立於臺大的教壇上，為正義發出疾呼、為培育下一代而致力」。至於「大學新聞」第四二〇期不默生一文首段指陳：吳相湘，「近一年來在大衆傳播方面鏡頭出現的風度和頻率，在在說明吳相湘自有他明星式的地位與成就」。「六十歲的吳相湘，他的可愛就在於他的『殊不年輕』的衝勁」。吳相湘流下的眼淚，給我們一股狂奔的力量，一股令人驚訝的力量」。「六十歲的他——吳相湘——把我們要說的話說盡，要做的做盡」。「吳相湘在某方面是這樣的年青而前鋒，怕中國現在還難找到罷」。

又「大學新聞」第四二三期「秋山」的文字有云：「吳先生是書生報國的好榜樣。他筆鋒的尖銳，在當代可說無人可匹敵」。「他嫉惡如仇的作風，正是傳統讀書人的骨氣（和傅斯年校長相似），也是當今吾輩極待培養、極待效法的」。「我相信，雖然吳先生年歲已不輕，但他寫這些文章時一定灑下了不少熱淚」❷

是年秋，我又得臺大學生陳松九月十八日寄信，首先說半月前曾給您一信，寄到中研院近代史研所，沒有接回信，今特再寫此函。第二段有云：「您對史學界的貢獻是令人敬佩的，您在臺大學生心目中所留下的印象是極深刻的。因此，生代表臺大主要的純學術性學生社團請您爲我們作一次學術講演」。信末且提出時間及希望談民初北洋政府或各地軍閥下的教育情況。不久，陳松又來電話問回信如何？我當囑咐：必須先取得歷史學系主任同意書，再來電話。一週後，陳松再電話告已得孫同勛主任的同意書；我要他於某日下午持同意書來寓面商時間及題目。後陳松與另兩名同學來，我說：不能堅拒你們一再地邀請！今題目擬作「趕快搶救中華民國史」，包括民

---

❷參閱拙撰「愛國憂時文存」（傳記文學社）。臺大「大學新聞」兩文可能是閱「文存」中各刊文字、初刊於「新聞天地」時，有感而發。

初教育情況；旋又商訂時間。屆時，陳松乘計程車來接到臺大農學院大講堂，題旨在鼓勵臺大學生迅速研習民國史，不要落在美國、日本、歐洲學人之後；我在這題旨下自然說明各國學人研究現狀，以及臺灣研究情況相互比較，內容穿插民初以來各種史實與可供研究的專題及資料所在——是否能滿足他們的期望，不在考慮中。

我來美國後，臺大歷史系一畢業生來信並附有關定縣平民教育運動的畢業論文。我閱讀後覆信：我們無一面緣，歉難寫向哈佛大學推薦信；盼就近請臺大歷史系教授寄信爲好。後又聞鄧嗣禹教授有意藉「客座教授」將海外新資料與研究動態等帶給臺大學生，不料竟被臺大歷史系所拒。可見「劣幣驅逐良幣」歪風更加甚。尙復何言。

三韓扶桑之旅收穫豐

中、韓兩國在地理上如唇齒相依，文化淵源又非常密切。近五百餘年來的歷史更有安危與共記錄：一五九二年，日本大政大臣豐臣秀吉率軍由海道入侵三韓，中國朱明朝廷不惜舉全力協助韓人抗禦，國力因此消耗過鉅，形成明朝崩亡一因素。滿清光緒朝，自壬午至甲午（一八八二年至一八九五年），爲保衞朝鮮半島，曾運用外交策略，甚至出動新式海軍主力抵抗日本侵略者；這就是世人熟知的近代第一次中日戰爭。一九一〇年，日本吞併朝鮮後，中華民國朝野支持韓人獨立運動，一九四三年開羅會議宣言明確保證「朝鮮獨立」，是中華民國力爭的效果。一九四五年七月，美英蘇俄菠坦會議時，初議以北韓三十九度至四十度間爲美俄兩國共同出兵攻擊日軍的分劃線，美國海軍少將賈納（M. Gardner）忽倡言「何不以北韓三十八度線爲準」，遂定議。朝鮮半島因此被強權政治分爲二：大韓民國位於三十八度線以南，朝鮮人民共和國在這界線之北。一九五〇年六月，蘇俄指使北韓軍南侵，「聯合國」會議決定出兵制裁侵略，東亞局勢從此轉變。

中、韓兩國關係如此，對研究中國近代現代史學人說來：如果能獲機會親履斯土，耳聞目見，自將遠勝於讀萬卷書。

民國四十八年卽一九五九年，我自美歐回臺後，向亞洲協會提出報告時，其駐華代表柏克（Edger Pike）語我如有意赴韓國日本訪問，「協會」將提供旅遊費等。從此，我就計畫這東北亞之旅。

翌年卽一九六〇年四月，韓國大學生發動「四月革命」，推倒大統領李承晚。六月，日本學生舉行反對美國總統艾森豪訪日的示威大遊行，艾森豪被迫取消東京之行。後日本學生仍縱火焚燬國會堂及首相官邸以洩憤。時韓國漢城私立高麗大學亞細亞研究所金焌燁敎授適到臺北訪問，他贈我一册由他主編的「思想界」雜誌刋載「四月革命」的論述專號，同時又簡述這一大事件演變經過及其影響。這對於我將往訪問的大韓民國自有裨益。

是年七月一日，我自臺北啟程，經東京停留一夜，次日繼續飛往漢城——在東京小駐時，我曾看到日本國會堂的餘燼未熄，日本共產黨撑持「日本共產黨中央委員會」紅旗乘坐中型卡車經過市區。

我於七月二日到達漢城，十六日離韓飛往日本，先後在漢城居留十五日。在這半月間參觀訪問各大學收穫多。

蒙古文字「三國演義」

高麗大學圖書館中的一部蒙古文字「三國演義」，最引起我的興趣。因三十餘年前在北大肄習明清史時，就知曉滿清開國首領太祖努爾哈赤、太宗皇太極都喜閱蒙文三國演義，皇太極並且模仿是書描述的錦囊妙計作兵法戰略，運用「蔣幹過江」故事的反間計及苦肉計，陷害明朝遼東最得力的督師袁崇煥，獲得成功。大清實錄及明史中都津津樂述這一大計謀。皇太極能活用小說故事付諸行動。足見他閱三國演義確有心得，而明崇禎朝小人當道，敵不過滿清領袖的機智，自毀長城，惟有覆亡——我不識蒙文，但看到書匣標籤及圖書館員的說明，撫摸這一蒙文奇書不忍釋手。這是關繫明清興亡樞紐的一物證，以前在國內沒有見過，現在總算滿足求知慾。

成均館大學是韓人崇敬孔子的所在，幾位講述中國文化歷史的教授都能說流利的北平語。

延世大學圖書館館長閔泳珪在我前往參觀時，特別預備了一部宋朝禪宗的「祖堂集」顯微影片二十捲託帶回臺北贈送胡適博士。閔深知胡先生研究中古哲學與思想史，多年來在各處搜集佛教禪宗資料。而這一「祖堂集」是韓國南部一古廟所藏，以前中外有關佛教書目都不見是書。韓戰發生後為免戰火損毀古蹟文物，這一古廟清點舊藏，才偶然發現這一久為世人遺忘的資料（一九六〇年十一月二日，胡先生有致閔泳珪的英文致謝信，刊載一九六三年九月，延世大學史學研究會編「史學會誌」第二號。）

京城（漢城）國立大學中央圖書館庋藏的奎章閣文書，尤引起我的注意和嚮往已久的興趣。早在對日抗戰前曾在北平得見日本影印的朝鮮李朝實錄，卽有意探究朝鮮王朝的記注制度與其編纂實錄的情況。此行可說如願以償。目睹「仁宗大王實錄」原雕版，比較北平故宮收藏的滿清歷朝實錄大紅綾本或大黃綾本寫本版面寬大四分之一；並且明清兩朝的實錄從沒有刻本（中國歷朝實錄從無刻本），衹有寫本。而朝鮮實錄的體例原是取法中國，竟有大型木刻本，眞是靑出藍勝於藍。

承政院日記 各國通商文書

更使我驚喜且慚愧的：朝鮮近三百年的「承政院日記」三千餘册也保存完好。「承政院日記」相當於中國帝皇宮廷起居注，是「實錄」編纂的原始根據。所謂左史記言右史記事，是我國宮廷的傳統制度（溫大雅撰「大唐創業起居注」，可說是今仍存世的最古的帝皇起居注）。我曾在北平故宮看過淸代帝皇召見羣臣座位圖：御座兩後側各有一矮桌供給翰林出身的起居注官記錄「綸音」與「奏對」言詞；同時我也翻閱過淸代帝皇起居注以及四執庫太監記錄的「御膳」「穿戴」檔册。兩相比較：太監們確實記錄的皇帝的「言」「事」「行」，翔實且生動的口語活躍紙上（詳見拙撰「淸宮秘譚」，臺北市遠東圖書公司刊行），而翰林們動筆的「起居注」卻盡是一些簡單呆板的陳腔濫調，完全看不出「召對」處理朝政的實況。顯然是文人畏禍不敢秉筆直書，也是傳統文人沾染虛僞習氣過深所致。起居注如此，以起居注爲藍本的實錄自惟有鈔錄上諭及奏摺以充篇幅。但「承政院日記」內容詳細生動，今已有印本。

「承政院日記」外，朝鮮總理交涉通商事務衙門與各國來往文書檔册，是奎章閣另一珍藏，其中有中國往返文書自一八八三年八月至一八九四年五月文書目錄，但文書原件多有缺漏，頁碼也不連貫——據告這批文件是日本併韓之初，接收宮廷及各衙署檔案總彙的一部份，後又展轉移集京城國立大學中央圖書館。一九四五年八月，日本無條件投降以前，祇有極少數日本學人如田橋保潔等經特許閱覽，其他人都無法觸及這些文書。

奎章閣文書中有若干關係袁世凱初到朝鮮（一八八二年）史料，其中金昌熙撰「東廟迎接錄」、正楷寫本，不見著錄於日本刊「朝鮮書錄解題」，可能是近年新發現而原藏於漢城大學。金昌熙是袁世凱隨慶軍統領吳長慶率部到達朝鮮時迎接官，是書記錄他和袁世凱談話，既非他人編纂，也不是事後追憶，其內容比較韓國國史編纂委員會刊印的魚允中「從政年表」、金允植「陰晴表」兩書翔實多多，既無刻印本，我即鈔錄一份（當時漢城大學圖書館尚未備複印機），已刊於「中國現代史叢刊」第四册。

大韓民國國史館收藏「駐韓日本公使館記錄」，是韓人冒生命危險保存的日本軍閥侵略史料，內含一八九四年至一九一〇年重要時期、原是日本使館秘密文書，一九一〇年後秘藏於日本「朝鮮總督府」文書課，第二次大戰時日本主持的「朝鮮史編修會」曾攝影留存複本保管。日本無條件投降時，「編修會」一韓籍職員申爽鎬不顧日人的威嚇窮追，將攝影複製玻璃片秘密收藏，堅持不交，遂得保存，送韓國史館收藏。不幸，韓戰時損毀一部份，後趕製複本，並將其內容目錄公開發表。我此行看到其中一八九四年份有關「清日開戰通知——袁世凱往復書信」；得申慶鎬館長同意攝製複本帶回臺北。

漢城鬧區有「吳公祠」，卽吳長慶蒞韓紀念。中國駐韓大使館卽清季「駐朝鮮總理交涉通商事宜衙門」舊址和原有房屋，大部份是中國公廨型式，花園內古樹參天，據說其中一株是袁世凱當時處決犯人所在。

中國使館在市區中，占地寬廣。漢城市容日趨繁榮時平房建築實在浪費地基。近十餘年來已完全改建爲高樓大厦，古樹老廨均已不存。我幸得見其舊景樣。

漢城小住十餘日，給我印象深刻的：(一)、漢城市街早已無人力車及腳踏車，若干可供三、五人乘坐的「合乘」小汽車，行駛一定路線，往同一方向素不相識男女都可搭乘，減少大型公車擁擠街市現象（日本及新加坡等地也有「合乘」汽車），節省汽油，是解決都市交通一法。(二)、韓國婦女服大多數應用現代合成纖維衣料，裁製傳統寬大服裝穿着。卽歌舞也是穿戴傳統服飾——雖然當時駐韓美軍甚眾，卻沒有完全感染美國婦女服飾。(三)、各大學大多有規模宏偉的體育館，各大學圖書館前男女學生排列入口處，等候在館內按規定閱覽二小時至四小時走出的學生空位再行入館。這一「盛況」是我在國內各大學從未一見。現在不知是否仍舊如此，或因新添建的閱覽室增加而減少排隊。

韓國學術教育界努力奮發並保持獨立自尊精神，當時財團法人「韓國研究圖書館」新設立，集中收藏海外有關韓國資料（攝製顯微影片）。韓國和外國學人有計畫研究三韓文化與歷史等，不必四處奔忙搜求資料，就近可應用這一圖書館。這是韓國學術教育界合作團結，不囿限於一狹窄門牆中的具體表現。可惜三十餘年來，臺灣各大學及中央研究院始終高築藩籬固守「祖傳秘方」，他校學生難以入內。鯤島學術進步遲緩，這是主要因素。

李承晚主持韓政時，提倡用韓文，不准再沿用中國語文。但一九一〇年前三韓歷史記錄大多是漢文。長此以往，年青後代如何閱覽這些史料史籍。卽日本併占朝鮮半島時編纂的朝鮮國王末代的「高宗實錄」仍舊用漢文刻印。雖其中若干記載完全是基於日本立場，大韓民國國史館館長申奭鎬面告我：將議重修，應用何種文字就費考慮。

板門店休戰委員會

是年七月八日，我乘美國軍用車與其他美國遊客三十人前往漢城以北板門店停火線參觀。到達時一切聽美軍憲兵指導行動。當日正是休戰委員會舉行第一二二一次會議日，雙方代表在一長型鋁片建成房屋中集會，會議桌正跨北緯三十八度南北。遊客站立鋁房窗外參觀。事實上：北緯三十八度線原是地圖學名詞，地上並無顯明分劃，今作政治軍事分界，完全是人爲；可是這一視而不見的鮮紅血線，曾經聯合國軍及共黨軍傷亡將近一百八十餘萬人（聯軍陣亡十五萬餘人，傷二十五萬餘人；共黨軍傷亡約一百四十二萬人）、南韓平民和軍人死亡共四十一萬餘人、傷四十二萬八千餘人，另有三百七十二萬餘人無家可歸。

休戰委員會開會時，雙方代表面部都沒有表情，祇按照預先準備的文件宣讀一遍，大多是指責對方違反停戰協定。參觀的人腳踏這一血線地區，眼見雙方代表的木然枯坐聽譯員傳語情景，祇有感嘆國際政治家眞是視萬物爲芻狗。

大韓民國近年奮發自立，一九八八年，奧林比克世界運動會已決定在漢城舉行。而一九八四年秋，南韓歉收，食糧及藥物等缺乏，北韓曾以大批救濟品載送南韓，一列大卡車隊越過三十八度景象，出現美國電視播映國際新聞時間。

休戰委員會集合室以外，若干鋁質大小房屋並沒有標明屬於何方，遊客一切行動——甚至要去洗手間，都得先向美國憲兵詢明，以免發生意外。肉眼所及地方有一座名「無歸橋」（No Return Bridge），共黨代表南來開會必經的橋樑，也是投奔自由或志願往共黨區的橋樑。

是日午，遊客由美軍招待午餐，並散步休息。餐廳附近設立一紀念品出售處，遊人都購買一只打火機，上鐫「板門店停戰區」標幟。因爲在這一緩衝區除打火機的微小火光外，不容有任何「火」出現。是遊客最佳紀念品。下午仍乘美軍用車回返漢城市區內。

漢城和板門店之旅，滿足了我對近代現代歷史上的求知慾，也不免許多惆悵。

下午六時，美軍區中國籍譯員陪同往美軍俱樂部晚餐，在這俱樂部使用美軍用票，可以美鈔兌換，韓國的「圜」紙幣不能通行。事實上是美鈔兌韓「圜」官價與市價差距很大，我曾見中國使館正門至大道的通道日常站立十數着韓國傳統衣服的婦女在做美鈔兌換買賣。我收藏美軍用票幾張作紀念。

韓國獨立運動健將，一九〇九年十月二十六日，在哈爾濱刺殺日本首相伊藤博文的勇士安重根（天主教友）銅像，橫書「忍耐」兩字，我也曾往瞻仰。銅像碑文有云：安重根行動是「曠古絕頂義舉」。一九一〇年三月二十八日在旅順獄中殉國。

七月九日，我應邀在高麗大學亞細亞研究所演說「五四運動」，同時，美國費正清教授講「中國歷史的外觀」。時值韓國「四月革命」不久，故他們要求我講這一題目。我說明主旨：這兩個運動性質及動機完全不同，只是學生爲主動者一項相同。晚間校長兪鎭午設宴招待。十日，我往仁川遊覽，見一九五七年九月建立的麥克阿瑟元帥銅像，紀念他一九五〇年九月十五日，率聯軍在仁川登陸，挽回韓戰初期不利的戰局。

日本宮內省圖書寮護惜珍籍

是年七月十六日，我自漢城飛到東京。八月三十一日，自京都經大阪返回臺北市，先後在江戶及洛京居留兩月又半。這七週中收穫至豐，於研究與編撰工作大有助益。

毛子水師與蔣復聰館長自美國參加「中美學術合作會議」後東歸，經過東京小住。蔣以中華民國國立中央圖書館館長身份，得日本宮內省圖書寮同意前往參觀。我隨同入皇宮，達到圖書寮門玄關，脫靴換着拖鞋，再步上一樓。樓梯每一級都用淺黃緞鋪墊，以免拖鞋底或沾塵埃。藏書樓板也鋪黃緞，各玻櫥藏書均由戴手套職員小心謹愼取去，放置案頭，按蔣館長意披覽，蔣手指從未一觸紙頁。

我前在北平故宮博物院曾見清朝歷代皇帝實錄，用紅緞袱或黃緞袱包裹；從未聞見黃緞鋪墊圖書室地板事。日本人護惜珍籍「文化財」實況，給予蔣館長和我深刻印象。

靜嘉堂文庫位於東京郊區，庋藏購自陸心源皕宋樓宋版書，著名於亞洲。我此行曾往參觀，庫長米內寅大郎招待殷懃，導往書庫自玻櫥取去宋版書多種供覽，書函有中文標籤，易於瞭解。我於此祇有深嘆國人不知珍視古籍，致使這批稀見書册東流成爲日本重要「文化財」。嗣見櫥中「袁氏秘函」，函請米內庫長取去，逐頁閱覽，驚喜之餘，即與米內筆談，他允約一攝影師來庫拍製顯微影片郵寄東京青年會宿舍，費用先付。這是靜嘉堂文庫庋藏古書珍籍外，關於中國現代史惟一直接史料，乃辛亥大革命後袁世凱在北京的若干手筆原件，其中如袁筆削改宣統帝遜位詔稿，「二次革命」時手令等。

「三韓扶桑所見袁世凱關係史料」（中國現代史叢刊第三册），是我東遊回臺後就奎章閣文書與韓國史會及這袁氏秘函內容大要介紹於同好，並附放大影片數張，略存其眞。

日本外務省檔案中的創獲

一九四五年八月，日本無條件投降後，日本政府機構都遵聯軍統帥部命令改易名稱，如外務省改爲連絡省，參謀本部與陸軍省海軍省三機構取消，後統屬於新名防衞廳，新制訂日本憲法規定祇有自衞能力，故迄今仍沿用防衞廳名稱，連絡省恢復舊名，並於霞關重建新厦。

承駐日大使館洽妥，我到東京不久卽前往霞關新厦，仍是戰前叱咤一時的「霞關外交」舊址，以前祇中國使館高級人員可得進內會談，我是一中國大學教授居然昂首步入，眞是時移勢易。

日本外務省中國課長遠藤又男與我筆談後，即指派外務事官臼井勝美、吉村和子兩人導引往檔案室，見眾多檔册排架，甫就坐即見「各國內政關係雜纂（支那）（革命黨關係之一）」第一册，册內第一件是明治三十年（西曆一八九七年）八月十八日，神奈川知縣報告：孫逸仙在倫敦獲釋後，已於十六日乘英船來橫濱，居陳璞家，在英清國使館一官員尾行。日本外務省收到此報告，經列為「機密受一五二三號」。也就是中國革命黨人在日本活動開始的直接史料。第二件神奈川知縣四月二十一日報告：尾隨孫者乃在英清使館三等書記官曾廣銓。當孫到達，在東京清使館一書記官亦來橫濱認知。

同一標題檔卷第一册、第二册、第三册，自一八九七年至一九〇〇年，是孫先生自英國到日本後兩年半間的種種言行，與犬養毅、宮崎寅藏、平山周等首次交往，居留東京，往返上海等事實的當時記載。使我驚喜異常。因這是美國國會圖書館編製「日本外務省檔案目錄」（Checklis of Archives in the Japanese Ministry of Foreign Affairs）第九頁（MT1.6.1.4）注明遺失（Missing）的。檔案室職員用筆談告知：戰時匆忙將各檔案裝箱運存他地郊外收藏，「終戰」後攝製顯微影片時仍不免雜置；近來新厦排架時終於發現。又「目錄」與原檔編號不盡相符，更有遺漏：如「各國內政關係雜纂（支那）（革命黨關係）」類即有未被攝影；「在本邦清國留學生關係雜纂」全部未經攝影。

我知這幾類檔卷是研究中國革命黨人士在日本活動非加檢閱不可的直接史料，曾費時三周（

實際十五日，因每周末不辦公）在這檔案室披覽並鈔錄於筆記簿。

綜觀「各國內政關係雜纂（支那）（革命黨關係之一）」各檔册及「在本邦清國留學生關係雜纂」檔册中各種文件，日本政府對中國革命黨人活動都瞭若指掌。但有一特殊例外，即一九〇五年八月中國革命同盟會在東京成立一大事，這兩檔中完全沒有痕迹可尋。而一九〇五年七月，孫先生到東京出席留學生歡迎會種種言行卻有報告存檔。又是年十二月，中國留日學生反對日本政府新頒取締留學生規則罷課風潮，「在本邦清國留學生關係雜纂」檔册中保存當時眞相最詳細，其中大多是國內未曾前見。

新見的重要史料

「各國內政關係雜纂（支那）（革命黨關係之一）」檔册中有前所未見事實如：

（一）明治二十二年（一八九九年）一月十七日，鄭弼臣自香港來訪孫。孫等近來頗形忙碌模樣。聞同人等不日歸國，時機成熟，立歸廣東舉反旗。同日，前居留地八一番均昌號主人密製軍旗如別紙——湘按別紙「軍旗」形卽青天白日滿地紅旗，但紅地有白色橫條五。

（二）一九〇〇年，義和團在黃河區起事後，孫先生的策畫和行動；我曾據在倫敦所見英國外交檔卷記載略有陳述，已刊於中國現代史叢刊第六册。今幸在上述日外務省檔「支那革命黨關係」第二卷（美國會圖書館拍顯微片，漏未攝影）發現眾多文件：「孫逸仙南渡獨立計畫」記載孫當時香港、上海往返東京言行極詳，擬見李鴻章不成嗒然返日，旋又往上海擬勸說兩江、湖廣總督劉坤一、張之洞獨立，適逢「自立軍」舉義不成，聞上海英、日領事忠告原船返日本，巧遇容閎同舟共濟。（容閎生平見「民國百人傳」第一册）

（三）香港、上海兩大計畫成空，孫因於九月二十六日自神戶乘「臺南丸」南行，同月二十八日到臺灣基隆。「孫以亡命日本多年，受日政府冷遇；而英國政略運用靈活；今次決至臺北一觀對岸情勢。兒玉總督欲用日本軍較少力量，而請孫以鄉誼勸閩廣人融合連絡」——當時值惠州起義，孫決心內渡參加革命軍，不幸起義功敗垂成。十一月十日，孫變名「吳仲」乘船離基隆，十六日，經門司到東京。這些事實，國內任何書刊從未提及，卽臺北耆宿黃純青等撰有關論述也不符實情。第二次世界大戰前刊行「犬養木堂（毅）傳」也未有著錄。一九五四年，美國哈佛大學出版「日本人與孫逸仙」（The Japanese and Sun Yat-Sen by Merius B. Jansen），是曾運用日本外務省檔案影片而撰成，祇因一八九七——一九〇〇年份檔卷三册，當時未發現，沒有攝影。故閱讀影片的人不知這許多大事。如今我是全球第一位運用這原檔的人，先後在霞關閱覽三週。

日本防衞廳研修所戰史室

防衞廳研修所戰史室設於東京新宿區前日本陸軍士官學校原址，終戰後以「遠東戰犯法庭」卽設立於其中「一號樓」，東條英機、土肥原賢二、廣田弘毅等主要戰犯，卽在「一號樓」內「法庭」宣判處死刑。大門兩側有日本自衞隊站崗，我得駐日大使館武官處洽妥防衞廳，給予通行證。

每日早，自神田區乘地下鐵前往新宿區，便捷省時。當戰史室上班時，我也按時到達。

戰史室主任西浦進指派安倍邦夫、長尾正夫及江口康隆等協助。西浦及長尾等都曾在侵華戰爭中擔任「支那派遣軍」總部參謀，熟悉各項情況。我們都藉「筆談」互相問答，這樣並不浪費時光，因我得保存當時筆談記錄。我預定在戰史室閱覽三週，故自訂閱覽範圍以長沙、常德、衡陽各次會戰，平漢、粵漢、湘桂鐵路貫通作戰、日軍攻略重慶計畫等爲主。他們卽依這一範圍儘數提供資料，同時長尾、安倍也提出若干問題請我答覆。

長尾告知：日本參謀本部原設有戰史編纂部。投降後，第一復員局曾編纂「支那方面作戰記錄」三卷。以戰區遼濶，各軍檔卷尙未運回本土，大都憑記憶片斷及其他資料爲基礎。終戰後檢閱：一九四三年至四五年各軍檔案多未運回，祇明治、大正年間「支那駐屯軍」檔卷已存本土。戰史室設立後，趕約仍健存的將校撰寫回憶錄，並請將携回文件交呈戰史室收藏。當時已有元陸軍少將中山貞武記述「一號作戰」卽湘桂作戰，他原任日本元第十一軍參謀長；卽日本侵略軍駐武漢地區統帥部參謀長，司令官橫山勇在終戰後逝世，中山貞武是當時主持幕僚作業的人。這一回想錄自一九五六年十一月動筆，翌年一月三十一日完稿。

中山貞武提供的「第十一軍湘桂作戰電報綴」是一九四四年文件，其中如「呂參通電第九九〇號」：五號演習主要地名下列假稱：蒲圻（當陽）、衡山（奉節）、衡陽（萬縣）、寶慶（梁山）等，是日軍爲秘匿企圖，故意將鄂南湘中地名改作鄂西地名，聲東擊西，萬一無線電被中國軍截收解讀出其密碼後，誤認日軍將進攻四川而不注意湖南。故其中又有「極秘至急、呂電第三八五號：軍司令部（四月）二十三日當陽推進」。再如「極秘親展：呂參電第七五號：企圖秘密：爲卜號演習、命令通報左列使用：旭集團↓＝A」。同樣是爲欺騙中國軍。

日軍「獨立野戰重炮兵第十五聯隊第二大隊」「第三次長沙作戰戰鬪詳報」標明「軍事極秘」的當時文件。至於「元第一一六師團第一三三聯隊長黑瀨平一大佐」「依託執筆史料」：常德作戰、衡陽攻略戰也是當時當事人（黑瀨平一）的回想錄。

一九四六年卽日本昭和三十二年六月，戰史室製湘桂作戰史料調查表」分兩類：㈠軍司令部、軍直轄隊。㈡兵團關係。囑託執筆內容：行動經過之概要：主要決心、理由、處置大要、任務、行動經過等。調查時仍生存的有師團長四人、參謀長四人。

日本侵略軍自一九四二年（昭和十七年）起卽有四川省進攻作戰（五號作戰）準備。我曾閱及戰史室「支那方面陸軍作戰史該當節之拔萃輯錄」。並與長尾正夫筆談討論，他告語「曾飛行觀察三峽及秦嶺」。但自一九四四年七月，東京爲顧慮米（美）軍在中國沿海上陸、沿岸海上交通安全、艦艇中繼基地設地，最爲緊要，特命令「支那派遣軍」攻占「浙東沿岸要地並確保之」（溫州及福州沿岸要域之確保，一部兵力增強廈門附近地區）。但一九四五年二月，日軍在菲律賓戰況逐日不利，日本本土及中國大陸直接海正面受美軍攻擊公算增大；東京特命令「支那派遣軍」整備兵力、強化戰備，特別着重華中長江下游要域迅速安定。

三月四日又增設五個師團。四月，蘇聯通知廢棄日蘇中立條約，東京考慮對米蘇情勢，企圖於華中華北地區集結四個師團。五月，德國無條件投降，美日在沖繩島戰爭至決定階段。五月下旬，東京電令：迅速自湘、桂、贛，湘桂、粵漢鐵路沿線撤出兵力轉用於華中華北地區。東京策定「支那派遣軍」對米蘇作戰計畫中「作戰方針」：㈠、「派遣軍」主力控制華中華北要域，對蘇持久策，並擊破沿岸來攻之米軍，以使（日本）本土決戰容易。㈡、對米戰備重點，先集中華中三角地帶，次山東半島；極力事前看破敵（美）之華中華北上陸企圖，適時「派遣軍」主戰力適時集中。㈢、俟情況得確保南京周邊、北京周邊及武漢周邊——又策定對米作戰準備，以小部隊長期孤立戰鬪，巧妙利用地形編成陣地，且構築堅固洞窟陣地。

事實上：美軍已占領冲繩島，海軍艦艇及飛機已迫近東京灣，「空中堡壘」B二九對日本本土不斷轟炸，中國駐印軍早已乘擊破緬甸日軍餘威空運回國在湖南貴州出現，經過整理訓練重加裝備的中國陸軍，在中美空軍掩護下以廣州灣爲目標迎接美海軍的行動，已大步向南前進。八月六日、九日，美國使用原子彈先後轟擊廣島、長崎。八日，蘇聯參戰，日軍在東北四省力量非常空虛，俄軍等於用掃帚侵入東三省境內。八月十日，日本宣佈無條件投降。上錄「對米蘇作戰」幻夢一場。

「昭和十八年支那方面航空作戰」內有一九四三年八月三十日，日本第三飛行師團奉命自華中逐次轉移於華南、越南。九月九日，開始轉移：自南京經臺中或嘉義機場飛廣東，指向昆明。

十日下午一時半，與美空軍遭遇，日本第三飛行師團司令部及師團長座機都被擊燬。十月上旬，美空軍在江西省遂川基地（我曾在遂川遠眺這一機場）整備對中國海面作戰，十一月二十五日下午二時十分空襲臺灣新竹機場，完全出乎日人意外。十一月二十九日，東京重大關心這一意外空襲，電令關東軍隸屬第十二飛行師團改隸「支那派遣軍」——美空軍這一賭博式計畫成功，戰爭益接近日本三島。

「畑日誌」原始史料最珍罕

「畑日誌」是日本投降後僅存的大將級元老畑俊六，自昭和五年至二十年即一九三〇年至一九四五年的親筆日記；一九六〇年已逾八十歲家居養憩。遠東戰犯審判時，拒不交出這「日誌」作文證。日本獨立後始允許其在南京任「支那派遣軍司令官」總部參謀長尾正夫閱讀，後經打字錄複，是我所見日本侵華的當時當事人直接記述的原始史料。

畑俊六於一九三六年，曾任「臺灣軍司令官」，注意對華南特別關係，但仍常派參謀多次往華北與在勤日本武官聯繫，南返後的報告並附有關文件都擇要具記於日誌中。一九三九年，畑轉任「中支那派遣軍司令官」。一九四一年三月一日繼任「支那派遣軍總司令官」，在東京接受親補式。是月三、四日，昭和天皇召見：「陛下以爲迅速處理支那事變，寧願中支、南支撤退，堅守北支」。東久邇宮意見相同。畑拜訪首相近衛文麿提及此意旨。六月二十二日，德蘇戰爭爆發，畑憂慮「支那事變國策之根本的變化，愈向世界戰發展。畑曾反對轉用在華兵力，對美作戰，無效。是年十二月八日，畑以對米開戰事往告南京僞組織首領汪精衞，「汪持沈痛態度」。翌年二月六日，香港「占領地總督」磯谷中將赴任途經南京見汪，汪頗有怨言，並詢及香港九龍交還問題，磯谷答以租借地「人民新附」，須明瞭人民意志再說。

畑日誌中有關攻擊珍珠港後，汪僞組織言行、重光葵大使等往返東京南京或長春聯絡情形，是日本利用汪僞組織對重慶和平攻勢策略演變的第一手翔實史料，以汪僞組織本身資料早已不存，畑日誌自具較高史料價值。

畑日誌中有昭和十八年卽一九四三年八月二十三日，因美「空中堡壘」B二九重轟炸機自四川成都基地出動轟炸長江各要地後，日本空軍士氣有沈滯傾向，特飛往漢口實地視察，見飛行師團長狀況報告時表情苦痛，對士氣不振深感焦慮，以美國飛機火力強大，日本重爆輕爆機器材可信賴度殊少，且爆擊機一隊需要三戰鬪機掩護，是士氣不振傾向主要原因。

「支那速報綴」昭和十九年（一九四四年）七月至九月份一册，是戰時東京大本營陸軍部遺存文件，如是年七月十五日「陳誠西安到着事務開始」後有「陳誠，西安占位，政治觀察」竟有反毛派張治中出任政治部長——由此可見日本軍人當時「知彼」工夫，完全因平漢、粵漢鐵路沿線作戰勝利而沖昏了頭腦。

收購戰時戰後書刊資料

每日下午四時許，我離開戰史室，乘地下鐵回神田青年會休息晚餐後，漫步附近書店街，對各新舊書店逐一檢閱，選購有關日本侵略戰資料。當時距終戰祇十五年，仍有專售戰事書刊的舊書店，其中堆積許多戰時粗紙印刷書，必須耐心翻閱，所幸有七週晚間可供流連；結果發現衆多日本軍人政客或商人對其主管工作的憶述記錄，偶或附有原始文件，如所謂「繆斌工作」即記錄一九四五年日本利用繆斌「對重慶工作」記錄。至於對汪精衛工作的各種憶述尤多。又有所謂「紅色革命」等是記述戰時日軍中的赤化活動。

「遠東戰犯法庭審判速記錄」十六開本一册是外務省連絡局刊行，是戰犯法庭繼續開設時印刷。十六開本。另有朝日新聞社出版的「東京裁判」多册是三十二開本。

日本外務省刊行「終戰史錄」一巨册，高級印書紙刊印十六開本，皮面精裝，內容天皇詔書、政府官員記錄、民間人如評論家嘉治隆一（我曾和他晤談）等論述，是綜合朝野各方人士主張迅速結束戰爭的有關史錄，自是第一等資料（近十餘年來，東京一書肆將是書縮小至四十開影印發行，美國若干大學東亞圖書館等收藏此影印本，自是五〇年代末購致原本）。

新書店發售伊藤正德著「帝國陸軍，最後決戰篇」及「完結編」等，內容記述京漢、粵漢、湘桂鐵路線作戰，稱之為「世紀大遠征」：使用兵力比一九〇四——五年日俄戰爭日軍作戰兵力增加多多。但我與長尾正夫談及，長尾說曾閱是書，其有關這一貫通中國鐵道線戰事記述，至少有七十一處訛錯。長尾又說：粵漢、湘桂線作戰使用兵力，遠比上海戰區出動兵力大，且上海戰區日軍是逐次增加，而湘桂作戰前日軍陸空海軍均已按作戰計畫集中，力量更大。至空軍與戰車等二十世紀初還沒有使用，卽陸軍武器裝備在近四十年代也推陳出新時有進步，湘桂戰區日軍所以能發揮遠較日俄戰爭強大力量，是時代進步所致。長尾及江口且提供一些可購閱的新書刊名稱。

吳佩孚浩然正氣

日本導演南京傀儡戲登場後，又企圖勸誘當時息影北平的直系軍人吳佩孚出山，與汪精衞分掌軍事與政治權柄，運用各種關係向吳遊說，但吳始終不爲所動。（吳佩孚生平見「民國百人傳」第五册）

日本軍人岡野增次郎早在日俄戰爭時，卽曾與吳佩孚共同工作。吳開府洛陽時，聘岡野任顧問。也曾奉東京命勸說吳出；未效，反爲吳浩然正氣所感動，毅然將其在洛陽各種筆記、吳佩孚手札、詩文、書畫以及吳所撰述的「正一道銓初編」、「明德講義」、「蓬萊詩草」、「蓬萊講話」、「循分新書」原本彙成一册，於一九三九年卽昭和十四年四月在東京印行，非賣品，每册編號贈送軍政要人等。全書是一厚達二千餘頁十六開大本巨構，印刷精緻。篇首刊印吳佩孚致岡野等一函有云：

「事變以來，堅固不渝之志，非第爲中國，亦爲貴國計也。世界風雲如是其急，兄弟之邦相砍不已。瞻念前途，乃兩國有識之士同爲感痛。近以各方殷望，於勢無可遜謝；然必須全權漸次規復，運棹始能期效。若第承其名不副其實，空張赤手，無裨人民，則大負初心；不但自毁其身，且陷兩國於無可挽回之地，計亦足下所不韙也」。

又岡野增次郎撰刋「本書『吳佩孚』編述及公佈目的」文中引吳佩孚致岡野書：「天君泰然，喜戚無以攖吾心，艱危無以撓吾志。謠諑雖盛，自有其浩然之氣，爲之伏羣邪而定一尊」。岡野自稱是書爲現代中國一優越人格者的影像映寫，所以公佈是書，乃糾正從來對吳佩孚之誤解錯觀，完全不落欺瞞敷衍陋習，以吳眞面目示人。對中日兩國短見、淺識、偏倚、狹隘人士是一針灸，吳佩孚高邁不偏不倚識見，實危疑震撼時際一道光明、大獅子吼。是我此行所得份量最重的一部書，深感中國傳統教育薰陶出的軍人始終能秉持春秋大義（吳是秀才入軍校）特具武德。

朝日新聞社刋行「戰後十五年史」，內容以圖片爲主，自一九四五年至一九六〇年，從廢墟堆中逐漸復員，發展情況，一目瞭然。其中若干悽慘景象圖片，使人驚心動魄，足以喚醒國魂，努力建設，終蔚爲經濟大國。

侵華戰始終其事的人

今井武夫是前任日本在華大使館武官，也是策動汪精衞做傀儡的一主角，又是終戰時首先飛到湖南芷江接受中國陸軍總司令部指令的「支那派遣軍少將副參謀長」；可說是日本侵華戰始終其事的一人。我在「戰史室」聞知他居東京生活貧苦，亟願一見。當在東京湯島孔子堂側「古書流通會」約今井、長尾、江口三人吃餃子，今井將手存各項文件示我。後來他撰刊「支那事變の回想」一書中還提及我和他晤談要旨。

在內山書店中見店主內山完造照料一切，他原在上海開設這一名稱書肆，終戰後遣回，卽在東京仍理舊業。陳列新書較多，但有上海商務印書館一九四九年出版的「湯若望傳」二册，是楊丙辰自德文本譯出；又「十六世紀天主教在華傳教誌」一册，「入華耶穌會士列傳」等也是新譯刋出，我都購回臺北，送商務印書館影印發行。前在臺北購得「林畏廬先生年譜」一部。林名紓是晚清聽人口譯西洋小說筆述成書的先導，他不識英法語文，而能筆述成文，與原著或有出入。但在當時也可說是中西文化交流一端。此書後交世界書局印行。以供同報。

孫逸仙先生領導國民革命，中國對日八年長期抗戰、中西文化交流，是我多年來最具興趣的研讀專題，此次扶桑之行，各有所得，大快心願。

八月份最後一週，我在京都市小住。美空軍在大戰時注意保存日本文化財，對京都、鎌倉一帶都沒有轟炸，故一切還是原狀。我曾參觀各地名勝古蹟，在京都大學人文科學研究所圖書館閱覽其藏書，這一研究所每兩年刋行一册東洋史文獻研究彙目，就其圖書館收藏中國、日本以及歐美各國有關東亞史的新出書刋，並將各地刋物對某一新書的書評附錄。便利各國學人。

遊八幡神山，見一愛廸生紀念碑，初建於一九二九年重建於一九五八年。緣愛廸生屢次用炭精製電燈泡絲，不成。一八七九年用此地產竹燒炭乃製造成功。這是一般人所不知。中國革命史研究會，每月定期假京都大學人文科學研究所內集會。我曾參加其八月份集會，講述中國革命史若干問題。曾於席間得晤日本研究滿清歷史前驅內藤虎次郎之子內藤戊申教授；我在東京曾擬一見另一研究清史的河田清，惜彼年老多病不見客。

同志社大學「德富紀念文庫」森中章光接待，導觀其中梁啟超等手札，日文「革命評論」，并有馬福益在湖南就義相片。祇是當時在東京刋行「日華新報」在東京及京都都未發現。

當時，中央研究院歷史語言研究所石璋如正居住京都市區一寺廟內客房，我往訪時一日本婦人敬茶，石璋如告我「她是和尚的太太」！聞語驚異，璋如引我到大殿中供奉中國宋朝一和尚牌位，這和尚是中國主張和尚娶妻的先導，故日本沙彌奉為宗師。

璋如又告知當地正盛產水蜜桃碩大且甜，購食果然鮮美。八月三十一日，我離京都赴大阪飛機場前特購水蜜桃一簍給太座與兒女一嚐。

我在漢城曾購高麗紙數捲携回臺北，贈呈師長。適之師見後曾說：「過去我很少用毛筆寫信的。現在有了高麗紙，以後可以用毛筆給朋友寫信了。高麗紙裏有纖維，才能持久。抗戰期間重慶出的書，看來紙很壞，但裏面有纖維，倒也可以持久」。（胡適之先生晚年談話錄，胡頌平編，第八一頁）

尋求史料兩次下南洋

「鄭和七次下西洋」的故事，小學時就已讀過。「華僑爲革命之母」是高中教科書與課外讀物中常見的記載。在北京大學二、三年級時又多閱近代史籍，從此興趣與日俱增。三韓扶桑三閱月，旣得較多閱及孫先生領導革命的直接史料，又購致中西文化交流早期史籍，致使我往遊東南亞各國實地尋求孫先生與華僑交往資料，訪問十六世紀天主教士東來前站遺蹟的意願又復湧現。

一九六二年九月十八日，亞洲協會正式函告：同意資助前往東南亞研究旅行。

翌年卽一九六三年一月十日，我自臺北飛到香港。充分應用這已割讓英國一百餘年土地停留四十八小時的時間，在香港大學馮平山圖書館查閱書籍資料。一月十二日，飛抵越南西貢。當時越戰正酣，抵達西貢機場時，遇見美國軍機停留一角，空中小姐卽來拉下窗簾，不使乘客得窺戰時景象。入境手續辦理完畢，卽乘一中國友人汽車往西貢堤岸華埠一旅社寄宿。這友人鄭重告語：西貢治安不佳，下午三時以後不宜外出。我行裝甫卸，自旅社步往華埠鬧區同慶大道見行人熙來攘往，市面繁盛，似不知戰場卽在西貢北二百餘里地區。從此每日午餐晚餐都在這大道兩側中國飯廳，盛菜均用高腳銀質器皿。是臺北所未有。某日午一噌無花果，未意當晚卽腹瀉。旅社中有臺北來畫竹名家吳子琛，承他告知當地情形甚詳。西貢市區行人亦眾，婦女都着淺色人造絲質長及腳面旗袍，自腰際開叉，下露黑色長褲，雙腳御高跟鞋，步行時婀娜多姿；騎自行車用購物筐經過汽車道兩旁，上下車座自如，外來旅客都感稀見。

自由太平洋高級中學校長、遠東日報及越華晚報社長、中華商會會長都曾聚晤，得知若干孫逸仙先生與華僑參加革命史蹟所在，小住西貢九日間先後往訪。

雷震遠神甫親自駕車陪同往西貢以北參觀若干「戰略村」。在美國新築公路行駛，沿途目睹昔日法國占領越南時所築舊式道路及橋樑，適成顯明對照。而新設「戰略邑」外圍壕溝旣窄且淺，我曾跳越而過。比較我曾親歷的對日戰時湖南長沙郊區戰壕深度寬度各約華尺一丈餘，坦克車難以衝越，全副裝備步兵自更不易。眞是小巫大巫。當時我卽向雷震遠說明「這種壕溝恐不能發生制敵功效」。

經過日本軍占領西貢的破壞和美國空軍轟炸，已不易見到孫逸仙先生旅越遺蹟及史料，幸堤岸芽菜巷與宏泰街孫先生寄寓還存留。

芽菜巷、宏泰街

芽菜巷是由滿清末年堤岸華僑黃景南而得名，黃發現這貧民區後一爛地，無人居住，卽利用作種豆芽菜，並搭建一木板房避風雨的臥室，每日胼手胝足勞動，早起在巷口出賣豆芽。黃爲人和靄可親，居民樂於交易，歲月漸久，眾人都呼黃的乳名祥，這一原無名稱小巷也被稱「芽菜巷」。當孫逸仙先生假越南作革命起義基地時，飽受法國歧視的華僑多踴躍輸財或赴義，黃景南也將他每日微薄收入積蓄全部捐贈，加入中國革命同盟會，接待孫先生及胡漢民等在家小住，又命長子加入革命軍，鎮南關一役成仁。從此芽菜巷愈爲同僑注意。中華民國肇建後，孫先生派人來迎黃景南往廣州安居，黃婉謝不去，仍舊經營豆芽生意。逝世後以至越戰結束，芽菜巷名稱沿用未變更。

我往訪芽菜巷時，見這一革命史蹟位於堤岸市區阮家街伯川學校旁，巷道狹小，仍令人流連不捨，敬仰黃景南先生的精神永在。

宏泰街是孫先生及胡漢民假西貢堤岸作起義基地時，租賃這街內的小樓一角居住，俗稱「廣東橫街」，僑友導我往訪時告知：這裏正當趙光復街「二天堂藥行」對正的一小巷，法國統治時，廣東臺山華僑張宏泰，時散家財，樂善好施，熱心地方建設；法人因將這一巷易名爲宏泰街。

僑友又告知：堤岸「番邑堂」是番禺同鄉會的先導，堂設值理數人、財政一人，陳思主其事，他是一土產藥商。當孫先生居堤岸籌劃鎮南關起義時，陳思與值理密商；將堂解散，變賣傢俱等與堂所存現款一併捐獻革命軍。一九一四年即民國三年，番禺僑胞重組番邑富善社，仍沿番邑堂舊規。一九二六年發動捐款建築固定社址，一九四四年，正式易名爲「番禺同鄉會」，巍峨壯觀的會所，供後人回念以往六十年的光榮歷史。

「越海風砂錄」述革命事

遠東日報社曾連載一以革命史實爲經，僑胞輸財赴義事爲緯的章回小說，執軍人署「未歸人」，其中自不免穿插兒女私情，引導讀者興趣，使後起青少年知前輩創業艱難。我得報社社長將已刊出的八十二篇共六回剪送，今仍保存。惜我在西貢時短促，未及候其續篇送來。

「越海風砂錄」首日刊出「楔子」詞曰：「革命功成同建國，當年矢志無他。不分月邇與人遐，齊將主義血，遍種自由花。白日青天紅滿地，旌旗處處家家。湄公河上舊風沙，母儀稱四海，聲譽震中華」——並於內文中指陳：華僑之事業，卽中華民族之海外事業；華僑之貢獻，卽中華民族對人羣社會之貢獻；華僑之歷史，卽中華民族歷史之一部份，亦卽世界歷史光榮之一頁。在「楔子」中卽已提及孫逸仙先生二十九歲創興中會，從此致力國民革命凡四十年。

越海風砂錄第一回章目：「豪竹哀絲脂香翻血海　奔魑走魅國難蘊家仇」。第二回：「萃武精廬一心興大漢　崇文小塾雙美戀檀郎」。第三回：「片言起禍胎情深反惹恨　杯酒釋嫌怨義氣薄雲霄」。第四回「來去匆匆乘長風破萬里浪　情懷脈脈對明月讀千家詩」。第五回：「惹相思黃炳新負情揮劍　買軍火岑麗南割愛橫刀」。第六回：「不讓古人細數英雄兒女事　甘爲情鬼誓剷專制帝王心」。其第一回開始卽引錄興中會誓詞，從此步步走向革命大道。就遠東日報社鄺君送「越海風砂錄」來時附條有云：「穿插頗多，惟仍根據史實下筆。至女性均屬僞託。所有用渾號而稱的人物，除陳柏外都是僞託，但其他有姓有名的人物則確有其人確有其事。七友堂、友銘俱樂部、萃武精廬，均爲當時革命基幹，而集合的地點與酒樓均確眞。法國人購械是事實，所有法、日外國人名稱均有其人」。可見撰述人用心良苦。按民國初建以至北伐成功之初，上海書商頗多用小說體敍革命事，極引起讀者興趣；但在臺北卻不見此種文體書刊。

「明香」內涵濃厚民族意識

西貢市有若干中國式亭臺樓閣建築，還有華僑設立的廟宇，其中供奉關公廟宇中有「明香」字樣。僑友導觀曾加簡要說明。但後來得閱陳荊和的「關於『明鄉』的幾個問題」講詞記錄（新亞生活雙周刋，香港新亞書院、民國五十四年十二月三十一日刋）。我才完全瞭解。陳荊和講演有云：

「明鄉」本來寫作「明香」，原指中越之商港會安的一個特殊村落。「明香」含意是滿淸入主中國時遷移到安南的明朝遺臣——十七世紀末年逃難到交趾支那的明朝遺民與當地婦女通婚而生下的混血兒。

「明香」原義爲維持明朝香火。一九〇八年，會安「萃先堂」碑文有云：「冠以明字存國號也」。又會安關公廟澄漢宮正殿正門掛一件勅封之扁額，上面以紅底金字寫着：

「慶德癸巳年穀旦書

三界伏魔大帝

勅封

神威遠振天尊

明香員官各職同社立

這一匾額是記載「明香」名稱的最古史料，慶德爲安南黎神宗年號，癸巳年爲慶德五年卽西曆一六五三年。由此可知一六五三年明香社已經設立。今如以一六五三年作明香社成立的「下限」，會安明香社，也就是越南最初的明香社，在一六四五年至一六五三年間，可能在一六五〇年左右便告成立，也可能。

一六四五年卽南明弘光元年、淸順治二年八月，淸廷已公布薙髮蓄辮嚴旨。明末若干人南逃越南的動機卽不願受薙髮蓄辮的侮辱。「大南列傳」前編卷六記鄭玖事有云：「明亡，淸人令民薙髮；玖獨留髮，而南投於眞臘爲屋牙」。又鄭懷德「艮齋詩集」自序有云：「顯祖會，大淸初入中國，不堪變服剃頭之令，留髮南投」。都可說明中原人寧逃亡海外，不蓄辮，且打斷還鄉念頭。

明香社的居民大約可分三類：㈠明末難民及其子孫。㈡南渡商客與當地婦女所生子女。㈢政治經濟各方面之逃戶。至明香社居民在一九六〇年代越南社會各方面充分活躍，與一般越人語言風俗大致相同；但仍維持濃厚中國血統及傳統。就百家姓言，明鄉居民間可見到朱、甘、羅、林、梁、劉、曾、蘇、鍾、程等越人稀有的家姓，可見明鄉社民仍保存濃厚漢族血統。名社大姓多有祠堂，冠婚葬祭都依中國習慣。各社都有關帝或天后宮，而承天明鄉社「陳氏正譜」記載中圻明香名門巨室陳家十一代，歷時約三百年，世業醫儒。

由上述種種，可見孫逸仙先生革命起義十次中、以越南作基地發動的占四次，當地華僑都樂於獻身獻金，不是偶然。

安南在法國統治時，廢原用漢字，另製訂拼音文字，如「國際報」即寫成 Bao Quoc Te，祇能讀音識拉丁文字。這是帝國主義者使殖民地居民忘卻其傳統文化與歷史的毒辣手段，積久成習，第二次大戰後，越南獨立，一時未有變革。我與僑友都用筆談，若干人能說寫漢文。

馬來西亞首府吉隆坡

一月十九日，我自西貢飛到泰國曼谷。北大同學泰國蘇廸（Sod Kurmarohita）在飛機場迎接。蘇廸配偶是一華僑陳女士，他們告知：目前已極難得見有關孫先生旅泰資料。因此，我祇停留一宵，翌日即飛往馬來西亞國首都吉隆坡，「拿督」（馬來亞封爵）劉西蝶在其自營新建的「聯邦酒店」頂樓旋轉餐廳設宴招待，他們豪飲，法國名牌白蘭地酒如飲汽水，我勉強敬主人及陪客二三杯即醉。但席間聞梁宇皋部長已於前數日逝世。天主教樞機主教于斌（一九〇一——一九七四）於我自臺北臨行時曾給予一致梁宇皋部長手翰，藉使我南行便利。不料是信竟永遠無法送達。今于斌樞機也已息勞歸主，謹錄其手翰於左，藉資紀念：

「宇皋先生有道：久未通訊，想與居托　主安吉為禱。茲有我國史家吳相湘教授（臺大），因考查並收集史料去馬，爰書數語為介。吳君乃我教信友，著作等身，希能邀談，對祖國天主教友情形及斌個況必多所了解。馬來西聯邦成立在即，如有效力之處，亦不敢袖手。吳君返臺將帶來先生之好消息及有關我友工作之寶貴意見。四月自羅馬返臺或將路出馬來以傾積愫也。」

今敬錄此手翰不禁黯然，因于樞機所企望的好消息，事實完全相左。

臺大僑生有數人父母在當地經商，我都曾往訪告知其兒女求學情形。朱姓家長且囑少子陪同我遊覽，我們乘車參觀馬來西亞大學新建壯觀的校舍、國家體育場後，一月二十二日，飛往新加坡，途中遇雨，忽覺寒冷。

英屬海峽殖民地政府檔案

新加坡大學講師溫仲佶在飛機場迎接，到他的宿舍居住，仲佶是駐希臘大使北大教授溫源寧的次公子，一九五九年十一月，我自美歐旅行經希臘時，溫大使招待時希望我多供給指導仲佶有關中國近代史資料，故我在他宿舍小住，暇時卽暢談這一話題，他的配偶是比利時人，說英語。

溫仲佶首先陪我到新加坡大學中文部及英文部查閱目錄，發現革命黨刋佈「中興日報」及保皇派發行的「總匯報」、「叻報」等多種，都是臺灣所未見，卽國立北平圖書館與中央圖書館也極少收藏，他們同意將「中興日報」全份攝製顯微影片，與臺灣資料交換，可說是我此行一大收穫，於孫先生旅星情形，得多發現。

新加坡國立圖書館收藏英國海峽殖民地政府檔案，我特就孫逸仙先生途經或旅居星洲年份調閱，發現甚多國內書刋前所未載的史料。如一九一一年十一月二十九日卽辛亥大革命發生後，英國殖民部大臣覆海峽殖民地總督密電（37602/1911）有云：「臺端來電所稱：孫逸仙希望獲得允許登陸檳城及新加坡一節，我以爲在他保證不做任何公開發言、以及他在這一殖民地祇是短暫的停留之條件下，可以允許他登陸」。又同年十二月五日，英國殖民部大臣電（39042/1911）有云：孫逸仙已於十一月二十四日乘船離法國馬賽。

我在逐頁翻閱這批檔案時，發現當地政府爲研討亞熱帶蚊蟲肆虐傳染疾病問題，曾自臺灣採取若干不同蚊蟲製作標本，仍保存於原檔卷中。

新加坡國立圖書館又藏有當地出版的「海峽時報」全帙，我調閱一九一一年份，發現是年十二月十五日該報第七版刊載：十二月十四日檳城來電，報導孫逸仙行程有云：孫逸仙博士與荷瑪李（Homer Lea）伉儷乘第灣夏輪（P. & O. Steamer Devanha），在前往上海途中經過此間。一大羣中國人目迎孫博士的登陸，但沒有一個人被允許與他交談。他被嚴密保護着。他謝絕訪問，意圖保留他自己的意見；他不願在未獲得自國內革命同志有關事件全部眞相報告以前，即置身於任何一定方針以評論中國問題。同一報紙同欄記述荷瑪李在一檳城雜誌記者訪問時的較詳談話。

是年（一九一一年）十二月十六日，海峽時報第九版刊載孫逸仙抵達星洲消息，標題大書：「孫逸仙博士將組織政府，攻擊北京，絕無妥協可言」。其記述有云：孫逸仙博士在新加坡登岸後，即驅車往摩爾斯路陳武烈寓所。孫博士對人言：即往上海組織臨時政府。歐洲銀行團允許：如孫博士獲得獨立十四省一致選舉爲大總統，即可貸款協助中國建設。孫博士極力堅持北伐，絕不妥協；萬一有妥協可能即滿清皇室完全退出中國政治及北京，皇室退作普通公民。如皇室不同意此議，卽不惜流血犧牲直至攻下北京。

這是英屬海峽殖民地再三發佈禁止孫逸仙登陸或居留命令以後——**孫先生自傳於此極表憤慨：以亞洲之大、南洋島嶼之多，竟無一可以容身之地**——由於武昌起義後，孫先生自美國趕往倫敦，與英國朝野作非正式商談：希望英國不再以借款支助滿清朝廷。英國政府才稍稍改變態度，有條件的允許孫先生在檳城及新加坡登岸，得與「革命之母」的僑胞聚晤，共同慶祝辛亥革命的成功。

我在閱讀孫先生有關史料之暇，曾按黃季陸先生囑託，代表他拜訪他的兒女親家（當時尚未結婚）葉先生伉儷。葉家尊重中國傳統禮俗，特設盛宴招待，並贈送衣料禮品，再三說「謝謝介紹人」。令我大感意外，卻為此行添佳話，並在我今生最喜作「現成媒人」紀錄表上又增加一大紅圈記錄。

馬六甲看五百年盛衰

我在星島居留二十三日，臺大畢業的星、馬同學李成忠與張長發安排一個週末，往遊馬六甲，滿足了我對中西文化交流歷史的樂趣。

近代史籍記載：西曆一五一一年，葡萄牙人進占馬六甲，是歐洲人東來先鋒，東西衝突從此揭幕。在此以前，中國明朝初葉鄭和率領強大船隊也曾進駐這一緊扼太平洋與印度洋的要隘。

張長發在我乘新聯汽車公司長途車到達馬六甲，卽駕一小車陪我首先參觀鄭和遺蹟。「鄭和井」是一直徑約三呎的黃褐色井圈，歲月久遠，石質頗多剝落。傳說這是鄭和船隊官兵登陸馬六甲後開鑿的飲水井之一。井圈後面數步即鄭和廟，是一規模極小平房，不知建立何時？神座供鄭和像，約高半呎許，沒有帳幔或玻罩；可能香火久燻，木像已成黑色。

我面對這一情景，感慨萬分：這難道就是中國海權由盛而衰的象徵！我再眺望馬六甲海峽，想像這一緊扼印度洋與太平洋兩洋咽喉要隘，在近五百餘年裏經歷多少盛衰。尤其目睹海濱一二小漁村中若干灰髮灰膚的老年或中年男女，張長發告語：這是葡萄牙人與馬來亞人雜交的後裔，他們別無生計，祇有捕魚苟活。

又見另一小坵甚多歐洲式建築的頹垣斷碑，是天主教早期東傳的遺蹟。我們返回市區途中，遇若干英國官兵。張長發說：這是英國駐守這要隘的武力，馬來西亞共和國成立後，他們即將逐漸撤退回英。

馬六甲眞是活生生的歷史博物院：自中國鄭和井、葡萄牙人雜種、英國國旗難得見太陽。五百餘年盛衰盡在眼底。各大都市博物院精心設計製作的歷史文物，顯然都沒有如此自然生動，使人容易迅速產生感觸反應。

翌晨，我同張長發前往橡樹園參觀收取橡膠。華人或馬來人按序自橡樹幹部取下先晚懸掛接受自橡樹割裂處流出膠汁碗，傾注木桶中。這一工作必須在正午以前完成，如一遲誤，太陽光熱就會將膠汁晒乾。旋轉往製膠工廠參觀：一桶一桶頗似牛乳或豆漿的白色膠汁，經過加熱及機器製造程序，成爲全世界各國民用及戰略的重要物資。

按馬來亞橡膠樹的種植，是福建海澄縣南渡第三代華僑陳齊賢（一九七一——一九一六）於一八九六年在馬六甲開其端。闢墾三千英畝橡膠樹園幾年後成熟開割，並將加工製成膠片在馬六甲公開展覽，觀眾爲之歆動奮發，政府憲報刊載也公認是馬來亞第一次產品，共慶成功。從此樹膠成爲商業用途。陳齊賢又和林文慶（一八六九——一九五四）等合作將橡膠樹移植於新加坡楊厝港。文慶本人後又在裕廊律十哩處武林山闢橡膠樹園。一九〇四年，馬來亞種植橡膠樹，在國際上名列第二。一九〇五年，參加中國革命同盟會的陳楚楠（達才，一八八四——一九七一）也是受齊賢影響種膠樹，爲一種植橡膠樹園主人。一九〇六年，齊賢將橡膠樹園若干畝讓售英國人，得款二百萬元，一本十利。國人熟知的原經營黃梨（鳳梨），時陳嘉庚（一八七四——一九六一）也自英人傳述向陳齊賢以一分錢購一粒種籽代價買進十八萬粒，播種於福山黃梨園內，黃梨樹間每隔十五呎掘一穴播種。這是陳嘉庚成爲大財主的嚆矢。後來陳嘉庚將熟膠製成各種日用物如膠鞋球鞋皮球等，國內各大都市設分公司。我在中學時卽在其湖南長沙分公司購用膠鞋等。但陳嘉庚經營橡膠業並不長久，卽將原有的園地及工商業逐漸轉售予長婿李光前。光前具近代知識，經營企業日漸擴大，一九五〇年代，他的公司控制全世界天然膠八分之一的買賣。

東南亞初旅的收穫

二月九日，溫仲佶陪我往新加坡一樂器行，吳興良大法官也應溫邀約到達，吳大法官擅演奏小提琴，故倩他前來挑選一西德手工製造的小提琴一具，攜回臺北作琿兒學習用。

二月十四日，我結束在新加坡的研究旅行，直飛香港。再度利用過境四十八小時，在香港大學馮平山圖書館繼續查閱書刊資料。十六日晚返回臺北市。

這次東南亞之行，往返不過五週——亞洲協會資助四週旅費，我極力節省，延長一週——幸各地友人預作安排，選擇重點訪問，故得在短時間內甚多收穫：在新加坡所見資料是積極性的，其他各地缺少資料，從此安心，不致有遺珠之憾。

「榴槤」被星馬人民稱作「萬菓之王」，甚至傳說是鄭和遺物。更有傳說外來人如能啖榴槤，他此生就可在星馬「流連忘返」。我將離獅島時，臺大畢業的星洲同學林君伉儷招待我品嚐這菓王，我居然能聞其臭味而不反胃。林君伉儷鼓掌說：吳老師一定會再來。三年半以後，這一祝頌竟成為事實，「菓王」權威難道眞是如此神通廣大。

南洋大學徵聘教師

民國五十三年六月，我家遷移金華公寓後，「中國史學叢書」的編輯印行，是我主要工作（見另節）之一。

民國五十五年（一九六六年）二月中旬，我按每日作息時間，晨起後往附近永康街兒童公園散步體操，再到附近一早點店吃燒餅油條或小籠包子等，途中見公園外豎立閱報牌，粘貼中央日報第四版一全版四分之一的大幅廣告，引人注目。這是新加坡南洋大學徵聘教師啟事，其中有中國歷史等。我特往報紙零售處購買一份携回家中詳閱。自信適合其需要條件，尤其南洋初旅發現英國海峽殖民地政府檔案及中英報紙後，亟欲再有機會前往詳細閱覽鈔錄筆記卡片，以備撰述孫逸仙先生全傳用。因此，我即按其規定將經歷及有關證件與著述寄去。

是年春節，我和家人到信義公寓向友人賀年。時這一公寓甫近落成，各幢公寓間車道還是碎石未及舖成柏油路面，我們見環境空氣新鮮，比較金華公寓在市內顯得寧靜，太座因即往這公寓前國泰公司辦事處詢明分期付款數目及手續後即先付定金預訂一層，翌日在國泰公司完成各項手續。同年五月五日，我們遷移至信義公寓新居。在這前後忙於整理家中書物，不暇計及其他。是月底，忽接南洋大學註册組來函：理事會通過：聘請臺端爲本大學文學院歷史學系教授，自一九六六年七月一日起生效。如願接受，即請函覆。經我同意後不久正式聘書寄到。旋又收到電報盼即啟程南來；並告知「星加坡入境許可已經當地移民局電告英國駐臺北淡水副領事，請往辦理手續」。六月三十日，我領到外交部護照。七月一日取得英領館簽證。七月四日，自臺北經香港直飛新加坡。當晚到達南洋大學宿舍。翌日，拜訪校長室及註册組等處，又收到請兼代歷史學系主任聘書。從此開始教學及行政的忙碌工作。

南洋大學創立宗旨與特質

當時，正值南洋大學創立十週年，又開始改按新學制辦理。在這新舊交替時際，所謂「十年人事幾番新」，校方早有意編印一十週年紀念册。我征塵甫卸，就被函請擔任主編，並期望以最迅速方法於一個月完成出版。我沒有猶豫接受這一任務。事實上：需要我親自動手的只是撰述一篇「南洋大學校史略」，其他有中國文學系助教盧紹昌等負責編校。

我立卽動手動腳搜集資料，可惜創校爲時不過九年餘，有關資料已多散佚，甚至籌備時期歷次會議紀錄，原有鉛印本分送有關人士，校方及個人都沒有保存全份。祇得就已見資料作根據，開始硏讀、構思、撰述，大約十餘日完成初稿，分送二三資深教授校訂，再由我增删後付排。爲爭取時間早由盧紹昌將歷任教職員名錄、畢業生名錄及衆多廣告（星島是商業社會，各中學及社團紀念册例有慶祝廣告，並以支付印刷費用）已逐漸排印。我和盧有三、四夜通宵在印刷工廠卽校卽改，看大樣排印。是年九月十六日，校慶紀念會舉行時，「南洋大學創校十週年紀念特刋」一巨册精裝本平裝本，已由副校長贈送星加坡政府李光耀總理、各部長、南洋大學理事會各理事、各來賓、敎職員。其中第一篇卽我手撰「南洋大學校史略」。

早在一九五一年，星馬華人社會卽有倡辦大學擬議。醞釀兩年，一九五三年一月，新加坡福建會館主席陳六使正式呼籲華人社會運用本身人力物力創辦一華文高等學府。新加坡中華總商會與馬華商聯會、星洲二百餘社團立卽熱烈響應支持。二月二十日，籌備委員會首次會議，決定這一新創大學定名「南洋大學」，並邀請當地著名學者及文化教育界人士共同策劃。

四月七日，南洋大學籌備委員會發表宣言，揭示創立大學四項宗旨：（一）、爲中學畢業生廣開深造之門。（二）、爲中學培植師資。（三）、爲本邦造就專門人才。（四）、爲適應人口增加及社會經濟發展之需要。並鄭重指陳：南洋大學以歷史背景與特殊環境，一切設施，除具國際著名大學一般宗旨外，尚有兩大特質：㈠溝通中西文化。㈡發展馬來亞文化。南洋大學特質在研究各民族文化，吸收各民族文化之菁華、陶冶鎔鑄，使馬來亞文化有輝煌的成就。

五月五日，南洋大學獲得英國駐東南亞最高專員准許註册。南洋大學執行委員會依法組織成立，建校工作正式展開。

六月十八日，南洋大學新加坡委員會——由上述籌備委員會改組——正式決定：接受福建會館獻贈裕廊律約五百二十三英畝地區爲校址，先行建築對外道路及整理基地。

一九五四年十月，校舍建築先後興工，其中若干館舍都是熱心人士捐獻建築費。同時，自一九五三年初，馬來西亞及新加坡各地華人卽零星捐款，一年間，彙集約計叻幣二十八萬餘元。各地有組織的行動又逐漸展開：新加坡一地大小義舉卽達八十次之多，其中如三輪車工友「義踏」、計程車司機「義駛」，以血汗代價盡獻作南洋大學建校工作。殷商縉紳尤多解囊捐贈。

當建校地址正式決定時，南洋大學新加坡委員會卽先後致函旅居美國胡適博士與梅貽琦博士，請擔任校長。均經婉謝。祇林語堂博士同意，於一九五四年十月二日到達新加坡。不意林語堂與南洋大學執行委員會在觀念上與原則上發生甚大距離，林在職祇半年，卽於一九五五年四月一日與其所聘請到星洲的若干敎授如黎東方博士等一同辭職離去。令人惋惜。所幸建校工作仍由執行委員會負責進行，未有停頓。

林語堂與南大執委會在觀念上與原則上的距離如何，沒有正式文書紀錄，當時當地報紙雜誌記載又多不同說法。故我撰述「南洋大學校史略」時無法舉例說明，祇得應用上述比較抽象語句。但當我搜集資料時，若干有關人士曾告知：林語堂幷未能完全認識了解星馬華人應用本身人力物力建設此一大學的苦心孤詣，完全是久居美國的觀念作法，加以大半生專事寫作、從來沒有主辦一大學或中學的經驗。例如林語堂蒞星之初視察校舍，一見宮殿式的圖書館正廳上面一八角形穹窿與欄格，卽以爲浪費空間，不能用作書庫或閱覽室，應卽撤毀，將二樓地面連貫，可多容納閱書桌椅或書架等設備。這是基於實際效用的觀點，與南大執委會應用中國傳統建築形式力求冠冕堂皇美觀，自多歧異。但要撤毀新建成的主要校舍，對於執委會諸人自尊心大有損害。再加以還有遠比這一事例更嚴重的觀念與原則的距離，如何能合作無間。

林語堂在辭職時要求按聘書約訂三年薪金全部一次支付給已來星洲各教授與林本人。南洋大學執行委員會主席憤慨之餘，自願由其本人支付此項薪金共約叻幣三十餘萬元，絕不動用南洋大學基金。林語堂與黎東方等滿載而去。從此，南洋大學教師聘書就改訂成完全有利校方的約文，對新聘南來的教師也就視作傭員。因爲執行委員會諸委員極大多數是商人，原來尊重讀書人重義輕利的清高亮節，今見林等竟如商人一樣如此斤斤計較「利」。

我主編「南洋大學校史略」時，需要原任執行委員照片簡歷，曾親自訪問若干人當面請教以期迅速。其中二三執行委員於其本人出生年月卽不知是中國夏曆何年或干支，祇能說歲月生肖「

猴」、「羊」、「猪」、「蛇」等。這完全是由於他們自幼失學，隨父兄南來謀生或習商，家業逐漸發達；目睹世界社會經濟進步，競爭獨立更甚於昔，非使子弟後輩接受高等教育不可，故奮力興辦這大學，培植青年。苦心毅力可佩，觀念言論自難與曾受歐美或中國新教育人等量齊觀。南洋大學新校舍是一旅星多年的建築商人計畫，他並未受近代土木建築工程學。

「南洋大學校史略」記載：一九五五年六月十五日，南洋大學先修班開學。翌年三月十五日，南洋大學開學，同月二十日正式上課，是星馬教育新紀元。

一九五九年，南大執委會與當地政府共同聘請中華民國國立臺灣大學校長錢思亮、美國哈佛大學教授洪煨蓮、荷蘭萊頓大學漢學院院長胡思威(A. E. Hulsewe)等五人組織「評議委員會」蒞臨星島實地視察、會談、檢討後，擬訂報告書，對南洋大學組織、行政、課程、教職員、考試、學生生活等分別提出坦率批評及各項建議。

一九六四年六月五日，新加坡政府與南洋大學理事會經過多次洽商後發表聯合聲明：「南洋大學改善後，新加坡政府將給予南洋大學與新加坡大學同等待遇，俾使南洋大學學生各項費用負擔減輕、教職員待遇提高，一切設備更臻完善」。

一九六五年一月二十日，南洋大學爲適應新需要，特聘馬來亞大學王賡武等五人組織一「課程審查委員會」，全盤檢討文學院、理學院、商學院各學系急應興革事項。五月十四日，這一委員會完成報告書，建議南洋大學建立新學制、實施新課程。

一九六六年四月二十五日，新學年開始。二、三、四年級學生仍按舊課程照常上課，一年級新生實施新學位制，即新制學生在三、四年內修滿一〇八學分，可視爲合格獲得普通學位。凡在三學年內獲得普通學位而成績優異學生得攻讀榮譽學位；期滿考試合格後依成績分別授予「一等榮譽學位」或「二等（甲級）榮譽學位」、「二等（乙級）榮譽學位」。

南洋大學於一九八〇年與新加坡大學合併，組成國立新加坡大學，上述種種眞是歷史陳蹟。

新舊學制交替中的困擾

我到達南洋大學任教時，正值新舊學制同時並行之初，很快體認到多數舊制學生不滿情緒與心理，因爲他們不論成績如何優良，都不能享受到新制學生的榮譽學位；而獲得這種榮譽學位後，不論向政府或民間企業界申請工作，都有被接受的優先機會，起薪額也比較提高。舊制學生爲本身前途而大感不滿，連續發動反對新課程報告書的運動。我曾目睹他們當創校十週年紀念大會舉行，新加坡政府總理李光耀用華語致詞時，列隊遊行高呼口號，對政府治安人員應用攝影機拍攝活動影片也不畏懼。不久卽聽聞若干學生已被「按圖索人」被捕。但在校舊制學生仍繼續發起罷課運動，甚至用水泥堵塞各教室鑰孔，不使開啟，阻止教授或同學上課。馬來亞籍警察爲驅散在校園內遊行示威學生，使用警棍針對男女學生小腹部衝撞。若干學生受傷疼痛伏地難以起立。

旋又聞若干言行激烈學生被捕。但校園中新舊制學生對立現象始終沒有稍減或消退。

不僅學生如此，即新聘與舊聘教師也將有差別待遇：新聘教師薪金將高於舊聘資深教授，聘約期限也有長短的不同。致使自建校以來即已充滿是非的校園中更缺乏和協情調與氣氛。

我在臺北接到南大函件，原被聘任爲歷史學系教授，乃滿懷課餘可多閱讀星洲國家圖書館檔案資料心願南飛。不意到達校園的翌日，校方又以兼代歷史學系主任相加。每早八時上辦公室，下午四時半離開。每週授課之餘，常與學生個別談話，安慰舊制各年級學生，督促新制學生，不使任何一方消沈或囂張。對舊聘資深教授更極尊敬，因爲他們熟習當地及校園各種情況，實際的經驗或具體建議，與我合作協力調和歷史系新舊制學生情緒，頗具成效，至今回憶仍不勝感念。而經由我自臺灣聘約南來的新教師，習慣於鯤島安定環境，完全缺乏置身於多元種族及左右兩派對抗的本國或外國社會經驗，不瞭解各個學生背景，課餘卻和他們無話不談自以爲非常接近學生——其實臺灣各大專學校，「師生打成一片」口號下仍有一定分際，不可隨便說話。——不料這些人的口舌竟爲歷史學系帶來許多困擾和反作用。

校外工作連續增加

一九六七年五月，新加坡大學中國文學系主任 林徐典邀請往該系講授中國近代史每週三小時，經南洋大學同意後，我即前往任教，上課前準備一講授大綱請林主任打字油印分發各學生。

新加坡原是英屬馬來亞的首府，一九一八年，美國基督教會即有在星洲設立一大學計畫，美國教會允諾捐款叻幣五十萬元，當地官民亦須捐贈同額對等款項也已募齊，如陳嘉庚卽曾捐贈叻幣三萬元。英國政府不願美國傳敎士籌辦，採取拖延註册手段，使這一大學不能創建。一九二五年，英國自行建立的馬來亞大學成立，理科多爲醫學的預備生。華僑對此殖民地教育大感失望。一九五七年，馬來亞獨立。一九六一年，馬來亞大學易名爲新加坡大學，李光前膺首任校長，後逐漸改善課程。增設中國文學系，且延聘香港大學饒宗頤教授南來執教。

新加坡大學校園中，有華人與馬來亞教師學生，圖書館有中文部英文部，收藏各種書刊資料豐富，原是我願意於每日上午在南洋大學上課辦公後趕忙乘車下坡的一誘導。林徐典對我禮遇週到，安排於裝設冷氣機教室上課，自然涼爽，但每次授課三小時後，已感疲倦，沒有精力再往圖書館閱覽，祇能去借書籍携回南大宿舍披讀，卻不能披閱晚淸中文報刊。

南洋大學循中國大學習慣，教員休息室由工友按時準備熱茶洗面巾盆等。新加坡大學教師下課後惟有就飲水器解渴。由小見大，可知兩大學風氣不同，自是原則和觀念有異緣故。

一九六八年春，新加坡政府文化部函聘參加「街道華文譯名整理統一委員會」。緣當地街道華文路牌，或按閩南語音譯、或依潮州語、廣府語、瓊州語、客家語語音譯，也有依英語音譯的，華文路牌非常歧異，甚或有不雅潔的——事實上卽依英語音譯，各大都市的譯名也多不同，如世界著名影城美國加里福尼亞州洛砂磯市的 Hollywood 埠，中國國語譯英語音作「好萊塢」，香港譯作「荷里塢」，新加坡一街道牌名作「何衞羅」。新加坡政府現決定將當地華文街道名牌整理統一，繪製地圖，自然有裨於居民及遊客。我出席這一委員會兩次，會議席間分送紛歧街名文件中有英語 Bank 譯名卽有多種。我曾建議使用音義雙關的「坂」如何。

新學制標準聘約

一九六八年二月一日，南洋大學註册組函告：「本大學執行委員會通過敦聘臺端爲文學院歷史學系主任，任期三年」。月薪增加。這就是按新制標準的聘約。名義、薪金與舊聘資深及若干新聘擔任舊學制班級課程的教授差距加大。我當於同月五日覆函：自信無行政才能，且非素志。祇願專任教授，專心課業與研究。但南大代理校長立卽電話約談，懇切要我同意擔任新職。新加坡政府教育部長王邦文旋亦約見。二月十五日，南洋大學再度來函：「務祈惠予接受」。我不得不覆信「勉強同意」。三月一日，正式聘書送到。不久，新加坡政府又給我長期居留權。企待我與星島居民共同擔負建國任務。我當時決心：實踐我做人處世的原則：「處處作永久打算，時時抱滾蛋之心」。換句話說：「不怕滾蛋，祇怕不幹」。也就是絕不敷衍塞責。今既南來又得當地人信任，不論個人在職時間短長，一定要爲南洋大學做一些有永久意義的事。因如上述，我曾編撰「南洋大學校史略」，閱讀各種有關文件，瞭解星洲華人創建南洋大學苦心：「沒有南洋大學，就沒有華文教育；沒有新加坡，南洋大學生存便有重重困難。南洋大學與新加坡是息息相關」。

新加坡的教育政策

我到星洲的那年，南洋商報先後譯刊前馬來亞大學中文系客座教授傅吾康（德國人，是一著名漢學家）在新加坡脫離馬來亞以前撰寫的「星馬華文教育的問題」長文。在這譯文刊佈前後，「南洋商報」又刊載「馬來西亞教育史的分期」、「戰前馬華教育概況」等論文。但最引起我的興趣是這報刊載：新加坡政府總理李光耀於一九六六年十二月二十八日，主持「教育與建國」問題研討會開幕致詞全文，其主旨是強調新加坡今後教育重點，應當是質而不是量。要旨有云：

「我會有理由討論到完全英文式教育是具有斬斷繼往的影響的問題，因爲完全英文式教育沒有給學童保全他對其過去的精神連繫——沒有把學童所受的正式教育與他的社會文化背景有所連繫。因爲這個緣故，我們現在有必要爲每一個學童保全他的文化重力——使性格堅定的重力——並且爲每一個學童保全他對其來源和背景的了解。……他必須知道他的來源，他怎樣是在這裏；然後他才能應付問題而決定他必須作的決定，以使他本人和家庭能够在他決定安居的社會中作必要的適應」。

李光耀又說：「每一位家長都期望他的兒女都完成中學教育，進入大學預科，再進入大學。到了畢業後成爲一位完全飽受教育，而具文化素養的人物，然後進入社會中獲得很高的地位。這是可能的嗎？即使是比我們更先進更發展的社會，這是可能的嗎」？「我還不敢相信在我們人口中能十巴仙，最多十巴仙的人會進入大學」。「就是最先進的國家，祇有三百人中的一人進入大學的」。因此，新加坡注意技術教育，希望全人口中百分之六十五巴仙分配作爲職業中學。李光耀又鄭重指陳：「我們這社會是移民的社會，我們的祖先爲了求財而來……那些——少數——淘了金的也許是回去了。你同我在這裏就因爲我們的祖先沒有尋求到他們所要尋求的金罷。可是，那尋求金的願望還是存在的」。李光耀強調說：

「現在我們的環境中，我們必要建立我們的教育體系，使到教育專業高級人士都是在他們的社會中具有地位的人們……

「因爲只有在下一代，我們才眞正能夠表現這個移民社會到底在何種程度上，把做人的態度、社會價值、技能，和學術成功地傳給到它的後裔，保證他們得有一個持久不滅的，和值得要的前途。除了顧全到下一代，其他任何途徑都是沒有希望的，都是沒有用的。

「那舊的價值——那只顧到個人生存的觀念和態度，現在正在淘汰了。這一課已深入人心了。

「大家都知道：在移民社會中，你是沒有根的，你在這個國家是沒有多大利害關係的，你不會同羣衆一起爲國家去拚的。你只是有爲你打算怎樣客客氣氣，怎樣同別人好好相處，想辦法拿到禮中（今按即執照）——拿准證，去做生意去賺錢。如果這裏不行了，你就收拾好你的錢，你就不幹。所以，無論是英國人來也好，日本人來也好，任誰來也好，那都沒有多大關係，你只有叩頭、你只有順從，你生活下去。但到了一個時候，社會是要生根的。而到了我這一代，我們開始生根了，我們會問自己：「到底這是怎麼一回事？是眞的只爲着掘金、爲着發財嗎？假定是發大財了，我們將怎樣用它呢？好吧，你在家中建築一個游泳池好了。你還有什麼好加呢？那一些價值是可令人滿意的呢」？到頭來，你就回到最重要關頭：你建設了的東西，到底能永久存在嗎？你怎樣才能使它持久而發展開去呢？到這時候，你就會開始問你自已這個問題，怎樣使社會成爲社會呢？什麼使到社會和單單一撮個人有所不同呢？這因爲在社會中、在任何一集團中，在任何一部份人羣中，是有人看見和認識他們的集體利益的」。

李光耀最後鄭重指陳：「於是，由好些移民中，美國人便形成了一個民族。同樣的，由好些英國人中，澳洲人也形成了一個分開了的民族，這是因爲在他們的社會中，人們都看見和認識萬一到了存亡之交，他們的集體利益將附麗在那裏——到了存亡關頭，他們的命運怎樣？他們的一切建樹的命運怎樣？於是他們就根據這利害而作了他們的決定」。

「在新加坡，這個歷史過程已經開始了。在過去幾年間，我們飽受了政治教育。最初，我們經過了爲什麼我們該與馬來西亞合併的一課。後來，在馬來西亞中，和從馬來西亞分離出來的時期，我們又經過了政治教育的另一課。這些可能需要整個世代的時間才發生的，但卻已縮短了竟在幾年間一一出現了。我們到了現在是瞭解了：我們只有兩條路：一條是把這裏建設起來、繁榮起來，

這是在我們的；另一條是把這裏喪失掉、送給掉。我決定了我們大家要在這裏建設起來繁榮起來，而永不送掉給別人的」。

這一演講詞充分顯示：新加坡政府決心致力於「生根」的艱鉅工作，認識教育與建國的重要

關係，教師是任何學校的中流砥柱。——但就我親身經歷：南洋大學距離這一目標尙遠。

「組屋」使居者有其屋

新加坡海濱有一四長柱合成的紀念碑，是紀念日本軍隊占據星島時華人、馬來亞人(巫人)、英人、印度人被慘殺的男女老少。這四族旣曾在日軍槍刀下共患難，在新加坡共和國獨立建國時期自然更應同甘苦。

新加坡面積不到二百五十方哩，當時人口在二百萬以內，其中華人占百分之八十五、財產企業大多數在華人掌握中。事實上：在小坡街口若干飲料店中的印度人都說中國閩南語。

新加坡共和國總統是一馬來亞人後裔，政府總理是由人民行動黨領袖李光耀擔任，李在每一族人集居地區視察或參加集會時，都是尊重那一種族的傳統服飾，如李出現於華人社區時常着白短袖襯衫，演說時用華語（中國國語）；在印度人社區出現時卽和印人一樣用白布裹頭，說話用英語；面對巫人時穿着馬來亞衣飾說馬來亞語。時時處處都以身作則表現多元種族應融合一體。

新加坡政府注重敎育以外，對人生四大需要之一「居」的問題，尤努力用實際行動尋求解決，這就是亞洲人羨慕的「組屋」。卽利用公有土地或荒廢垞地作基地，逐漸興建十餘層的樓房，內分一臥室二臥室等類，供給低收入的居民，按其每月薪金或工資總數若干成作按月分期付款累計若干年後卽取得所有權。政府在最初幾批「組屋」與建需要支用款項，以後卽可自「組屋」分期付款總額逐漸累計而不需再多籌撥與建基金。

新加坡甚多「巴剎（市場）」，市內「牛車水」的市場是居民常去的，原是由各攤販就曠地逐漸擁集，祇用油布或木板避免日晒或陣雨。但陣雨垂直驟降，顧客時被雨淋，所幸陣雨時短、男女都着單衫無懼雨水。我於一九六三年初次南下時即曾一往參觀，一九六六年夏再度南下，假日常與同仁前往。當時見新加坡政府已在距這「巴剎」約二百呎許處建築高樓，落成後這些攤販即付費利用高樓地面層營業，其餘各層樓即為攤販或附近居民分期付款購置的「組屋」，將華人社區的贅瘤割除而面目一新。我曾往參觀這新時代的開始。

南洋大學新學制班設有「新加坡華人社會史」課程每週二小時，聘請陳育崧講授。陳每二週到校上課一次，不來校的一週即帶領學生往市區各華人社區參觀並實地講說，我每週聽講或隨同學生下坡參觀。曾見華人寺廟前，多有老年或中年男女列坐長板凳聽說書，說書人燃香枝計時收費。情景如河南開封相國寺一般，是中國傳統說教之一，內容固多神話故事，卻具勸善規過作用。比現代電視色情歌舞高出多多。

陳育崧帶同學生進入寺廟後，特別指示神座兩側的小鬼像，都被善男信女用鴉片膏糊住。陳說明這是晚清以來華人來進香祈求神佑時，希望小鬼不要說他們的壞話，故用鴉片膏糊住，是行賄賂及於小鬼怪了。

這一怪狀和新加坡國家圖書館側，「反貪污行為局」的辦公處揭示牌，成一新舊時代顯明對照。李光耀呼籲要努力培植下一代認識現代世界潮流和人生價值，自是有感而發。

在尊重當地四大種族居民的原則下，南洋大學的假期也增多，卽華人的春節、西曆新年、聖誕日，巫族的回教開齋節、印裔的苦行日都放假，我們都下坡去參觀各種族民慶祝或遊行。印度人苦行日，若干青年前胸後背兩臂肘都揷滿長約二呎半、直徑二分的鋼條，尖端鋒利及於皮下，許多鋼條上還垂立檀香爐等物遊行。我曾見在鋼條逐枝揷入皮肉時，被揷的人已如半身痲醉，揷齊垂香爐等物後步行卻如常人。這自然是修煉道行。卻使初來星島的人們驚奇。而中國夏曆除夕，各金飾店仍顧客擁擠，各種金飾放置玻璃櫃枱任客選購。店門絕無如香港金飾店一樣荷槍警衛，當地治安良好由此可見。

嚴復筆下的「五四」運動

南洋學會是獅島具有歷史及地位的學術性社團，經常舉行演講會或刋佈專書。一九六七年四月，我應邀在這一學會講述「孫中山先生與南洋」史實。會後聚餐，我適與近代譯述西洋哲學思想的大師嚴幾道（詳見「民國百人傳」第一册）的第四子季將（名璿）同桌。偶談及嚴氏手稿史料，季將很感慨告語：一部份由其兄携往印尼的已不知下落，祇有少數尚存新加坡家中，年歲日老，後代都不會重視這種種，將來也不知如何？我因建議：何不捐贈南洋大學圖書館，可望永遠保存。相約翌日到其家詳談。屆時我如約到嚴家，見客廳懸掛幾道先生用金牋手書工楷「心經」橫幅及對聯等。季將旋取出幾道先生若干家書及生前全部印章，並說「已決定捐贈南洋大學」。南大因此舉行一簡單捐贈儀式，接受這一批珍罕史料，保存圖書館中。

一九一九年卽中華民國八年五月，嚴季將正肄業直隸唐山工業學校，參加抵制日本貨物、贊助「五四」學生愛國運動。幾道聞知極不以爲然，手諭責備，是年五月二十六日，家書有云：「父諭四兒知悉：吾抱病在閩，每次看汝半通不通之長信，實是懶於作答。至這回因汝母到滬，於二十六日接到汝二十二日之信中述唐校學生起鬨，及汝捐款五元（旁加「以此受人揚譽，極不相宜」），並結團抵制日貨等事。吾心深爲不悅。嗟夫！如此等事斷斷非十五歲學生如吾兒者所當問也。至金先生馳書勸誡，兒尚不知過，敢爲無理辯駁。吾不意汝到唐一年氣質變到如此，又毫無分曉但知隨俗遷流，如此直不類嚴氏家兒。可悲孰逾此者。今吾與汝母均極傷心，將與吾兒分析是非以至所爲之爲損爲益，則理深語長，吾之病軀不能爲此，而約而言之，則吾兒年未及丁，判斷力未足之時，決不應爲此等事而已。辛亥革命如黃花岡死者多係幼年，彼輩亦自命愛國，然中國以革命弄到這等田地……吾兒欲知所以不當爲之理由，可俟暑假歸家時問我或大哥便知端的。總而言之：此事卽是，亦不應爲；至於非是愈可知己。北京章曹或亦有罪，而學生橫厲如此，誰復敢立異同，而正理從此不可見矣。嗟夫！多歧亡羊，吾見兒信恨不卽叫兒回家，從此不在各校求學也」。

原信末加「此信閱畢付火（加三圈）」，不可與校友傳觀」等字。但季將仍保存，原爲尊敬父親，卻爲國人留下珍貴史料。

嚴復家書中表現對國事及「五四」不同觀點，自是留學歐洲，認識英國經不流血革命步上憲政法治正軌，法國大革命後多動亂不安；故亟不願青年「暴力」行動。嚴復逝世後刊行「學衡」雜誌第二十期錄刊嚴氏致友人熊純如手札，可見嚴於「五四」別有消息來源及與眾不同見解：

「世事紛紜已極，和會散後，又益以青島問題。集矢曹章。縱火傷人，繼以罷學，牽連罷市。政府俯徇羣情，已將三金剛罷職。似可作一停頓矣。爾迺滬市有東人行毒之謠，三人市虎，往往聚毆致命。點心食物，小本營生，無過問者，而小民苦已。蘇浙魯鄂，相繼響應之後，最晚繼之以閩。他處學商界合，而閩則學商界分。昨報言督軍捕捉學生六千餘人，而加以慘無人道之苛待。讀之令人失笑。又云被商會會員黃某毒打，幾於斃命，商會人極寥寥，又皆畏事。以數千學生乃任一二人毒打，信乎？咄咄，學生救國良苦。顧中國之可救與否不可知，而他日決非此種學生所能濟事者則可決也。

中央政界岌岌日有破產之憂，安福系（段祺瑞）勢力似成弩末，而苦於騎虎難下。聞此番京津罷市乃馮華甫（國璋）居中煽動，用以推倒徐（世昌）段。昨見十八日申報中錄高某與華甫一電，傾瀉無餘，欲知華甫盡於此矣。此番上海罷市，非得歐人默許，自無其事。而所以默許之者，亦因歐戰以還，日本勢力在遠東過於膨脹，抵制日貨，將以收回舊有商場，而暗中慫恿，以學生康擺渡等爲傀儡耳。

「日本維新以還，所步趨者德國。歐戰開場，羣以德人爲必勝，故外與協商聯盟，而內與德人密約。去年德敗，石破天驚，而近日其密約爲英美人所發暴，故凡處勢最難；而自大正繼統之後，國中革命之說，暗長潛滋，統用武力彈壓。又數年中因以軍械售與華俄兩國，驟富者多，而民嵒日起，老成凋謝，公德日墮。弟書中所言殆昔之日本，非今之日本耳。」

「學術」同期又刋佈嚴復另一書信云：「自去年抱病還鄉，於世事不甚措意，故於此時發現種種是非功罪，皆屬不敢斷言。蔡孑民人格甚高，然於世事往往爲莊生所云知其過而不知所以過，偏喜新理，而不識其時之未至。則人雖良士，亦與汪精衞、李石曾、王儒堂（正廷）、章枚叔（太炎）諸公，同歸於神經病一流而已，於世事不但無補，且有害也」。

今迻錄嚴復對「五四」及當時人的觀點，並非表示贊同，祇是說明歷史事實應由各種不同角度觀察，才比較翔實。至蔡元培、章太炎以及「三金剛」曹汝霖、章宗祥、陸宗輿諸人生平，詳見「民國百人傳」及「民國人物列傳」。

嚴季將捐贈南洋大學的，除其父手寫家信外，尙有幾道先生生前使用各種大小形式印章十八顆，其中如「天演家哲學家」、「約翰」二章是各書所未載，值得珍視。

「溝通東西文化」是南洋大學創建之初揭示的特質之一，而嚴復是中國近代將西歐哲學思想譯述爲中文介紹國人的先導。今其手譯與印章入藏南洋大學圖書館，應是昭示南大師生努力方向的最高精神象徵。

新加坡國家語文局刋行「華人甲必丹」中英文本各一册，其中提及另一「溝通東西文化」的主角辜鴻銘，恰與嚴復異曲同工。辜是將中華文化書籍譯述爲英文，介紹給西洋人的先導。我曾研讀有關記載，一九六八年初夏，且親往辜鴻銘與馬建忠晤面的新加坡海濱旅館參觀。辜自與馬晤談後人生觀及生活方式從此作一百八十度大轉變，即傾慕祖國文化，決心返回中華定居。這一海濱旅館，即重要歷史地點，可惜再無其他史蹟可尋。（辜鴻銘生平見「民國百人傳」）

晚晴園　同德書報社

一九六八年元旦，南洋商報及星洲日報刊載我和南大教授們的論述，我是就南洋商報指定寫「孫中山先生與南洋」一文。

這特刊主編於「編餘走筆」中有云：

「南洋大學歷史系主任吳相湘教授是個腳踏實地的學者，多年來，他致力於中國近代史料的搜集和編纂工作，成績可觀。此外，他對於傳記文學也有濃厚的興趣。他的辯才無礙，文筆暢達。因此，當去年他剛到新加坡的時候。『南洋大學創校十週年紀念特刊』這份繁重的編輯工作，便落在他的肩膀上，這兒可見他多麼被南大當局重視」。

這一短文刊出後不久，接到報社轉來馬來西亞共和國首都吉隆坡讀者阮思寬信，竟讚是文「眞眞確確價值連城。鄙人讀後之餘感謝萬分，想其他讀者亦有同樣謝意也」。「鄙人先父是阮卿雲君，曾一度創辦僑聲日報於吉隆坡，其宗旨是宣傳革命；惜在武昌起義一年後停辦。鄙人只存遺物一幀，即二十四吋放大相片一張，是最有革命歷史性的。該幅人像有阮卿雲、陳占梅、杜南（孫先生漢文教師）、汪精衞等，汪前來吉隆坡作宣傳於青年會者」。我閱信後深爲感動，在日本軍占據馬來亞大事搜索下，阮思寬始終保存這一像片，且能指認人名，眞是有心人。由此證明「華僑爲革命之母」精神實在永存不朽。

「晚晴園」是孫逸仙先生旅居星洲時寓邸。一九六三年一月，我初次南下時前往參觀，園內房屋破舊，蛛網與塵埃遍室，用手電筒俯身上危樓，已空無一物。這次任教南大時再往，已經中華總商會修飾一新，設立「孫逸仙紀念館」（星洲近建地下鐵道，穿過園下，不影響館舍）。園中有臺北鑄造孫公小型銅像，銅質欠佳，與過亭中置放的蔡公時遺像是在德國用黃銅鑄製大小如人體，顯得極不相稱（蔡公時是一九二八年五月三日在山東省濟南，被日軍慘殺的中華民國外交部交涉員）。

新加坡醉花林俱樂部懸掛譚延闓手書「復我邦族」橫幅鏡屏，含有「華僑是革命之母」意義。是一九二二年卽民國十一年，明德母校校長胡子靖先生南下募捐後的秀才人情還贈紀念。至一九〇三年星洲華僑首次爲國事呼籲，抗議上海地方官封閉「蘇報」而集合的小桃源俱樂部已不存，幸怡和軒俱樂部尚在，陳育崧導往一遊。某日在市區見一禿頭老人，友人指示卽最早贊助國民革命的華僑陳楚楠。是我第二次南下尋求史料所見的惟一前賢。

同德書報社是革命宣傳中心之一，陳列書報，或舉行講演會，孫先生曾蒞臨。一九六六年十一月，孫先生百年誕辰紀念會卽在此舉行。

妙絕世界之迴文文學

湖南長沙楚怡小學同窗王儒雅（後改名且明）全家定居星洲，我爲拜見世伯仲厚先生，時年八十，健談如常，鄉音未改，我們用長沙話談往事，都極高興。仲老特致贈手著「妙絕世界之廻文文學」一册，今仍保存。

謹按仲老大著指陳：中國廻文作者皆屬女性。漢代蘇伯玉妻作盤中詩是其肇端。符秦時竇滔妻蘇蕙作璿璣圖而大備。自經唐武則天大力提倡之後，女性之工此體者代不乏人。誠以女性類皆具有耐心，朝夕於斯，未嘗稍懈，絕無外務相擾，用功更較專一。故廻文實爲女性之專業，其所以致此者，殆因以前專制時代，女性重門深鎖，天才無處發揮，偶得此絕妙好辭，馴至盡力以赴，意在藉此成名，非僅在消閒之計。祇以書卷失載，遂多淹沒無聞。幸宋代廣慧夫人與朱淑貞女士，遼女常哥，元管道昇女士，明代盧允貞、胡瓊、黃娥、余尊玉、朱中楣、沈宜修、景翩翩、明末清初徐範、清金禮嬴、黃唯、民國譚志學諸女士作品流傳，姓名亦得永存。

宋代桑世昌輯「回文類聚」止續合刊四册計共十卷。清乾隆朝「四庫全書簡明目錄」著錄是康熙中葉朱存孝錄存，兼及明人；然未爲賅備，附桑世昌書以流存。

桑世昌於「回文類聚」原序引古人言有云：回文反覆皆可成章，舊爲二體，今合爲一：止兩韻者謂之回文，而舉一字皆成讀者謂之反覆——凡詩對有八：其七曰回文對，情親因得意，得意遂情親是也。自爾或四言或六言，或唐律，或短語，既極其工，且流而爲樂章，盖情詞交通，妙均造化，此文之所以爲無窮。其中錄存璿璣圖詩（亦名織錦廻文詩）一卷，原圖凡八百餘言，縱橫往復，皆成章句；其字本織以五色，以別三、五、七言，後傳本概以墨書，因連其句讀。唐中誠嘗作釋文，今亦不傳；宋元間有僧起宗以意推求，得詩三千七百五十二首，分爲十圖；萬民增立一圖，更得詩四千二百六首，與僧起宗圖合爲一編，以成「璿璣圖讀法」一卷。

仲厚先生刋行「妙絕世界之廻文文學」書中，仍用紅、黃、藍、紫、黑五色套版印製，並附唐哀萃芳女士釋文、元管仲姬手書五色璿璣圖、璿璣變幻圖九幅，明仇十洲繪蘇蕙像、竇滔迎妻蘇蕙全景圖四幅；又有宋至道宮中本「璿璣圖」、民國林雲仙、梁次女所根據的蘇蕙璿璣圖。同時在這璿璣圖前刋印漢蘇伯玉妻「盤中詩圖」一幅，「璿璣圖」後刋印「南海奇女子」製「聲鑑圖」「多麗碑」，唐晃選萬樹璇璣詩詞圖等。

仲厚老先生於是書首先指陳：世界文學之歷史，或以歐洲各國爲最早而亦最優美。稽諸英國文學中，亦有所謂廻文者，其專門名稱爲 Palindrome ，包括單字與辭句兩者而言（牛津大學最新文學大辭典中載有詳註）。夫以拼音文字之非單音獨體而竟能運用如此之靈活，已屬難能可貴；若欲以之比於中國廻文，究又卑不足道。然則中國廻文在世界文學領域中堪稱絕無而僅有者矣！惜乎現代文人之研讀廻文者已屬少之又少，循此以往，甚或絕迹於世界文學領域中，寗非國人之奇恥大辱也哉。

仲厚先生是書中記述「歷代廻文諸鉅製」一篇爲全書中心，於歷代仿效璿璣圖而作詠景物詩、類似璿璣式雜體詩、專詠時令之廻文詩舉例尤詳，如蘇軾春夏秋冬四季廻文詞四首，調寄「菩薩蠻」，其中「春」「冬」二首：

（春）翠環斜幔雲垂耳，耳垂雲幔斜環翠；春晚睡昏昏，昏昏睡晚春。

細花梨雪墜，墜雪梨花細，顰淺念誰人，人誰念淺顰。

（冬）雪花飛暖融香頰，頰香融暖飛花雪，欺雪任單衣，衣單任雪欺。

別時梅子結，結子梅時別，歸不恨開遲，遲開恨不歸。

清代李暘（谷甫）的四季廻文律詩有八十首之多，民國時人福建林葳莊與友人有閏七夕乞巧詩十四首。至於後人採錄「回文類聚」演爲詩詞的，如宋王安石「無題」五絕廻文詩有云：「碧蕪平野曠，黃菊晚村深，客倦留酣飲，身閒累苦吟」。蘇軾有題錦圖詩七絕回文三首：「紅手素絲千字錦，故人新曲九廻腸，風吹絮雪愁縈骨，淚灑縑書恨見郎」。

廻文詞源於詩而流爲曲，以詞曲皆爲合樂之韻文，其讀法不同。後又演進四六或聯語，如「客上天然居，居然天上客。人過大佛寺，寺佛大過人」。「出對難，對對難，請先生先對。開關遲，關關早，阻過客過關」。清代「古今圖書集成」摘錄唐宋筆記廻文多，清人筆記者尤眾。如四川省眉山縣蔡氏家祠門聯：「一門父子三詞客，千古文章八大家」。西湖「劉莊」聯：「五月荔枝紅，千里鄉心吹不斷。六橋楊柳綠，兩家春色好平分」（劉莊附近有許莊）。又西湖花神廟聯語：「翠翠紅紅，處處鶯鶯燕燕。風風雨雨，年年暮暮朝朝」等都可廻誦。

仲厚先生又自擬三十四首，顯示他老於廻文興趣濃厚，如「日對月，月對日，日月遙對爲望。夫敬妻，妻敬夫，夫妻相敬如賓」。「實無名，名無實。文勝質，質勝文」。「秀色可餐餐秀色。佳人難得得人佳」。「其樂也融融洩洩。行何爲踽踽涼涼」。「金鍍成鍍金，最難得面面俱到。火柴引柴火，恰好是心心相傳」。「做文章，尤必在朗朗明明，條條理理。求學問，最要是沈沈著著，懇懇懃懃」。「客上天然居，居然天上客。鹽出自流井，井流自出鹽」。

仲厚先生又舉例八十九條，說明廻文詩演進爲謎語。文雅成語例一百七十一條，如「才不才」「可不可」、「有所思」、「是何言」、「書畫琴棋詩酒花」、「日月金木水火土」、「行不得也哥哥」、「遠交近攻」、「德以報德，怨以報怨」、「夫人必自侮，然後人侮之」。

「妙絕世界之廻文文學」是十六開本，全書九十八頁。玆選錄國人熟習的人名等舉例於右，供有興趣的人進一步研究廻文的初階。

參加國際東方學人會議

「國際東方學人會議」(International Congress of Orientalist)，原先是法國人於一八六七年創立，不定期集會，首次會議於巴黎舉行，參加的大都是法、德、英、俄諸國學人。美國大學自一九〇二年才開始注重研究「東方學」中最主要的「漢學」，仍是借重歐洲人，如哥倫比亞大學主講中國歷史教授卽德國人夏德 (Hirth)。經過兩次世界大戰，美國國力富強，法、英、德諸國忙於復興，學術研究進步緩慢。美國卻因若干基金會多願協助學人向這一領域進行專門研究，一九五〇年代及一九六〇年代初期，成績已著，顯明後來居上。一九六七年這一「國際東方學人會議」第二十七屆大會，欣逢斯會創立一百週年。美國學術界於一九六五年卽積極籌備在美國密歇根大學舉行。我因離臺北南下新加坡，一九六七年二月初，才接到是會組織委員會中國近代史組主席費正清教授（John K. Fairbank）簽名的邀請書（是年一月三十一日發），表示最熱誠地歡迎我參加這一次大會，並附寄大會各種文件，其中對亞洲出席是會學人特別優待：本人自東京與密歇根大學所在地的來回飛機票免費，只交註册費美鈔一百二十元，同行家屬每人付包機來回票價美鈔四百二十五元，開會期間食宿全部免費，由大會供應。

南洋大學同意我前往參加，亞洲協會願資助新加坡與東京間往來飛機票，並資助我在美國東西岸主要大學訪問研究旅費兩個月。因趕辦一切手續，並函臺北約太座同行，按我預訂行程在泛美航空公司新加坡分公司將飛機票費付清，由臺北分公司將飛機票送交我家。

這一會議是八月十三日至十九日舉行，正值南洋大學暑假期間。在二月至七月間，我照常授課並辦理系務。

是年八月四日，我自新加坡啟行，下午七時許到達東京羽田機場，旋太座自臺北乘飛機到達，同乘汽車入東京市區旅社。利用居留四日時間，乘遊覽車參觀日本電視機製造廠 Sony 及照相機製造廠，走馬看花稍知精巧工藝製造過程。一九六〇年，美國艾森豪總統原訂訪問日本行程表中也有參觀 Sony 製造廠一項，嗣因學生羣眾反對而取消東京之行。可見這 Sony 電視機的知名度。事實上迄今在美英各國仍以 Sony 電視機占首席。我們又參觀一製酒廠，導遊員告知可儘量飲用各種名酒。但我們不嗜酒，稍嚐小杯甜酒，卽滿面紅，眼見美國遊客的豪飲且廉價購酒——

遊覽車至一郊區花園午餐吃烤肉時，日本女侍對美國遊客非常敬重，對我們同行的幾位中國人卻冷淡；顯示她們國家已復興並逐漸步上經濟大國的驕傲，比較七年前我在東京時情景已不相同。

八月九日，我們一行自東京乘泛美公司包機西行。由於時差關係仍是九日到達舊金山，亞洲協會中國組人員在機場迎接往預訂旅社，翌日晤見南洋大學新聘客座教授朱文長後，朱東行。我和太座飛芝加哥，兩女在機場迎接其母赴她們宿舍，我繼續飛往密歇根大學所在的阿拉巴拉城向「東方學人會議」報到。

歐、亞、美各洲有關學人近一千人參加這一盛會，分組討論宣讀論文。我參加中國近代史組，有時旁聽東南亞組的討論。會晤許多中、美、日、德友人，也新交若干同好，如 "Sun yat-Sen and the origins of the Chinese Revolution" 著者 Dr. Harold Z. Schiffrin，他自動招呼我並給一張中英文名片「史扶隣博士」四號中文鉛字印刊，和其他中外人士刊印博士頭銜於名片右上端的形式不同，這一名片今仍保存。

獲致哈佛燕京學社的協助

分組討論以外還有會外自由聚會與參觀。我遇見哈佛大學費正清教授，他詢及南洋大學近況。我忽想到南洋大學亟欲與歐美著名大學交往，因向費正清提議：哈佛燕京學社既在中華民國臺灣省、香港協助有關學術研究，且提供當地學人到哈佛大學訪問研究一年或二年的費用。新加坡常被美國人稱作「第三中國」(?)，南洋大學又是東南亞惟一華文大學，哈佛燕京學社實應將同樣計畫推廣到南洋大學——我並且強調：費先生在這次集合中曾說：『美國人的生命與金錢已在越南犧牲太多了，而美國各大學多年來只產生以越南為博士論文的哲學博士（Ph. D）七人，這太不成比例了』。孫子兵法有「知彼知己，百戰不殆」銘言，值得記取。南洋大學設有南洋研究所，如果哈佛燕京學社計畫推廣到南洋大學，更可鼓勵當地學生注意東南亞研究，他們識中、英文，正是研究需要的工具，十九世紀中葉以前越南歷史記錄很多是中文的。費正清對於我這番話很以為然，希望我回校後寄函詳細說明一切。

我們在美國東西岸訪問研究八週後，九月二十九日，自洛砂磯飛往日本大阪轉到京都。我們在這扶桑的「洛京」及鎌倉等遊覽名勝古蹟。若干唐代木質建築廟堂雄偉，是日本重要「文化財」，中國境內已難看到。太平洋戰爭時，美國空軍特別注意不轟炸這一帶，故日本的「古」得以保全，日本的「新」東京卻被轟炸甚重。十月五日，我們告別三島，先送太座安抵臺北後，即仍乘原機經香港逕飛新加坡，當晚回校。

十月六日，我到歷史學系處理事務後，赴校長室告知與費正清教授談話經過，他們都極贊成鼓勵我迅速寄信哈佛大學早日達成這一計畫。適我在宿舍積存郵件中，發現是年九月七日費正清寄來介紹他指導的博士候選人來星，希望我協助他看到更多的中國資料。這人研究雲南省在近代的轉變，已應用法國外交部檔案及若干已刊中文書籍等。我因此肯定費正清對我談話印象甚深。經與歷史學系同仁幾次會商，尤其講授美國史的陳驥（後膺美國加里佛里亞大學柏克萊本校哲學博士，現任臺灣中興大學歷史系教授）協助尤力。我寄出詳函分別致費正清、楊聯陞兩教授說明一切。

經過幾次函件往返討論，翌年（一九六八）十一月十二日，哈佛燕京學社主席皮哲爾教授（John C. Pelzel）來信，顯示一年以前的建議的成功可能性。但正式成爲事實卻在一九六九年三月，我辭職返臺後校方轉來哈佛燕京學社副主席兼哈佛在亞洲計畫主持人巴克特（Glen W. Baxter）致南洋大學副校長信副本，說明理事會已經通過將訪問學人計畫，自一九七〇年秋開始推廣給予南洋大學。至於我的其他建議將由其主席皮哲爾博士函覆——由於我的辭職離星，自然無人再能接手繼續商討。

自這一「訪問學人」計畫成功，南洋大學中國文學系講師翁世華與盧紹昌兩人先後被選往哈佛大學研究。歷史學系助教吳振強後也得到這一機會，翁世華曾在臺北見面，他並不知我是這一計畫的推進人。吳振強於一九七七年來美曾晤見，後來他又請我寄介紹信予澳洲國立大學攻讀博士學位獎學金，也告成功。振強告我：這一「訪問計畫」已經改變爲南洋大學與新加坡大學的適當人選都可申請，兩年輪流一次。我答覆他：不論如何，總是爲新加坡培植人才。新加坡納稅人支付我任教南大兩年半叻幣薪金（扣除所得稅百分之二十五以上），實已連本帶利收回二十倍以上，並且現今還在繼續收取利惠。

選購歷史學系新書籍

我到南大之初，就看到新加坡政府撥款叻幣一百萬元新建圖書館已告完成。但特別撥發的圖書費中，歷史學系分配額中還有叻幣一萬餘元卽美鈔三千元未動支，必須早日自開書目採購。因此，每日課餘，我在步行回宿舍途中，常進入圖書館檢閱藏書，特別注意歷史系教學與參考書刋。我發現若干書籍多有複本，例如英國李約瑟（Joseph Needham）著「中國科學技術史」卽有兩部，中文「二十四史」有五部。自然這都是世界名著應該供師生多多閱讀，但這樣價昂的大部頭巨著，以南大師生人數計，每一巨著一部卽够輪流借閱。如多重複，在圖書館有限經費中就減少購置其他應購書刋的機會，以致若干應備的基本書籍甚形缺乏。加以新學制新課程實行後，若干有關圖書必須添購。我將圖書館原有的中文、英文、日文各種書籍目錄檢出，並寄函各國大書店請速寄新目錄來。我和歷史學系同仁再三查閱後擬具一初步目錄，送交圖書館檢查：某書已否入藏而經人借出，某書正在訂購中，以免重複。經過這番手續後，我又和歷史系同仁會商決定購書的優先次第。

當時，全球經濟發展，物價穩定。臺灣各書店正大量影印中國各種珍本及應用書籍，出售時特有折扣。直接購買比較委託當地書局向臺灣訂購合算多多。購書費既可減少，卽再能多購十數部書。因此，我手書若干信件送圖書館隨採購函一併寄臺灣各書局——我與這些書店都很熟識，明瞭內情，故我手書中坦白說明要按最低折扣加實際郵費計算。結果一切如願達成。

「明治百年史料叢書」是當時日本一書局爲明治維新百年紀念，將戰前出版若干主要史籍影印發行。其中極大多數是早已絕版書。南洋大學新學制新課程中旣有日本史一課，圖書館收藏有關日本書籍卻非常稀少，華文、日文有關日本史籍屈指可數。自惟有採購這一日本史料叢書及其他新刊書籍。我請在校有關同仁開列書目，並爲集思廣益，寄信東京大學及京都大學友人請求提示書目。同樣的：美國史、英國史也是如此辦理。彙集分別採購優先次序，又經圖書館查對收藏目錄後分別訂購。半年以後，這些書籍先後寄到。特別購書費及每年預算分配予歷史系的款額，都達到充分利用，爲歷史學系應購書刊建立初基。

一九六九年三月底，我在臺北得陳驥三月二十日手翰有云：「前日，馬來亞大學桂蒂（Quested）先生曾過此，爲專誠請益吾師有關中俄關係史實事。見圖書館中華文日文藏書弘富，皆近年之所添置，至爲驚羡。皆吾師之勞」。事實上，在我到星洲以前十年，南大華文書已有相當基礎。我在兩年半內，充分利用可動支款項迅速採購，故質與量似跳躍增多，特別顯眼而已。

心安理得　昂首歸去

一九六八年七月，我又被教務會議選任爲「南洋大學學報」編輯委員兼召集人。一件一件的工作增加，無法推辭，祇有力求迅速處理完成。我因約集編輯委員會，決定預訂截稿、付排、出版時間，由各編輯委員分別向各同仁約撰文稿，按時收集，審閱後付排。我按這一時間表在一定時間以前向各編輯委員當面或電話催促。結果這一學報如期出版。

「研究各民族文化」是南洋大學創建宣言中揭示南大的另一特質，故南大已設立「南洋研究所」，由一捷克籍人主持，他能說英語，卻不識華文，「研究所」內容空虛。一九六九年一月十日，校方通知：任爲南洋研究所委員之一。這一新委員會任務：「(一)、策劃並且推動本校南洋研究所對東南亞、西南太平洋，以及有關地區人文與社會科學方面之研究工作。(二)、策劃並且協助本校設立有關上述地區問題的系際研究課程」。而充實南洋研究所圖書文物，是一切的大前提。臺灣省立臺北圖書館（後改爲國立中央圖書館臺北分館）收藏前日本臺灣總督府收集的南洋各地資料豐富，我曾多次應用。校方因此同意我於是年年假期間休假二月，赴臺北整理臺灣收藏日本戰時搜集之東南亞資料，並洽商影印辦法。

一月中，新學制第一班學生陳金土等十五人，畢業考試完成。這第一班學生是在我主持歷史學系務時入學，如今完成三個學年學業，我可說是始終其事，陳金土今擔任新加坡駐臺商務代表辦事處副代表，曾寄信問安。

但是一月十八日早，我在系辦公室桌上忽見一張報紙，是南洋大學畢業同學會刊行的「燎原」——取義於毛澤東語「星火燎原」，一九五〇年以來刊行「星火燎原」書二十餘册——並仿毛澤東字體書寫。這是我以前很少見到的，今一四開紙印刷的「燎原」，竟放置於我桌上，顯然是有意要我閱看。這一「燎原」上有三篇攻擊我的文字，內容完全無理放矢，如謂我是「臺灣蔣幫特務」！恰與事實相反，因我早已被中國國民黨開除黨籍了。尤其是使我最不能忍受的：其中一篇作者竟用我父名諱。共產黨人也祇以「本人」爲鬬爭對象，這些人竟無端辱我先人。斯地何能再居留！我卽持這一報紙往見代校長盧曜並面致辭職函：「依聘書約訂時間離校」。盧曜告語：上班時在辦公桌也發現同樣報紙，並用紅筆圈畫，卽感驚異。他要求我不說辭職，給他時間瞭解眞相。我當答覆：這顯然是有計畫的行動，我旣提出辭職函，在任何情形下絕不收回。翌日，盧曜約談，面告昨日往教育部，王邦文部長希望你繼續工作，不要辭職。盧並希望我按原計畫回臺北休假。但我復於是月二十二日再函堅辭。二十三日，盧曜代校長覆信（編號REPW3611）云：「迭接一月十八日及二十二日臺函，藉悉臺端擬請於本學年結束辭去本大學文學院歷史學系主任之職等情。拜讀之餘，至深惋惜。查臺端兩年半來主持本大學歷史學系系務，多有勞績，倚重正殷。今者乃萌退志，辭意堅決，挽留無由。自可准如所請，並自本年四月十六日起生效」。

當我向南洋大學辭職消息初傳，南洋商報主筆連士升等卽電話婉勸打消此意。嗣聞我決定離星後，連士升又約午餐話別。他見我面第一句話：「這是南洋大學和新加坡學術界一大損失」。我卽告語：「不然，如叻幣值錢，自可網羅天下人才；但必須尊重應聘教師的人格。例如地理學教授沙學浚，三年前竟被限令每日往移民局簽證一次。迫使這一教授於學期考試後立卽挾學生試卷，離星赴馬來西亞首府吉隆坡乘飛機回臺北。又傳說另一華文學院女主持人竟有『臺灣來的人好像餓狗，眼巴巴祇等聘書』。這樣無禮無理態度是很難使華文高等敎育進步的，更違反南洋大學建校目標。我在南大付出心力遠超過支領的薪金，心安理得。特進忠告，請轉達」。

我在這一學年積存有可休假六週，不必等到四月十六日離校，即於三月二日早自星直飛香港，停留四十八小時，會晤羅香林教授等。三月五日返回臺北市。旋陸續接到南洋大學校園內外友人來信，其中有一瞭解內情的當地籍人士手翰有云：「那些人原以爲兄必貪戀叻幣，將稍稍低頭；不料兄竟昂首而去」。彼輩又恍若有失說：「還沒有足够利用吳教授的能力和地位，他就先走了」。這些人眞是幼稚無知。殊不知美國電腦測驗我的個性都指出我具備「制機先著」特長，即我經常居主動，從不居被動地位受制於人；那有被人利用的可能。兩月餘後，楊承祖、陳驥也自南洋大學拂袖歸來。因南大新學制聘書約訂：初聘時限一年，續聘時限三年；乃致送楊、陳兩人的續聘書僅爲二年。完全暴露南洋大學自食其言，政策紛亂矛盾；豈可再留，自然不如歸去也。充分顯示中華硬漢風骨節操。

我爲頂天立地做人，不惜辭卸一般人認爲有「名」的臺大、有「利」的南大教職。不僅沒有窮途潦倒，反而由於自由之身，精神愉快，專心研究撰述，實現素志。這是俯仰絕不由人的莫大收穫。

「著作等身」何敢當

孔子自言「述而不作」。東漢始設「著作郎」，掌修纂國史，是著作兩字連成一名詞的最早見於典籍。但明朝不設「著作郎」。近代歐風美雨東來，於是著作物、著作權就出現於一些法律條文中，一般社會人士對舞文弄墨的人更習用「著作等身」的恭維語。其實如果是竹簡、木牘，或是唐卷，宋代大字棉紙刻刷、蝴蝶裝訂典籍時代，也很少人能「著作等身」。近一百餘年來鉛印機器製紙書本流行，更不易發現一著作等身的人。何況近代國內出版書籍實在很難看到若干是眞正「著作」。我習史學，多年來研讀史籍史料，稽考求證，排比成册，完全是秉承述而不作，甚至是儘可能讓史料本身表達史實，藉以求眞翔實——退一百步說，如果就我已刋專題書及彙輯長短篇論述成册的書本，總合堆積起來還不到膝蓋；至於編印各種叢書叢刋近三百册，都是前賢名著和今人撰述，我何敢掠美。祇是經過六十餘年與文房四寶及圖書館檔案館的不解緣，對於中國古語「文章千古事，得失寸心知」，以及歐美各國公私直接的原始資料必須若干年月後才能公開的規定（美國林肯總統有一習慣，卽寫給任何人的函件必等隔宿再看一二遍修改後才寄發），都是表現愼重負責的精神，不祇深具同感，並且身體而力行。

報紙是我最早觸及的出版品

我在七、八歲時，常到我家和大伯父家中間的三層洋樓玩耍，看到相治大堂兄自日本購回的各種昆蟲標本鏡框和其他若干洋玩意兒。尤其綠色印刷的畫報映入我的眼睛，更引起好奇心，大兄說這是打戰的圖畫。那時我已經過多次南北軍人出入常德縣城，聽過槍聲，稍稍知曉打戰是什麼一回事；但對於打戰何以要印成這許多畫報卻莫明其妙。十餘年後，我自長沙回常德時，再重閱這些畫報，才明瞭是第一次世界大戰時，英國人在上海印行的宣傳品「誠報」，綠色油墨影寫版。它出版之初正值我呀呀學語時，幸大兄多年搜集保存完好，使我少年時得見幼年世界大事的圖片。

當時，常德縣城沒有當地報紙，祇有上海出版的「申報」和「新聞報」，由輪船運送的郵件，儘管已是明日黃花，但少數知識份子卻視若拱璧。我父介紹傭工莫南山爲新聞報常德代派處送報人，也留下印象。不論如何，這最初的接觸引起我對報紙的濃厚興趣，至今如昔。

長沙私立楚怡小學時，級任教師將我作文寄送上海中華書局出版的呂伯攸主編「小朋友」兒童讀物，是我一生首次「投稿」紀錄。明德學校高中，我主編「明德旬刊」，擔任「導報」的體育新聞記者，也常投稿，長沙大公報副刊都是幼年時興趣的繼續增長發揮。北京大學時，天津大公報「史地周刊」（張蔭麟教授主編。）登載我的兩篇論述，內容比較以前不同，即略具學術論述初階。(友人函告：「北京圖書館今仍收藏明德旬刊」全份)。

對日抗戰時，我在長沙將北大畢業論文「咸豐辛酉政變紀要」(未刊稿)及王湘綺「錄祺祥故事」後記(曾刊南京中央日報文史周刊)、清初西洋音樂傳入中國之研究(天津及上海大公報史地周刊同時刊載)、清世祖實錄三種不同節本之研究(天津及上海大公報史地周刊)、曾紀澤對於朝鮮問題主張記聞(北平禹貢半月刊、顧頡剛師主編)等應用瀏陽產人造紙鉛印成「清史研究」一册。主因一九四三年常德會戰，我父及我多年收藏書報文件全部被日本飛機炸燬。對於長沙家中一點文件自然敝帚自珍。避免又被日本飛機轟炸成灰，故趕印成册可多流傳保存——果然，出版一年後，日軍「第一號作戰」，長沙不守，我收藏書籍都無法運去，蕩然無存。這一「清史研究」幸流傳西南大後方，對日抗戰勝利後我得利用作底稿增加新史料，撰成「晚清宮庭實紀」第一輯，民國四十一年十二月由正中書局出版。

晚清宮庭實紀

當時，臺海局勢還不穩定，出版書籍非常困難，「晚清宮庭實紀」經蔣慰堂(復聰)前輩向正中書局總編輯劉季洪(後出任政治大學校長、考試院院長)推介，才得問世。民國四十二年三月十五日，中央日報第一版刋出正中書局三欄高的大廣告，「晚清宮庭實紀」用特號字套紅印刷；書名後介紹內容云：「本書取材，大部源於故宮檔案，旁及可靠私籍，而以當時清庭內政外交之大事爲經，帝后日常起居之生活爲緯。諸如辛酉政變之始末，那拉后臨朝之軼史、湘軍勤王之疑竇、同治帝早死之內幕諸端，均爲晚清閨內之重要秘聞。作者以趣味情懷、靈巧筆調，刻露無遺，寄寓彌遠。是文是史，亦莊亦諧。讀之者將逸興遄飛。凡關心史學者，誠宜人手一册」。是月十六日「新生報」及十七日中華日報也有同樣廣告。三月二十四日，中央日報副刊登出「晚清宮庭紀實讀後」，作者署名「藹廬」，知是後來任東海大學教授孫克寬，其文有云：

「中國過去的史家，因爲作史的體裁，和文章的體裁關係，記事向來祗及其大者遠者，除去史記以外，很少記述當時人的生活細事；以致後來讀者，祗能窺見其事件的輪廓，無法解剖其內在的種種。卽是一般野史，對此也很少記載，尤其是事關帝王家的宮庭生活。吳先生利用故宮檔案，把當日尚食的餚饌，都羅縷地記存；西后的御筆眞蹟，忠實地攝照，旣可以糾正坊間小說，如『御香縹緲錄』『清宮二年記』諸書之不近情理的鋪張。又可以從生活形態中求出某事變的背景眞相。這種功績，眞是匠心獨運。我想從此已足供近世學人研究清代宮庭政治的參考了。

「我雖不治近代史，而讀蒙古史，却得了他的啟發不少。我從蒙古秘史中關於大汗重視厨子的事實，以及元史賈昔列傳，以一個饍夫而邀到那樣的恩賞，從而找到當時人王惲的秋澗集、呂嗣慶神道銘曾說：『國朝大事曰征伐、曰蒐狩、曰宴饗三者而已。』雖矢廟謨、定國論亦在於尊俎饜飫之際」。因此對元初許多政治問題和政治制度，漸次明瞭其背景與癥結所在。許多便是由吳先生告訴我：西后對肅順主張不滿，後來啟殺機一點，而聯想出來的，而後才知史記所謂『杯酒之間，殺伐兩賢』。不怪司馬遷要爲之大書特書了」。

彭玉麐手翰　熱河密札疏證

「晚清宮庭實紀」初版發行後，發現若干誤植字及可補充資料，因請正中書局改正爲增訂本。但仍繼續有新資料發現。

章士釗（一八八一——一九七三）是清末民初留英研究憲法學生，回國後曾任教育總長，並主編「甲寅」雜誌及週刊。以寅肖虎，故有老虎總長之稱。一九六二年四月十五日，大陸刊行光明日報副刊載士釗撰「熱河密札疏證」，洋洋近萬言，惜於其中密札第七札發信月日，仍按東方雜誌排印誤植的「九月初一日」，而未參考翁同龢日記，更不知吳慶坻「蕉廊脞錄」木刻本第一卷第十五頁早已作「八月初一日」。這是一重要關鍵時日，如不正確，全部事實卽迷亂不明。一九六三年四月，大陸中華書局刊行「文史」季刊第二輯載士釗「熱河密札疏證補」，開宗明義自承「文中訛謬掛漏之處，亟待匡救者，決不在少」。其文於密札第七札所云恭王奕訢到熱河行程特加更正：「有湘人吳相湘曾據以函知黃秋岳，黃照登於「花隨人聖盦摭憶」及補篇（一九七〇年一月香港刊。臺北刊在此後）足證恭王之到木蘭爲八月初一日，而非九月，此吳相湘函中亦明揭之」。同時也改正其他一些錯誤。士釗多次往來香港似應曾見「晚清宮庭實紀」。

一九六〇年八月，我在東京研究時，在古書流通會見晚清黃宗漢及何桂清等三人信札，其中有湘軍水師主將彭玉麐致高蕙生三弟手札，其中有云：

「頃自金焦返棹，再來琅函。猥以漕督之命，重勞吉語之頒，感甚愧甚。兄從我十三載，風波賽涉，險阻備嘗，筋力既衰，心血更耗，稍一涉思，則五中無主，忽忽如失；即此水師善後事宜，猶恐難了，何能復膺重任。本非作吏之材，名利之心早淡。與其貽誤於事後，何若陳情於事先。業經兩次具疏婉辭，當邀俞允爲幸。否則待罪再辭，乞准方了。

「議政王爲九江蔡壽祺以莫須有汚衊，發出軍機；中外駭聞。伏思今上當極，兩宮垂簾，實賴賢王公忠體國，上下一心，華夷欽服，始有今日中興氣象。何物壽祺，喪心狂吠，以瑠人之授意，竟敢害於忠良，倭公不侃侃而言，亦竟阿於所好，更可怪也。議政其周召，若輩其管蔡乎！天下有心人能不憤恨欲死。不才欲以首領進詞，而爵相極力勸阻，俟城內動靜再作道理。兄不學無術，不平欲鳴，抑恨莖吐；其如憤火中燒何！小人道長，國家堪憂。殊喘餘生，安得卽賦歸去，遁跡深山，不聞世事耶。專復敬候道祺。諸維心照不盡神馳」。

這一手札末署四月十日，今覆按晚淸宮庭實紀第一七七頁，引錄曾國藩日記同治四年三月二十七日至四月初三日，其中有與彭「言及國事與家事，欷歔久之」。可知彭致高蕙生信是同治四年（一八六五年）所作。讀者由是札覆閱晚淸宮庭實紀第一輯第二、三篇內文，更可見湘軍將帥的志業。

日本岡山大學木下彪教授，一九五八年六月三日手翰有云：「公之史學實事求是，皆有確據。曾讀晚清宮庭實紀、紫禁城秘譚，獲益良多；則貴處資料之富，非吾人所能企及。如弟之研讀清之史之詩，聊以自娛耳，由公觀之，亦兒戲耳。公說趣味化中國近代史之撰述，實獲我心矣。是以讀公諸書尤易引人入勝也。弟今草王國維與頤和園詞一文，不日稿成付印，載於大學雜誌，當於七、八月間謹寄呈閱，更希有以誨之」。

木下彪手函又云：「弟前有熙朝詩史之嘗試，有序中云：『予生於明治，長於大正，逮昭和而成立，輒官於宮內省，頗得窺金匱石室之秘。會有命主編先帝御製，復於其暇，有明治大正詩選之輯，繼有明治詩話之撰，幷公於世。竊謂明、大間詩，庶得以傳其萬一歟。詎料乙酉（一九四五年）之變，國破家亡，天翻地覆，困阨流離，草間偸活者，十年於茲。瞻望雙闕，已隔天壤，宜非命也哉。輒追憶聖世，取其詩而讀之，就中有事之詩，或考於史實，或徵於見聞，隨其所得而錄之，久而成編，所以述往事而思來者，亦不得已之所爲，誰知予心之悲乎！』弟今日視明治大正已如唐虞三代，四十年東京生活所得，唯有衰老與感慨耳。尙何言哉，尙何言哉。平生好讀清末史實，亦有故也。尙乞指示津梁，不勝感激」。

木下彪教授，年長於我十餘歲，由其自言輒官於宮內省云云，於中國詩詞文學造詣殊深，戰後日本碩學鴻儒屈指可數，如京都大學吉川幸次郞教授曾留學我北京大學，專研元曲，著述甚多，後見臺灣大學博士候選人羅錦堂，又嘆所見有限。這自然是中國境內文化、歷史、文學典籍收藏豐富，不是他國所能企及；但前代學人因研讀中國書册的薰陶，具有謙虛心懷修養。我的日本籍友人不少，見聞如此。

美國哈佛大學楊聯陞教授於一九五九年到臺北時，讚許晚清宮庭實紀諸書，並告語：哈佛有一女性博士 Mary C. Wright，論文是「同治中興」（The last stand of Chinese Conservatism: The T'ung-Chih Restoration）。楊聯陞於其口試時，詢問曾閱晚清宮庭實紀否？她瞠目不知對答，惟有怪責學校圖書館收藏不廣。一九五九年六月，我首次赴美參加學術會議後訪問史丹佛大學，與這位女博士暢談，她特將蘇俄人對「同治中興」一書評論英譯稿送我一份，手書送吳教授一笑。

劉廣京博士曾在哈佛編輯中國近代史書目等，多年來迄未得一面緣，但常通信，他很喜閱晚清宮庭實紀，劍橋中國歷史第十册晚清部份（The Cambridge History of China: Volume 10, Late Ch'ing 1800-1911, Part 1, II）書目中也列有此書。

西雅圖華盛頓大學遠東及俄國研究所教授，因得見晚清宮庭實紀，來信詢問可否建立合作研究計畫關係？已詳上述此不贅。

紫禁城秘譚

民國三十八年春，渡海到臺灣省，爲補貼家用，特將在北平、南京故宮檔册所得，撰述「清宮秘談」，送中央日報副刊，當時主編是耿修業（後創辦大華晚報）即於五月中開始採登，經陸續撰述「妃嬪們的事」、「恭王與咸豐帝」、「恭王與慈禧」、「英法聯軍與恭王」、「中秋佳節與慈禧」、「光緒帝的日課」、「望西北、話香妃」諸篇。十月十二日，忽得鐵風出版社臺灣分社來信云：「大作內容豐富，敝處願爲出版。惟對清代及近代一般史料，尤以清宮內幕性之文稿更爲歡迎；目前除德林女士所撰六種文藝性之小說外，尙少有關清宮之著作。故擬請賜撰七萬至十萬字，對稿費一項自當從優，尊意云何？」經我覆信願予考慮後，復用新生週刊社信封，內函署名浦家麟十一月三十日覆信。民國三十九年三月二十三日又得浦家麟用遠東圖書股份有限公司信封信箋來信：「大作，敝處願爲出版，惟條件如何？尙希詳示，能獲面譚，尤所盼望」。這是我到臺灣後，出版公司自動向我索稿的第一次。我遲至四十二年才與浦晤面，將自中央日報副刊、大陸雜誌、暢流、萬象等已刊文稿整理成册，送交遠東公司於民國四十二年六月初版發行。我在是書「前言」中指陳：

「宮闈掖庭的軼聞韻事，最富神秘性，同時也是自古以來，文人學士及一般人所喜談述。惟其富於神秘性，難得眞相，捕風捉影，模糊影響，遂在在所不免。然而又因其一般的興趣性，以訛傳訛、道聽塗說，渲染擴大，互相轉述，更不以爲怪。於是好事者爲迎合世人心理，而嚮壁虛造的故事，也層出不窮。

「近四十年來，有關紫禁城的遺聞軼事，是海內外人士最感興趣的新題材，英人濮蘭德的慈禧外紀，美國克爾女士的慈禧寫照記，以及國人德菱女士的幾本有關清宮書籍，自英文轉爲華言後，至今仍爲一般讀者愛閱的暢銷書，電影戲劇界剌取舊筆記小說中所謂「太后下嫁」「順治出家」、「董小宛」等無稽傳說演成影劇的更風起雲湧。

「筆者素留心於明清史事，並有意撰寫趣味化中國近代史書，因此，多年來在故宮博物院閱讀各種檔冊，直接搜輯材料時，也頗注意這許多問題，幸有所發現；例如本書內有關帝皇衣食以及香妃的記載，卽爲多年搜索所得，而爲前人所未發，足以糾正三百年來許多訛傳謬說，並補充一般史籍的缺佚……

「如果能使讀者因此而引起求眞理不輕信謬說的精神，實在是區區所馨香禱祝」。

是書出版後，海內外人士頗多愛讀，如美國加州大學總校（U. C. Berkeley）圖書館卽來信詢問何時出版續集？世界性的「讀者文摘」中文版編輯萬象曾自香港來信；「何處可購得初版？敝處係自香港大學馮平山圖書館影印一册備用」。是書內「乾隆帝衣飾」一文，原刊董作賓教授主編大陸雜誌第一卷第九期，原題「清內務府檔案中的乾隆帝衣飾」。二十年後，見美國史丹佛大學編輯中國社會科學論文索引一書中列此文於習俗類。

一九八四年秋冬，美國電視播映「聯合華語電視」節目中有「順治帝與董小宛」、「慈禧與珍妃」，仍舊是採用小說謬傳。惟有香妃一事，香港邵氏公司、臺灣電影製片廠原有拍製電影片計畫，南國畫報且刊出南國劇團江青主演香妃劇照。經我函告各公司主持人或導演後，香妃電影似未出現。不知是從善如流不易編劇或另有原因。近年如何，就不知曉。

戊戌政變與義和團史實考訂

民國四十四年及四十五年（一九五五——五六），我連續發表「翁同龢康有爲關係考實」、「戊戌變政與政變之國際背景」，副題「梁啟超『戊戌政變記』考訂（上）（下）」。根據清光緒二十四年冬卽一八九八年日本初版本，與民國二十五年卽一九三六年一月，中華書局刊行「飲冰室合集」中專集第一册本相互比對，發現兩種版許多歧異。

事實上：早在民國十一年卽一九二二年，梁啟超撰「中國歷史研究法」卽已鄭重指陳：「如吾二十年前所著戊戌政變記，後之作清史者記戊戌事，誰不認爲可貴之料。然謂所記爲信史，吾已不敢自承。何則？感情作用所支配，不免將史蹟放大也。治史者明乎此義，處處打幾分折頭，庶無大過矣」。民國十九年刊行王照「小航文存」卷三「復江翊雲兼謝丁文江書」，這一曾參加變政運動的梁啟超友人更指出就其本人見聞，梁逃亡日本後言論，「實多巧爲附會」：毀譽任情，令人不覺，其揭發宮闈秘事，大半捏造。梁的舊侶時務報主筆吳德瀟曾寄書責梁。尤其「飲冰室合集」編者林志鈞於卷首例言三有云：「專著各種間有釐正之處，楊君遇夫（樹遠）陳君寅恪相助之力爲多」。可見「戊戌政變記」初版本已多不可信，但「合集」本中「專集」又「間有釐正」，內容更多疑問。因林、楊、陳三人雖爲著名文字學、隋唐史教授，卻不研究清史，更未參預戊戌事，所謂「釐正」何所涵義？一加比勘，實際竟是刪削改寫。我因此根據翁同龢手書日記，康有爲自編年譜、于蔭霖「于中丞遺書」、英國傳教士李提摩太（Timothy Richard）的自傳「在華四十年」等，以及近人李劍農「最近三十年中國政治史」、陳鍪撰「戊戌政變記時反變法人物之政治思想」、何炳棣「翁同龢與百日維新」等，參考稽證，反復比對後確言：康有爲原是翁同龢推薦，但光緒二十四年三月以後，環境的變換與輿論的刺激，已使久宦的翁同龢不得不改變對康有爲的態度。

至「戊戌變政與政變之國際背景」一文，指出「合集」書中「專集」之戊戌政變記內容歧異極多，不祇刪削，且有改竄失實處。因指出丁文江編「梁任公先生年譜長編稿」所云：「政變是否因袁洩漏，還不敢斷定」。值得參考。

尤其「政變記」初版本卷五第二章「支那與各國之關係」、第三章「日英政策旁觀論」，康梁及譚嗣同等主張聯英日以抗禦俄國，這是戊戌變政與政變的國際背景主要所在。「合集」本竟將「初版」本第四卷及第五卷中所有連日連英文字刪去近一萬五千餘字。幸葉昌熾「緣督廬日記鈔」及清德宗（光緒）實錄，俄人羅曼諾夫著「帝俄侵略蒙洲史」諸書內容，多可供採擷，證明康、梁、譚及當時若干京官主張連英日以抗俄的若干眞相與背景。「政變記」卷五第二章又有云：「支那此次之政變，實俄人所禱祝以求之者」。

楊復禮編「康梁年譜稿」（民國二十七年天津油印本）一再引錄康有爲的軼稿，如民國十三年（一九二四年）再見陸子興（徵祥）丁未（光緒三十三年卽一九〇七年）勸勿遊俄二書，往事重觸，爲之感泣，因備述往事，最後題曰：「若非陸使相乎！吾於五十三年丁未之歲，已手足異處歸中國矣。嗟乎！生我者父母，救我者子興也；吾生又更生。故後告子興曰，誓將與夫子永結爲弟昆……吾門人與子孫當皆不忘子興使相也」。羅光總主教「陸徵祥傳」載：民國二十八年卽一九三九年七月，陸回憶云：「當我陪楊欽使（儒）見俄外務大臣，（俄大臣）言：俄將破公法之例，如康梁入境，立卽拘擒，交與中國政府。康有爲聽了這段話，感激至極，稱謝者再，日後常稱我爲救命恩人。」綜之可見，俄國政府對康梁的嫉恨。「政變記」述及而語涉游離，自是國際外交秘密，非微末小臣當時所能知曉。至康梁由北京出險，日英使館與軍艦掩護救援，康有爲致李提摩太手札墨蹟影本已具詳。兩相綜合，英日與俄於這次變政及政變的幕後活動可見一般。

這兩文刋出後，民初「清代通史」的編著人蕭一山前輩卽手翰嘉勉：「治史得間，不愧專門之精也」。一九五七年十一月出版的美國亞洲研究季刋第二十七卷第一期介紹大陸刋行「中國近代史資料叢刋」時，房兆楹評介「戊戌變法」資料時引錄上述「中國歷史研究法」梁啟超自陳後指陳：研究中國近代史學人於這警告，重加檢察梁的撰述，還不太遲，吳相湘最近在臺北刋行的論文，或是很好的開始範例。房杜聯喆女士撰「義和團」資料時，用大段文字介紹我在北平故宮所見義和團檔卷，撰成「故宮藏義和團運動檔卷注釋」、「清德宗實錄本紀的正本」、「譚昌霖著拳亂評論」。這三文分別刋於中央研究院歷史語言研究所集刋第二十三卷、大陸雜誌（民國四十年）、清華學報新第一卷第一期。都是應用比較「中國近代史資料」內容的新史料而撰述，澄清多年來史籍的誤訛。

清季園苑建築與海軍經費

「清季園苑建築與海軍經費」一文，是糾正羅爾綱撰「清海軍經費移築頤和園考」內容：根據私家筆乘與官方文件予以考據證實：第一次中日戰爭（甲午戰爭），中國失敗主因是慈禧將海軍經費移作建築頤和園，以致中國海軍實力不如日本。……羅文引用池仲祐「海軍大事記」、梁啟超「瓜分危言」、段祺瑞「追懷李鴻章先賢」詠詩、光緒帝近侍太監王世毓「造陶廬日錄」等私家筆乘而下結論：「可見清廷以海軍經費移築頤和園一事，蓋係當日一件遮掩不著之事實，而時人所周知者」。羅爾綱且鄭重言：「余於此乃欲綴拾文獻，而最關重要之記載自無過於李鴻章李文忠公全集一書，竟隻字不存；蓋爲君上諱而作有意之刪削耳。顧於曾忠襄（國荃）公全集中則偶存其事者。彼對海軍經費事權，在未撥歸海軍衙門前與北洋大臣李鴻章有同等之地位；故其文獻至足據，雖語焉不詳，然詮次而考，尙可得見其梗概焉」。

但就我涉獵所及，深感梁啟超段祺瑞王世毓諸書，都不足據；且羅爾綱於「最關重要之記載」李文忠公全集顯未經詳閱，致有「隻字不存」的錯誤說法。更重要地是羅爾綱竟不知李文忠公全集以外，別有「李文忠公尺牘」一書（于式枚等親筆，並有李鴻章手筆增刪。民國五年即一九一六年三月，合肥李氏影印），有關頤和園建築費的籌措原委具載於這一「尺牘」中。且僞滿洲國影印清歷朝實錄（含德宗實錄）於羅文發表時，已公開銷售，羅竟未一加披覽，祇據淸國史列傳林紹年傳，遽作「此數行簡短之敍述，實爲海軍經費移築頤和園一事，官書中唯一之記載」。顯見考證之不易。

按自同治初年慈禧卽無時或忘修復圓明園。光緒十一年（一八八五年）中法越南戰爭後不久，慈禧因慶親王奕劻等懇求，勉强同意不修建熱河行宮，而建頤和園。光緒十四年，中、南、北三海工程將次告竣，卽有明詔修建頤和園。醇親王奕譞手函北洋大臣李鴻章「請出面倡導籌款」。「李文忠公尺牘」第八册以次具載當時李與醇王及兩江、兩廣、湖廣各督撫來往函牘，李建議各省「無論正雜各款均可移緩就急」。醇王又與京師五大臣密商：借用海防大題目，將集款正項彙存天津洋行生息（年可得十餘萬銀兩），息金供每年修建頤和園用。

在「海防」「欽工」大題目下，各省督撫爭先認解。就「李文忠公尺牘」所顯示：這一集款進行很秘密。光緒十五年有御史風聞言事上彈章糾參，被宮庭申飭流言不當。

光緒十八年（一八九二年），「李文忠公全集」中「海軍函稿」卷四有上慶親王奕劻函提及「集款」共計得各省解款二百六十萬銀兩。又「全集」電稿卷十六「覆海署槳慶邸電知確實存天津洋行生息」。惟羅爾綱論文因未觸及「李文忠尺牘」一書，既不悉此事原委，於「集款」數目又祇就林紹年奏稿所彙列作二百二十萬兩，而不知另有湖廣四十萬兩，總計二百六十萬兩。自然就不能了解這所謂「海署生息二百六十萬兩」意義，遽作李文忠公全集竟隻字不存語。

故宮博物院刊行「光緒朝中日交涉史料」卷十四載：光緒二十年（一八九四年）六月初九日，

總理海軍衙門奏「遵覆籌備戰守的款摺」有云：「前經奏明發交北洋生息一款，原爲備防之用。擬即由該督將此款本銀提撥一百五十萬兩，即爲臣衙門籌撥之款」。又同摺載：除此款外，戶部擬共湊足一百五十萬兩。因此，清廷正式對日本宣戰。

綜合直接史料確知：光緒十四年開始的「海防」「欽工」集款，確存天津洋行生息未曾動用作建頤和園用。

但各省海防新捐，卻被按年勻撥十五萬兩修園之用，仍不敷應用。光緒二十三年（一八九七年）戶部奏准自全國土藥（鴉片烟）每擔徵收稅釐六十兩，全國各省每年共可得二千萬兩。山東巡撫李秉衡反對這一措施，但戶部堅持原議，並規定全國各省縣普遍設買賣土藥牙行，「不准一縣境內不設一衙」。由此可知：頤和園大規模的修建工程是甲午戰後公開買賣鴉片烟徵收的稅釐。這一措施危害國民健康更甚，惜數十年來未見有口誅筆伐文字。

至於甲午戰爭中海戰失敗關鍵，不全在中國兵艦數量少本質差，中國海軍官兵作戰精神及技術不如日本，加以主力艦大炮炮彈數量太少。實在是最重要原因（以上三文，見「近代史事論叢」第一、二集，傳記文學社刊）。

近年，美國聖若望大學李又寧教授已將此文譯爲英文，刊載美國一學術論文譯述雜誌。

戊戌政變、頤和園的建築，以及晚清宮庭人物種種，都是慈禧一生大事；我研考這些史事，原擬作「晚清宮庭實紀」第二、三輯用。但面對現實即故宮檔案尤其光緒朝宮中檔案運存臺北的極少，不敷應用。後在倫敦等地購得大陸刊行「戊戌變法史料」「義和團運動史料」也祇能稍稍補充我已有資料。如其續輯勉強敷衍成篇，形成龍頭蛇尾，不如留下這「上卷書」，等待有興趣於此的青年學人充分應用北平故宮檔案重新撰述，更爲得計。這是我研習歷史學的敬愼、忠實、負責的態度，當蒙國人鑒諒。加以我注意世界學術界對中國近代史研究，大多已進展到二十世紀，卽中華民國史；我何能故步自封，斤斤於慈禧事。適美華盛頓大學由「晚清宮庭實紀」而提議合作研究中國現代革命史。從此，我的研習目標開始轉移。

因此，我對許多讀者，例如民國五十五年一月三十一日，臺中大甲鎭梅開基長函稱讚是書「變枯燥之歷史爲有趣之軼聞掌故，不拘泥於中國歷史研究法的體例，實爲歷史大眾化闢一新途徑，我就覺得比讀那些紀事本末、表、書、世家、列傳、編年式的歷史書籍輕鬆有趣多多。我因對這書的特別喜愛，目前特往臺中市各書店書攤遍購無着。請告知該書第二、三輯何處可購，價格若干」？深致歉疚。

宋教仁：中國民主憲政的先驅

「宋敎仁：中國民主憲政的先驅」，是我在與華盛頓大學合作研究計畫的工作成果，也是我研習中華民國史實撰述成册刊印問世的第一本書。

宋漁父（敎仁別署）是吾湘武陵郡桃源縣人，留學日本六年，與旅居東京的同郡人士時相聚會。漢聲府君卽於是時得識宋氏，先父日記曾有記載。相湘求學時略知一二革命史實後，每值趨庭，先父常言扶桑往事，並望相湘能爲宋撰一傳記，因常德家中儲藏先父自日本購回各種書刊甚多，可供取材。相湘懷抱心願三十年終於完成。故發凡起例之初，決定綜合敍述與分析解釋並重。又注意考訂史料異同，以期翔實傳信，故附注特加詳明。並於「引用史源及重要參考資料」一百四十二種，均予以簡明述評，藉便青年學人作進一步的研究。

我體認宋氏不幸英年早逝（三十二歲）其生命史上的最後九年，實關繫中國國民革命的成敗、民國創建的規範，牽涉方面殊廣泛。我撰述是書時，對於宋氏所處環境背景與同時人的言行，盡可能地多予觸及描述。但爲求文省事增，更注重避免枝蔓，俾使發揮引伸及再作專題研究仍多餘裕。是書刊行時，正文與注釋篇幅略略相等，用意在此。

我引用及參考的資料，極大多數是淸末民初或近年印行傳世的報紙雜誌書籍，祇有八九種是手抄本或原始函扎，沒有任何秘件。但我非常謹愼運用獨立思考、小心稽證原則研究撰述，糾正世人若干傳誤，並使多年被掩沒史實重現紙上。例如：㈠宋氏在當時留日學生界的領導地位。㈡同盟會成立初實際是以湘、鄂留日青年爲主幹。㈢孫（逸仙）黃（興）宋（敎仁）章（炳麟）等敎育與思想的不同。㈣同盟會中部總會的重要性。㈤宋在武昌首義後奔走漢滬言行。㈥南北議和時袁世凱謀取政權的六項不同途徑。㈦北京兵變不是袁世凱主使。㈧宋氏組織國民黨及推行政黨政治。㈨宋氏主張選擧黎元洪爲大總統以致種下袁世凱殺宋的主因。㈩尤其宋蓋棺而論不定等等，都是前人所未發或誤記的大事。

我往來各地搜羅史料時，發現中央研究院歷史語言研究所收藏「毅軍函札」，內有袁克定（世凱長子）致漢口前線清軍主將馮國璋「請釋放朱芾煌」手書。而朱芾煌其人其事的自述曾有節錄保存於「胡適留學日記」中。我立卽面陳適之師，他老非常高興，願爲袁克定手書作一跋文。當時，我在準備創刊「中國現代史叢刊」，有胡先生撰文，不僅增光篇幅，並且倡導民國史研究的風氣。爲使讀者能多了解朱芾煌有關史事，我將「宋教仁：中國民主憲政先驅」一稿中綜述袁世凱謀取政權的一節，以「袁世凱謀取臨時大總統經過」標題，也錄載於中國現代史叢刊第一册。

民國五十三年卽一九六四年，「宋教仁：中國民主憲政的先驅」出版。旋得讀者郭雁翎（臺北廈門街）寄來明信片云：「大作宋教仁，有相見恨晚之感。搜集之勤，論斷之精，至爲佩服，應該道謝。宋先生以英年殉國，全國知之。獨其事跡及文章，知者猶少。讀完大作，益感宋先生關繫國事之重要。『蓋棺論不定』，讀之沈痛。倘宋先生死而有知，當引爲知音也。專此致意」。

一九六八年，我在新加坡得閱香港刊行曹聚仁編著「現代中國通鑑甲編」，其第九節「論史者言」，首先卽云：「吳相湘氏治現代中國史，搜羅繁富，比次精審，雖未成書，其成就已有可觀。他論及黨人意見的紛歧，對於民初政治動向關係甚大。其他，關於建都地點問題，宋氏意見與孫（逸仙）胡（漢民）二氏，尤多歧異。吳相湘氏謂：「自來論北京兵變者，大多以爲袁氏所主使，甚至有指明此乃楊度計者。然以今論之，則均不免有挾意氣成見之譏。以天下眾惡皆歸之，固非歷史眞相也。論者以爲袁不願遠離北洋老巢，故用此苦肉計。自表面觀之，此論似言之成理；然稍一深思，則破綻甚多。蓋若如此推論，袁旣留戀老巢，則更加鞏固，比較嗾使兵變以破壞之，要爲得計。且北京、天津、保定等地，自經拳亂及八國聯軍大破壞，瘡痍滿目，元氣迄未恢復。黃臺之瓜豈堪再摘！抑袁氏在民間之信仰，即由於一九〇〇年拳亂時能獨肩維持治安之責任。南北和議之成功，民間對袁此種信賴心理，尤爲重要因素。英國之促成和議，亦因體認袁氏強有力，可以控制局勢不致發生擾亂。是則無論對外對內，袁及袁之謀臣，於此均不應忽視或違背。就當時大局論：袁所急需者爲安定而非動亂。抑袁素喜玩弄權術，淸帝遜位，是其傑作。參議院一致選舉爲大總統，南北各方羣頌之若華盛頓。人心歸趨如此，袁氏豈有不加把握迎合之理？至反對南京定都，南中更甚於北地，袁氏固不必借重此一玩火自焚之手段也」。

美國耶魯大學教授瑞萊特夫人主編：「中國革命第一階段——一九〇〇——一九一三」（China in Revolution: the First Phase 1900–1913. Ed by Mary C. Wright）第四四〇——四四一頁註七一，推許我是指陳袁世凱與他部屬並未主使北京兵變的第一位歷史學人，且引證一九一二年（民國元年）三月四日，英國駐北京武官上倫敦報告，兵變原因與拙撰「宋教仁：中國民主憲政的先驅」、主編中國現代史料叢書（詳後）中的「北京兵變始末記」陳述相同。英國駐北京的新聞記者莫禮遜（Morrison）最初發出報告以爲是「密謀」，並推測唐紹儀應負責任。但旋即更正且自承「密謀」祇是想像。於是我所指出袁世凱幷非北京兵變的主使人，獲得第三者客觀證據支持，可成定論。

事實上：清末，保皇立憲派人卽策動兵變，革命黨人繼續以兵變爲手段。武昌首義後，北京「愛國正宗報」演說欄（卽今日報紙社論）公開煽動兵變。具詳「宋敎仁：中國民主憲政的先驅」書中，請讀者參閱。

日本「東洋學報」刋出菊池貴晴撰介「宋敎仁」的書評，以宋敎仁等是辛亥革命時期重要課題，吳氏是書首先予以解述。內容將全書分章介紹，褒辭多於疑問。美國「亞洲研究季刊」（Journal of Asian studies Aug. 1970）也登載威士康辛大學傅德曼教授（Edward Friedman）對「宋敎仁」一書的評介指出：這是由一位作者對辛亥革命提供陳述的最佳書籍。對是書「蓋棺論不定」節明言「不同意鄒魯與戴季陶對宋敎仁的批評」，特予提出。對宋敎仁注重華中政治實力，認爲是最具意義的。東京「一橋大學」松村祐次教授來信驚奇其中新資料，是以前所不知，請指示收藏處。

民國七十三年卽一九八三年八月，中央研究院近代史研究所舉行「中華民國初期歷史研討會——一九一二年至一九二七年」。其第一次研討會，美國加州大學（U. C. Davis）賈士杰教授（Don Price）提出論文卽「宋敎仁的政治策略：一九一一——一九一三」。由近史所印行的論文集，知這一題目提出後，引起中外學人熱烈討論，東海大學一碩士也參加發言。惜各人都不是三湘產，於湖南人並不認識了解。（見「湖南的水牛」）

賈士杰教授二十年前，曾在臺北市與我討論宋教仁的言行。一九七九年又特來美國中部我寓所再度研討，並將宋教仁日記中若干問題提出，經我解答。賈士杰告語：正在將宋的言論，自歐洲、美國、日本諸書中尋求其思想淵源以及其接受某種思想後內心演變形諸文字或言語的經過撰成一書。賈士杰並告我：日本學人研究宋言行的甚多。一九八四年六月，賈士杰且往訪湖南省，實地認識宋故鄉環境，並搜集新資料。

當「宋教仁」一書尚未刊行，澳洲國立大學研究生劉吉祥（K. S. Liew），因時在澳洲研究的房兆楹、房杜聯喆伉儷的指導，特選訂研究宋教仁生平爲其博士論文題目，劉來信請我指示一切。我曾先後寄去宋氏撰文三數篇，並告知若干資料收藏處。不久「宋教仁」出版，取汲便利。劉的論文因此完成。近年美國加州大學出版部已將劉書刊行。英語世界由此得知宋氏生平一般。將來賈士杰教授分析宋氏思想淵源完成問世，世人更可瞭解宋氏思想。我心滋慰。

第二次中日戰爭史

對日抗戰時期，我曾在第九戰區司令長官司令部編纂戰史，本書前十餘章「聖戰行列」中已有記述。抗戰勝利，民國三十七年（一九四八年）上海商務印書館刊行「抗戰紀實」四冊，其中五分之一是我手筆。惜出版時，我正爲河南大學遷移蘇州日夜繁忙，未暇注意新書廣告。幸後來在國立臺灣大學圖書館得見這初版本，經送臺灣商務印書館影印發行，我特在這再版本撰一「前言」，說明比對日本防衞廳研修所戰史室資料，證明的確是「紀實」。兩年後，美國著名的「外交季刊書目」(Foreign Affairs Bibliography: 1952–1962) 第六一九頁將「抗戰紀實」與我的「前言」都予著錄，同時並將我主編「中國現代史料叢書」等書二種也著錄。

當「抗戰紀實」初版問世前，我忽得上海大成出版公司主編錢歌川姻兄（時任國立臺灣大學文學院院長）來信，請撰寫「八一三——全面抗戰」一稿一萬五千字，並注明條件盡量限用平民教育會之「通用字表」內所列之各字（附表），以便國人都能閱覽，請於民國三十六年十月交稿。我趕撰完稿如期寄出。翌年四月接大成公司函匯稿費法幣一百萬元（匯費內扣）。當時，法幣每日貶值，購物時需帶成捆鈔票才行。這一百萬元扣除匯費後能購得什麼貨品，今已不能記憶。

民國三十六年（一九四七年）十二月，我在北大母校圖書館，見到新書陳列櫃中許多有關中日戰爭史的。十二月四日，我拜謁胡適之師叩詢戰時使美種種。適之師忽憶及是日正是他於一九三八年在紐約演講中提出「苦撐待變」主張時日，特自長大書桌抽屜中取出一「苦撐待變」象牙章鈐印信紙上並手題數語，又說明范旭東（久大精鹽公司董事長）寄贈牙章時述明「撐」字不見於篆文，祇得用「掌」字。是晚，適之師暢談興緻極高，且留相湘晚餐後繼續談話。

民國五十九年，我撰述「民國百人傳」時，曾拜訪上海商業儲蓄銀行創辦人陳光甫（1881-1976）叩詢一切。蒙他老借給戰時在美國辦理桐油及滇錫抵押借款的詳細日記與有關文件。張嘉璈（公權 1889-1979）先生也自美將其日記摘鈔寄示。張於戰時任交通部長。德國駐華大使陶德曼奉命調停中日戰爭也是先向張提及請轉陳。都給予我許多新資料。

由上述種種，加以在東京得閱日本軍方文件後卽有意編撰一中日戰爭史。民國六十年（一九七一年）五月，忽得綜合月刊社發行人張任飛是月十五日打字信一件內云：

「中國和日本間的八年戰爭，日本是戰敗國，他們已出版了好幾種書，還拍攝了好幾部電影，用他們的觀點替日本的後代人留下了歷史紀錄。

這八年的對日抗戰是中國歷史上的一件大事，是中華民族最壯烈的一部史詩。我們慚愧得很，直到今天還沒有一本像「八年抗戰史」的書，更不必說動態的電影了。眼看我們的後代人將無法知道這一段史實，我們眞不知道將向我們的後代人怎樣交代！

本刊是一個出版機構，曾經擬訂計畫，想請有資格的人們編寫一部「八年抗戰史」，這件事至少在目前似乎無法實現。現在我們決定改用另一種方式，想以「我的八年抗戰生活」爲題，請許多先生們撰文，每月在本刊中刊載一篇，將來累積許多篇後出版單行本，也許可以留下一些戰時的鴻爪，至少可以算是一部有眞實性的稗史。

我們的構想是：只要是在這座洪爐裏面冶鑄過的人，都有一些値得永遠憶念，可供後人參考的經歷，卽使是一些頂平凡不過的事情，若能照實描寫出來，也一定會動人心弦」。

我與張素不相識，且未暇一閱綜合月刊，因以電話詢問，談話中話題忽轉到撰述一中日戰爭寬律師事務所簽訂合約。

史事，我當答覆約期再面談。旋張來電話約在統一大飯店茶敍。屆時相談極歡洽，不久即在陳其寬律師事務所簽訂合約。

當時，我每日上午在家研讀撰述，下午往中國文化學院上課，藉變換環境，晚間在家繼續工作。民國六十一年五月三十日，張任飛來信附他發出寄預約是書的讀者的打字信內云：「吳相湘教授所撰的『第二次中日戰爭史』上册文稿早已送來，下册文稿也已寫完大半。此書內容十分好，我們決心要把編輯工作做好，要多配用些照片，並已派人去過香港，選好了印刷廠和要用的外國紙，出版一本可和外國書籍媲美的書，這就需要較長的時間」。「我們對此書充滿了信心，對延期出版事又覺得非常不安。我們現在很後悔預告出版日期太早了。現在預計上册出版日期可能要到七月或八月」。

張任飛曾任職中央通訊社，各方人事關係良好，得充分利用運來臺灣的戰時照片，加上我在日本購回書籍中照片，可以相互比對選擇配合。任飛將我的原稿閱覽兩次後，在我已有的每章每節標題中，於每節再加上眉題，將那一段主旨標示出來。他原計在香港印刷，嗣以校對改樣以及印成後運來臺灣耗費時日，更遲延出版期，因變計改在臺北中華印刷廠用道林紙平版印刷。

張任飛動員他所主持的綜合月刊與婦女雜誌兩社工作人員，在編行「綜合」與「婦女」之暇加班擔任校對，我負責校閱清樣，張親自配用圖片，由女職員細心地將已成文字版與圖片剪貼成頁攝製成二十四開大版印刷。中華印刷廠大部份機器都趕印這書上冊一萬部。

中華民國六十二年（一九七三年）五月，出版裝訂成精裝後，我發現其中配用圖片，有兩圖誤植，張任飛知曉後，立卽改正交印刷廠重印這兩版，將已印成的錯誤張頁完全拋棄，祇是少數已裝訂後分寄預約人的書就無法改正。

「凡例」「自序」的重要指陳

我在是書「凡例」中指陳五項，其中第一、二、三項最重要：（一）本書是以民國初期的中日關係爲背景，將九一八事變到日本無條件投降止的經過寫出來。這是一部翔實的紀實，主要內容在敍述中國地無分南北、人無分男女老少的全面抗日戰爭的各種情況，兼用編年和紀事本末體裁。（二）本書是供一般人閱讀，不用專題考據，祇能將認眞的學術研究成果用平易的方式來表達。尤其這次戰爭中的國內外各種關係都非常複雜，頭緒紛繁。今特執簡馭繁，避免枝蔓，免使讀者目迷五色。（三）這次中日戰爭時期，有些人在大後方，有些人在淪陷區，有些人在海外，尤其臺灣省同胞是在日軍佔據下，大家所能看到的書報記載都是一面之詞。如今各種史料公開了，政治忌諱也少了，本書記述的事都是事實，談到很多重要的事時都儘可能的引用了原始文獻。這些文獻是絕大多數人在當時無法看到的，實在有徵引的價值；而且讓文獻本身來顯露當時當事人的見解，讀本書的人們更可相信不是本書編撰人的主觀解釋。中日兩國經過這場大戰後，許多關係文獻都已損毀不全，若干事實的原委曲折都難深刻地比證和分析；如其解釋錯誤，不如祇向讀者提供事實。更重要的是中國、亞洲以及全世界在戰後都有了激烈變化，時移勢易，今日所作的解說可能被人誤會是事後先見之明，甚或是偏見和成見。所以本書的內容是記述多，解析少」。

是書「自序」指陳本書用「第二次中日戰爭史」名辭，富於歷史意義，對現實也有啟示作用」：第一：顯示日本侵略中國的由來久遠，結果是侵略必敗。（我引用官方和學人文學作論證）。第二：警醒中國和日本朝野努力做知彼知己工夫，不要讓歷史重演。第三：增加信心，認識失敗是進步之母的道理，沈着努力，多一分準備，成功就多一分保證。最後我誠懇陳明：「第二次中日戰爭時的國際關係是那麼錯綜複雜，寫這部大書要談的軍事、政治、外交、經濟、教育各方面的情況，更是顯緒紛繁；以一個人的力量來做這艱鉅工作，是非常大膽的嘗試。但我一想到：九一八事變以來，全國萬千軍民懷抱著無比信心，不惜犧牲身家性命，努力參加這一非常的偉大戰爭。像我這樣有戰場實際經驗，又看過日軍檔卷的歷史學人可說非常稀少；我實在不應再猶豫了。為什麼竟這樣遲疑徘徊，畏縮不前呢？所以，我決心不懼怕他人會指責我可能有的錯誤，抱着知之為知的原則，公開印行這一部書。我誠懇地希望讀者們指正我的錯誤，提示我的缺漏，以便再版時修訂。我更希望拋磚引玉，期待青年歷史學人撰寫一部比這更完備的書」。

是書上册出版後九月，即民國六十三年（一九七四年二月）下册梓行。

青年歷史學人反應

是書問世後不半年，食貨月刊復刊第三卷第八期（民國六十二年十一月臺北市刊），登載邢義田撰

「第二次中日戰爭史（上）詳介，內容有（一）這本書由書名「第二次中日戰爭史」揭示出作者的史學觀點。（二）本書在體裁上兼用編年和紀事本末體，大致上十分成功。本書取材相當廣泛：：日本本身的材料，使這本書在敍述時有更客觀更廣泛的基礎，說服力更因而大爲增強。其次，作者曾親身經歷若干重要的戰役，這第一手的經驗，足以推倒許多不實的記載——這些都是稱讚的文字，同時，是文也提出「鉅構難免瑕疵」三點，最重要的是「供一般人閱讀的史學著作，似乎不宜引用太多的原始資料」。文末云：

「至於本書的內容由於「記述多，解析少」，這裏不擬評論。總之，我們覺得現在一般讀者所須要知道的不僅是戰爭的經過，更重要的是知道大戰爲何發生，爲中國帶來那些影響。這一代的史學工作者似不應再以編纂史料爲滿足，他們有責任也有義務負起這樣的解析工作。在一本以解析爲重的抗日戰史出現以前，這一本「第二次中日戰爭史」仍然很值得推薦。」

後聞食貨月刊主編人言：邢義田是臺大歷史研究所碩士。我因寄信食貨月刊陳述：拜讀大文，「感覺非常高興和喜慰。因爲相湘在這書自序期待青年歷史學人撰寫一部比這更完備的書，已經迅速獲得青年歷史學人的注意和反應了。我旋說明是書「凡例」所謂「供一般人閱讀」，並沒有這是「通俗讀物」的意思。引用若干文獻的理由，「凡例」第三項已經詳細說明。相湘既深知這段史料散失之多，又值「時移勢易」之際，今日得見的史料，明日可能又被銷燬了。至於「凡例」指陳「內容是記述多、解析少」，實在是一非常嚴肅的決定。其理由在凡例中已有說明，今不贅。但願指述一例卽淞滬會戰時，我國軍的主力投注戰場的得失問題，是當時和後來常引起爭辯的問題。「日本通」龔德柏早有文字討論，香港「新聞天地」發行人卜少夫也曾和陳辭修（誠）將軍辯論。相湘爲此也和若干將軍們硏談過多次，但自閱讀日本刋行的「現代史資料」刋載當時日本軍部計畫以後，相湘就認定我國軍戰略是正確的。這書第三八二頁就開宗明義記述日軍企圖，第三九二頁也引錄國軍最高統帥的自我檢討。用心細讀，事實勝於雄辯，不需要再多解析了——不祇如此，這書各篇各章各節標題以及篇中的小標題也都或多或少含有解析的啟示作用。相湘深信：必須完全熟悉中日雙方以及關係國家的文獻資料並訪問有關人士，了解全貌，才有資格作解析。可惜這是今日甚至今後都難做到的。如果就美國近刋二册有關汪精衞僞組織的書，根本沒有接觸汪本身文件，祇看到日文書刋和香港出版的「汪政權的開場與收場」故事書，就作種種解析（包括當事人心理分析）。這種「貽笑大方」的方法，實在不值得中國歷史學人模倣。

我於文末鄭重陳明：「總之，事非經過不知難，相湘編撰這書時遭遇的最大困難卽原始直接史料的不够充分；而時不我予：「抗戰的健兒已逐漸凋謝，新生一代卻不知炮火的滋味」，一切不容再等待了。因此如自序所指陳，毅然出版這書，企盼拋磚引玉。如今果然引靑年學人的注意和評論，欣慰之餘，更希望敎育當局更有計畫地進行推動硏究這一中日戰爭史的偉大工作」（食貨月刋復刋第三卷第一期，民國六十三年一月出版）。

臺北「書之林」半月刋創刋號（民國六十四年卽一九七五年三月十二日出版）中「書評文摘」欄綜合五

篇對是書的評論，除上錄邢義田文外，另有（一）蔣永敬「第二次中日戰爭史」讀後（綜合月刊六十三年六月號）。（二）李雲漢「由吳相湘教授新著談中國現代史的研究」（綜合月刊六十三年七月號）。（三）邵毓麟「第二次中日戰爭史的讀後感」（傳記文學第二十四卷第五期）。（四）陶英惠「第二次中日戰爭史介紹」（新知雜誌第四年第四期）。文摘錄者於引錄各文後云：「綜合所摘，則吳教授其人其事，價值彰彰明矣」。但最重要的是「文摘」中引錄李雲漢和陶英惠兩人評論中文字有云：

李：「吳著自然會帶給年輕歷史學者鼓勵與啟示，我們仍然渴望繼吳著，有更多的討論中日戰爭的新書與好書出現。」

「吳相湘教授做的是開路先鋒，他以後應該有更多的著述繼之出版，其他歷史學者也必會有從各個不同方面來評價此一偉大歷史階段的著作出現。」

陶：「我衷心地企盼：類似這樣的書，以後能陸續不斷的出現，以爲抗戰期間流血流汗的千千萬萬軍民，多留下一些眞實的紀錄。」

「第二次中日戰爭史」出版已逾十年，近年來日本出版多有爲這一侵略戰翻案文字，其中最嚴重的是否認日軍在南京大屠殺。國民黨黨史會已刊行抗戰史料四種，我已引用於近刊論文中，卻未見臺灣學人應用這新史料的論文。我遙盼臺灣省青年中年歷史學人亟早注意研讀已刊的中、日、美、英各方資料，並運用這新書，撰寫一比較我書遠爲完備的書。

海外學人的評論

香港「明報」月刊登載夏宗漢（本名阮大仁）撰「國史乎？黨史乎？私史乎？——抗戰是中國軍民用血肉打勝的」（一九七四年十二月刊），其中有云：「吳著更妙了，中國方面的史料，他多半引用的是坊間已發表的。其全著精彩部份，反而取之日本官民的公私文件」。這一評論以日本「產經新聞」出版「蔣總統祕錄」開始，末段因而強調：「我要責問國府：爲甚麼你們能全力幫助日本人，無保留地供給資料，但是不能幫助中國史家？相湘先生的第二次中日戰爭史下册在臺出版於一九七四年三月，產經新聞開始到臺灣收集資料是在一九七三年五月，我們要問國府一句：中國抗戰時，倒底誰是敵人？誰是自己人」？

美國「亞洲研究季刊」(Journal of Asian Studies, May 1975) 刊載印第安那州大學鄧嗣禹教授「撰評第二次中日戰爭史」有云：「這是一部以中國學生爲對象的一般性著作，不僅相當公正，而且文筆與圖解均佳，也值得我們在美國的閱讀。雖然我們曾經深陷入這一偉大的戰鬥，而我們卻沒有像吳相湘教授這書如此詳細論述，我們所有的只是爲軍事歷史家參考的巨册戰爭紀錄，和一般學生閱讀的簡短敍述」。「對於珍珠港事變，（美國）現已有三十九册有關聽證及調查報告，更不必說無數的個別的研究著作；而吳教授的第二次中日戰爭史，以三十頁篇幅提出導致珍珠港偷襲的各重要因素。因此，這本書可被認爲是一般性專史，和專門性的一般歷史」。「這部書的弱點是：對西方讀者需要有較多的註解，即使增加書的厚度，也應如此。在外交史上工作者少用英國檔案，也少用德國和蘇俄的資料。雖然他曾引用豐富的日本資料。對於這部一千二百二十五頁的巨册，也應該提供索引」。「吳在臺灣撰述是書，自然面對許多困難及限制。但就整部書而言，這書可作爲一九三一年至一九四五年中國歷史的一般參考書，在學術著作的註釋中將也會常被引用」。（湘按撰述是書時，英國有關檔案尙未公開；蘇俄亦同）

「全美中國研究協會會訊」第二卷第一期（一九七六年春季號）也有一篇對我書的評介：「第二次中日戰爭史的優點之一是組織分明。明白易懂是這書的一大長處。數目甚多的照片和插圖使它更加可觀——其中很多是相當有歷史價值的」。「珍珠港事變以前，中國在實力懸殊的情況下，獨力與日本作戰的艱苦歲月，戰時的措施，從總動員到財政革新，從臨時教育工作到華僑捐款，作者都生動地細述，把那個時代的眞實『感覺』傳達給讀者」。「吳教授並不諱言他寫這部書的愛國動機。他回憶盧溝橋事變爆發前，他正在北平唸大學，那兒戰雲密佈，給他『最後一課』的感覺。過了二十多年以後，一九五九年，已故的胡適博士曾嘆息說：中國人還沒有寫出一部中日戰爭完整歷史。吳相湘內心深受震撼。他說他三十年來一直在搜集資料，但是最後促使這部書誕生的，還是胡適博士的這番話」。

「第二次中日戰爭史」印行一萬部，不意十餘年來仍不如最初估計的暢銷。現張任飛已逝世，綜合月刊社停刊，「婦女雜誌」社仍銷售是書。一九八二年九月十七日，「九一八事變」前夕，臺北開博印刷公司特購買是書兩部，分別寄給日本首相鈴本善幸，文部省大臣小川平二。以嚴正駁斥日本政府竄改侵華史實，用事實揭穿日人狡辯卸責惡行。這一印刷公司主人眞是有心人。大陸學人今亦應用是書作主要參考撰述論文。

一九八三年三月，我忽得伊利諾大學香檳本校（University of Illinois at Urbana-Champaign）亞洲圖書館來信云：館中有一計畫，收集當代作家親筆簽名本，以增藏書價，擬請在尊著「第二次中日戰爭史上題墨寶並簽大名」。當時，我適因血壓高心臟病，右手顫抖，祇好婉謝。

為全球鄉村改造奮鬪六十年晏陽初傳

我祖父經商，幾位伯父也如此，我父讀書並赴日本留學、回國後辦學堂。因此，我們家祇有自用的房地產，沒有農田。但幼年隨父在護城隄散步，見兩旁田畝，春季見農夫彎身插秧，秋天收穫時也是如此，我父告語：農夫們很辛苦，插秧及收穫時尤甚，每日四餐吃幾片大肥肉支持體力。稍長，我父又唸唐詩「要知盤中食，粒粒皆辛苦」。少年時居住長沙，每逢週末假日，相澐堂兄帶我和三弟往北郊外開佛寺散步，又看見農夫的辛勞工作，更增加我的同情心憐憫心。壯年與劉紹唐編印「民國史料叢刊」時，特選印「定縣農民教育」一書，就是幼年少年時印象，再加在北大肄業，閱覽天津大公報、獨立評論、民間半月刊記述定縣平民教育；以及上海申報記者陳賡雅的華中旅行通訊，記述魚米之鄉農民困苦情況。每年暑假往返北平長沙，見平漢鐵路兩旁乾旱麥田，農夫用馬犂田和轆轤車水情景深映腦海。

一九七七年夏，我在美國應邀在某一集會中講話，以留美學生對國家的貢獻作中心話題，其中提及晏陽初和許多留美博士碩士學士在河北省定縣的平民教育工作。不久，這一番話被傳入居住南灣的姜逸樵耳中，姜來信附寄他的幾本撰述，旋又邀約餐敍。席間才知姜曾參加平民教育會在湖南的工作，很受晏陽初博士賞識。我當表示如果可充分利用晏氏直接資料檔卷願爲撰一中文傳記，因晏的工作是在中國成長而發揚於海外；有關晏的事業英文書刊論述已有不少，中文有系統論述仍付缺如。今中文在世界語文中，應用人數在十億以上，且億萬農民生活仍待改善，尤應享受晏彙集在國內原有以及近三十餘年在海外增加的經驗與心得。這是中國人應有的權利。

晏陽初博士得姜函告我意後，欣然同意。一九七七年十一月二十六日，我應邀赴紐約市與晏面談。一見如故，歡談三小時。正如晏後來再四面語：「我們兩人有緣」。

原始資料充分利用

正式開始工作，在一九七八年初夏，晏與我連續三週的談話，並錄音紀錄。從此兩年餘間，我五次赴紐約與晏談話，計約三百小時。因我著手之初，決定以研讀書面資料爲主，如有重要關鍵或文件不詳，即請晏氏口述，並且晏的家庭生活，在四川故鄉及來美求學種種事實，都沒有文獻可徵，祇有請晏口述。故這一傳記與「口述歷史」方式並不相同，我自信這比較翔實。因晏自一九四〇年代起，每次與人晤談回辦事處後，即口述經過與內容，由助手打字記錄。可說是直接史料，再比證各方函件書刊保存完整。故可憑藉的資料很充實。

晏的副手顏彬生女士追隨工作近四十年，熟悉一切文件分類內容，我爲把握在紐約時間，時常請她指示是否有何種資料？她總是盡力查檢，充分提供，有時且往地下室存放舊檔中取去。晏氏且特許我將需用文件自紐約携回我寓所閱讀，先後約四十餘大紙箱。我又先後分別往東西岸各圖書館檔案庫搜集史料，如晏在一九一八年耶魯大學畢業同學錄等卽自美國會圖書館查到。因此，史料憑藉相當多且完備。經過兩年半時間完稿印行。

「爲全球鄉村改造奮鬪六十年晏陽初傳」全書十五章，共約八十餘萬字，有關圖片一百餘幅。是迄今有關晏陽初生平事業各種文字傳記中內容最翔實完備的。

法國戰場華工開始識字

第一次世界大戰時，法、英兩國在中國召募十餘萬華工在法國戰場工作，這批華工大多是樸實的華北農民，遠離鄉井遠適異國，語言文字生活習慣完全不同。基督敎青年會（Y.M.C.A.）因此在歐美徵選中國留學生前往法國爲華工服務。當時參加這一工作的留學生約二百餘人，爲國人熟知的林語堂、蔣廷黻與晏陽初等卽在其中。

當時這些爲華工服務的留學生主要工作是爲華工讀和寫家信。晏最初也是這樣做。不久卽想到如其長久如此，何不敎華工們認識和讀寫若干筆劃簡單的字。再三考慮後就向這營地五百餘名華工說明。最初約三十五人報名參加。晏於白晝料理華工生活起居之暇，卽選訂若干字，每日黃昏華工回營晚餐後，晏就爲他們逐字反復講讀一小時，鼓勵他們試寫。約四個月後，第一班三十五人都很高興能够寫讀一千餘字，其他的華工驚奇之餘，也都報名參加。晏因又試行一新方式：

由已識字華工來教不識字華工。試行效果良好，許多識字班成立。其他營地也先後仿效推行。

這批華工大都是成年人，竟能於每日辛苦工作十小時後用心讀書，有些人甚至廢食忘寢勤奮學習。晏很欣幸告語華工們：你們原是文盲，如今眼睛睁開了。晏因又創辦「駐法華工週報」，供識字華工閱讀，增加見聞。

晏從此體認：英國人多年來輕侮中國稱呼勞工作苦力，如今他卻發現華工具有無比潛力，祇是沒有開發。於是「如何解除苦力的痛苦，開發苦力的潛力」就成爲晏終生努力奮鬪目標。

鄉村平民教育是救國建國的基本

一九二〇年八月中，晏回國後，中華基督教青年會全國協會邀約他工作，協助他在湖南長沙、山東烟臺、浙江嘉興試行各種不同方式的平民識字教育，并且在這三地舉行大規模的識字教育運動。一九二三年八月二十一日，中華教育改進社假北京清華學校舉行年會，晏報告「平民教育」，呼籲全體社員「當立志必於五年內使中國人民能識字，中國不必亡，亡不亡全在教育界；教育界可以支配中國、支配前途、改造社會，有史可徵，事在人爲」。晏且強調：「我們須知此項事業，不僅是中華民國的教育事業，且係全人類四分之一的平民教育事業」。「我們此後須抱着孟子所說富貴不能淫、貧賤不能移、威武不能屈的精神做去」——六十餘年來的事實證明晏陽初實踐了這一公開誓願，始終一貫獻身做這一工作，並且將這一事業推廣到全世界，爲全球大多數平民解除痛苦。

是年（民國十二年卽一九二三年）八月二十六日，中華平民教育促進會總會在北京正式宣告成立，選舉熊朱其慧女士爲董事長。「總會」開始工作，一切依賴熊朱其慧女士一力承擔，辦事處卽借用熊府二間小房，一年經費三千六百銀圓，也由熊朱其慧女士按月支付。

「總會」組織大綱規定設立「鄉村教育」「調查研究」「平民文學」「推廣與訓練」「供應與設備」「總務」六部。顯示中國平民教育的主要對象是鄉村居民，並宣言這是救國建國的基本，因全國百分之八十以上人口居住鄉村都是生活困難的文盲。「總會」首任鄉村教育部主任是美國康奈爾大學鄉村教育學博士傅葆琛。晏、傅等曾步行經過保定、宛平縣許多鄉村。實地經驗更確定：鄉村的精神和物資都是今日中國的主幹，也是中國未來基礎。一九二五年三月，「總會」創刊「農民旬報」，供鄉村平民學校學生讀完平民千字課四册後的讀物。是年七月，晏出席在檀香山舉行的太平洋國民會議，講述「中國的新生力量——平民教育」，獲得各國代表及當地華僑注意和讚揚，華僑們踴躍捐款美幣折合中國銀幣三萬五千餘圓。從此，平教總會才有一筆較大經費，使鄉村教育部主任傅葆琛博士、研究調查部主任馮銳博士、平民文學部幹事瞿世英博士可以推進計畫。劉拓博士主持普及工程技術研究工作得以逐步進行。當時這些留學生都曾深入鄉村研究調查，決定改良土產土法，不採用中國農民經濟能力無法負擔的西洋器具等。

一九二六年十月，平敎總會在直隸省卽今河北省定縣設立辦事處，開始以定縣作平民教育研究實驗中心。「總會」同仁許多博士、碩士、學士都遷居鄉村，與農民爲伍。這是中國有史以來，「士」不願自居四民之首，開始向農民學習的第一次。總會決定社會調查是研究實驗的指南針，以認識了解實地情況，力求實驗工作，適合當地農民心理及實際需要。

一九二八年，晏陽初應邀赴美國演講中國平民教育，深獲美國友人讚揚支持，先後捐款五十萬美元。晏回國後因決定定縣的研究實驗工作再繼續擴大進行。經過多次嘗試，十年有成，終於體認：必須顧及農民整個生活，生計、教育、保健、自治四大項聯環進行，絕不可分別零碎做。這一原則今已成為全球落後地區推行平民教育的最基本原則，即美國的和平工作團、第四點計畫、基督教會在各地的工作也秉承這基本原則進行，已著成效。

中國人對世界人類又一大貢獻

一九四三年五月二十四日，晏陽初在美國紐約市接受「哥白尼逝世四百年全美紀念委員會」贈予的「全球現代具革命性貢獻的十大偉人」之一，同時接受這榮譽的有愛因斯坦、杜威、福特等。授予晏陽初的表揚狀寫着：「傑出的發明者：將中國幾千文字簡化且容易讀，使書本上的知識開放給以前萬千不識字人的心智。又是他的偉大人民的領導者；應用科學方法，肥沃他們的田土，增加他們辛勞的果實」。

當時，美國羅斯福總統提出「四大自由」（言論的自由、信仰的自由、免於匱乏的自由、免於恐懼的自由）的號召。是年夏，晏又提出「免於愚昧無知的自由」（Freedon from Ignorance）更加重要。是年十一月，「讀者文摘」刊出特稿，引述晏的警語：「全球三分之二的人都陷於苦力階級」。「我們不祇能擁有四大自由，還有第五自由，比較其他四項都顯得偉大；沒有它，我們如何能有四大自由」？「沒有任何一國能超越其民眾而強盛起來的。祇有這許多大眾——世界上最豐富的尚未開發資源，經過教育而發展，且受教育而參加他們自己建設工作；否則將沒有和平可言」。

晏陽初這一警闢呼號，近三十餘年事實已經證明，可惜世人能接受這警語且付諸實行的卻太少。第二次大戰後的救濟工作以及後來的經濟援助計畫，都無補於全球三分之二缺乏的食物、住屋、教育的人羣。他們在名義上已經不是強國的殖民地，躋身於聯合國會場獨立國之林。但他們的政治、社會、經濟、教育狀況並沒有多大改善。這所謂第三世界廣大人羣的生活不安，更增加民主國家與蘇俄集團對立情勢的尖銳化。如古巴及尼加拉瓜兩中南美國家，即因窮苦而受蘇俄籠絡，晏陽初每念及此，非常感嘆。近年他時常在美國著名大學演講，鄭重呼籲需要建立新哲學、新學校、新教育（注意通識教育與國際瞭解），徹底認識「如何將現代科學簡單化，全球農民科學化」這一課題且見諸實踐，才能面對未來歲月的最大挑戰。

羅斯福總統夫人、杜魯門總統、國際著名作家賽珍珠（Pearl S. Buck）女士等都曾與晏晤談這些問題。賽珍珠女士並請晏口述定縣實驗經過，撰刊「告語人民」（Tell the people）廣泛流行各地，發生影響。

一九四七年七月，晏陽初會晤美國杜魯門總統、國務卿馬歇爾，又走訪美國會議員及各界領袖人士，呼籲援助中國實行公民教育推進民主政治。經著名作家及四大都市四大報紙發表讜論，杜魯門總統且自認是中國的「說客」。一九四八年卽民國三十七年三月三十一日，美國會兩院協調通過援華法案中特列「晏陽初條款」，卽設立「中國農村復興聯合委員會」。美國駐華大使司徒雷登博士聞訊，特再三電報國務院指陳：「農村建設條款使我特別滿意。因爲這似乎是步向問題的核心。我個人願望這一計畫集中於訓練公民的權利與義務，組織起來以對抗壓迫與苛政；同時，也應有農業技術、公共衞生、交通等課程。我認爲許多參加工作的學生一定會將這些帶到全國各地農村，學生們有這一份具建設性又愛國的工作和活動，自是一有益的副產品」。

可惜，這一耗費近一年時間，晏陽初在美國四處奔走，舌焦唇敝才獲成功的中國農村復興聯合委員會在大陸工作不過一年餘，卽因局勢激變而遷設臺灣，專注於農業技術，而忽略其他，雖爲近三十年臺灣省經濟發展產生奇蹟一主要因素，卻仍有許多老年鄉民不識字，臺東等地仍有許多鄉村沒有醫療設備；更重要的是始終沒有學生們熱心參加工作。

努力增進中美文化關係

早在一九四三年七月五日，晏陽初與美國友人等在賽珍珠女士的賓州寓所，討論當時中美關係陷入困境的原因。出席人共同認識英國利用美英文化語言相同，在美熱烈宣傳，強調英國是世界法律與秩序惟一存在力量；美英合作努力戰爭，才可控制未來世界；促使美國政界及民間與知識份子都以爲美國的安全與命運是與英國相互關連。賽珍珠女士等以爲這實在是一極危險的趨勢；必須迅速採取步驟，向美國人輸入新觀念新事實，讓美國人瞭解當前是面臨民主與舊帝國的歧途。而中美兩國立國原則——民有、民治、民享——相同。美國亟應努力援助，這也是為所有喜愛民主自由的人民而奮鬪。不幸多年以來，美國對中國的善意都是源自情感的、無知的、憐憫的作用，完全不認識中國。如今實在已到緊要關頭，應立卽進行一項極具智慧且詳細計畫的教育工作，讓美人知曉中國和中國人的眞相。

當時討論這一工作分三部份：㈠少數通曉中美兩國文化、政治、社會情勢，又為美國各界領袖熟悉的中國最高知識份子，與美國政府及企業界領袖分別晤談，在友好自由氣氛下說明中國眞相。㈡多數在美境中國知識份子到各學校、工會、婦女會、男人團體等演講，主旨以適應對方興趣的中國事物作通俗而幽默的解說。這批演講人應自知本身卽中國的「樣品」，故必須誠實樂觀引人悅目，藉使美國人信任他們。㈢美國各地華人社區也應加以組織，分擔這一計畫的一部份工作。

賽珍珠女士等共同結論：如果這一項工作不能見於實行，中國在戰時或未來和平時，是否能得到她應得到的，不能無疑。是年九月十八日，晏陽初將上述計畫文件及本人意見檢送時在美國的宋子文考慮。宋曾集會討論，幾乎大部份採納上述三項計畫，但如何實行卻多困難。晏惟有在自己能力所及奔走各地向十二所大學及民間團體演講或個別談話。

× × × ×

我在閱讀上述這些文件後，曾上函卽詢梁敬錞前輩，旋得梁手示云：「賽珍珠之事，弟時恰在華府，與郭秉文、孟治時常相見，遂稍知一二。當時各國在美皆從事於宣傳，以博美方戰時對其同情。弟所主持之物資供應委員會（卽宋子文時代之CDS）員額雖比使館爲多，而分工之後，無人辦理宣傳，宣傳亦非物資供應委員會之任務。英國其時在美工作與弟同類者數達千人，類皆故壓低其資歷，遂得以上駟之才能，應美國之中駟或下駟；而美國遂不得不受英國智能之支配，親英政策遂定。此弟所親見也。當時對美宣傳人才應以胡適之爲第一，而國內並不重用之。一九四三——四年之間，適之蜷伏於紐約寓廬之中無所施其才學，此又弟之深知也。讀來信，感慨系之」（傳記文學第四十六卷第一期刊「胡適願爲諍臣諍友」，於胡突奉命免除駐美大使職後心情，有詳述）。

× × ×

一九五〇年一月，晏陽初自臺北飛抵紐約市，向美國朝野說明農復會以少數經費在短時期內能獲得成績的因素。

但中國局勢劇變，韓戰爆發，美國人民深感困惑。是年十二月十八日，平民教育運動美、中委員會舉行執行委員會通過晏陽初提出「援助落後地區方案」。翌年一月，決定進行組織國際平民教育運動促進委員會，推請晏前往東南亞及近東各國實地觀察何處適宜作國際平教工作地點。經過晏比較研究，以菲律賓自一九二六年以來卽已仿效中國推行平民教育，當地朝野復願合作進行。經國際平教促進會委員多人再往考察，決定協助菲律賓鄉村改造委員會工作。一九六〇年十月，國際平教會決定設立國際鄉村改造學院依法獲得美國德拉瓦州政府立案，開始建校工作。美國各界紛紛捐款贊助，「讀者文摘」發行人更出錢出力——這一國際著名刊物自創刊四十年來先後刋載有關晏陽初言行事業七次，是空前未有且迄今無人超越的紀錄，尤具號召力量。一九六六年一月，國際鄉村改造學院第一期房舍，在菲律賓國 Cavite 省屬 Sailang 建築完成。翌年五月二日，舉行奉獻典禮，晏致詞指陳這實在是中國平敎總會千百同志三十年來艱苦努力，塑造成模範，又經菲鄉建會同仁十五年實驗，證明中國定縣方案(四大敎育整體聯環進行)可以行之四海，而美國友人財力及精神各種支持贊助，配合而成的——是中國人對世界人類又一大貢獻。

國際鄉村改造學院成立已將三十年，美國民間各界人士、各基金會各公司商店，是強有力的支持贊助者，一九七七年，國際學院開始獲得美國國際發展局（A. I. D）的按年捐款。荷蘭、德國的兩團體也自動捐助巨款，協助這一學院的發展。現在亞洲的菲律賓、泰國、印度、中南美洲的瓜地瑪拉、哥倫比亞、非洲的迦納諸國都已設立鄉村建設會，按時選派領導人員前往國際學院聽講、參觀、實習，其他各國及美國敎會也經常選派領袖人員到國際學院接受講習，以便回到其本國或本敎會將實習心得傳授給當地人士。

一九八六年：世界和平年

一九八三年十月二十六日，紐約市舉行慶祝晏陽初九十華誕宴會，各國代表與美國朝野人士一百五十餘人，應主持人洛克菲勒（David Rockefeller）的邀請參加。美國前總統艾森豪孫女於席間獻贈晏氏一和平奬章。同時與會人士決定繼續募款作國際鄉村改造學院今後五年發展經費。晏於一九八四年秋自美返菲律賓國際學院後宣佈：一九八六年是世界和平年。就是努力實行他於一九四三年「免於愚昧無知的自由」的號召。

晏陽初常言：「有貝之財易得，無貝之才難求」，諄諄告語國際學院同仁及亞、中南美、非洲六國鄉建會人員努力實幹苦幹，做出成績，國外捐款將源源而來；但新哲學、新學校、新教育如不迅速建立，鄉村改造人才勢將難乎為繼。

晏陽初六十餘年來為鄉村改造各處奔走、席不暇暖，每日白晝工作，晚間睡眠時間短，腦筋不停地思想，為國際鄉村改造學院及全球三分之二苦難的平民考慮新計畫新工作。在美國、菲律賓時，個人與家庭生活儉僕，即如居住紐約市多年，始終租賃一舊式公寓，每晨起禱告，早餐後，無論晴雨都步行至地下車站搭乘快車往百老匯大道附近地下車站，再步行到辦事處工作，午餐後在沙發上假寐一刻鐘後又照常工作。下午四時許，自辦事處步行五十餘條大街口回家。冬季時則來往乘地下車。一九八〇年一月，紐約市雪後，地下車站水泥階級都被雪水浸濕，晏着橡皮套靴塑膠雨衣步行下階級時，竟滑倒地，其他趕車人急來扶護，並電話告警所派救護車來送往醫院。醫生見晏兩肘流血甚多，意味有折骨可能，但經X光詳細檢查，一切完好無損，祇是表皮因水泥粗糙而擦傷。晏回家祈禱，查閱聖經詩篇第三十四章第二十節有云：「祂保全他所有的骨骼，沒有一點破折」。晏因此更堅定繼續努力工作決心，五年來身體健康。

晏有強健身體、敏銳觀察、清晰分析的頭腦。他能從平凡中看出不平凡處，比較俗語所謂「見微知著」更有過之無不及。這是他生平有志完成的主因。他曾答復相湘當面提出的問題「六十多年中是否也有誤失的地方」說：「失則有之，敗則未有。因智者千慮，不免一失。我和平敎總會同仁對各種事情雖再三反覆考慮，但不論在中國或海外，政治社會情勢都非常複雜。我們深入鄉間，對於外間事情如何能翔確且迅速地了解；有時自然不免發生失誤，但從沒有一受挫折卽有敗餒灰心意懶的念頭。我堅信『嘗試再嘗試』的西洋精神。偶遇失誤，卽祈禱懺悔，冷靜思考另一新方法和途徑」。

苦力可能是滿洲文轉譯

晏陽初爲解除苦力的「苦」，開發苦力的「力」而奮鬪六十餘年，我旣得晏信任開放所有檔卷資料供我硏讀，是我撰寫若干書刋文字應用資料得心應手的第一次。但我爲了解「苦力」一詞是否爲英國人創用？一九七八年秋，在紐約市哥倫比亞大學曾向房兆楹、房杜聯喆兩博士請敎，因他們伉儷年長於我，在北平及美國閱覽的各種資料比較多。是年十二月，房氏伉儷於賀年片中特別告知：「上次提到『苦獨力』一辭後，卽隨時留意，找尋原來看見的地方。總是淸初的被擄的南人筆記或者信中語，但尚未找到。當日看見時已有三十多年，當日的筆記也有三四十本，尚無踪跡或看時忽略過去了。等找到時報告。淸語原文是 Kudule，意爲跟馬人，大約漢人在滿洲軍隊裏無用，只好用作跟馬行走的僕役，因之很苦也」。

「爲全球鄉村改造奮鬪六十年晏陽初傳」刋行後，我看到臺北的三篇書評，一是韋政通敎授所撰，另兩篇是中國電視公司總經理石永貴撰寫。他們兩人都與我從無一面緣，都是肯定這是一本值得細閱的書。石永貴文有云：「極有價值的好書。嚴格而言：它不是一本易讀的書，因為有太多的資料，不易消化，我之鍥而不捨的，把它讀完，完全是受到晏陽初先生的性情和偉大人格而吸引、所感召，不得不把它讀完」（時報雜誌、第一六八期、民國七十二年二月二十六日）。後來石君又撰一介紹文刊於「傳記文學」，顯然是他確實被晏老精神所感召。

美國亞洲研究季刊（Journal of Asian Studies, Vol. XLIII, No. 2. February, 1983）刊載紐約聖若望大學李又寧教授一長二頁餘的評介指陳：此書內涵一位在中國與世界近代歷史上重要人物的豐富記錄，是在近幾十年中文刊行的傳記中非常重要的一冊。將是研究二十世紀中國教育及社會改革運動，以及在歷史地位確立的晏陽初生平絕不可缺的一本書。

孫逸仙先生傳

民國四十二年春，臺北華國出版社來信，請撰述孫中山傳，列入中國偉人小傳中，全稿一萬字。我於課餘執筆，是年十二月，華國出版。是我撰述孫先生言行的第一次。民國四十八年（一九五九年）冬，我自美歐研究旅行歸來後，編輯「中國現代史叢刊」，已如前述，其中第一冊提及我在倫敦閱覽英國外交部檔案中有關「倫敦蒙難」心得。民國五十年（一九六一年），蒙黃沈亦雲女士允許將「亦雲回憶」自序及胡適之先生覆信交「叢刊」登載。後又蒙黃沈亦雲女士允將「不幸的二次革命」一章發表，其手翰且指出與「足下晤談亦首及此題」。從此我先後撰刊「大革命家孫逸仙」影印本前言、倫敦蒙難眞相必須澄淸、國父倫敦蒙難再考證。國父傳記的幾個問題、國父傳記二三事、國父傳記有關新史料、國父生平研究的一、二心得，國父的一位漢文敎師：杜南先生、國父初次蒞臨臺灣時日新證、國父傳記新資料、國父全集外二篇重要佚文、中美傳統友誼的奠基人荷馬李（Homer Lea）等論文發表，都是研究孫先生生平陸續發現的心得。我開始有撰述孫先生傳記的計畫。曾上函硏究中國近代史前輩左舜生敎授叩詢一切。民國五十三年（一九六四年）多得左敎授自香港寄來掛號信有云：「爲孫先生寫傳，在臺灣環境中仍不易着筆，能說得恰如分際，或可出版，望兄審愼爲之，不必望速成也。弟處前有孫先生與某氏三姊妹合影一幀，係孫先生辛亥初返國時在上海哈同花園所攝，同攝者尙有哈同及某牧師，甚爲難得。弟不記得夾入某書，刻已遍覓不得。聞臺灣尙有三五人收藏，如能找到，可說明近五十餘年政象之一斑也」。前輩的忠言與提示，給予很多啟示。

民國五十四年卽一九六五年，是孫逸仙先生百年誕辰，中華民國各界都積極準備慶祝。我爲提示國人有關個人研究心得，也努力撰寫孫先生傳第一册。在是書刋行前三個月，卽八月二十三日，忽得美國西雅圖華盛頓大學出版部來信：表示願一閱原稿，考慮出版。九月十七日又來信進一步表示「如你譯述成英文，我們很有興趣一讀原稿，願考慮將它列入我們擬刋書目中」。可見英語國家如何企盼認識這一大革命家的行誼。

是年十一月十二日，「孫逸仙先生」第一册刋行，不一月卽再版。我在「自敍」中云：「相湘自己卻永遠無法實現先父鼓勵習醫的宿願。這是相湘終生的最大遺憾。祇有虔誠發願：盡個人微力撰寫一部孫先生傳記，將國父生平救人救國的志業傳播於世人，藉以贖罪咎於萬一」。同時，我主編的中國史學叢書也出版「中山文獻」等四書，相互配合。

孫科閱讀這第一册後面告：是書可以很容易譯成英文。當時，我適得新加坡南洋大學聘書，因決定卽南行，以便課餘繼續尋求史料，以星、馬是孫先生常去的地方，華僑於國民革命事業貢獻財力人力極多。

三民主義的主張創立八十五周年

一九七五年我來美國，在東西岸各圖書館先後發現有關孫先生生平研究的論文專籍甚多，其中有若干是各大學博士論文的影印本。一九七八年以來，中國大陸出版辛亥革命資料以及孫先生言行研究論文也不少。經就可購得的購致，不能購致的自己或託人影印，分類插入書架，逐一詳閱，慢慢形成綱目後，一九八一年春，開始動筆撰述，每日工作十小時左右，完成若干章節後卽寄交臺北遠東圖書公司董事長浦家麟付排校。如上述浦是三十餘年來在臺灣首先交往的出版家，曾再三約我寫一部大書。當他爲印行是書敬慎將事，先將我幾經刪削塗改原稿交編輯部清繕一過再送工廠排字。他曾面告我：這部書的印刷裝訂比較「第二次中日戰爭史」一定過之無不及。

黃季陸是中國國民黨第一次全國代表大會舉行時的出席代表今仍健在的碩果，又曾面謁孫先生談話多次，並且是四川保路運動小學生會會長，實爲參加國民革命最早的元老。我上函請求爲孫逸仙先生傳賜一序言。他老接信後回信有云：「參加革命七十年，遭受空前未有的重大打擊之後，忽得來信精神爲之一振，這是第一次親自執筆寫信」。同時應允寫序。後來我才了解：臺北舉行中國民國建國史研討會，他老竟被排除沒有一次講話機會——季老爲把握時間，用口述錄音，由秘書轉爲文字後再細加增訂完成交我。

梁敬錞（1892-1984）未躬自革命工作，卻曾親聆孫先生演講兩次，且曾爲紐約聖若望大學撰寫「辛亥革命」英文本一册，素留心孫先生言行。但梁老再三婉謝不撰序而寫一跋。後來，梁老陪夫人回臺北市醫病，陸續閱及是書校對後清樣才執筆撰跋，愼重謙遜風度使相湘感念不已。

漢唐兩朝是國史上黃金時代，威震歐洲，中外文化也開始交流與融合。一八九四年，與中會成立之初，孫先生號召「振興中華」，顯然有富強更勝往昔的希望。故是書書名是請求臺北故宮博物院蔣復聰院長就院中漢唐碑帖集字。嗣得蔣院長函示：漢碑以難集全，且字體各殊，不能配合。唐碑多刻石拓本，佳者難求，惟孫過庭「書譜」可集，雖係草書，亦易辨識。蒙蔣院長攝影寄示，卽用作書名題字。

一九八二年，是孫先生於一八九七年在倫敦創立三民主義的主張八十五週年紀念。美國林白樂教授（孫先生知友的哲嗣）和澳洲亨利喬治基金會主席葛立格前曾先後發表：孫博士的學說不但領導着中國，它是整個人類的一部份。他的思想比誕生他的古老鄉村要佔先一千年，比教育他的最優秀的西方人佔先五十年到七十年。他所擬建設中國的方案能成爲第三世界可資借鏡的典範，而盛行於非洲中南美洲及亞洲。因此是書準時於一九八二年十一月十二日出版發行，臺灣省內預約的讀者在十二日午即已收到。遠東圖書公司同仁實在盡到最大努力。全書兩巨册，內文及索引共一八四二頁（增編本）。

是書「自敍」鄭重陳明：林白樂教授早已在臺北公開演講時指出：「（中國）歷史性的出版物中，中國人的孫逸仙已經掩蓋了世界公民的孫逸仙。這位經濟政治思想家的孫逸仙先生對幾乎所有近代發展的那些問題，在世界其他任何人開始感到憂慮的四十乃至六十年前，他已經看出來了」。加以孫先生對日本平山周爲他所寫的「中山」二字極不滿意，急於其下加一「樵」字。孫先生自署日本姓名是高野長雄，寄信日本友人常用這姓氏。存藏日本的鎮南關武裝起義時所戴軍帽即自書「高野」兩字。但中國人誤以中山爲尊號，殊乖孫先生本意。是書按名從主人義用逸仙，這是中英文及其他文字都通用的。

聯俄容共的策略

中國人輒喜說：外國人研究歷史文化，不如中國人。其實外國有許多檔案館圖書館完全公開，應用便利。加以各基金會給予研究費，遠赴海外實地認識了解環境，並搜求史料。外國人對史事人物可以毫無忌憚地批評。但中國文字比較難以閱讀了解，外國人儘管有中國助手代爲譯述，究竟不如自己反復閱讀深刻了解的程度。如「國父全集」全帙，外國學人恐未能寓目。

至於中國人研究近代現代史的困難重重：缺乏財力往國外搜集史料，國內收藏史料機關都認定這是「祖傳秘方」，不允本機關以外人觸及。臺灣近三十餘年又不准大陸出版品入口，撰述時更不能用「直筆」。尤其近一百餘年來，國內環境時有激變，政治恩怨又多。如「五四運動」是一愛國運動，孫先生當時即指出是中國新文化運動、思想變化的開端；但四十餘年來卻被官方定為「文藝節」——但中國人認識了解漢文程度，遠比外國人優越多多。研究中國史自多便利，認識了解深切。

自然，五四運動以後，曾給予蘇俄在中國推行共產主義運動一大好機會。但一九〇三年，保皇立憲黨譯刊近世社會主義，就已介紹馬克斯理論，梁啟超主編「新民叢報」介紹「近世社會主義」強調：世間歡迎社會黨，而嫌怨無政府黨——事實上，梁早於「新民叢報」前身「清議報」就已建議國人以俄為鑑。「五四」以後，由立憲黨蛻化的進步黨刊物宣傳社會主義尤力，即國人認為具保守性的商務印書館為迎合潮流，刊行康梁重視的「回頭看」小說廣告宣傳是新時代的需要讀物。蔣方震（百里）主持的「共學社」譯著馬克斯各書，其他大東書局等也出版社會經濟叢書，其中有「資本論用語釋義」等。至康有為著「大同書」主共產公妻。民國成立後，江亢虎組織中國社會黨，公開活動，宣傳以推行共產制為終極目標。

加以北洋軍閥亂政，日本肆無忌憚侵略中國，陳獨秀發出民國政治比滿清更壞，梁啟超也撰文舉述有國不優於無國事例告國人。章士釗深嘆梁「其所為驚人之鳴，竟至與舉世怪篤之（陳）獨秀合轍，而詳盡又乃過之。謹厚者如此，天下事可知矣」。在這種情勢下，蘇俄自然迅速把握良機輸出暴力革命進中國，扶植中國共產黨之餘，注意握兵權的吳佩孚及陳炯明，對手無寸鐵的孫先生並不注重。民國十年卽一九二一年夏，江亢虎赴莫斯科，與列寧及托洛斯基等會晤，歸國後在中報發表新民主主義。

孫先生自多次在倫敦閱讀研究，卽欣賞美國亨利喬治的「單稅法」、帝俄時人克羅泡特金的「互助論」，對馬克斯共產主義並不以爲然。民國十一年卽一九二二年初，俄共代表馬林與孫先生初次晤談，彼此才稍有所知。但蘇俄政府特派東來的使節優林與越飛及加拉罕卻都是和北洋軍閥政府交涉協商，對孫先生領導的廣州護法政府並沒有予以承認，與孫先生的接觸是玩弄兩面策略：藉孫先生以脅迫北洋政府早日承認蘇俄，消除蘇俄在國際上的孤立狀態。孫先生於此種種自然了解。蘇俄急欲突破孤立，孫先生難道就自甘孤立而不努力求友？何況蘇俄使節越飛是自動南下找上孫門。這和當時歐美各國既置之不顧，還以孫先生是製造糾紛的人，冷暖大不相同。民國十二年一月二十六日，孫逸仙、越飛在上海聯合宣言首項卽指明：共產主義，甚至蘇維埃制度，都不能引用於中國。這是孫先生外交手腕高超；著名國際陰謀外交家越飛原計利用孫先生，結果是自己違反原則。而孫先生可藉此使國內少數想「獨樹一幟」的人，知曉所謂「無產階級祖國」並不可靠：可不顧原則。

企望德國警告日本

民國十二年卽一九二三年九月八日，孫越宣言發表後七月，孫先生致留德同志鄧家彥訪德國外交部，希望「借德國人才學問，以最速時間，致中國於富強。此步達到，則以中國全國之力，助德國脫離華塞（凡爾賽條約）之約縛。如德國能視中國爲一線生機，中國亦必視德國爲獨一之導師」。更顯示孫先生在國際上求友目的所在，並不重視蘇俄人才。

民國十三年即一九二四年一月，國民黨首次全國代表大會通過聯俄容共案後，同時，孫先生演講三民主義時更再三強調：「英俄兩國現在生出一個新思想……就是主張世界主義……其實他們主張的世界主義，就是變相的侵略主義」。「馬克斯只見得社會進化的毛病，沒有見到社會進化的原理……就是俄國實行馬克斯的辦法，革命以後，行到今日對於經濟問題還是要改用新經濟政策。所以用馬克斯的辦法來解決中國的社會問題是不可能的」。更是進一步強調孫越宣言的主旨及「聯俄容共」苦心眞義。

美國學人近十餘年撰刋的孫逸仙先生傳，都不約而同地指出：孫之聯俄容共是美英諸國的政策將他推向蘇俄的。

事實上：日本的侵略政策尤關重要。民國十二年十一月十六日，孫先生致日本政府文部大臣犬養毅親筆長函再三說明：

「須知歐戰後，不獨世界大勢一變，而人心思想亦爲之一變。日本外交方針，必當隨而改變，乃能保存其地位於世界」。

「夫中國之革命，爲歐洲列強所最忌者，蓋中國革命一旦成功…… 歐洲帝國主義與經濟侵略，必致失敗」。「日本對於中國革命，何可步武歐洲而忌我害我耶！日本對於中國之革命，十二年來，皆出於反對行動」。

「倘日本能翻然覺悟，以英之待愛爾蘭而待高麗，爲亡羊補牢之計，則亞洲人心猶可收拾；否則，亞洲人心必全向蘇俄而去矣，此斷非日本之福也。吾切望日本深思而善處之，幸毋一誤再誤」。

孫先生於此建議犬養毅告語日本政府㈠當毅然決然以助中國之革命成功。㈡承認蘇俄政府：「夫日本與蘇俄，既有密切之關係而又無權利之損失如（歐洲）列強者。而對蘇俄外交不敢脫離列強之範圍，是比之歐洲之一小國亦不如也。何日本之無人一至此」。「倘必俟列強承認之後，而日本始不得不從而承認之，則親善之良機已失矣。此所謂爲淵驅魚爲叢驅雀也。行將必有排日之強國，利用蘇俄爲之前鋒，則不獨日本危，而東亞亦從此無寧日矣。如此則公理與強權之戰，或竟以日本而變爲黃白人種之戰，亦未可知也」。

孫先生這一致舊友犬養毅長翰極爲誠懇，不祇爲中國計，更是著眼於東亞全局安危以及日本未來禍福謀。惜犬養毅在日本內閣並未居重要位置，而日本軍部於未來假想敵——美國或蘇俄——時時變更，一九三五年後，終決定北守南進政策（犬養毅後出任日本內閣首相，竟被少壯軍人刺殺死）竟冒險與美國一戰，而坐視蘇俄擴張。甚至如孫先生長翰所推測的未來戰爭果然爆發。日本與德國義大利結成三國軸心，又不於德國對蘇俄戰爭時應德國一再要求攻俄。無信用無智謀如此，終必慘敗。孫先生所預料「從此東亞無寧日」竟不幸言中。而孫先生力求操之在我，多求友國，抵制歐洲列強，完成國民革命的種種措施，由此可見。

普及教育　培養人才

民國十二年，孫先生演講指陳：「中國今日之現象，如拆屋改建，舊者已經破壞，新者尚未建全，庶政繁多，動需時日。試觀吾國歷史，每一朝代之更替，必經三四代之設備，始得稍稍完全，破壞事業與建設事業成就於一人之手者，實為罕見。今日民國成立已歷十二年，種種設施，雖不甚完備，然求之歷史已經是收效最速的了」。「建設事業歷十二年之久，尚無頭緒，實因從前未培養人才之故」。事實上：中華民國肇建之初，國際與國內環境錯綜複雜。孫先生辭職舉袁世凱自代，實欲率同志為純粹在野黨，專從事擴張教育、振興實業，以立民國國家百年之大計。不幸許多黨員以為空涉理想而加反對。民國十三年一月，國民黨第一次全國代表大會宣言中宣佈「政綱」，對外以廢除不平等條約為主旨，對內注重勵行教育普及，以全力發展兒童本位之教育，整理學制系統，增高教育經費，並保障其獨立。

孫先生自一八九〇年上書前駐美公使鄭藻如、一八九四年上書李鴻章，三十餘年始終一貫注意普及教育使人盡其材以及中國農民最多生活最苦，必須耕者有其田，改善勞工生活，男女平等的建國基本。

艱苦努力　完成心願

如上述：相湘立志編撰孫逸仙先生傳，以報親恩於萬一。自美、歐日本多次旅行搜集資料，決心信心更增。二十餘年來，在沒有安定教職，一切生活都依賴兒女供給條件下，繼續孜孜於此，終於完稿成書出版。梁啟錞前輩前於是書公開發行前夕，得閱刊印本後立即簽名蓋章手翰向我致賀。並告知：「此書廣告序言問世後，朋簪聚首，輒有人論及。弟告諸君：無論吳先生書精粹何若，但以清寒之生活，擔承此名山之事業，不求獎助，不假官力，孳孳默默，獨成鉅著。此乃中國士大夫之精神，足爲吾人所矜式。聞者多韙之」。獎勉逾恒，益增慚疚。

國立政治大學歷史研究所所長蔣永敬教授，曾在國民黨黨史會工作多年，在史料庫中隨時閱讀各種史料，尤以外人不能觸及的各種函電及會議速記錄與紀錄，先後編輯「國父年譜」、「國父全集」等，並撰刊「鮑羅廷與武漢赤色政權」、「胡志明與越南共黨」及其他專題論文甚多。他於閱覽「孫逸仙先生傳」後，撰一詳介，經中央研究院近代史研究所集刊第十二期刊載：「中山先生不僅是改變時代的近代中國關鍵人物，也是近代亞洲的關鍵人物。像這樣一位國際性的關鍵人物，要爲之撰寫一部完整而具代表性的傳記，是非常不容易的。吳著『孫逸仙先生傳』，就目前所見到的許多孫先生的傳記中，算是比較完整而具有代表性了」。此書「對於中山先生的生平事蹟，革命思想理論，時代背景，甚至私人生活，都包羅在內。其中有些重要問題，做了深入的探討和分析，使人讀來，並不感到是一本平舖直述的傳記，而是有相當深度的學術著作」。是書「內容浩繁，包羅至廣，但亦有其重點。著者在本書自敍中曾將本書內容列出十項要點。在這些要點，有的根據前人從未注意的資料或前人從未提及的文件，對於孫先生一些史實，獲得較詳的背景：有的引用英國、日本有關孫先生活動的檔卷，糾正前人謬說；或據日本檔卷及專著，詳他書所未詳；有的則綜合中外資料，深入探討前人所忽略的問題；更重要的，是根據以前未公開的資料，發掘新的史實。至於一般內容，亦多採摘各方研究的成果，截長補短，而自成體系。故就本書重點言，有其創新獨特之處；就一般言：有其充實博大之處」。「由於著者對資料的搜集與採用、的廣濶與內行，不僅使孫先生若干革命事蹟，有了新的內容；即對以往一般已知的史事，也做到許多推陳出新的工夫」。「著者對人與事的論斷，往往借着資料的引述，頗能表現其高度的技巧」。

蔣永敬教授是海內外惟一具有評論是書的資深學人，其言最可重視。這一「詳介」也指出是書亟應補正的缺點，如書中圖片錯置，文字誤植，缺少索引及參考與引用書目等，相湘都請中國文化大學王綱領教授及陳重光教授新製索引及重要引用書目加印於下册末，圖片與錯字也由相湘詳細製一勘誤表，一併送請遠東圖書公司改正，民國七十三年即一九八四年三月刊行增編版。

新史料仍層出不窮

美國鄧嗣禹教授撰一英文評論，刊載清華學報社十五卷一、二期合刊（中華民國七十二年十二月，臺灣省新竹市）指陳：是書係近五十年來中外有關孫先生傳記三十種中最詳細的一種」。「任何著作由於時間的推移都將重寫，但現在是書仍值得介紹」。鄧教授於指出若干缺點及可取處。惜相湘閱及這一評論時，「增編本」已在陸續裝訂發行。至於香港中文大學高級講師王爾敏撰刊對是書的補充（國立政治大學歷史學報第二期），今不擬採用。以「農功」與孫先生思想言論前後一貫一致。而鄭觀應生平言行在「重商」「商戰」「盛世危言」是鄭遭受折磨後隱居澳門輯著成功。其中「農功」篇明言「孫翠溪西醫」云云，卽顯明提示是文乃採輯他人文字，且危言內容與鄭前刊「救時揭要」「易言」兩書思想完全不同，卽時勢演進，國人又有新撰文可供採入「危言」也。（夏東元著「鄭觀應傳」可供參考）。

是書出版後，中國大陸及日本又陸續出版新史料新論述。祇是俄文資料極少公開，有關論文具宣傳作用，如一九一九——一九二二年蘇俄先後發表三次對華宣言卽多矛盾不符，近年出版論文更是故意曲解這三次宣言（已見「孫逸仙先生傳」），這固顯出俄人欺侮中國人的野心。也使中外歷史學人更無法可撰述一翔實書。相湘年老，勢難等待眞相揭穿一日的來臨，祇有寄望於青年學人。

近美國友人函告：一九八四年十一月，參加廣州中山大學舉行「孫中山生平研討會」，東北師範大學歷史學系趙教授論文卽評介「孫逸仙先生傳」。可見是書已流傳廣遠於大陸各大學。

中國史學叢書

民國五十一年五月，中國現代史料叢書刊行，內容三十種史料史籍，每册篇首大多有我寫的「前言」說明其價值，涵蓋政治、軍事、社會、經濟各方面。同年九月臺北出版的「中國一周」

第六四六期刊載專文介紹有云：「在吳相湘教授的提倡下，中國現代史的研究，蔚爲我國歷史學界一個新起而鉅大的浪潮，也引起了我國一般人士的注意」——對於這樣的「譽」，我祇有感愧，以當時並未引發「鉅大浪潮」。（甚至迄今仍如此）。同樣的：對隨之而來的「毀」更沒有使我灰心意懶。我謹記孔子「直筆」偉大傳統，更敬佩司馬遷遭受宮刑以後仍不畏死奮筆撰寫「今上本紀」的勇毅精神，時時提醒自己：一定要做一個堂堂正正的中國歷史學人，才仰俯無愧。「中國史學叢書」就由此再接再勵的心情下源源出版。

不論如何，中國現代史料叢書的出版，供給中外學人許多便利，近年新刊有關中外文撰述的引據可作證明。卽其中「社會經濟」類僅有一種「中國民事習慣大全」也引人注意。美國加州大學柏克萊本校專門研究中國社會史的艾伯華（Ereberd）教授卽來信致謝：以前不知有是書，如今可由此得見清末民初中國各省縣地方習慣實地調查的資料。

民國六十年十月，我和劉紹唐共同編印「民國史料叢刊」二十二種三十六册，注意教育學術及社會經濟的史料，就是提示中國現代的光明一面，而不屑再談骯髒的政治。刊行後反應良好，如其中「第一次中國教育年鑑」，卽出版家王雲五也嘆惜以前未曾見及。

實用罕見 後來居上

編輯叢書以保存及流傳資料，在我國已有將近八百年的歷史。在這悠久歲月中，歷代刊行的各種叢書數千部之多，卽抗戰前經過商務印書館選印的「叢書集成」內容也有一百部。

「叢書集成」預約廣告發佈時，我正負笈故都，先父在長沙特為預約訂購一部。惜這一「集成」祇出書三期，即因抗戰發生而中輟。勝利後，商務印書館忙於出版各級教科書及工具書，一時未暇顧及已收預約款的大部頭其餘尚待刋行的書，致這「叢書集成」竟是一未完成的工作。而先父為我購置的是書前三期部份及其他書刋十餘大木箱，自長沙運存常德鄉間，民國三十二年常德會戰時全部被日軍轟燬。我因此耿耿於懷，以敵能毀之、我必建之之決心，來進行中國史學叢書的編印。

加以中國龐大數量的叢書，使用「史學叢書」一名稱的卻祇有晚清光緒朝廣東省廣雅書局的一部，內容書籍並不多。我立意編印中國史學叢書時，即有凌駕前者的雄心與信心，因我進入中外圖書館目睹耳聞罕見珍本甚多，多年來中外各地收藏中國圖書目錄或索引的陸續刋行，尤便利查檢尋求。這些憑藉加上海內外友好的熱心協助，使我實現後來居上的初願。

我於這一叢書每種書撰刋「前言」指陳：「中國史學的範圍非常廣泛，要想在一部叢書中包羅萬象，是事實所不許。今惟有在適應當前中外學人的普遍興趣以及編者個人學識能力的原則下，決定一個方向，就是以明清兩朝史料作本叢書選輯的優先對象」。「至於史料的選擇取用，主要原則在『實用』與『罕見』，由編者綜合若干有關專家學者的意見而作決定」。「對於史料的形式，也就是版本，儘可能選用初刻或精刻的善本。在『罕見』原則下自然更注意搜求手寫稿本」。「選印在本叢書內的每一史料也就是每一部書，編者都儘可能地約請專家學者撰寫序跋，指陳其價值或版本異同」。

基於上述原則，中國史學叢書第一期出書十種，民國五十三年十一月中問世。其中如「歷代名臣奏議」，明永樂朝內府刋本、國立中央圖書館館長蔣復聰新序。「聖宋名賢五百家播芳大全文粹」、舊鈔本、姚從吾教授新序。「能靜居日記」、清趙烈文原手寫本、吳相湘新序。「國朝獻徵錄」「國朝典彙」「皇明世法錄」、明刻本，均由中央研究院歷史語言研究所研究員黃彰健各撰新序。這都是適合「罕見」「實用」的原則，尤以「能靜居日記」主人趙烈文是曾國藩的幕賓，隨同行止，對於湘軍與太平軍戰鬪具有直接見聞；今據原本影印，原文與其塗寫都一目瞭然，是研究湘軍與太平天國史事人士企盼已久的直接史料。明代各書的選印，是配合美國哥倫比亞大學編印「明代名人傳略」。「聖宋名賢五百家播芳大全」舊鈔本的印行，爲適應歐美日本學人對宋史研究的興趣，錢賓四（穆）師閱後卽認爲對其研究朱禧甚多助益。

勸世良言　中山文獻

當第一期書陸續付印時，我已積極進行第二期出書十種的工作。成果比第一期書內容更見精粹：「勸世良言」，是洪秀全發起拜上帝會及太平軍的思想淵源，可說是中國近代史轉移方向的一劃時代要籍。但國內研究太平天國史事人士卻從來沒有一覩是書眞面目。我幸得鄧嗣禹教授熱心支持協助，自哈佛燕京學社東亞圖書館善本書庫攝製人世間僅存二三部全帙的全書顯微影片寄臺北放大影印。

「中山文獻」內容香山縣志等書五種。我自各種目錄中知故宮博物院臺中儲存庫藏有清乾隆刊香山縣志，可能是存世最早的一種香山縣志，經請求攝製顯微影片放大影印；又向臺灣省立圖書館借用清道光朝刊香山縣志。加上光緒朝及對日抗戰勝利後編印的香山新志共四種。比較旅臺香山耆宿幾年前合輯刊行的香山縣志種數齊全，尤其道光朝修纂本承先啟後關係重要。「欖鎭菊花大會彙編」、鄭官應（觀應）「南遊日記」精鈔本，都是前人從未注意而我發現的一些新事實。

由於清嘉慶朝香山知縣許乃來對當地三合會黨的活動堅持採取寬大政策，挽救許多生命財產，被當地居民尊爲生佛，在香山縣民心理上留有非常深刻的去後思。中英鴉片戰爭前主張准許國人種罌粟，以杜外國鴉片烟土的許乃濟（故宮博物院影印清道光朝夷務始末首列許乃濟奏摺）在道光朝香山縣志篇首序文中，曾特別強調這一事實。光緒朝刊香山縣志更詳記其經過。香山縣人鄭官應於光緒元年（一八七五年）刊行「易言」一書，對於鴉片問題也認爲「今四十年（鴉片）遂爲進口貨之大宗」。「但不禁洋土之來，而禁內地之種，在我亦非全利也」；「各省仿種之禁，徒爲西商之毆，無利而轉害也」。從此這一問題就成爲國內人士注意討論主題。

「述報」石印　報紙創格

這一叢書第二期書中的述報」是我在臺灣省立圖書館書架上發現，可能是人間孤本。按鄭官應「感世危言」、戈公振「中國報學史」都提及光緒十二年五月二十三日（一八八六年六月二十四日）廣州創刊的「廣報」，卻沒有隻字提到比「廣報」早兩年餘創辦的「述報」。

「述報」是光緒十年三月二十三日（一八八四年四月十八日）在廣州創刊的石印報紙，它的版面橫寬五・五吋、長九・五吋，採用書籍册頁形式，按月分卷分頁計數。正如它創刊緣起指陳：使讀者積至月杪，分裝編類，便成有用之書。可見其創辦人開始就具保存心。但使他遺憾的是國內各大圖書館刋行目錄中都沒有存藏。我幸得發現影印行世。

「述報」創刋緣起揭示：「諸君賜閱，自知與別報不同，本報爲日報中的創格」。就我所見中國近代報學發展史比較，這一揭示確不是渲染誇大的廣告。而石印發行，並按日繪印一圖畫與文字配合，是「述報」在當時上海等地日報中的創格之一

按宋代活字印刷，是中國人在世界文化史上四大發明之一。但近一百餘年來盛行的華文鉛字活版印刷，卻是歐美傳教士倡導模仿西法加以製用。石印術也是因教會傳教的需要而自歐洲傳入，光緒二年（一八七六年）上海徐家滙土山灣印刷所首先應用石印發行聖詩等件（當時西式鉛字活版印刷已在國內應用多年）。幾年以後，上海點石齋石印局及同文石印局先後設立，專事翻印古籍善本。石印術在中國文化的保存與傳佈從此擔負很大責任。但應用它發佈新聞則「述報」是首開其端。而其所以採用石印是「西國圖畫非梨棗所能奏功，爰不惜工本，用點石法印行，務求其善美，庶合衆長而衷一是，以爲講求時務者之一助」（當時電鍍銅版印製圖畫法尙未在中國通行）。「申報」原是鉛字活版印刷，在「述報」創刋後約二月，才另用石印發行點石齋畫報，每十日出版一次。

「述報」每日以四分之一篇幅介紹「西國一切圖式書籍」：「西國書籍每苦無從入手，且價值昂貴，購讀不易，本館聘請精通中西學問之人，逐日依次翻譯登錄，由淺入深，有徑可循，删

去浮詞，務求簡括」。這是中國近代日報摘述西書的嘗試，美國「讀者文摘」中文版前驅。

「述報」緣起指出「省城向無報館」，就是說這一報紙的出現於廣州是首開紀錄，其創刊時日正值中法越南關係緊張。「述報」光緒十年（一八八四年）卷七第八十四頁有「不供法役」新聞，記載香港華工不爲法國艦船工作。這正是孫逸仙先生自述：香港船舶工人拒絕修理法艦一事，鼓勵他從事革新的勇氣，作一文證。又同年九月十八日（一八八四年十一月五日），「述報」有「論鴉片抽釐」評論，其中提出「不禁民之吸，自當不禁民之種」主張。這與孫先生一八九四年上李鴻章書所謂翠亨村鄉「地多砂磧，土質磽劣，不宜於耕」，又「知其頗不宜於種桑」，因勸導農民於農隙試種罌粟，「此無礙於農田，而有補於漏卮」。試種結果良好，孫先生因有「決其能奪印烟之利必矣」信心。由此實驗與研究而提出「地盡其利」主張。可見「述報」的珍貴史料價值。（全球每年需要鴉片膏三百噸作藥用。孫先生是西醫，故知之詳）。

叢書第二期發行書籍中，還有「申報」自清同治十一年（一八七二年）創刊號起光緒十三年（一八八七年）。當時是四開紙印刷，內容有政治、軍事、社會、經濟等資料豐富。另「蘇報」「國民日日報」兩種，是一九〇三年在上海刊行的宣傳革命報紙，著名的「蘇報案」影響廣遠，但近數十年來世人極少得見其眞面目。

湘鄉曾氏文獻

如前十餘章陳述：我曾訪問湖南湘鄉曾國藩的新宅富厚堂（國藩從未在此居住），目覩許多文物。

編輯這一叢書時，我因拜訪時居臺北市的曾寶蓀及約農姊弟，得知若干重要文獻已攜帶來臺，正苦於年老難以保存，對能影印事慨然允諾。從此我每日前往曾家逐箱檢視內容分類整理。發現曾國藩手寫日記原本，比較清末宣統元年（一九〇九年）上海石印本多兩年，且在印本中若干被刪除空白處具見於原本。紀澤手寫日記原本上許多被筆勾劃處，經比對早已行世的鉛印本，發現它是摘錄，並非全部；再和翁同龢手寫日記內容對證，發現紀澤手寫日記原本中甚多他於出使英法回國後，覲見光緒帝陳述外國事務情形，以及紀澤常與翁同龢談洋務種種。說明早在康有爲第一次上書光緒帝請變法以前，紀澤就已將西學西政詳告光緒帝師傅翁同龢。這對於戊戌變政是一重要關節。我曾撰一影印本跋加以指陳。

曾國藩暨長子紀澤手寫日記原本以外，他們父子家書及國荃諸人家書，更重要的紀澤在英法使署時寄回信件晒藍本，經再三與影印廠商討，終以無法攝製，祇得割愛（原擬鈔寫鉛印，又與這叢書「完全按原版影印不加描摹」大原則不合）是一憾事。但國藩任湘軍統帥前及當時手寫帳簿、手批官吏履歷及會客簿等都全部影印，一則可見國藩的節儉，再則對一般人傳說國藩擅相人術，加以若干訂正。一次出版十種罕見資料中，不論質量都是空前盛事，前輩友好給予我指導督勵，使我感奮。

中央圖書館藏有清方略館於湘軍攻克南京後，彩色工筆繪製的湘軍沿長江兩岸戰鬥圖，我曾加檢閱，亟欲影印，藉使左圖右史。但再三考慮縮小成黑白又與「原版影印」原則不符，彩色印行在技術上無困難，成本大增卻非出版書局資金所能負擔，如定價高而滯銷，將使這叢書繼續編印工作大受影響，祇得割愛。

天主教東傳文獻

一九五九年十一月，我在羅馬參觀梵蒂岡教廷圖書館，聞見其中收藏已大部份公開，即有意請求攝製影片。當這一叢書編行的基礎建立時，我查檢「明清間天主教士著述提要」選擇若干種，羅光總主教適在臺北市參加教務會議，因請求協助。並得知適之師前曾請攝製利瑪竇的「西洋記法」一書，後因病未再暇及此，顯微影片現存臺南。又羅光總主教在羅馬寓中有耶穌會士德禮賢（Pasquale D'Elia）神父託存的「天學初函」全部（中央圖書館藏本不全），也蒙允許即函羅馬趙雲崑神甫計畫攝影。

「天學初函」是晚明李之藻（1565～1629）與徐光啟同向利瑪竇研究西學，又同篤信天主教，晚年輯刻利瑪竇與其他耶穌會士及徐光啟和他自己譯著而成。內容兩編：「理論」是論天主教及西學概要書。「器論」十種是論數學、天文、水利各科譯著。是中國翻譯西洋科學書的第一次。不幸，是書初刻本於一六八二年梓行，不僅在國內受攻擊被禁止，即日本一六八三年的禁書目錄與追加禁書目錄，已列其名。可見是書在當時中、日兩國流傳甚廣而遭禁止。清乾隆朝「四庫全書總目提要」列是書於「存目」加以屏黜後，校刻家不敢過問。中華民國十八年（一九二九年），天主教人士曾有重刊初編與增輯續編計畫，久未實現（方豪著「李之藻研究」）。故今能於這一「叢書」中影印行世，是羅光總主教與趙雲崑神甫協力完成。羅並於篇首撰序述明其存本由來與其史料價值。

「天學初函」內有「幾何原本」六卷，是利瑪竇口譯、徐光啟筆受記錄。我知毛子水師研究這「幾何原本」多年，對日抗戰前即曾撰有一文，因請寫一新序。子水師很愼敬，將新序多次修改成「徐譯幾何原本影印本導言」刋於篇首。子水師今年逾九十仍健康，深知中國修養身心之道，也實行西洋人減輕壓力（Pressure free）之道：㈠不愁（No Worry）。㈡不趕（No hurry）。㈢不怒（No angry）的三原則。

「天主教東傳文獻」印行，提供研究近代中西文化接觸史實學人許多資料閱讀的便利。羅光總主教又因我請求函趙雲崑神甫繼續在梵蒂岡攝影寄回。臺北的顧保鵠神甫、方豪神甫（國立臺灣大學教授、國立政治大學文學院長）尤極熱心支持協助，各出珍藏作「續篇」三册的珍貴內容，方豪神甫且於各書撰一序文，指陳某書是人間孤本，並自拉丁文或法文書目查出「熙朝定案」應尚有一本存世，惜未能覓得。

方豪神甫又以珍藏「花園新報」提供充實這一叢書內容。篤愛聖教與學術研究，可以概見。

明元清系通紀　譯書彙編

清康熙帝（1662-1723）對天主教在中國流傳引起的辯爭，曾親自加以評論，他對西洋科學如算術等很感興趣，抗戰前北平故宮博物院刋行「文獻叢編」中曾影印他演習算術的手蹟。我在北平廠甸舊書攤又購得「康熙幾暇格物篇」石印本一册，並在北平圖書館閱及耶穌會士徐日昇（

P. Pereira）撰「律呂纂要」是中文西洋樂理書的第一部，曾撰「律呂纂要跋」及「西洋音樂東傳紀略」（近代史事論叢第二、三册），指陳康熙帝唱洋歌的興趣。基於這種種，我特於叢書中影印康熙帝御製文集殿本，其中有「幾暇格物篇」。我以這文集字呈陳受頤師，陳師特撰「康熙幾暇格物篇的法文摘譯本」爲胡適之先生祝壽（中央研究院歷史語言研究所第二十七本）。加以康熙朝中俄一六八九年尼布楚條約，徐日昇出力尤多，我又曾撰「徐日昇對中國的貢獻」（歷史與人物，三民書局發行）在在表現我對近代中西文化接觸一課題的濃厚興趣。

先師孟心史（森）教授著「明元清系通紀」，是根據明實錄、朝鮮李朝實錄詳細檢閱，查得滿洲是明代建州女眞，史蹟詳明可考，因以明代之紀元繫滿清先世之世系事實。抗戰前由北京大學出版部排印線裝分册出版，惜七七事變發生未能全部出齊。心史先生且因日人逼索北大收藏蒙古地圖而氣憤逝世。今中國史學叢書爲適應美國研究明清史風氣方興未艾的需要，加以先師原有「明清通紀」一書刊行，自得見朝鮮實錄等書後卽將「明清通紀」廢棄不使再版，重新撰著「明元清系通紀」一書。我深受這一影響，三四十年後撰述時，注意新史料，絕不故步自封。

我在主編這一叢書，偶於臺北市牯嶺街舊書地攤，意外發現「譯書彙編」第二册，就其封面英文簽名，知是册原爲李姓人所有，但不詳悉其人其事。適聞日本京都大學藏有是書第一期，當請彭澤周博士就近代爲攝影寄下。又自東京舉行「辛亥革命五十周年展覽品目錄」知：早稻田大學實藤惠秀教授私人藏書中有是書第七、八册。經請木下彪教授協助攝製影片。我得將是書第

一、二、七、八四册合印成一本。

馮自由「革命逸史」曾「譯書彙編」爲留學生界雜誌之元祖。張靜廬「中國近代出版史料」也指陳：這是留學界最早出版之月刊，對促進吾國青年之民權思想，厥功正偉。但大陸刊「辛亥革命前十年間時論選輯」中卻沒有提及此刊物。

「譯書彙編」每期每一題文頁數都自成起訖，似活頁文選，自是便利讀者分類保存。影印求眞，仍舊原來形式；加以有第一期可知其創刊年月，何時停刊，馮自由、張靜廬都沒有指陳。今有這四册，自足珍貴。

一九六八年夏，我參加在美國舉行的「東方學人會議」後，在美境各大圖書館閱覽，發現沒有任何圖書館收藏「八旗通志」正續編全部，我因在美國及日本分別請攝製是書正續編，合成全帙，將顯微影片寄回臺北影印，列入中國史學叢書續篇。因我當時在新加坡任教，故不列主編姓名於書上，以示責任分明。

人人爲我　我爲人人

「人人爲我，我爲人人」是合作社標的。事實上：「互助」是人類生活進步的主要原則。學術更不例外。近五十餘年來，我在中外各圖書館檔案館閱讀書刊資料，更深切體認這一道理。如果不是圖書館檔案館諸君努力向各處搜羅——中國有「山崖石穴訪遺書」語，我在北平求學時目覩耳聞各圖書館努力訪求佚書或珍本的情形——日積月累、整理編目，公開大眾閱覽；我又那能得見許多新資料？因此，我在研究撰述之餘，就想到如何將自己涉獵所及提供予更多人應用。編輯各種叢刊叢書的意念由此產生。

民國五十四年卽一九六五年五月一日，日本東京一橋大學村松祐次教授手函有云：「頃接大函，並蒙指敎『遊學譯編』所在，銘感不盡，謹申謝忱。『中國史學叢書』荷蒙鼎力陸續出版，功德無量。東洋文庫、一橋大學必備全套，以益後學」。可謂恰獲我心。中央圖書館爲取出我所需書本，必須翻箱倒箱取釘及攝影後還原，殊耗時力。這是額外工作，而事實上：這一叢書編印之初，卽本互助原則。我們與中央圖書館蔣復聰館長口頭約定：承印是書的出版人借用圖書館珍藏，願贈送中央圖書館影印本十部，以供國外交換。另致送新臺幣一千元作員工福利金。當時圖書館經費有限，員工薪金不多，每年兩次福利金全賴少數節餘經費分配，已是杯水車薪。如無節餘，卽乏來源。某年春節將屆臨時，我見蔣館長的難言之隱，自動告出版人先致送中圖福利金新臺幣數千元。於是全館員工才得分配少數福利金。尤以當時外匯困難，中圖很難購致外國新發行的重要參考書，今有影印本若干部卽可供館內國際交換處流通用。至借用臺大或省立圖書館藏本影印辦法大體相似。祇不送福利金，而將致送影印本數部交換非臺大或省圖藏書影印本，藉供各該圖書館自用或交換，節省購書費用。以這兩處書籍都是揷架，取用便利。

一九七三年八月，我經過東京時，見日本東洋文庫書庫有一玻璃書櫃收藏中國史學叢書全部，玻櫃門上粘貼「中華民國國立臺灣大學圖書館贈」。應是交換贈書，以這一叢書全部五十種定價新臺幣四萬九千元，合美鈔一千二百餘元，臺大圖書館不會無條件致贈。

這一叢書中鄭官應「南遊日記」影印本問世，美國哈佛大學出版中國近代買辦制度一書，亞洲研究季刊中先後分別刊出兩中國籍青年學人著作都加引用。後一哈佛大學一博士候選人麥浩德到臺北研究，來信請指導清末報紙種種，自然是上述各種報紙的影印本和「宋教仁——中國民主憲政的先驅」一書的反應和影響。

馮愛羣撰「學生書局二十年」文中有云：「如果不是吳相湘兄的參與編務工作，學生書局不會擺脫內銷型的小出版社形態，把眼光轉向廣大的國際市場」。「相湘兄不僅對（中國史學叢書）內容要求甚高，而且對照相、製版、印刷、裝訂也要求很嚴格。這五十部大書，就當時書局的經濟能力來說，實在無力負擔，後與美亞學會的艾文博（Robert Irike）商量願借書款若干」「其中，曾文正公手寫日記和曾惠敏公手寫日記（以及其他文獻），因原稿凌亂，大小不一，而曾府對此項資料極爲珍貴，每日早上到曾府取到資料，由曾府派人陪同到製版廠照相，寸步不離，當日下午即送回去。責任重大，工作又繁瑣。所幸這部叢書出來後，國外反應極佳，各大圖書館紛紛來訂購，很快就收回了成本，且使學生書局在國際學術界首次受到重視」（中國書目季刊第十三卷第四期）。

我非常感謝海內外前輩與友好的督勵協助，尤其是出版界對我的充份信任，使我永誌不忘，沒有這些力量，上述種種撰述和編輯叢刊叢書計劃都無法實現。人人爲我太多，我爲人人奉獻卻極少。每念及此，不勝慚疚。

舞文弄墨，意外樂趣

五十餘年來，舞文弄墨是我一嗜好，因此引起若干意外趣事，今略述數事於此。

民國四十三年夏，我將前撰「清宮檔案中所見曹雪芹先世事蹟」（今見「近代史事論叢」第二册）寄呈時旅居紐約市胡適之師供他老客中消遣。是年冬得適之師寄來航空郵簡有云：「你在那信裏大稱贊周汝昌的書（「紅樓夢新證」），我完全同意。此君乃是我的紅樓夢考證的一個最後起而最努力最有成績的徒弟。他在書的前面雖然大罵我幾句，但他在許多地方對我致謝意，是很明顯的，但可暫時逃避文化特務的偵緝而已。例如三十頁八行：「諸收藏家對我的慷慨和厚意，我永不能忘懷，而我的感幸也遠非言語所能表達」。他提出的甲戌本脂硯齋評本，是我借給他兄弟二人去全部影抄的；四松堂集是我臨走時故意留贈給北大圖書館使他可以用的；裕瑞的稿本是孫子書送給我，我又還他的」（中略）。「我看汝昌與一切信『新紅學』的人遲早總不免被清算。在許多攻擊平伯的文中，爲俞書作序的頡剛已提到了。周君書中接受我的成分太多，我怕他總難逃清算之厄」——此郵簡上款下又添加：「納爾蘇一條，我也贊同。但我也未見心史先生之說。元春一條，我也懷疑。曹家之敗，似與奪嫡事有關」。此郵簡末又云：「有二事奉詢：㈠文化服務社印的孟心史先生「清史講義」，如尚可買，乞代買一本寄來。㈡吉枕故後，那部紅樓夢考證文字彙本仍在印否？已出版否？如已印出，乞囑印所寄幾部給我」。（此信未經「胡適之先生年譜長編」存錄）

我撰述曹雪芹先世事蹟，全部資料是引據北平故宮博物院刊行的文獻叢編，而周汝昌的「紅樓夢新證」中卻沒有應用這些已刊的檔案。又盧吉忱（逮曾）是抗戰前北大文學院院長室秘書，來臺灣後出任考試院考試委員。我詢問時在臺大敎俄文的盧太太後卽將紅樓夢考證文字，加入我上述一文彙編爲「紅樓夢考證」送請遠東圖書公司出版。

民國四十八年卽一九五九年六月，我正忙於赴美國參加「蘇聯與亞洲關係研討會」時，忽得中國廣播公司總經理魏景蒙五月二十八日來信云：決定廣播紅樓夢原著精華，「胡適之先生向我們推薦，您是最適合指導我們的人之一。我們打算聘請您爲本公司播出紅樓夢一書的顧問。如果得到您的允許，那將是我們最大的榮幸，同時也將增加我們的勇氣和信心」。我當卽電話婉謝。但我當時向適之師辭行時並沒有叩詢及此，後來也未再提及。去年得閱「胡適之先生晚年談話錄」民國五十年五月十六日提到故宮檔案及紅樓夢考證中拙文事。其實我祇是應用故宮檔案比證曹家先世事蹟，何敢側身於「紅學專家」之林。

民國六十年（一九七一年）五月，傳記文學社忽送來「大英百科全書」（Encylopaedia Britannica）美國總公司（是書版權已屬美國）自芝加哥來信。信封與信箋都只寫英文姓名、湘鄉曾氏文獻，臺灣臺北。幸臺北郵局海外股譯員可能是傳記文學讀者常見我姓名文稿，故寫上永康街七巷十八號之一傳記文學。內函是請我爲大英百科全書撰寫一篇曾國藩傳略。我對於這意外邀約很感驚異，迄今不知是美國那位朋友推薦。我以無暇及此婉謝。事實上：這是一費力不討好的工作，以臺灣與大陸及海外學人對曾國藩的評論歧異極大且多。

當時，我每週於聯合報副刊撰刊「民國史話」一千餘字。七月十六日，忽得教育部部長羅雲平來信以閱及其中「中國教育之改造」一篇，闡述四十年前，國聯考察團提供改造中國教育之卓見：不在摹倣，而在於創造與適應，不在求中國之美化或歐化，而在求中國固有之民族文化發揚光大與歷史特性之維新。讜言偉論，佩仰良深。雲平認爲教育生根，意卽在此，並查出原書研讀矣」。我閱完此信深感驚喜欣幸，因「報屁股」的一長塊文字竟受教育部長注意。羅是專門習工科的，自然以前未注意「中國教育之改造」（中國現代史料叢書增刊）一書，能覓得閱讀，已是有心人。

穿越亞洲心臟區

一九七二年十二月，我先後收到第二十八屆國際東方學人會議秘書長通函：訂次年七月中在巴黎舉行，邀約參加。時我任中國文化學院（今中國文化大學）史學研究所教授兼歷史學系主任，創辦人張其昀一再表示由校支付旅費鼓勵前往，我因於是月十五日將擬提出論文題目——第二次中日戰爭幾個話題——寄去。一九七三年二月六日，會議秘書長來信云：已經近代史組主持人接受，請將大綱於一月內寄去以便稟印。我準時付郵得到已列入日程後，忽以在臺北他事困擾，決定取消原計劃。改往美、英諸國作研究旅行，陳光甫先生獎學基金會資助來往飛機票，亞洲協會資助在美食宿費，長兒邦璠提供英國食宿費用。

一九七三年七月三十日，我自臺北飛往東京，居住神田區中華基督教青年會宿舍，與日本學人等電話聯絡。八月一日，東京大學衞藤瀋吉教授，二十世紀中國研究會負責人市古宙三教授來青年會宿舍，邀請早餐，席間暢談日本近五年有關研究情況。時衞藤兼任日本外務省對華政策顧問，適日本首相與美國總統在夏威夷會談，衞藤原訂是日早他往，以聞我到東京，特改至午間啟行。盛情可感。餐後我往東洋文庫閱看新書刊，下午趕回神田區書店採購書籍後卽赴羽田機場。當晚九時半離東京飛夏威夷。八月二日中午到達，陶天翼敎授已在機場候迎，乘他自備車赴夏威夷大學東西文化中心宿舍居住。天翼仍如前在臺大求學時一樣儉樸，坐在用報紙墊舖的駕駛座位駕車。

珍珠港被日本空軍偷襲遺蹟

夏威夷小住三日，充分把握時間，會晤舊友，參觀夏威夷大學圖書館中收藏十九世紀末葉來當地華僑刋行中文報紙，記錄其名目起訖年月，又請天翼駕車在海濱遠眺希爐、茂宜兩島，它們都是孫逸仙先生舊遊地。姜道章博士駕車陪往碼頭乘美國海軍小船往遊珍珠港，登 Arizona 號戰艦浮在海面部份。它是一九四一年十二月七日日本空軍偷襲珍珠港，炸中美國戰艦七艘中惟一沒有完全沈沒的遺留。一九五八年，艾森豪總統咨請美國會建設一紀念室，一九六二年正式奉獻後開放，公開給世人免費參觀。

我曾撰「第二次中日戰爭史」，今日睹這一紀念室，實在不勝感慨：一九二〇年代，美國計劃建築珍珠港軍港，原爲防制蘇俄共產主義向東方亞洲太平洋擴張——一九一八年，史達林卽有「一分鐘也不要忘記東方」語。一九四五年，史達林遣軍侵占中國東北三省，更有繼承沙俄權利演講——不料日本軍閥無知無謀不顧世界大勢，發動侵華戰爭陷入泥淖後，竟又受蘇俄間諜影響而改變國策：既不與德國東西呼應夾攻蘇俄，轉以「擊滅英米」爲目標，終致無條件投降，助成蘇俄向亞洲擴張政策。艾森豪建議將這戰艦殘體紀念室自具深意。事實上：美國海軍分送參觀人的說明，不僅有文字詳述被偷襲時傷沈軍艦數目、死傷官兵數目，還有圖片七（其中一是地圖）。多年以來，美國各大電視臺每逢十二月七日多播映珍珠港被襲圖片，每隔數週，各電視臺且試驗警報信號是否靈活。應是美俄洲際飛彈年有進展，在美境活動，不得不隨時提醒美國人民警覺偷襲。

拜訪各地師友

八月四日晚，我自夏威夷飛抵洛砂磯，拜謁陳受頤師（1899–1977）暨師母，暢聆教誨。八月七日到達芝加哥，與次女次兒夫婦談家常很愉快，並在此閱讀新出書刊。十九日，飛往陌地生（Madison, Wisconsin）訪晤友人王正義、周策縱、趙岡諸伉儷。策縱曾出示他在東京購得「孫文學說」線裝本，封面有「木堂先生惠存」字樣，知是孫先生寄贈日本友人犬養毅的。趙岡伉儷則大談有關紅樓夢研究諸事，他倆剪存中國大陸報紙刊載討論這一小說的文章甚多。正義時在威斯康辛大學圖書館擔任書目工作，我在這圖書館流連二日，發現若干前所未見的中、日文書籍，又有英國公共檔案局收藏目錄，我都擇要記錄，以便到倫敦後可以閱覽。二十一日，我放棄回程飛機票，改購灰狗遊覽車返芝加哥，行駛三小時許比較疲倦，但得見美國中部平原景色。

宋嘉澍的母校　哲佛遜故居

八月二十七日，我自芝加哥乘飛機到達印第安納州，鄧嗣禹教授早已預訂印第安納紀念會館中教授招待所住宿——一九〇九年建築中古式房屋，一九七二年內部重加裝修。美國名人尼克森、杜勒斯、魯斯克等都曾在這招待所小住。距離印大圖書館、博物館各處都很近。我在此盤桓三晝夜，參觀各處，故穫甚多。晚間都有餐敍，以時間不敷支配，在北大同學鄧玉汝教授家茶敍，他研究民國十五年卽一九二六年廣州「三二〇事件」，收集有中山艦艦長李之龍等自白書等重要文件影本。齊教授則深研佛學約早餐談話甚快。

八月三十日，我乘喬健教授車往飛機場，經辛辛那提轉機飛往田納西州首府 Nashville 市，住宿包華德教授(Howard L. Boorman)家，這是他的岳父前任北京協和醫院院長胡頓博士（Dr. Henry S. Houghton) 遺產，房屋寬大，位於參天古樹林中，客廳內陳列胡頓生前自北京運回的高二呎餘紫檀木製屏風六座，中嵌薄約二分的白玉盤十數；這可能是購自滿清某王邸貴族家。樓上書房寬大，三面滿佈高及天花板的書架，餐室比較一般人家大。包華德曾陪我同往授課時作短篇說話。幾位美國女生且在黑板上表演她學習的中文姓名。包華德每日陪同往他任教的 University of Nashville 校園散步並在圖書館閱書。包華德並在其寓所舉行酒會，介紹教務長及若干教授與我晤談甚歡。

拉斯威里大學有南部哈佛之稱，它是贊助國民革命最早的宋嘉澍（1866–1918 卽宋子文暨三姊妹之父）的母校，也是有關孫逸仙先生史實地。拉斯威里附近三十餘哩許有美國第三任總統哲佛遜（Thomas Jefferson, 1743-1826 於 1801-09 時任總統）故居，傢俱陳設非常儉樸，想見美國獨立建國初期篤實開創精神。

拉斯威里市是美國鄉土音樂倡盛地，設立一博物館，陳列發展各時物人物像片、衣着、樂器等，並有文字說明。

美國檔案館便利學人研究

九月三日，我飛到波士頓轉往康橋哈佛大學，小住三晝夜，晤見楊聯陞教授、史華慈教授（Benjamin Schwartz）等。史華慈研究中國近代思想史，致力研究嚴復譯亞當斯密士名著「原富」（Adam Smith: An Inquiry into the Nature and Causes of the Wealth of nations）。我告他何浩若（孟吾）姻兄在威斯康辛大學的博士論文即有關「原富」一書，因我記得襄成大嫂曾在湖南長沙玉泉街舊書店覓購得一部鉛印的「原富」中文本寄美。史華慈詢及我的近年研究，我答以撰述第二次中日戰爭史。他又言第二次世界大戰時，應徵入伍在法國戰場作戰；我也將在自己在這一大戰中國主要戰場前線敵後工作概要，兩人因相互握手笑說「我們都是老兵了」。

九月六日，我自波士頓飛到首都華盛頓，乘車至長女邦琳家。他們夫婦當時正在聯邦健康衞生研究所擔任研究工作，這一研究所規模甚大設備新，外國學人專家多前來參加研究。九月八日，我同琳女夫婦及大外甥乘車至賓州親戚丁時範教授家，當晚閒話常德故鄉往事甚歡。翌日，丁夫婦駕車陪我們往遊美國著名化學工廠主人杜龐（Pierre S. du pont, 1870–1954）歷代經營的Longwood Gardens，園地廣濶，世界各大洲名產花卉都儘可能移植其中，如中國蓮藕荷花、非洲蓮花分別栽種於兩池，洋人祇知欣賞。中國人卻在兩池蓮花相形之下看出非洲蓮花朵瓣較大。

九月十日起，琳女陪同我乘公車往華府美國檔案館（National Archives）查閱史料。問訊處女職員祇一觀我的護照立卽填發一「研究人員識別證」(Researches Identification)，我就可升堂入室。與臺灣各研究所及史料庫，深固閉關自守惡習，眞是另一世界。

美國檔案館職員對任何研究人員都熱心協助，我爲了解孫逸仙先生歷次訪美行蹤，調閱有關檔卷，約二十分鐘，兩位職員卽推來二層書架輪車的資料，都是關係一八九○年以後中國人進入美國的各種表件彙輯。我檢閱後發現一些問題需要進一步的資料，服務人員就爲我用電話詢問各部門，結果要我親自去庫查尋。因此我得有機會看到美國檔案庫隨時演進的情況，例如當今檔案館圖書館目錄卡片屜大多是容納一張卡片，但在這檔案庫內有一種相當五屜衣櫃大小的置放卡片的抽屜。女職員告語：這是若干年前式樣。

整理編排分類法隨時改進

孫先生英文姓名是 Sun Yat-Sen。我先按 Sun 查尋，發現有關文件不過三五張卡片，引起懷疑，再查 Sen，果然發現一些有關卡片。這自然是不同時間不同編目人員學識差異而產生。而我所以有這靈機轉動，是曾聆胡適之師用本身經驗示例的史學方法：某年，胡師自美返臺北時爲避免友好迎接，特於訂購機票時不用原來署名方式，改按外國習慣將姓名寫作 Shih Hu。臺北新聞記者及胡氏友好屆時在飛機場候迎，見旅客名單沒有胡適，祇有「石虎」，大家都正在猶疑，不久胡先生卻笑嘻嘻地走出來了。適之師後來對我說：我們頭腦過份僵化了。尋找事實眞相、認識事實演變，應自多方面去試探觀察，作各種不同的推測，不能硬抱着過去的習慣。

美國檔案館整理編排中美關係文件的分類法隨時改進：一八四三年至一九〇六年資料，按「機關」區分編列，如「駐華公使館對國務院報告」、「國務院對駐華使館指示」；駐中國各地美領事館報告，又分地如上海、厦門等。而南京等地至二十世紀初才有報告存檔。一九〇六年八月十四日，美國務院開始採取以事件爲主題（Subject）作分類標準，原檔在一定時期自國務院移交檔案館後，卽依循這一改變而變更分類法。

主持這庫藏的一位博士級主任答復我：所有檔卷並非完全刋印於「美國外交關係」書中，卽在準備印行某年份檔案時，國務院官員再加檢閱，依當時情勢而分別鈐蓋「印行」「不印」字樣後再整理編印。這位主任並循我要求取出一九四〇年代中美關係檔卷示例。因此，其後多年，我再次來這檔案館研讀，就注意每一文件上的圖記，並比較已刋的「美國外交關係」後再記錄或請准影印。

美國檔案館並已將中美關係檔案攝製成顯微影片，便利各地學人，如「國務院有關中美政治關係檔案：1910–1929」、「國務院有關中國與他國關係檔案：1910–1929」、「國務院有關中國內政檔案：1910–1929」等。這一時限正是孫逸仙先生一生重要時期，我在檔案館內顯微影片閱覽室，取出上述影片裝置於閱讀機查閱其每件標題，決定放大與否，琳女卽坐於桌旁，記錄我需要的影片號碼。一小時後卽請室內一負責放大的職員應用新式大型放大機按我所列號碼，逐捲放大，如一般信紙大小。這節省我時力尤多。「孫逸仙先生傳」引用美國檔案卽根據這些放大本。

我在華府研讀後飛往紐約，會晤哥倫比亞大學中美舊友。並應邀在聖若望大學「亞洲研究中心」演講中日戰爭史的研究後，與梁敬錞、敬釗昆仲、浦薛鳳、薛光前諸教授合攝一影。

英國公共檔案館

九月二十一日，我自紐約市飛到倫敦，臺大畢業香港僑生羅匯榮同學在機場迎接，同乘地下車至市區國際學舍寄宿。這一學舍眞名副其實，歐、美、亞、非各洲人士都有，附近有中外餐館，離大英博物院及新舊書店都不遠。我按地圖步行前往，閱書購書都有所得。

我這次再來倫敦目的是在公共檔案館閱讀孫先生有關資料，仍如一九五九年一樣請陳堯聖接洽。堯聖且設晚宴招待，同座有留美臺大同學劉岱、上海銀行家錢永銘（新之，1885-1958）的如夫人等，她且曾入廚製二寧波菜肴助興。

九月二十四日，堯聖來同往公共檔案館，不意該館正在整理內部，一週後才開放，我不免悵惘，祇得將舊閱覽證換取一新證後，卽趕往航空公司將原訂離英日期提前於當日——攜帶旅費足够在倫敦等待，但香港過境時限必致超過，無法回臺北，不得不如此。

斯堪的拉島國與中國

九月二十四日晚，我自倫敦飛抵斯堪的拉島國——丹麥首都哥本哈根（Copenhagen）。我知丹麥於清末民初在中國設立大北公司，建設海底電纜，爲中國對外通訊用。這次親歷這一北歐都市，小住三日，市容整潔，小雨而不寒涼，我得持傘步行。經過哥本哈根大學校園外，以無熟識友人，未得進入門墻，不知他們對中國文化歷史研究興趣如何？因斯堪的拉島國的瑞典王子嗜愛中國器物，瑞典人史坦因（M. Aurel Stein）於一九〇〇年至一九一六年三次到中國西北帕米爾、新疆、甘肅考古旅行，一九〇七年三月，在甘肅敦煌發現漢代長城遺蹟，認爲漢武帝建長城用意是作爲大規模的前進政策工具，卽進攻匈奴、追奔逐北的前進基地。

史坦因發現漢代長城遺蹟綿亘十六哩左右絲毫沒有間斷的城墻，厚達八呎餘，聳立高度仍存七呎以上。使他對蘆柴和相同泥層的特別建築方法大感驚異：「我注視着聳立前面幾乎垂直的城墻，不能不驚嘆古代中國工程師的技巧：在這一望無垠沙漠中，沒有一切出產，有些處所甚而滴水俱無，建設這種堅固城墻，一定是一樁很困難的工作。然而這最後證明直抵額濟納河全長四百哩以上的長城，竟於比較短時間告竣了」。「在二十四哩以上距離之內，碉樓錯佈，幾乎成一直線，位置似乎是用反光鏡觀察擺成的」。

史坦因目睹古代中國人充分利用地理險要、克服自然的精神與技巧不禁感慨系之：「當我想到幾世紀後，命運規定了這些匈奴人而去搖撼羅馬帝國及君士坦丁堡的時候，不僅時間，便連距離的概念也似乎遇着危險了。」。這一段話涵義明顯：羅馬帝國的「長城」比較中國漢朝長城實在要慚愧失色多多（詳見拙撰「長城」、正中版）。

史坦因三次來往中國西北，將敦煌石窟收藏的唐卷及佛像捆載甚多回歐。法國漢學家伯希和旋東來搜購敦煌藏卷而歸。當北京政府發現再往收集已是剩餘。故今日海外存藏唐卷比中國境內多。

瑞典漢學家高本漢（Berhan Karlgran）應用中國古代語法遣辭用字歸納比較研究春秋左傳，對世人研究中國古籍甚多啟示。

我原擬渡海赴瑞典一遊，以時間不够而止。

我在哥本哈根發現一中國式三層亭閣，也聊慰情於無。

俄境塔斯干燈光黯淡

九月二十六日午後十二時半，乘斯堪的拉航空公司（SAS）班機自哥本哈根東歸，沿途晴空萬里。飛行五小時二十分後，到達亞洲心臟區即蘇俄所屬中亞細亞首府塔斯干降落加油。以時差關係已是子夜，氣溫只攝氏五度，一些旅客都沒有下機，我也留在機上散步，見兩名俄兵站在機門，三五俄國婦人上機清掃整理。不二十分鐘，若干下機旅客都掃興而回，他們冒雨步行到候機室，一切門戶緊閉，無可觀看，也無紀念品可買。當這班機升空時俯視塔斯干全市燈光黯淡。

塔斯干距離中國邊境二百哩。我在哥本哈根時購得英文報載：九月二十四日，蘇俄共黨首領布里涅夫在塔斯干發表演講。是中共十全大會後蘇俄共黨首次指責毛澤東，自一九七一年以來雙方迄未能簽互不侵犯條約。

我們所乘SAS班機飛行六小時十分，沿途經印度首都新德里及緬甸首都仰光，燈光輝煌。到達泰國首都曼谷，已是九月二十七日早七時十分。我在候機室休息二小時半，轉乘國泰航空公司班機飛往香港，祇停留二十四小時，翌日，仍乘國泰班機回臺北市，下午趕往華岡上課。

幼吾幼以及人之幼

長男邦璠（1939–1974）夫婦，自我返家後，每有餘暇，即由臺南工作地北上陪侍雙親赴北市餐廳晚餐「加油」。他深知我們收入不多，也少外出。不意他竟於一九七四年七月八日以腦溢血在臺南逝世，我於他得病當日（七月三日）即趕往臺南醫院請儘力醫治，並請臺北腦血管名醫南下診察，終難挽救。這實在是一大傷心事。

邦璠出生於對日抗戰初期湖南桃源鄉間，逐漸長大後隨同我們播遷轉徙，即在臺灣省臺北市求學時，也因我們收入不多，衣食住都菲薄。他於一九六一年在臺大農藝系畢業，繼續入農藝研究所深造。後經中國農村復興聯合委員會選送赴設立於菲律賓的國際稻米研究所（The International Rice Research Institute）研究。一九六六年一月初，在菲律賓大學（U. P. in Loa Banos）完成農業植物學碩士學位，並獲洛克菲勒基金會獎學金，於是年一月入美國康奈爾大學研究院。一九七一年夏，以植物生理學論文「玉蜀黍長穗期光合作用的區分」，膺哲學博士。回臺大任客座教授，將所得新知識轉授給同門後進。

一九七二年春，亞洲蔬菜研究中心在臺灣省臺南縣境成立，這中心主持人秦得勒博士（Dr. Robert F. Chandler, Jr.）選任邦璠爲這「中心」植物生理系主任。工作甫二年餘，突患腦溢血不治逝世。我們經親友勸慰，勉抑悲懷毅然決心秉「幼吾幼以及人之幼」「泛愛衆而親仁」古訓，設立「吳邦璠紀念獎學金」(Henry Bang-Fang WU Memorial Fund) 於康奈爾大學農藝系，資助中國有志的青年前往深造。蒙前輩及友好鼎力贊助集有成數，早已送交康奈爾大學處理。聞已培植數名碩士。

邦璠生命祇三十五年，仍先後用個人心得或與人合作完成論文六篇：㈠低地及高地所種稻谷作物特徵比較指陳：通常種植高地稻谷產量較低。如果水量供應充足、日光不甚強烈，例如雨季時，增加含氮肥料，產量可以增加。在日光強烈的夏季，經常灌溉並用含氮肥料，也可得適當的高產量。㈡玉蜀黍長穗期光合作用的區分：在田間實驗時，親自設計一「三室輻射呼吸儀器」，主要應用於檢驗種植於田間的全株玉蜀黍新陳代謝的呼吸機能之定量及定性意義。將生物化學家與農藝學家兩種極端見解加以協調：「各種不同方式的研究工作，應在各階層普遍進行，以求對全株植物的生理機能作眞正的瞭解」。㈢植物生理學的過去、現在、未來；工作實施論點：對過去二十年植物生理學的發展傾向作一評論，並對舊有技術的修改、新方法的實施作有力推介。㈣全株植物輻射呼吸器。㈤砂礫栽培——田間種植玉蜀黍的一改良方法。㈥各種生長激素抑制劑對稻谷種子發芽之影響。（邦璠前闡釋：「人本來就能造人，毋勞科學家費心。」刊民國七十二年六月七日聯合報）。

中國對日抗戰前國策的研究

一九七五年春，紐約聖若望大學薛光前教授來臺北，邀請沈宗瀚、凌鴻勛、李雲漢暨我餐敍並告語：聖大正與伊利諾大學籌備舉行一「中國對日抗戰史實研討會」，請就各人實際經驗撰一論文參加，支持贊助。以沈在抗戰前及戰時是注重糧食棉花增產的主持人、凌在戰前及戰時主持鐵路公路建築工程（沈、凌生平見「民國百人傳」及「民國人物列傳」），我曾在第九戰區前線及敵後工作，李雲漢曾撰宋哲元在冀察政務委員會與日本軍人週旋史實。我們以義不容辭，都樂於參加。

我在接受這一邀約後，決定不自「第二次中日戰爭史」中取材而另起爐灶，向抗戰前及戰時有關人士討教並請給予個人文件。張岳軍（羣）與我長談，並贈予東京新刊行的「上海時代」三冊——前日本同盟通訊社特派員松本重治就其個人經驗的撰述。我閱讀後發現其中甚多涉及戰前國民政府負責人處，如有謂教育部長王世杰於民國二十五年十月方拋棄對日妥協態度等等。我因趨訪王世杰長談一切。王旋派人送來手翰（民國六十四年四月五、九日）及影印與汪精衞來往信札等以反駁松本重治純屬臆測，絕無根據的記述。

早在民國二十三年六月一日，卽王世杰出任教育部部長以後一年，因不滿於汪精衞（時任行政院院長）對日妥協措施，函汪請辭教育部長有云：「所不安者：一年以來，在政府對日措施方面，杰未能爲政府毫末之助耳。關於對日政策，杰之觀察有未能盡同於政府中一部份人或多數人之觀察者，屢經面陳，茲不多述。政府以忍辱負重期望同志與國民，在理論上自屬正當。惟日人旣貪欲無饜、列強態度復日形搖動。忍辱云云，在實際上其危險性甚大。返觀吾國百分之八十八以上之人民旣不識字，自無政治意識可言，黨國之有知識有地位者忍辱而後、合作與苦幹之精神何若？亦屬疑問。至於高唱協調而陰以行其獵官植勢發財之私者更無論矣。負重云云在實際上其可能性甚小。凡斯情狀皆杰旦夕耿耿在心未能自釋，不能不重爲先生一吐者也。冒昧之處諸乞鑒原。日內當趨前請罪並伸未盡之意」。汪精衛旋即復信，有云：「弟亦曾思及：現局能否維持不可知，維持下去，能否救亡圖存亦未可知。不如留一班人為他日另行扮演之用，猶勝於以感情友誼，強其同鑄於一模之內也」。由此可見：汪精衛當時心情。

王世杰又提示與胡適博士來往討論對日和戰意見的信件，並手函說明：「對民廿四、六月，適之先生兩函，一則堅決反對其六月廿日函倣行義大利加入德義做法，一則贊成其長期抗戰之議（適之先生民廿四、六、廿七夜函）。故于世杰復函（廿四、七、十一日函）中請其詳示關於政治、外交等等具體意見。適之先生民國廿四、六、廿七夜之函，實即彼後來所力倡之『苦撐待變』主張」。又云：「此信件久無存本，附件均係民四八夏間，與適之檢討往事，適之先生就其存稿寄示之複本」。王又於適之先生寄示打字複本「雪艇來書（一）」（民國二十四年六月二十八日）加注云：「此函雖於六月廿八日發出，當在適之先生第三函（二四、六、廿七）到達以前」。

今按王、胡來往信件，「胡適之先生年譜長編初稿」第四冊第一三八二頁至一四〇〇頁都已著錄，本書不贅。

幾位參加重要會戰的指揮官與參謀人員，我也曾走訪長談，聆聽他們對策劃某一會戰勝敗的自我檢討，並承他們提示可供參考的書籍。我也曾在有關機關圖書館閱讀若干戰時出版品，其中如中共「八路軍」的書刊。

新知還須書多讀

當時，梁敬錞前輩自紐約寄贈一册新書："Pearl Harbor as History: Japanese-American Relations, 1931-1941, eds., Dorothy Borg and Shumpei Okamoto)。並於是書封面裏粘貼手書詩句一紙其中有「買得新書付尺鱗，微贈敢云比延津。江湖洗眼瞻同好，健筆如君有幾人。假設由來未必眞，求證紛紛亦敷陳，新知仍須書多讀，斷認從頭學乃純」。並附題記說明治學十六字訣。獎勉與期望我用心撰述論文提出會議的寓意，使我深自警惕。（「延津」典出晉書張華傳：「延津合劍」）

我先後閱讀日本軍方出版的戰史叢書中的「太原會戰」「香港・長沙作戰」「桂南會戰」「河南會戰」、「湖南會戰」「廣西會戰」「昭和十七、八年支那派遣軍」諸書，並比對中國已刊有關會戰紀錄。又閱讀中、日民間人士編行諸書，逐漸形成概念，再詳閱蔣方震「孫子新釋」及英國刊行「孫子兵法」英譯本、美國譯刊克勞塞維茨名著「戰爭論」（Karl Von Clausewitz, "On War", trans, O. J. Matthijs Jolles-Washington, D. C., 1950）諸書，終於決定主題：「中國對日的總體戰略及若干重要會戰」（Total Strategy used by China and Some Major Engagements in the Sino-Japanese War of 1937-1945）。這一論文自研讀新書刊並記錄至完成中文稿歷時十閱月，再三修改才譯成英文，寄請美國加州陳受頤師審閱訂正後送紐約聖若望大學。

中西兵學一大原則

這一論文開宗明義即指陳：

「從中國古代孫子到現代歐陸大將的軍事名著，都認識兵者國之大事，必須戒愼。因爲國際間的戰爭是各個國家力量總體的鬥爭，相關的國家必須使用所有一切力量以爭取勝利。一國的最高當局在戰端未開啟以前，就應根據最高國策結合各種力量，成爲一套有協調的行動，並指向一個總目標，這就是總體戰略。政治、外交、經濟、軍事各方面都要互相密切配合協調。當戰爭行動開始以後，如果發現原來的計畫錯誤，尤必須根據總體戰略最高原則迅速加以調整改變。因此，這一國家在戰爭中是勝利或失敗，她的總體戰略是否正確是決定的因素。至於軍事戰略衹是分類戰略中的一種形式而已，根據環境的不同，可以扮演主角，也可以扮演配角。如果一個國家沒有總體戰略，或者總體戰略發生錯誤，卽使獲得戰場上戰術戰鬥的優勢，最後仍難以避免失敗的噩運」。

在這主題下，我引用日本藤原彰敎授論文：日本陸軍在發動對中國戰爭之初就犯了嚴重錯誤；面對兩大敵國（中、俄）始終沒有全盤政策。又引日本秦郁彥撰「日中戰爭」書內坦白：日本陸軍在這次戰爭中，最初是戰爭指導混亂、動搖、不徹底，政略與戰略更不相配合；後來竟是「無爲」「無策」。戰爭第一年使用七十萬軍隊在中國大陸，卻沒有能在徐州會戰包圍殲滅中國軍主力，祇有誇耀戰術的勝利。尤其深陷於中國泥淖中四年，竟又發動對英美的攻擊。這樣無謀的戰爭，實在是歷史上最大的冒險。

我於這一論文中不諱言中國方面的錯誤，但因古今中外戰史上一主要原則：任何戰爭的最後結果決定於那一方面的錯誤比較少，那一方面就是勝利者。

以空間換取時間抗戰到底

中國對日總體戰略：「舉全國力量從事持久消耗戰，爭取最後勝利。中國有寬廣縱深、山川錯綜的國土與眾多的人力是能以實施這一戰略大前提」。眾所周知的以「空間換取時間」即這一戰略的通俗說明，在軍事學上說這是向國內退軍。

這一論文分爲八小題：㈠中華民族意識的高漲。㈡向國內退軍戰略的醞釀。㈢四川天府是抗戰司令塔。㈣誘使日軍作戰正面由南下轉變成西上。㈤以空間換取時間。㈥抗戰到底。㈦向內陸退軍的最佳戰例。㈧中國經得最嚴酷的考驗。

早在一九一三年蔣方震自日本、德國留學回國後，撰刋「孫子新釋」引用西方兵學名著及戰史作注釋，企盼中國軍人認識西方兵學精義原則，亦即中國所固有，無所用其疑駭，更無所用其赧愧。方震同學蔡鍔輯錄「曾胡治兵語錄」，贊揚曾國藩胡林翼對攻守的卓越見解——攻者爲客、守者爲主人，可以逸待勞——雖以近世戰術之日新月異，而主旨不外乎此。蔡鍔並且在「語錄」結論中根據一八九九年波耳人（Boer）抗禦英軍及一八一二年拿破崙攻俄失敗諸戰史經驗，鄭重指陳：「鄙意我國在數年之內，若與他邦以兵戎相見，與其爲孤注一擲之舉，不如據險以守，節節爲防，以全（我）軍而老敵師爲主，俟其深入無繼乃一舉殲滅之」。這是「以空間換取時間」對外戰略最早的公開發表。一九二二年，蔣方震又撰刋文字指陳：面對我隣近富於侵略性國家的制勝惟一方法，即是事事與之相反：彼利速戰，我持之以久，使其疲弊；彼之武力中心在第一線，我儕則置之第二線，使其一時有力無處用。從此以至一九三七年中日戰爭爆發，蔣方震不論上書政府或公開發表都是再三說明「拖」的戰略能够拖垮日本。（今按蔡、蔣生平見「民國百人傳」）

至於克勞塞維次「戰爭論」，一九一五年即民國四年已有中文譯本梓行。一九三三年以後，胡適、丁文江、傅斯年、張君勱諸前輩先後發表的文字或譯述「全民戰爭」，都足以使國民認識未來局勢的對策。

四川是中國抗戰的司令塔，天府之國的地理優勢以外，「讀史方輿紀要」書中舉述宋、明兩朝末葉未早注意四川的失策，而曾經橫掃歐洲的蒙古騎兵、在英勇善戰的蒙哥汗率領下攻擊四川，西曆一二五九年終於被困死於蜀中。

歷史經驗的啟示，地理優勢的充分運用，是中國對日抗戰能獲最後勝利的主要基礎。

這一論文比對中日兩國刊行有關淞滬會戰及太原會戰諸書，說明這是實踐「孫子兵法」銘言：「善戰者致人而不致於人」。「能使敵人自至者利之也，能使敵人不得至者害之也」，是誘使日軍作戰正面由南下轉變成西上，迫使日軍「速戰速決」「不戰而使中國軍屈服」企圖落空。而徐州會戰迄武漢會戰告終，中國從此不必憂慮有被日軍東西截斷爲兩部份的危險，可以充分利用西北與西南縱深山地長期抗戰。孫子曰：「善戰者立於不敗之地，而不失敵之敗也」。

抗戰到底的意義

一九三七年八月十四日，中國軍最高統帥蔣中正委員長宣佈：對日全面抗戰已開始，祇有抗戰到底，絕不能中途妥協停戰。一九三八年冬，蔣委員長說明「抗戰到底」就是要恢復盧溝橋事變以前的原狀。一九三九年秋，歐洲大戰爆發，蔣委員長再進一步說明：「我們抗戰目的，率直言之，就是要與歐洲戰爭——世界戰爭同時結束，也就是中日問題要與世界問題同時解決」。

一九三九年十一月，日軍發動的桂南會戰，是爲運用軍事壓力促成分化中國的政治企圖。正是克勞塞維茨所謂：「戰爭在任何時期皆不是獨立事物，而爲政治的手段；由此觀察方能正確，理解各種戰史。」這是一最佳戰例。

第三次長沙會戰是一九四一年十二月，日軍發動「擊滅英米」戰爭後的所謂「香港・長沙會戰」，我在這一會戰中始終參與，又曾於會戰終止後編纂戰史。近年又閱日本軍方刋行「香港・長沙會戰」中自我檢討：自始至終卽因種種錯誤陷入困難重重的狀況。所以致此的最大原因在對於彼我戰力評價的錯誤，且不顧情報與兵站準備的欠缺，冒然而進，步步走入中國軍的陷阱。全會戰中，日軍陣亡一、五九一人，傷四、四一二人，比較策應對象——香港攻略戰日軍傷亡多二・五倍。我用日軍戰史，說明這是中國向內陸退軍的最好戰例。

一九四三年十一月，日軍對湖南常德攻略戰，原計是爲中國大陸作戰，以覆滅中美空軍基地，再三嚴令「確保常德城」。但日軍前線指揮官因官兵傷亡疲勞病患太多，常德城外沅江南岸中國援軍攻擊激烈，日軍無力支持，被迫撤退。東京及南京總司令部再三嚴令停止撤退，立卽進行對常德再度攻勢並予以確保。但前線日軍已無力再作攻擊，祇有撤退。這正如克勞塞維茨所提示：「敵軍深入我境，由於攻擊的種種困難而漸趨於疲弊。兵力的分散、飢餓、疾病等已經使其實力大為減弱。但促使敵人不得不退卻者，還是由於懼怕我軍的威力」。

戰爭藝術如烹飪之道

一九四四年初夏，日軍發動的平漢、粵漢、湘桂三鐵路線、打通大陸的「一號作戰」，出動總兵力約五十一萬名、馬十萬匹、大炮一千五百門、自動車一萬五千輛，不僅是對華侵略戰七年來空前使用的強大兵力，比較一九〇四——五年日俄戰爭的奉天會戰日軍兵力二四九．八〇〇人超過一倍，火炮多六百門、作戰地域與作戰距離更超過日俄戰爭數倍。

但戰後日軍刊行戰史「河南會戰」「湖南會戰」「廣西會戰」結論指陳：湘桂作戰對於中國一大打擊，自為不爭事實；然而作戰構想之初，封殺美空軍在中國基地以保障本土安全的預計，卻因太平洋美軍已進迫中國南海東海而幻滅，日本「支那派遣軍」主力卻深入中國大陸偏西地區，而對美軍自東來攻態勢，日軍顯已處於不利狀況；故日軍突進桂林柳州地區的意義何在？實在值得檢討。

毀滅敵人兵力、占領敵人土地、征服敵國戰志，原是結束戰爭的三種方式，但七年餘的事實，尤其湘桂大戰以後情勢，證明中國可以經得起嚴酷的考驗，日軍使用上述三種方式都無法達到目的。這就是中國「以空間換取時間」對日總體戰略指導的正確成功。

克勞塞維茨指陳：「時間的要素，固為交戰雙方所必需；但綜合當時利弊得失，彼此較量而互相抵消，可能期待時間的利益方面，顯然是屬於被侵略者。時間的本身，即可能會帶來一個變局」。中國在這一反侵略戰爭的處境與經過，又爲西方兵聖名言作一證明。

中國軍武器裝備訓練以及參謀作業等等都遠不及日本，在八年抗戰中軍事戰略戰術都免不了許多錯誤。但全戰爭的最高指導原則總體戰略正確，比較日軍的無謀無策完全不可同日而語。這是我的論文的結論。但最末我很輕鬆說：「孫子和西方現代大將都認爲戰爭藝術如烹飪之道，必須五味調和。美國朋友們想想幾十年前所謂「雜碎」的滋味，再嚐嚐紐約舊金山中國街飯店中國酒宴各種菜色的配合，應可了解中國人在第一次中日戰爭及第二次中日戰爭之間的演變進步。這種相互配合嚴密組織就是中國人在第二次中日戰爭中執行長期抗戰總體戰略心理力量的反映」（今按「雜碎」是李鴻章於中日甲午戰爭失敗後，一八九六年，赴俄秘密簽訂中俄同盟條約，遊歷歐美，在紐約市河邊大道格蘭特總統墓園手植一樹後，才逐漸在美國昌盛。今日已很少美人嗜「雜碎」，而中菜館生意興隆）。

這一論文內容注重綜合分析，我能這樣做，主要由於日本軍方防衞廳戰史室所刊行的戰史叢書中，有關中國作戰已完全出版，臺灣並有收藏，我得以比對中國已刊資料作橫斷面的剖析。而「中華民國重要史料彙編」中的抗戰史料中「作戰經過」，迄今（一九八五年二月底）尙未出版。我根據日本軍方書籍說明卻更有說服力量。

一九八四年一月至六月，聯合國三軍進攻意大利。六月六日，是諾曼第登陸戰的開始 D-day。美國已刊行三、五册有關書籍紀念四十年前史實，並有新資料與論析。現「九一八事變」五十五週年、「七七事變」五十週年紀念、日本無條件投降四十年紀念均將屆臨。遙企臺灣中年青年歷史學人如期出版有關新著。爲幸、爲盼。

戰時中國研討會舉行

一九七六年四月三十日至五月二日，戰時中國研討會（The Conference on Wartime China, 1937-1945）在美國伊利諾大學校本部（University of Illinois, Urbana, Illinois）舉行。我和太座已先期到達美國芝加哥，乘火車前往參加。住宿伊利諾大學招待所。四月二十九日午餐時，各地出席人聚餐時，得晤許多新知舊識，如紐約大學董霖教授、芝加哥大學教授入山江（Akira Iriye）等是初見，梁敬錞、沈宗瀚、吳俊升、浦薛鳳諸前輩是舊識，凌鴻勛前輩以年高未能前來參加，但論文已經寄到。

四月三十日，這一研討會開幕，薛光前教授致詞後，李雲漢教授首先提出「戰爭的由來：盧溝橋事變的背景」，其次卽我的論文。都不宣讀，祇說大綱，卽評論人的評論也是如此。因論文與評論都已打字印好分送各出席人，爲節省時間不必當場宣讀。下午第二次會以及第二、三日會議也是這樣，故進行順利。

五月二日晚餐，出席人以外還邀請伊利諾大學若干負責人，其中有二三人曾到臺北，我得與話舊。三日早，各出席人賦歸。

論文集英文中文本的刊行

這一研討會提出論文，都集中於國民政府統治區的種種，沒有涉及中共軍及「邊區」（有關資料缺乏）。因此，論文集刊行時改用「抗戰八年時期的國民政府」（Nationalist China During the Sino-Japanese War, 1937-1945），薛光前教授主編，一九七七年英文本出版，全書本文與導言共計四五〇頁。

是書出版後，抗戰後期中國戰區最爲統帥部參謀長兼在華美軍司令魏德邁將軍（A. C. Wedemeyer）卽於是年九月致函薛光前教授道賀。魏德邁將軍本着他自己在東方，其中四年在中國的觀察與經驗認爲此書出現，對多少年來西方人對戰時中國的種種錯誤報導、錯誤解釋等等是一最重要的駁證。哥倫比亞大學韋慕庭教授（C. Martin Wilbur）評論：以是書內含論文作者大多是中國歷史學人，也是在長期抗戰時期的「內面人」（insiders）來討論當時各種面對問題，對於西方作家撰刊的不公平報導與分析，對讀者具有平衡功用。

權威性公開發行的芝加哥「選擇」（Choice）雜誌於一九七八年三月號，評介此書：不是大學本科學生讀物，其中「內面人」的論述，將是各大學研究生一有價值的研究中國近代史的基本的資料。並且提及薛光前教授前編「艱苦奮鬥建國的十年」（The Strenuous decades: China's Naition-building efforts, 1927-1937(1970)）是此書前編。

湖南的水牛

「湖廣熟，天下足」，是中國古人對湖南省魚米之鄉的美辭。「湖南是中國的穀倉」是近代西洋人重視這一地區的言語流露。

我出生於湖南省境洞庭湖的沅江流域一大城市常德，求學於湘江流域的長沙，壯歲曾登臨南嶽衡山的高峯俯視湘江上流的曲折流水，居民稱爲「五龍朝聖」。幼年到過資江流域的益陽縣城，青年時幾次乘汽車由長沙回常德故里必經過資江流域的桃花江。在這三大江水流域沿途和郊區目睹農夫扶犂、水牛拖犂翻撥田土的情景。清季皇帝親耕是用水牛。中國畫家筆下的牧童騎牛或放牛，也是水牛，我曾眼見無數次、幷享受富有詩意的樂趣。而我誕生於民國第一癸丑歲，傳統說法丑年生肖牛，因此，我自幼對水牛很具友善好感。

一九〇五年，美國醫生修姆（Edward H. Hume, M. D.）被派往湖南長沙籌建湘雅醫院，初次看見水牛，大感驚奇，拍攝影片。退休回國後刊行「中醫、西醫——一美國醫生在中國的生活」（Doctors East, Doctors West: An American Physician's Life in China, New York

City, 1946）書中開始刊載的一頁影片，卽湖南水田、強有力的水牛在水田中拖重犂走。對日抗戰後期，來華參戰的美國空軍人員日多，需要大量牛肉。湘川黔滇四省的牛隻都是犂田的主要動力，不容宰殺。但美人看到許多前所未見的水牛驚異之餘，頗不習慣。羅斯福總統特電重慶詢問。

最被忽視誤解的動物

一九七八年，美國家科學院自亞洲引進一批水牛，初在弗羅里達州及路易斯安那州等近亞熱帶氣候區域飼養，適應良好；又在其他地區飼養，證明水牛並不一定要在氣溫高、水份足的地區才能生活，甚至較乾燥及較冷地區也能適應。

美國家科學院引進水牛約四年後，卽發現牠的特性與價值——不但是目前的價值，更遠矚到未來的價值：如能在美國繁殖，將可輸出水牛到世界各地，成爲不久將來一大企業。事實上，自一九七三年世界石油發生危機以來，美國的農業及科學刊物上，常常出現畜類獸力利用價值重估的研究報告。美國及許多工業國家向這方面發展的準備早已開始。

一九八二年夏，美國家科學院發表報告，認爲憨厚的水牛是被人們最忽視、最誤解的動物；其實牠倒像是家庭飼養的小動物一樣非常友善、溫和、寧靜。這一報告又指出：發展中國家的經濟策劃人們都要把牠淘汰，代之以拖拉機，而不去設法改善牠的用途。「報告」以爲水牛除了供耕田用及勞役用外，又是上好的肉類來源：水牛肉品質極佳，比純肉牛的牛排還好。牠的奶水質地也好，可提出比較一般乳牛爲多的奶油卽乳酪。

目前水牛約供給印度百分之七十的牛奶、菲律賓三分之二的肉類銷量。在埃及水牛肉的索費量比任何其他肉類多。

西方國家的乳牛、肉牛都是經過長期選種育種後而成的品種。水牛卻幾乎從來沒有經過育種的手續。如果經過適當育種，產量將很快改善。

亞洲國家使用的彎曲木製牛套拖犁及拖車，至少已被沿用一千五百餘年，極少經過改良。近年泰國曾以馬套試用在水牛身上，結果發現效率大增。今後如都能應用泰國試驗結果改良牛套，應可使亞洲的農村動力，迅速提升百分之二十五（時報雜誌第一三九期民國七十一年八月一日）。

一九八五年是農曆乙丑歲，報載臺灣特運水牛一頭到舊金山賀歲。謹按臺灣省的水牛是鄭成功自福建引殖，對臺灣居民農耕糧食的貢獻已約三百五十年。今越洋到新大陸美利堅合眾國。

我出生於湖南省，中年旅居臺灣省，學術教育界少數人對我甚多誤解，主要是由於大環境人多地少，「鄉愿」盛行，加以「文人相輕自古已然」，「劣幣驅逐良幣」；尤其不願研究民國史，以便欺世竊名。但我相信眞理必能尅服一切，始終秉「有批評才能進步」道理，仗義執言，毀譽於我何傷！

「國父年譜」初編、二編的重要誤漏的評論，是引致誤解的開始；但我具有在北平故宮應用檔案的經驗心得，尤其倫敦英國外交部檔卷中的新發現，以眞實證據，闢斥抱殘守闕「錯到底」，並且這些具學術性評論都經再四斟酌，隔宿才投郵。終使「國父年譜」增訂本重加訂正，仍多漏誤，想今後應可修正出版。

仗義執言　扶助人材

民國四十七年十月，我忽接考選部函檢送總統任命令（簡字第七九三五號）派爲四十七年特種考試退除役軍人轉任公務人員考試典試委員。公文封套小字「考試委員張儐生介」。經叩詢姚從吾師，知張是北大前輩，與從吾師同屆同學，這次是請我爲中國歷史科命題及閱卷。

是年十月下旬，中國歷史上的創舉——退除役軍人轉任公務人員考試舉行，閱卷、評分、計算後，典試委員會在臺大法學院集會。典試委員會秘書長即退除役軍人輔導委員會秘書長趙聚鈺於主席致詞畢，報告計算各科試卷總分數後統計，按六十分及格標準錄取若干人、按五十分及格標準錄取人數比較六十分及格標準可多錄取五千餘人。旋主席請各委員發言提出及格標準的建議。全場緘默約一分鐘後，我起立發言提議以五十分作及格標準。理由有二：㈠多年來，國內各種考試以六十分作錄取標準，完全是人爲，並非神定。事實上：各大學聯合招生按各科總分數作錄取分發標準，如就考試科目平均計算若干不足五十分的學生也可錄取分發。而臺大研究所招考研究生，是按七十分爲錄取入學標準。㈡退除役軍人不論其原有官階高低與職務不同，都可說是曾經在北伐、抗戰戰爭中流汗流血的壯士，如今退除役後能用心讀書靜坐試場應考，執槍執筆，兩者兼備，實在難能可敬。自應使他們有發展才能再爲國效力機會。㈢我們既奉派爲典試委員，即具有決定及格標準的權力，不必故步自封。

典試委員臺大傅啟學教授發言支持我的提議。考試院考試委員也是這次特種考試的典試委員張默君女士起立發言支持，並說考試院初次會議中，她即主張以平均五十分作及格標準，惜未能通過。主席見有二委員附議，宣告議案成立，嗣以沒有反對提議，當經舉手表決，大多數贊成以總平均五十分作及格標準。

這是我仗義執言，扶助五千餘名退除役軍人於執槍衞國之餘，再執筆爲國服務。我心滋慰。

×　　×　　×　　×

民國六十年一月，監察院檢討大學專科學校聯合招生等考試諸事宜，若干委員對閱卷評分是否翔實特加注意。我見報載這一新聞後，撰一短文送刊東方雜誌於是年二月號，並寄贈一册送監察委員陶百川表示支持。旋得陶是年二月三日覆信云：「承贈東方雜誌內載大作支持本院爲大專聯招『搜落卷』，殊感光寵。擬提報院會列入本院記錄，以壯聲勢（因此事迄今尙有人反對也）附上報告一份並另寄拙著五册，藉供參考。並候明教」（親筆簽名，「有人反對也」句末加一圈）。

這一案件結果如何？我未暇再注意，因我完全是以一品老百姓身份公開發爲文章，並不是和特種考試一樣當時可得到反應。

至於我所以撰文支持「搜落卷」，是根據歷史事實。考試制度是中國傳統優良遺產，孫逸仙先生採用西洋「三權分立」制，沿襲中國原有考試制監察制而創立五權憲法。民國十七年，北伐完成後，國民政府施行五院制後二十餘年，我得親身體驗他們運用的實況，是如此這般。

大衆傳播界關係

倡導中國近代史趣味化，是我心願之一，已如前數章陳述。觀賞國劇及電影是我和家人課餘消遣。民國五十二年卽一九六三年十一月，自臺北市書報攤購得「國際電影」畫報一册，見其中刊載『西太后與珍妃』史料研究」一文，採錄「晚清宮庭實紀」中「慈禧手詔」圖片。我事前不知，因寄信香港詢問。得「電影懋業公司」編劇、導演楊彥岐（易文）來函說明，內有云是片「更具學術價值」，當爲較諸目下一些根本不管歷史的古裝片而說，其實亦爲廣告辭句：「電影製片之方針，以營業爲主，應用藝術及技術成服務商品，能具積極敎育意義固佳，能消極避免惡劣影響亦已滿足。……旣冀作品能不失嚴肅，又要遷就一般觀眾之口味」。翌年五月十九日，楊又來信告知：「西太后與珍妃」在臺北賣座極佳，首輪已收新臺幣二百餘萬元之譜，「可見歷史故事頗爲觀眾歡迎，固不必以黃梅調拍民間故事以取悅也」。楊來信中並言常在香港拜訪左舜生敎授談近代史事。但我與楊卻從未得一面。

臺灣省的電視，「敎育電視臺」可能是首開其端，這是屬於國立敎育資料館的非營業性的電視臺。民國五十三年卽一九六四年一月，我得「資料館」館長劉先雲聘書：請於每週一次在是臺播映二十五分鐘的「歷史講話」節目。我選定以中國近代史話作主題。今仍保存當時油印腳本：

五十三年三月十日：慈禧太后走上歷史舞臺。

敎育電視臺設立於南海學園內敎育資料館頂樓，雖有升降機代步，七、八月播映時不論穿藍紡綢長衫或薄西服，都汗流浹背，濕透衣衫。因當時無冷氣設備，祇用兩架電扇，而強烈燈光照射，實在辛苦。我祇播講六個月卽敬謝不敏。

臺灣電視公司成立後，其公共關係室主任劉震慰每週播映「錦繡河山」節目。以我曾撰刋「長城」「南京」等書，又曾遊歷國內若干名勝，因常用電話請問一些事物。我都儘就所知或能自書刋查到的答覆他。有時，半小時後卽自電視中欣賞到。

中國電視公司成立後不久，他們想播映一「劉秀嫚時間」節目，一女職員忽來我寓請我參加與劉女士對話，但請我先將兩人問答製妥送中視。我當卽謝絕，理由是多年演講習慣：祇作大綱，從不一字一句寫講稿。旋「中國電視週刋」又請撰稿，我特撰「大眾傳播與歷史」短文送刋是刋第十二期（民國五十九年一月十一日）。

民國五十三年四月，中華電視臺播映「小鳳仙與蔡松坡」連續劇時，見「民國百人傳」中有「護國軍神蔡松坡」一篇，特請我前往接受訪問，並撰一短文刋載「華視週刋」第一三四期（民國六十三年五月二十日）。不久，忽接「華視」董事長藍蔭鼎與總經理劉先雲聯名請柬。我屆時前往，見會客室席開兩桁，客人只有立法委員吳延環曁我而已。主人藍劉外就是著名連續劇「包青天」演員儀銘（飾包拯）等，「保鏢」女演員張玲（飾趙燕玲）等都著劇中衣飾作陪，「趙燕玲」且如劇情一樣持寶劍自內室躍出大叫一聲「嚇」再！抱拳行禮後就座。這是我七十年中稀罕一見聞的生面別開宴會，談笑風生，別具樂趣。延環宗兄嗜國劇喜評論；我有同好，應是被邀請作客的由來。

至於報紙及雜誌時常邀約撰文，我都儘可能撰述。東方雜誌刊載「五代同堂」拙文，一出版家閱後，對其總編輯說：「大家初以吳某愛批評是由於自幼生長於淸寒之家，今見是文卻又不同；那麼是什麼原因」？我聞聽後笑說：這些自命遊學歐美的人竟是這樣不瞭解「有批評才能進步」的道理，祇硜硜抱殘保守他們在學術敎育文化界的些微旣得權位。這又怎能「發揚傳統文化」且「迎頭趕上」！

英人李約瑟著「中國科學技術發展史」指陳：中國自西曆前二世紀以來，四大發明及船尾舵的創造，西方世界都受惠多多；祇是近三百餘年卻停滯不前。今按三十餘年中臺灣省學術、敎育、文化界難道始終不輕移蓮步！

我當然理解人際關係是「人捧人」，露骨地說卽相互利用。大眾傳播業如果套用這一「公式」，固然未嘗不可。我的想法卻非如此。應用大眾傳播業「推銷」中國近代史趣味化以及倡導中國現代史的硏究，才是我的眞意所在。

× × × ×

民國六十三年卽一九七四年八月初，「讀者文摘」中文版主編林太乙女士到臺，邀約在統一大飯店茶敍詳談撰稿事。後林太乙設酒會招待臺北文敎界，我屆時到達時，見故宮博物院蔣復聰院長與梁實秋敎授伉儷正在談話。我趨前向梁道賀。不意梁新婚夫人韓菁菁女士問我：前寄賀年片收到沒有？片上寫有地址，未見回片。我答：今春以忙於出書，各處賀年片都祇心領謝，未暇回敬。我推想她所以寄賀片來，自是爲上年三月外匯率調整前夕，臺灣銀行發生錯誤兌款事。我和臺大楊樹人教授都曾發表指責「公營銀行目中無顧客」談話，聯合報首先且連續刋載，中華電視臺也曾播映。引起社會同情同感。臺北市各公民營報紙都破除私情，先後刋登這一消息或發表評論。五月三十一日，聯合報刋載評論，指全國銀行業務檢討會的決議案爲老生常談，未涉及如何改進。標題：「都是銀行老問題，如何改進在實行」（詳見拙撰「愛國憂時文存」）。

這是我口撻筆伐指斥金融界的惡劣風氣，引起一般社會人士同感，大眾傳播業的鼓吹。使我親身體驗現代大眾傳播業工具進步的影響，比較少年青年時祇有報紙不相同。

金錢物質吾唯知足

「惜衣惜食非爲惜財原惜福，求名求利還須求己莫求人」，是我家訓。加以學校教育的薰陶，許多師長「正其誼不謀其利」的身教，尤深受影響。自大學畢業獨立謀生以來，我和妻兒們日常生活都很儉樸。先兄相洋於我中學時自上海購寄收集郵票辨別工具，歷經戰亂，今仍保存，集郵習慣也五十年如一日。一方面培養我收集保存資料等等的習慣，同時，由片紙寸楮增加中外歷史地理知識。這對於研習歷史學極有裨益。今我能根據多年來的文件筆記撰寫這「三生有幸」，實在有賴於上述習慣的培養。

一九六八年九月，我和太座自美國東歸，在日本京都、鎌倉等地遊覽，若干唐代形式木質建築的宮室或廟宇如「二條城」內藩侯寓邸預防刺客的響聲地板構造，都使人驚嘆。但最發人猛省的是京都龍安寺內「石庭」的緡錢模型，中間孔口有泉水下流，寓意泉幣國寶源流。孔口上下各有一「五」字及「止」字、左右各有一「矢」字及「隹」。拼合起來卽「吾唯知足」四字，警醒世人不要貪戀錢財。我倆都有感慨，特在紀念品出售處購買一模製品携回。令仍保存。企望子孫們也能體認「學問要向比自己高的人前進，境遇要和比自己差的人看看」，不貪錢財。(英國著名歷史學家陶恩培遊京都後發表的遊記中提到這「石庭」以爲深具東方哲學味)。

美國是資本主義國家，學術界與企業界卻極注重創新進步。我親見耶魯大學歷史系一教授因五年沒有新著述，遭同仁冷眼，不得不自動轉往他校任教。伊利諾州一位化學系教授也不願目覩耳聞校中若干現象，自動辭職，租一市場內的三明治小店營生。可見中外古今讀書人都具有君子固窮，有所不爲。小人窮斯濫矣，無所不爲毫不顧自己操守。

不做「看書郎中」

「醫不三世不服其藥」，「看書郎中」，都是中國警醒國人對醫生要注重其經驗，不要病急亂投醫，請一祇看中國醫藥書沒有實際經驗的「郎中」(卽今人所謂醫生，或稱「大夫」)。這和近代西醫訓練，「解剖」「臨床」關係重要，卽七年期滿畢業成績優良，在大醫院工作也祇任「實習醫生」。都是以人命攸關需要實際經驗。

歷史學的研究，比較醫生個別診察病人更形複雜，尤其近代史研習，國際關係世界形勢變化既關重要，國內政治、外交、軍事、經濟、金融、社會、學術教育種種方面的相互關聯與影響、適應國際情勢的反應諸大端，更不容稍一忽略。如能與各方面多多接觸認識了解若干眞相，更有必要。因此，我從未自閉於象牙之塔內，而常接觸十字街頭各色人等及現象，以增加了解。

湖南寶慶人魏源（1794–1856）於林則徐（1785–1850）一八四二年自廣州解職北上時，在揚州與林聯床夜話，得知許多「口述歷史」及文件資料，撰成「海國圖誌」（初爲六十卷，幾經增訂成一百卷），提出「識夷情，師夷長技以制夷」的主張。不幸滿清朝廷暮氣已深積重難返，未予重視。而東隣日本卻因是書觸發明治維新。

中國近代、現代史的研究與編撰成書，李劍農、左舜生、蔣廷黻三位教授是先導，他們都是湖湘人士深受魏源影響而致力於此，加以他們三前輩對實際政治情勢都具備經驗。李劍農教授著「中國最近三十年政治史」，全用白話文體，更是創新且便利國人。我曾面聆三位先輩敎誨，時時努力追求向他們一樣前進。多年以來，我撰述「民國百人傳」等接觸面較廣。和大眾傳播業的交往，是象牙之塔與十字街頭兼顧，體認一般社會情形。「晏陽初傳」的編撰，認識若干高級知識份子願意降低自己地位深入鄉村爲大多數農民服務、尋求改善他們生活的途徑與方法。「第二次中日戰爭史」的編撰，固有執筆從戎身歷前線敵後的若干經驗，能得進入日本防衛廳戰史室研讀也是難得機會。祇以我生也晚，未及親聆孫逸仙先生演講。幸得美國亞洲協會資助前往歐、美、日本、東南亞各國研究旅行，儘可能至孫先生生前足履地，追念前徽。力求不做「看書郎中」，每逢書刊付印時，都是與書局人同往印刷廠，參觀檢字、排字、拼版、付印情形。影印「叢書」

時也到製版所參觀。曾見臺北市延平北路一家製版所，設立於房屋最後進，面臨淡水河邊。這是爲前清福建帆船運人運貨起卸的便利（和常德我家「立成和油行」房屋構造相同。可見臺灣省與大陸各省文化習慣一脈相沿）。吸取這些社會經驗，平實知識。比較李、左、蔣三位先輩實際參考經驗，仍自感不如。

現代西洋科學日新月異，空中交通工具也與時俱進，是我得在短時間內旅行各國的主要憑藉。我記錄的空中行程：民國三十五年（一九四六）七月二十七日下午，由南京乘中國航空公司C47型民航機赴上海，雨中起飛，經鎮江上空後天晴，到上海時也無雨。飛行時間不過一小時，比較京滬鐵路特別快車行駛時間減少四小時餘。民國三十六年（一九四七年）十二月十五日，自北平飛上海乘中國航空公司空中霸王四引擎螺旋槳巨型機DC-3。民國三十七年（一九四八年）十二月十一日，自北平經青島飛南京乘中國航空公司 C47 機。當時乘機購票證仍存。就其形式紙張與一九五〇年代以來國際通行的乘機票完全不同。在臺灣省也曾乘水上飛機。

一九五九年六月一日，自臺北經東京飛美國，乘西北航空公司四螺旋槳 DC-7飛機。是年十月二十一日，自紐約飛倫敦乘泛美航空公司噴射客機 Boeing 707 新型客機。當時，噴射客機啟用不久，祇飛行大西洋線，每一乘客還須多付美鈔十五元，以飛行時間比較螺旋槳機縮短。時間卽金錢，由此可知。

一九六七年夏，與夫人一同來往舊金山與史丹佛鎮乘直昇機，遠較汽車迅速舒適。

一九七五年八月，我和太座來美參加「戰時中國研討會」，乘 Boeing 747 型機渡太平洋，在美境內乘 DC-10 型機。這些數字表示飛機型式的進步，如今 Boeing 767 也已飛臨上空。祇需駕駛員兩人，耗油也較少，成本減輕，票價也相對降低。三十五年間，多次創新進步，顯示西洋科學技術的除舊佈新精神與實踐。我身歷這一過程，對研習現代史自具啟示。

美國於國防用的火箭及太空艙試驗多次後，一九六九年，太空人登陸月球表面成功。不久，報載三十年後，太空船可載客旅行月球。數年以來，太空船射發入太空，已婚男女太空人在太空漫步作種種實驗後，按計畫降落地面。由此看來：原來預計應可實現。

湖南人的「挺經」

中華民國初期歷史檢討會在臺北舉行時，由宋教仁生平的論據而涉及湖南人的性格。但就我看：發言的不是中年卽青年，都不出生於洞庭湖流域或在三楚之地生活多年的人。如有謂湖南人性情衝動云云，卽不符合事實。若說沅湘子弟具「衝勁」苦幹實幹或絕不屈服的強悍性格則可。「衝動」「衝勁」兩語涵義完全不同：一是經過考慮後發出的力量，一是未假思索的盲動或瞎幹。絕不能混爲一談。

「楚雖三戶亡秦必楚」以及屈原寧願自沈於汨羅江水；王夫之著「談通鑑論」。尤其近代胡林翼、曾國藩、左宗棠、郭嵩燾身歷滿人統治漢人時代，始終堅持「挺經」卽「揁得起」。

曾國藩寄友人書再三痛言：

「竊觀自古大亂之世，必先變亂是非，而後政治顚倒，災害從之，屈平之所以憤激沈身而不悔者，亦以當日是非淆亂爲至痛」。

「國藩入世已深，厭聞一種寬厚論說、模稜氣象，養成不白不黑不痛不癢之世界；誤人家國，已非一日」。

「二三十年來，士大夫習於優容苟安，揄修袂而養娴步，昌爲一種不白不黑不痛不癢之風。見有慷慨感激以鳴不平者，則相與議其後，以爲是不更事、輕淺而好自見。國藩昔厠朝班，目擊此等風味，蓋已痛恨次骨。今年承乏團務，見一二當軸者自藩彌甚，深閉固據，若惟恐人之攘臂而與聞也者。欲固執謙德，則於事無濟，而於心亦多不可耐」。

曾國藩致胡林翼書云：「默觀天下大局萬難挽回，侍與公之力所勉者，引用一班正人，培養幾個好官，以爲種子」。左宗棠率湖湘子弟西征，是一步一步走，絕不是「衝動」，而是具「衝勁」也。

中國近代第一位留美學生容閎贊揚曾國藩提倡西學「播其種子於世。此種子之孳生繁殖，固已綿綿不絕」。近一百餘年歷史證明容閎美言沒有誇大。

國民革命運動一健將章炳麟（太炎）有謂「民之得伸，自曾左始」。今按章嘗以人稱其「瘋子」爲榮，但他的友人宋教仁卻並沒有這「佳名」，即因沅湘產具「沈毅」「勇於任事」精神。辛亥革命時宋眼見陽夏軍情緊張，迅速趕往南京視察，並發動組織江浙聯軍西進，卒以抵消北洋軍占領漢口漢陽的危機，局勢從此急轉直下，袁世凱以「江海權失、財賦阻絕」而感頓挫。足見七十餘年，革命黨人具千萬人吾往矣的幹勁（衝勁），若稱之爲衝動則失之遠矣。

曾國藩的感慨語，黃膺白（郛）夫人沈亦雲女士（1894–1966）深具同感，民國五十年（一九六一年）一月，她自美寄相湘手翰固流露出愛國憂時的無限情懷，可見今昔相同。

老師教誨同學切磋

父母養育、兄嫂資助，我得以負笈北庠完成大學學業，大恩深似海，已謹刋遺像於「民國百人傳」第四册。

余嘉錫（季豫）姻世伯，是中國現代目錄學權威，用自己時間、財力、精力完成「四庫提要辨證」（臺灣藝文印書館影印本）一書，糾正清乾隆朝四庫全書館大臣們撰述「四庫全書總目提要」內容的謬誤，如指出上距乾隆朝中葉不過五十餘年圖理琛撰「異域錄」是中國人根據實際見聞撰述有關俄羅斯情形的第一部書，「四庫提要」竟不加詳考細閱，將撰述人生平都誤書。等而上之各代書籍的評論就更多錯誤。民國三十七年十二月初，我因河南大學公務到北平，拜見余老伯，南返前蒙賜予墨寶，今仍保存。

孟心史（森）是業師，在北大時請益甚多。惜未曾合影。敬將遺像與遺稿一頁刋印於輯印的「清代史」篇首，以誌永念不忘。

臺大教師學生或漫步傅園，自曾瞻仰懸掛校總區會議室半身像，絕大多數人沒有見過傅故校長早期像片，我卻保存一幀。

民國四十七年（一九五八年）胡適之（1891–1962）先生誕辰時，北大同學們先後前往臺北南港祝壽。本書第二五一頁上刋合影中最高的是延國符學長，民國十三、四年間，北京的國民黨員常請他携帶文件赴天津租界交郵，並南下廣州出席國民黨第一次全國代表大會。因他身材高大，學洋人說中國話很相似，在北洋軍人勢力籠罩下，乘坐火車、輪船時常有軍警嚴格檢查。丘八們見他體態和說話「洋腔」卻較客氣，不多問卽放行。延左是李大超學長，滿面笑容迎人。每逢北大同學會在臺北集會時，他和延最受同學歡迎。

毛子水師、錢賓四師、蔣復聰前輩、黃季陸前輩今都健康，安居臺北。姚從吾師、蕭一山前輩、梁敬錞前輩或在臺大研究室，或於參加「清史研討會」、或於專著完成後逝世。都因心力衰竭，致命遂志。

林語堂博士於民國五十五年（一九六六年）夏蒞臺北，傳記文學社長劉紹唐設宴招待，並請臺灣省耆宿光臨，我敬陪末座。

民國十年，湖南省長趙恒惖（炎午 1880–1971）任內編訂湖南省憲法，是國內「聯省自治」氣氛下，力求保境安民，抗禦北洋軍的一途徑。我編纂「中國現代史叢刋」前，曾往請趙老給予這一歷史文件。至其手函所謂「影印函件」，指當時爲制訂省憲與旅滬譚延闓等三湘名流通信。趙逝世後，長子佛重已錄刋一部份於臺北刋行傳記文學及「藝文誌」雜誌。可供參考。

我為搜求中國現代史料，多年以來，注意國內外的出版品與未刊稿，是一繼續努力的工作。最近又與現仍健康的當事人請求給予資料。年逾古稀，仍多餘勇。祇企望隔代遺傳學說、現代醫藥發達，我能如祖父一樣壽登九一。「三生有幸」更圓滿矣。

後記

本書付印時，得譚彼岸教授（退休）自舊金山寄示其新著「郎世寧恭寫香妃提關刀畫像的新發現」（香港「明報」月刊第二三一期、一九八五年三月）一文，內容主旨有云：一九八〇年十一月，參觀天主教三藩市大學（University of San Francisco）圖書館特藏室一幅郎世寧的香妃畫像(26×65吋)，其中有三名東突厥斯坦少婦，穿戴回族冠服，都係金黃色髮辮。與以前明報（一九八〇年三月十二日）所載：發現容妃（香妃）出土棺木正面及側面有手書阿拉伯「古蘭經」經文，遺留一條長八十五厘半金黃帶白髮辮，還有頭骨、牙齒、指甲等人體特徵。這兩項新發現，可以互證：天主教三藩市大學特藏香妃畫像臉型、冠服與「郎世寧宮庭畫集」（Cecsleand l'Michel Beurideley: "Giuseppe Castiglione"）第一八九頁圖一〇五：乾隆帝身畔陪坐的嬪妃同一臉型與服飾。她的畫像與 Hristopherr Hirert "The Emperor of China" p. 153 圖像也同一臉像與服飾。

郎世寧恭寫香妃回服騎馬提關刀畫像，是民國初年自清宮流出，被上海一猶太商人購得帶到美國，先後在德國美國展覽，又爲一意大利猶太人購藏，後歸三藩市大學耶穌會所有。

郎世寧（P. Joseph Castiglione 1688–1766），意大利人，耶穌會士，一七一五年（康熙五十四年）二十七歲時來華，入清宮如意館，爲雍正乾隆兩朝繪畫大量肖像，作品深得皇帝喜愛，以其本西法而能以中法參之，工花卉而畫馬尤多。據耶穌會士王致誠（Ignace Sichelbart 1708–1780）憶述：郎世寧等「以曲從皇帝意旨，故吾等所繪之畫，皆帝之屬也。」

郎世寧恭寫香妃回服提關刀畫像，下署「海西臣郎世寧恭寫」。畫的主題突出香妃乘馬提關刀。三名維吾爾少婦一行乘三匹駿馬在御苑巡行。乾隆帝坐便椅接受貢馬，近前一匹全身白色，一維吾爾少婦戴青回冠，穿維族女紅裝，手執紅綢儀仗。第二匹馬，白地頭項黑色，下頷黑色，鞍下腰圍呈黑色，尾毛黑，四足白色，是一匹天馬。乾隆帝接受貢馬而賜予香妃騎。香妃前面的西洋賽跑種狗翹首仰鼻回頭凝望那位女主人的腋臭（香妃，維吾爾語作伊帕爾汗。伊帕爾爲麝香，汗是維族女性名字的語尾）。郎世寧不愧爲一具有精細觀察力的解剖畫家，與現代狗嗅覺的實驗相符合。眞是觀察入微。狗回頭用鼻嗅「異香」，暗示後面乘馬的女人卽香妃。

乾隆帝命郎世寧爲香妃造一幅奇怪形象，在苑囿裏賜騎馬，一行三人，前導一回頭望着女主人的狗。三名維族少婦事數仿關帝座像「三一神」的事數，一行三人騎馬而先後次序，則爲敕繪者的調整。

清代提倡關公作武神，凡是神格大多數都有明顯的象徵。關帝的大刀就是忠義神武的象徵。朝廷祭關廟，必盛飾關刀，至重八十斤，進於關廟，隆重可見。民間關帝廟，關帝的青龍偃月刀，正是關帝信士景仰崇敬的宗教象徵。

郎世寧奉勅繪一大關刀在香妃手上，顯然將一東突厥斯坦扮演爲一女關帝。這是除乾隆帝以外，沒有任何人膽敢將這神器贈予香妃的。全圖以香妃導前爲關羽，其餘兩女扮作關平周倉，作儀仗隊。

青龍偃月刀別名「冷艷鋸」。唐丘爲「左掖梨花」五言詩：「冷艷全欺雪」，將香妃比喻爲禁中雪裏的梨花，餘香入衣，而花片吹向玉階去。

是圖還有一座又一座的十四世紀土耳其拜占庭式聖堂。

今擷錄譚彼岸教授大文於右，謹致謝意。

二百年前史事，新資料層出不窮，治史學人不可故步自封，必須隨時注意尋求，由此可見。

吳相湘

勘誤表

頁	行	誤	正
442	13	哲佛遜	哲克孫
443	13	哲佛遜（Thomas Jefferson, 1743-1826 於 1801-09 時任總統）	哲克孫（Andrew Jackson, 1767-1845）

滄海叢刊已刊行書目 (七)

書名	作者	類別
色彩基礎	何宗	美術
水彩技巧與創作	劉其偉	美術
繪畫隨筆	陳景容	美術
素描的技法	陳景容	美術
人體工學與安全	劉其偉	美術
立體造形基本設計	張長傑	美術
工藝材料	李鈞棫	美術
石膏工藝	李鈞棫	美術
裝飾工藝	張長傑	美術
都市計劃概論	王紀鯤	建築
建築設計方法	陳政雄	建築
建築基本畫	陳榮美 楊麗黛	建築
中國的建築藝術	張紹載	建築
室內環境設計	李琬琬	建築
現代工藝概論	張長傑	雕刻
藤竹工	張長傑	雕刻
戲劇藝術之發展及其原理	趙如琳	戲劇
戲劇編寫法	方寸	戲劇

滄海叢刊已刊行書目(六)

書名	作者	類別
記號詩學	古添洪	比較文學
中美文學因緣	鄭樹森 編	比較文學
韓非子析論	謝雲飛	中國文學
陶淵明評論	李辰冬	中國文學
中國文學論叢	錢穆	中國文學
文學新論	李辰冬	中國文學
分析文學	陳啓佑	中國文學
離騷九歌九章淺釋	繆天華	中國文學
苕華詞與人間詞話述評	王宗樂	中國文學
杜甫作品繫年	李辰冬	中國文學
元曲六大家	應裕康 王忠林	中國文學
詩經研讀指導	裴普賢	中國文學
迦陵談詩二集	葉嘉瑩	中國文學
莊子及其文學	黃錦鋐	中國文學
歐陽修詩本義研究	裴普賢	中國文學
清真詞研究	王支洪	中國文學
宋儒風範	董金裕	中國文學
紅樓夢的文學價值	羅盤	中國文學
中國文學鑑賞舉隅	黃慶萱 許家鸞	中國文學
牛李黨爭與唐代文學	傅錫壬	中國文學
浮士德研究	李辰冬 譯	西洋文學
蘇忍尼辛選集	劉安雲 譯	西洋文學
文學欣賞的靈魂	劉述先	西洋文學
西洋兒童文學史	葉詠琍	西洋文學
現代藝術哲學	孫旗 譯	藝術
音樂人生	黃友棣	音樂
音樂與我	趙琴	音樂
音樂伴我遊	趙琴	音樂
爐邊閒話	李抱忱	音樂
琴臺碎語	黃友棣	音樂
音樂隨筆	趙琴	音樂
樂林蓽露	黃友棣	音樂
樂谷鳴泉	黃友棣	音樂
樂韻飄香	黃友棣	音樂

滄海叢刊已刊行書目(五)

書名	作者	類別
青囊夜燈	許振江	文學
我永遠年輕	唐文標	文學
思想起	陌上塵	文學
心酸記	李喬	文學
離訣	林蒼鬱	文學
孤獨園	林蒼鬱	文學
托塔少年	林文欽編	文學
北美情逅	卜貴美	文學
女兵自傳	謝冰瑩	文學
抗戰日記	謝冰瑩	文學
我在日本	謝冰瑩	文學
給青年朋友的信(上)(下)	謝冰瑩	文學
孤寂中的廻響	洛夫	文學
火天使	趙衛民	文學
無塵的鏡子	張默	文學
大漢心聲	張起鈞	文學
回首叫雲飛起	羊令野	文學
康莊有待	向陽	文學
情愛與文學	周伯乃	文學
文學邊緣	周玉山	文學
大陸文藝新探	周玉山	文學
累廬聲氣集	姜超嶽	文學
實用文纂	姜超嶽	文學
林下生涯	姜超嶽	文學
材與不材之間	王邦雄	文學
人生小語	何秀煌	文學
印度文學歷代名著選(上)(下)	糜文開	文學
寒山子研究	陳慧劍	文學
孟學的現代意義	王支洪	文學
比較詩學	葉維廉	比較文學
結構主義與中國文學	周英雄	比較文學
主題學研究論文集	陳鵬翔主編	比較文學
中國小說比較研究	侯健	比較文學
現象學與文學批評	鄭樹森編	比較文學

滄海叢刊已刊行書目（四）

書名	作者	類別
還鄉夢的幻滅	賴景瑚	文學
葫蘆・再見	鄭明娳	文學
大地之歌	大地詩社	文學
青春	葉蟬貞	文學
比較文學的墾拓在臺灣	古添洪 陳慧樺	文學
從比較神話到文學	古添洪 陳慧樺	文學
牧場的情思	張媛媛	文學
萍踪憶語	賴景瑚	文學
讀書與生活	琦君	文學
中西文學關係研究	王潤華	文學
文開隨筆	糜文開	文學
知識之劍	陳鼎環	文學
野草詞	韋瀚章	文學
現代散文欣賞	鄭明娳	文學
現代文學評論	亞菁	文學
當代台灣作家論	何欣	文學
藍天白雲集	梁容若	文學
思齊集	鄭彥棻	文學
寫作是藝術	張秀亞	文學
孟武自選文集	薩孟武	文學
小說創作論	羅盤	文學
往日旋律	幼柏	文學
現實的探索	陳銘磻編	文學
金排附	鍾延豪	文學
放鷹	吳錦發	文學
黃巢殺人八百萬	宋澤萊	文學
燈下燈	蕭蕭	文學
陽關千唱	陳煌	文學
種籽	向陽	文學
泥土的香味	彭瑞金	文學
無緣廟	陳艷秋	文學
鄉事	林清玄	文學
余忠雄的春天	鍾鐵民	文學
卡薩爾斯之琴	葉石濤	文學

滄海叢刊已刊行書目 (三)

書名	作者	類別
財經時論	楊道淮	經濟
中國歷代政治得失	錢穆	政治
周禮的政治思想	周世輔 周文湘	政治
儒家政論衍義	薩孟武	政治
先秦政治思想史	梁啓超原著 賈馥茗標點	政治
憲法論集	林紀東	法律
憲法論叢	鄭彥棻	法律
師友風義	鄭彥棻	歷史
黃帝	錢穆	歷史
歷史與人物	吳相湘	歷史
歷史與文化論叢	錢穆	歷史
歷史圈外	朱桂	歷史
中國人的故事	夏雨人	歷史
老台灣	陳冠學	歷史
古史地理論叢	錢穆	歷史
秦漢史	錢穆	歷史
我這半生	毛振翔	歷史
弘一大師傳	陳慧劍	傳記
蘇曼殊大師新傳	劉心皇	傳記
當代佛門人物	陳慧劍	傳記
孤兒心影錄	張國柱	傳記
精忠岳飛傳	李安	傳記
師友雜憶 八十憶雙親 合刊	錢穆	傳記
困勉強狷八十年	陶百川	傳記
中國歷史精神	錢穆	史學
國史新論	錢穆	史學
與西方史家論中國史學	杜維運	史學
清代史學與史家	杜維運	史學
中國文字學	潘重規	語言
中國聲韻學	潘重規 陳紹棠	語言
文學與音律	謝雲飛	語言

滄海叢刊已刊行書目（二）

書名	作者	類別
知識、理性與生命	孫寶琛	中國哲學
逍遙的莊子	吳怡	中國哲學
中國哲學的生命和方法	吳怡	中國哲學
希臘哲學趣談	鄔昆如	西洋哲學
中世哲學趣談	鄔昆如	西洋哲學
近代哲學趣談	鄔昆如	西洋哲學
現代哲學趣談	鄔昆如	西洋哲學
佛學研究	周中一	佛學
佛學論著	周中一	佛學
禪話	周中一	佛學
天人之際	李杏邨	佛學
公案禪語	吳怡	佛學
佛教思想新論	楊惠南	佛學
禪學講話	芝峯法師	佛學
當代佛門人物	陳慧劍	佛學
不疑不懼	王洪鈞	教育
文化與教育	錢穆	教育
教育叢談	上官業佑	教育
印度文化十八篇	糜文開	社會
清代科舉	劉兆璸	社會
世界局勢與中國文化	錢穆	社會
國家論	薩孟武譯	社會
紅樓夢與中國舊家庭	薩孟武	社會
社會學與中國研究	蔡文輝	社會
我國社會的變遷與發展	朱岑樓主編	社會
開放的多元社會	楊國樞	社會
社會、文化和知識份子	葉啓政	社會
財經文存	王作榮	經濟
財經時論	楊道淮	經濟
中國歷代政治得失	錢穆	政治
周禮的政治思想	周世輔 周文湘	政治
儒家政論衍義	薩孟武	政治
先秦政治思想史	梁啓超原著 賈馥茗標點	政治
憲法論集	林紀東	法律

滄海叢刊已刊行書目 (一)

書名	作者	類別
中國學術思想史論叢 (一)(二)(三)(四)(五)(六)(七)(八)	錢穆	國學
國父道德言論類輯	陳立夫	國父遺教
兩漢經學今古文平議	錢穆	國學
先秦諸子論叢	唐端正	國學
先秦諸子論叢(續篇)	唐端正	國學
儒學傳統與文化創新	黃俊傑	國學
宋代理學三書隨劄	錢穆	國學
湖上閒思錄	錢穆	哲學
人生十論	錢穆	哲學
中國百位哲學家	黎建球	哲學
西洋百位哲學家	鄔昆如	哲學
比較哲學與文化 (一)(二)	吳森	哲學
文化哲學講錄 (一)(二)(三)	鄔昆如	哲學
哲學淺論	張康	哲學
哲學十大問題	鄔昆如	哲學
哲學智慧的尋求	何秀煌	哲學
哲學的智慧與歷史的聰明	何秀煌	哲學
內心悅樂之源泉	吳經熊	哲學
愛的哲學	蘇昌美	哲學
是與非	張身華譯	哲學
語言哲學	劉福增	哲學
邏輯與設基法	劉福增	哲學
中國管理哲學	曾仕强	哲學
老子的哲學	王邦雄	中國哲學
孔學漫談	余家菊	中國哲學
中庸誠的哲學	吳怡	中國哲學
哲學演講錄	吳怡	中國哲學
墨家的哲學方法	鍾友聯	中國哲學
韓非子的哲學	王邦雄	中國哲學
墨家哲學	蔡仁厚	中國哲學